「明」师问道

刘小华 著

汕頭大學出版社

目 录

"国学热"背后的冷思考……………………………………………………… 3
创新复评方式 打造科组建设——由高中语文示范科组评估的创新做法所想到的……………………………………………………………………… 6
对待"问题学生",………………………………………………………… 10
教师的"力""气"如何花……………………………………………… 10
教师评价大有可为………………………………………………………… 12
老师,请您再宽容一点…………………………………………………… 16
评语应做到四"宜"四"忌"…………………………………………… 19
教师要学会说话…………………………………………………………… 22
心理辅导四"利用" 春风化雨润无声——浅谈如何克服考试中学生心理问题的几点体会…………………………………………………………… 25
姓名激趣 生活语文——开学第一课的语文味………………………… 28
学校应用什么来使新教师脱茧成蝶……………………………………… 32
四招让对话描写更精彩…………………………………………………… 34
从08年高考看如何辨识字形……………………………………………… 37
从深圳中考和台湾基测…………………………………………………… 40
来看两地对语文能力考查的共识与分歧………………………………… 40
对称法在文言文解读中的巧妙运用……………………………………… 46
改写,让诗词如此美丽…………………………………………………… 48
合作学习,想说爱你不容易……………………………………………… 53
花果山下见百变,大讲堂上取真经……………………………………… 56
教学切入也应讲究点招式………………………………………………… 59
解题也要讲点技巧………………………………………………………… 62
句子连贯要讲究一致性…………………………………………………… 66
抛砖为引玉,弄斧到班门——观摩第七届"语文报杯"比赛有感…… 69

破解歧义，走出歧途……………………………………………………76
谦恭之称有讲究…………………………………………………………79
潜规则："和"往往是为了"不和"……………………………………81
强化五种意识　提升课堂教学…………………………………………84
巧用"评价"，别有洞天………………………………………………87
巧用对联，让语文教学更精彩…………………………………………90
让我们的课堂教学语言更精彩…………………………………………93
让题目更"给力"——由《光明教科研》部分论文标题所想到的……97
让文言文实词教学活起来………………………………………………99
赏析有法，解题有方……………………………………………………104
深圳中考语文命题，咱们可不可以也那样……………………………106
特定词语在病句修改中的"潜规则"…………………………………110
托物言志和联想思维，应该成为初中语文教学的基本内容之一——以人教版《紫藤萝瀑布》为例…………………………………………114
文言字词教学得讲究情趣………………………………………………119
想说"得体"也容易……………………………………………………122
挖掘消极修辞中的"积极"意义………………………………………126
新课改下语文课堂教学的反思——观摩第七届"语文报杯"高中优质课比赛有感………………………………………………………………128
新闻标题力求"五美"…………………………………………………133
精读明真意　细析定乾坤——论述类文本怎样阅读才高效…………136
识字教学也能教出"语文味"…………………………………………143
诗歌也得诗意地教………………………………………………………146
用典——解开《短歌行》的钥匙………………………………………148
语文课得讲究度…………………………………………………………150
语文课堂应该呈现什么——观著名语文特级教师余映潮执教有感…153
语序调整要讲究和谐……………………………………………………155
长春课堂，不一样的精彩——第三届全国初中语文教师教学观摩活动观感　157

字形辨析六法	160
"不知"的背后有什么	163
换一种思路来教诗——《钱塘湖春行》教学感悟	165
鉴赏技巧，从四个角度切入	168
赏词炼字，有法可看	176
赏诗鉴词重"四抓"	182
鉴赏古诗，从题入手	185
鉴赏古诗，从题入手	188
古诗调序为哪般	193
北方的梧桐与南方的芭蕉	195
虚词不"虚"	198
一枝一叶总关情——理解诗歌的意象	200
《皇帝的新装》的艺术魅力探微	202
别让模式化杀死花木兰	204
假如教材可以这样编——以《紫藤萝瀑布》为例	207
路瓦栽夫人为什么会勇敢起来？	212
宁静与安祥——《我与地坛》的主旋律	214
"樯橹"与"强虏"的较量	218
巧"借"细品，美不胜收——《记承天寺夜游》赏析	219
别让模式化杀死花木兰	221
如何品出《木兰诗》中的"味"	225
弱水两瓢，我取哪瓢饮	228
项羽决计杀不了刘邦	230
质朴的数字，伟岸的人格 ——对《一夜的工作》中"一"字的解读	232
虚词入手 美不胜收——小思《蝉》的赏析	234
有时，只有一个哈姆雷特——兼议《教师教学用书》中关于《咏雪》的两个比喻解读	236
元芳，这课你怎么看——从如何确定《敬业与乐业》的教学内容谈起	238

跌倒者的风采……………………………………………………………243

多一点"气功"，多一份机会……………………………………………245

拉近距离，讲出风采………………………………………………………248

纵横论天下，妙语显风采——评李肇星答中外记者问之妙语艺术………251

"孟爷爷"靠什么走近你的心里…………………………………………254

名人善作"顶上文章"……………………………………………………257

"难"题也能巧回……………………………………………………………259

随机应变，妙趣横生………………………………………………………261

用精彩的开头来靓丽你的演讲……………………………………………265

演讲稿要做到"盛气凌人"………………………………………………269

给素材披上一件美丽的新装………………………………………………272

写话题作文力求"五味俱全"……………………………………………275

驾轻就熟选论据，标新立异求鲜活………………………………………278

论文例举事例三注意………………………………………………………281

论据最须坚持四"性"……………………………………………………285

让作文的语言多一些亮色…………………………………………………288

拨云见日析事例，小题大做立意深………………………………………290

《拨云见日析事例，小题大做立意深》课例实录………………………293

"史上最温暖图书馆"不拒乞丐入内读书………………………………301

写作指导要随机应"变"…………………………………………………305

眼泪，从何而来——《温暖的时刻》写后指导课堂实录………………308

一堂可以复制的高效作文指导课…………………………………………318

一往情深绘"缺陷"………………………………………………………320

精雕细刻写"真人"………………………………………………………320

在"情境小作文"的背后…………………………………………………323

抓共识，明分歧，促教学…………………………………………………328

"国学热"背后的冷思考

我国清末风行的蒙学读物《弟子规》采取三字一句的独特编写形式,将学生的为学之理、为人之道,以通俗而又典雅的形式表述出来,影响了一代又一代的学者文人。如何继承和挖掘中国传统道德文化的精髓,如何开创富有时代气息又切合各地实情的内容,并配以适当的、容易为人接受的体例在学校中推而广之,从而让学子自觉规范自己的言行,增强道德底蕴和人文意识,是新形势下各级教育部门的一项艰巨的任务。2011年光明新区公共事业局启动了为期两年的光明《学子规》课题研究,2013年光明《学子规》由湖南人民出版社出版发行,目前在光明新区小学进行推广诵读,成为培养"大我"、修养"小我"的地方读本,这无疑是一种有益的创新。

在推广诵读光明《学子规》的活动过程中,家长、师生在夸赞读本的同时,一些认识上的问题也渐渐显现,本人觉得有必要拨迷清雾。

一、经典不等于蒙学

现在有很多人喜欢把《弟子规》称之为国学经典,既是经典,岂可轻易改动编撰。其实这是没有分清什么是"国学",什么是"经典",更没有弄清《弟子规》是一本怎样的读物的缘故。

古有蒙学,即蒙馆,就是启蒙的学塾,相当于现在的幼儿园或小学。蒙学教育的基本的目标培养儿童认字和书写的能力,养成良好的日常生活习惯,能够具备基本的道德伦理规范,并且掌握一些中国基本的文化常识及日常生活的一些常识。中国传统蒙学教材主要有《三字经》、《百家姓》、《千字文》、《幼学琼林》等。《弟子规》原名《训蒙文》,乃清朝康熙年间秀才李毓秀所作,其内容采用《论语》"学而篇"第六条的文义,列述弟子在家、出外、待人、接物与学习上应该恪守的行为规范。《弟子规》采用的三言韵语、二句一行的体例,文字简单,便于识记与背诵,因此流传广泛,影响深远,至今仍在民间颇有影响。不过,它充其量只是一本蒙学读物,说得直白点,就是现在幼儿园或小学这种阶段的一本读物,说它是经典,那真是抬举。因此,在学习《弟子规》时大可不必诚惶诚恐,奉为圭臬,择其善者而从之,其不善者而弃之。既然如此,那就可以在吸收传统文化的基础上,围绕本地实际重新组合编撰类似《弟子规》的读本。光明《学子规》编写组正于基于这种考虑，立足光明新区实情，放眼孩子未来，吸收传统《弟子规》中的精华，融进现代主流价值思想，编撰出了富有时代性、地域性、切合学生实际的光明《学子规》，这一方面尊重且继承了《弟子规》精髓，另一方面更是对它的融通与创新。从这一点上来讲，光明《学子规》就显得更为前瞻与大气。

二、复兴不等于复古

近年来，以"国学热"为代表的传统文化热持续升温。"泛爱众，而亲仁。有余力，则学文"，在某幼儿园班级教学现场，一群四五岁的孩子在教师的带领下，整齐划一地高声诵读着。传统童蒙读本中抽象艰涩的文言文，在现代孩子的稚嫩童声中，倒也有些抑扬顿挫的节奏和韵味。"弟子规，圣人训。首孝悌，次谨信……"，课堂上，孩子们身穿汉服，峨冠博带，口中是抑扬顿挫、韵味十足的经典诵读声，似是古时杏坛场景的再现。这是近年来悄然在学校教育中兴起的"国学热"常常可以见到的一幕。至于组织全校学生集体跪读的新闻也屡见不鲜。

复兴不等于复古。它不是简单内容的照背照搬，更不是形式的克隆再现。现在的复兴传统文化的热潮中，许多人对《弟子规》等国学的精华和糟粕并没有进行系统的区分，而是不加甄别地广泛传播。以《弟子规》为例，它毕竟是过去时代的产物，部分内容与现代社会主流思想价值不协调。它过分强调繁文缛节、言听计从、牺牲个性等内容，扭曲了孩子的价值观念，泯灭了孩子的人性天性，腐蚀了孩子的幼小心灵，且其语言有时艰涩难于诵读。这些不足理当引起社会、家长及许多有识之士的强烈关注。当前在盲目倡导儿童诵读《弟子规》、《三字经》乃至穿汉服、穿唐装的潮流中，恰恰普遍存在着对传统文化资源不加甄别、简单崇扬的弊病，如果我们的传统文化热局限在这一肤浅的层次上，势必遗国学之精髓，取国学之皮毛，其效果适得其反。更需要警惕的是，一些封建思想残余会借助复兴传统文化而沉渣泛起，对中国的现代化进程和今天的社会生活有着不容忽视的负面影响。鉴于此，光明《学子规》继承了《弟子规》三言韵语、二句一行的体例和思想启蒙、行为指引等内容方面的诸多特点，同时根据21世纪特点和中小学学子的成长环境，结合光明新区区情，推陈出新地进行了分类编写、语词更新、概念赋时、内容扩充、事例重选、资料补充、名言印证等尝试与创新，力求让全书图文并茂，内容多彩，让学子心灵得到洗礼、思想感情受到熏陶，人性品格得到提升，这在某种程度上无疑是一种积极意义上的复兴。而且在以校为单位推广通读光明《学子规》的过程中，注重结合新区实际，开展五个"一"活动（开好一次《学子规》主题班会、出好一期《学子规》黑板报、抓好一次《学子规》诵读、讲好一个《学子规》故事、写好一篇《学子规》征文），既接地气，又有生气，是行之有效地推广诵读活动。

三、守正不等于拒外

随着现代文化的高度发展，在追求物质富裕的同时，浮躁之风、功利之风日益膨胀，拜金主义风行、价值观扭曲、道德沦丧更是给社会带来极大的后患。面对这种危机，中国国学传统文化显示出了它独特的魅力。

中国国学传统文化历来就重视内在的情怀和价值追求，尊崇务实践履、知行合一的积极人生态度，倡导以礼节情、自我修持。这些非常值得正视、非常有生命力的传统文化因子，显然有助于抵制现代实利社会对人性的扭曲。蒙童时期更应该培养儿童纯正无邪的品质，造就圣人君子的气度，所谓"蒙以养正，圣功也"。因此诵读《弟子规》等讲究"仁""义""礼""智""信"的蒙学读物肯定有助于素养提升。近年来如雨后春笋般的"国学班"、"读经班"地兴起，是今人对于传统文化的反思与正视。在时尚文化喧嚣尘上的现代社会，学习传统文化，汲取传统文化的精髓，支撑学生的道德建设，无疑是给现代人浮躁的心灵注入一支清凉的文化强心针，益处多多。

但在守正的同时，也不等于拒外。中国传统文化的复兴不是传统文化的简单复制、重复，而是传统文化的更新、重建。具体说来，发扬光大传统文化有赖于三度融合，即中国传统文化与西方现代文化的融合，传统文化自身的古今对照与融合，传统文化与当代文化语境和时代精神的融合。也就是说，只有当我们把中国传统文化中积极入世、知行合一的追求和克己复礼、仁者爱人、尊老爱幼等美德变成人们现实生活中的行为准则，落实在当代文化生活和人伦关系中，传统文化才会成为一种鲜活的存在。因此，弘扬国学既要立足传统文化之根，又要借鉴西方文化的优秀成果，积极面向未来。

正是基于以上考虑，我们在编撰与推广光明《学子规》时，除了沿用《弟子规》传统的主流精华，还与时俱进，融进了时代的新鲜元素，植入了许多喜闻乐见的西方故事。不求古腔古调的表演，不求简单机械地背诵，而是通过多种形式的诵读活动进行内化，让传统文化在自己的骨头上长肉；通过多样的课程互动让学生明理，明白做人做事的道理，明白一种文化的生命在于融汇中西贯通古今。

创新复评方式　打造科组建设

——由高中语文示范科组评估的创新做法所想到的

刘小华　程少堂

深圳市教育局郭雨蓉局长智慧提出，"深圳教育要做有使命感的领跑者"。深圳教育要领跑，首先是在科组建设上要领跑。市教科院针对深圳教育实际，率先在全市推出中小学科组示范评估，力求以评促建，打造全市中小学优秀示范科组。

一、复评方式的常与变

为做好市高中语文科组复评工作，高中语文科组一行三人用两天时间按深圳市示范科组复评标准对八个入选学校进行严格复评。复评小组除了采用常规动作"查、听、阅、访"（现场考查学科组办公场所，当面听取学校科组汇报，认真查阅科组准备材料，随机访谈在校师生）外，还根据语文学科特点，变化自创"五、四、三、二、一"进行科组调查问卷，即写出近年来你发表过的一篇论文或参与的课题名称、写出你知晓的两个语文名家及其教学理念、写出三个你经常登录的语文网站、写出四种你常阅读的语文教学刊物、写出你最近读过的五本书目。问卷内容考查的是教师专业的厚度、视野的广度、思想的深度、研究的力度，直指常规评估的"软肋"。调查问卷后，复评学校领导、老师夸赞纷至，认为常规动作与自创动作有机结合，既抓住了语文科目的特点又有利于语文科组建设，有人气接地气，让今后语文科组建设更富有朝气生气。

二、调查问卷的喜与忧

八校调查问卷统计表（8所学校用英文表示）

学校名称	问卷人数	一篇论文或参与课题	二个名家及理念	三个语文专业网站	四种语文刊物（写主办单位）	五本阅读书目（写出作者）
A高	22	7人有论文；13人参与课题	合要求（15人写程少堂）	合要求（15人写"语文味"）	合要求（14人写出主办单位）	合要求（18人写出作者）

学校名称	问卷人数	一篇论文或参与课题	二个名家及理念	三个语文专业网站	四种语文刊物（写主办单位）	五本阅读书目（写出作者）
B高	34	5人有论文；5人参与课题	合要求（18人写程少堂）	合要求（24人写"语文味"）	合要求（28人写出主办单位）	合要求（26人写出作者）
C高	18	5人有论文；6人参与课题	合要求（13人写程少堂）	合要求（14人写"语文味"）	合要求（13人写出主办单位）	合要求（15人写出作者名）
D高	31	5人有论文；8人参与课题	合要求（17写人程少堂）	合要求（20人写"语文味"）	合要求（26人写出主办单位）	合要求（28人写出作者）
E高	29	9人有论文；11人参与课题	合要求（11人写程少堂）	合要求（11人写"语文味"）	合要求（25人写出主办单位）	合要求（29人写出作者）
F高	18	8人有论文；1人参与课题	合要求（16人写程少堂）	合要求（17人写"语文味"）	合要求（13人写出主办单位）	合要求（16人写出作者）
G高	19	6人有论文；9人参与课题	合要求（13人写程少堂）	合要求（16人写"语文味"）	合要求（14人写主办单位）	合要求（18人写出作者）
H高	16	6人有论文；2人参与课题	合要求（11人写程少堂）	合要求（10人写"语文味"）	合要求（14人写出主办单位）	合要求（16人写出作者）

为了让问卷更具真实性及针对性，复评小组专门要求与会语文教师要写出"四种语文专业刊物""五本阅读书目"的主办单位或作者。针对调查问卷，复评小组作了认真统计，发现许多欣喜之处：

1. 读书成为生活方式

从"五本阅读书目"与"四种专业刊物"一栏问卷中可以看出，教师都能写出5本以上阅读书目，篇目涉及近六百本，有近85%的教师写出了作者。（尤以"蒋勋、周国平、莫言、余华、严歌苓、龙应台、路遥、余秋雨、林雨堂、孙绍振、程少堂、柴静、冯友兰、白先勇、宗白华"等人书目出现频率高）。95%教师能写出浏览过的语文专业刊物，68%的教师还能写出杂志的主办单位。这表明，语文教师的确在认认真真读书，而且读书正成为教师生活中的一种方式。

从教师近期阅读的书目看，呈现出"五多"：读名家名作多——如马尔克斯的《百年孤独》、莫言《檀香刑》、龙应台的《目送》、霍达的《穆斯林的葬礼》、严歌苓的《一个女人的史诗》、余秋雨的《文化苦旅》等；读传记经典多——如《论语》、《庄子》、《诗经》、《毛泽东传》、《曾国藩传》等；读本职专业多——如《名作细读》、《月迷津渡》、《程少堂语文教育与探索》、《荒原上的舞者》、《宋词赏析》、《中国写作思维系统训练》、《形式与逻辑》、《中国叙事学》、《班主任兵法》、《班主任工作新体验，》、《第56间教室》等；读评论美学多——如《随园诗话》、《文心雕龙》、《西方文论》、《美学十讲》等；读关联延伸多——如百家讲坛系列、《壮哉唐诗》、《蒋勋讲红楼梦》、《红楼小讲》、《一个人的村庄》等。书目内容涉及广泛，既体现了教师在专业职业上的追求，又可看出教师喜欢博采百家，修身养性，正本培源。

2. 深圳名师群正在形成

在名家及了解的理念方面，程少堂及其"一语三文"的教学理念成为问卷调查学校教师的首选，其比例高达60%，大大超过魏书生、李镇西、于漪、黄厚江等其它名师；其它深圳名师如茹清平、陈继英、吴泓、何泗忠、黄磊、程红兵等也榜上有名。一方面可以看出程少堂老师及其"一语三文"的理念在深圳语文学术界泰斗级的地位，正与全国大师级人物比肩，另一方面更欣喜地看到以程少堂为代表的深圳名师不光得到了本市教师的认可，他们正形成一个深圳名师群，影响着广大教师，影响着今后语文界。

3. "语文味"影响广泛

在"三个语文专业网站"浏览方面，"语文味"以60%占有率高居榜首，足见"语文味"网在深圳教育上的影响。语文教师普遍反映"语文味"网站资源丰富，选文独到，网站特色鲜明。其它如"育星网""无忧无虑语文网""中学语文教学资源网"等紧随其后。尤为可喜的是南山区特级教师茹清平的"清平小屋"博客也深受深圳教师的喜爱。

4. 教育科研走向深入

在科组汇报与问卷调查中可以看到，许多学校重视科研课题，通过课题研究来提升教师专业发展。如罗湖外语、西乡中学、市二高。有的学校重视名师工作室的带动作用，学员一跃成为科组中的写作骨干，如平冈的王雪娟、魏昆，深外的葛福安，二高的何泗忠、李剑林、黄正华，西乡的罗代国、范又贤等。

调查问卷也让我们发现了远期隐忧，具体体现在"四多四少"。

1. 高考关注多，教学研究少。教师注重眼前高考升学率、优生率，对教育科研重视不足，忽视自身的读书写作，除了少数几个写作科研高手，其它教师的科研成果寥寥。

2. 课内识记多，课外涉猎少。复评小组除了进行上述五项调查问卷外，还选了二所高中分别默写一首诗、一首词，参与测评的老师均选取了教材里的诗、词，教师基本能默写完篇。但前一所高中默写的诗句中7人有错字。后一所高中默写的词中有4人出现错字。默写的诗、词全集中在课内，错字量居然这样大，从侧面反映出教师课外识记面太窄，知识不扎实。

3. 浮光掠影多，脚踏实地少。在写了解的名师及理念上，有知其名而写错名字的，如程少堂写成"绍堂""程教授"，于漪写成于"猗"，赵谦翔写成"赵谦详"等；有知其名而不了解其教学理念的，于是"人生语文"、"生态语文"、"青春语文"、"诗意语文"、"文化语文"、"本色语文"等呈现张冠李戴。在阅读的教学杂志方面，名称写错，主办单位不明，如《语文教学通讯》写成《中学语文教学通讯》，人大复印资料《初中语文教与学》写成山西的《语文教与学》等。从这一现象中，我们敏锐感觉到教师没有深入学习名师，没有深入了解名家理念，没有认真阅读教学杂志。更有甚者，可能没有人自行订阅教学杂志。

4. 敷衍工作多，努力提升少。从收上的调查问卷看，很多教师专业知识不过关，标点乱用，字词写错，如默写中出现有"常做客"与"长做客"、"雨霖铃"与"雨林铃"，还有网站名上添书名号变成"《语文味网站》"等。在阅读书目中通俗"软书"阅读人数较多，有思想有份量的"硬书"涉猎人数少，教师水平提升不快不高的原因可见一斑。

三、科组建设的近与远

这次科组示范复评得到各校高度重视，无论是科组制度建设还是材料整理、无论是科组汇报还是科组档案分类管理，都有了长足地进步。在检查过程中我们也发现个别学校科组建设长期性、科学性、目标性不明，临时理材，仓促迎评。鉴于此，优秀科组示范建设一定要正确处理近期与远期关系。近期要通过评估查缺补漏，以评促建，切不可为评估而临造材料，乱编材料。坚决克服"制度停留在墙上，行动只在文稿上，科研成果精英扛，教书只求分数高，课外书目不愿读，科组评估靠汇报"的不良倾向。远期要依据语文科的特点以一定阶段为期，制定出科组建设规划、教师专业提升规划，着眼教师内涵式发展，着眼科组特色打造，这样才能做深圳教育的领跑者、示范带头兵。因此，语文科组建设今后应该在四个"一"上多下功夫：

1. 学校科组至少要研究一位名师，学习其教学理念。
2. 学校科组教师每年至少自行订阅一本专业教学杂志。
3. 学校科组教师每年至少发一篇论文或参与一项课题研究
4. 学校科组教师每年至少要读五本硬书

只有教师知识丰厚了，视野开阔了，专业提升了，语文科组建设才能更上台阶，真正做深圳教育的领跑者。

对待"问题学生"，教师的"力""气"如何花

教师的主要职责就是教书育人，长期在一线工作的教师常常会碰到许多"问题学生"，经常会在这些学生身上花费许多气力，结果收效甚微。究其原因，是他们的"力""气"处理的不到位。

一、语言，多一些黏着力，少一些书匠气。

学生出了问题，许多教师就喜欢讲大道理，好像在拿着讲稿做报告，语言教条，匠气十足，结果学生与教师之间的心理距离因这种说教反而越来越大。这就要求教师认真研究新时代学生特有的心理特点和需求，探寻与学生心灵沟通的新渠道，适当掌握春风化雨的表达方式，或亲切委婉，或循循善诱，或情真意切，有时是随口而出的格言，动人心弦的话语，警醒震撼的事例，有时甚至是一个动作，一个眼神，一种语气，都透露出诗性的文化素养和可亲的语言魅力，这些富有都黏着力的话语会打动学生的心坎，触动学生的灵魂。这样才能得到学生发自内心的认可和尊重，在轻松愉悦的氛围中接受教师的建议并受到教益。

二、情感，多一些亲和力，少一些霸道气。

古人云："亲其师，则信其道。" 教师亲和力的核心是民主平等的思想，只有把学生当成大写的人，当作自己的亲密朋友，才能尊重他们的话语权，才能做到以理服人，以情动人。才能赢得学生的尊敬和信任，才能获得学生的宽容和理解。许多教师自视甚高，唯我独尊，霸气十足，板着脸居高临下地说教，好象是真理的化身，正义的代表，学生在接受说教时心里忐忑，如履薄冰，战战兢兢，抵触情绪便生发出来。教师如果能走下庄严神坛，以平等的身份、微笑的神态、亲切的语言与学生交流，就容易消除师生之间的隔阂。心扉敞开了，距离拉近了，情感的沟通与智慧的交流在亲和中进行。

三、方法，多一些应变力，少一些呆板气。

"人非圣贤，孰能无过。"对待问题学生，不要过于简单粗暴，"通不通，三分

钟，不通一阵龙卷风，"这样只会让学生滋生出对抗情绪。教师应静下心来分析学生犯错的原因，或许是思想意识没有调控到位，导致小错不断；或许是心里的疙瘩没有解开，故意犯错来渲泄；或许是为了引起教师对他的关注，通过犯错来解气……然后教师针对错误的不同成因，在方法上采用多样的应对策略。或从快教育，或冷却处理，或纵擒结合，或软硬兼施……加上学生的转变是一个长期的过程，这更需要教师教育要耐心一些，方法再灵活一些，施教再因材一些，让学生在愉悦中反思，进而改正原来的错误。

四、调控，多一些涵养力，少一些怒怨气。

教育是门艺术。如果以功利主义的态度和评价标准去过分强调一时一地的功效，甚至要求立竿见影是不可取的。学生并非圣贤，总是要犯错误的。教师不要动辄就指责学生，横眉怒对，怨怨之气冲天，以过激的语言来应对学生出格的行为，这样往往会激起学生强烈的自我防卫意识，导致教育不深入，反省不透彻。因此在教育的过程中要加强教师自身涵养，学会调控自己情绪。在交流谈话中，教师表情要自然，态度要温和，似谦谦君子，富有人情味，说理充分，语言确切，恰如其分，不夸大，不上纲，不讽刺，不挖苦。要让学生不断地感受到教师对他们的关怀，最终敞开心扉，释放情感。当然犯了错误也决不能护短，教育要深刻。虽无声色俱厉，却能触及心灵，让学生脸红耳赤，泪流满面。

对问题学生的教育，如同在沙漠中寻找一片绿洲，只要我们在语言上下足功夫，在情感上多加投入，在方法上巧妙变通，在调控上体现涵养，我们定能发现深藏在学生心中的那片绿洲。

教师评价大有可为

著名的教育学家第多斯惠说：教学艺术的本质不在于传授知识，而在于激励、唤醒与鼓舞。课堂是教师实施素质教育、进行教书育人的主阵地，一个充满生机与活力的课堂必须体现出师生的互动互进，情感的交流共鸣，体现出学生思维的活跃、信心的涌动、兴趣的激发……教师恰如其分的评价就是推动课堂教学良性循环的动力源。因此，教师要善于抓住时机，扣住文本，恰当评价。

但现实情况令人汗颜。许多老师从来没有意识到自身语言评价的缺陷，仍紧围绕所谓的标准答案，并不会在学生理解不透彻、徘徊于浅层次时给予应有的引导和激励；甚至在学生回答得有见地有创新时，只是一句最简单最肤浅的"不错"了结，不能适时地给予他们一种更高的期待和信任。究根求源，缺少对学生真心实意的关怀、对文本深入透彻的理解、对学科特色的把握、对自身修养的磨练。

一、精彩独到时，要点赞

"棒"不如"捧"，廉价的表扬不如精彩的点赞。面对学生独到的个性阅读与表达，很多教师只会从情商的角度廉价苍白、不痛不痒地表扬学生。诸如"读得真好"、"问题提得有水平"、"悟性真高"等，这些课堂评价语言，与一味地棒杀否定学生相比，当然好。但学生听了这种廉价空洞的表扬后，情不能为之动，智不能为之发，辞不能为之出。因此，当学生发言有理有据时，当学生情动辞发时，当学生思维独到时，教师要依据语文特点，循着文本和学生发言，除了要从情商角度去肯定，更应该从语文学科专业的角度进行深度点赞。

吉翔老师执教《奥斯维辛没有新闻》时有这样一个片断：朗读课文7-15段，用心体会那些让你有所触动的地方，说说你的感受。

生：我对描写毒气室的这段有感触。"在德国人撤退时炸毁的布热金卡毒气室和焚尸炉废墟上，雏菊花在怒放。"废墟承载着多少死难者的控诉，废墟又是多少无辜亡灵的祭坛，而恰恰在这最黑暗的地方，雏菊花盛开了，这让我感受到了生命的力量，纵使纳粹使尽各种残酷的手段，也无法将生命扼杀。

师：你不仅读出了生命的力量，也读出了作者的控诉。生命的绽放是人世间最美好的事情，对生命的残害却是最恶劣的行径，任凭纳粹刑罚多么残暴，终归阻止不了生命的进程，雏菊花象征着生命的生生不息、顽强抗争。

生：我感触最深的是照片墙："这是一个二十多岁的姑娘，长得丰满，可爱，皮肤细白，金发碧眼。"这么美丽、可爱的姑娘，却在法西斯的集中营中被残忍地杀害，这不由得激起人们对法西斯的痛恨。

师：正如鲁迅先生所言：悲剧是将人生有价值的东西毁灭给人看。这个姑娘仿佛是被折去双翼的天使，她的死，让我们更深地感受到奥斯维辛集中营是人间地狱。

生：我想补充一点，课文中说这位姑娘温和地微笑着，当她面对即将到来的死亡时，她没有痛苦的表情，没有凄惨的泪水和恐惧的眼神。这向我们昭示了一种生命的坚韧、顽强、乐观。

师：这是对生死的超脱，她在绝境之中仍能保持心中的那份美好，让人感动。女孩的微笑让我想起了"始终微笑着的刘和珍君"，越是美好的事物被摧残，我们越能看到人性的残忍，人性的恶毒。同时女孩的微笑也让我们感受到了一种心灵的力量，微笑无论在什么时候都能荡尽人们心中的阴霾，正好毕淑敏所说"微笑，哪怕在地狱里，也是盛开的莲花。"

吉老师的点赞可谓高矣，赞赏真诚，角度独到，语文味足。他先是从理清学生思维的角度进行点赞，"你不仅读出了生命的力量，也读出了作者的控诉，"把学生发言的要旨提炼出来了，精当扼要；同时，没有忘记自己是布道者的身份，面对雏菊花，他说"生命的绽放是人世间最美好的事情，对生命的残害却是最恶劣的行径，任凭纳粹刑罚多么残暴，终归阻止不了生命的进程"，他不仅在传授知识，更是在以布道者的执着向学生传递伴随生命成长的信仰和力量；他还紧扣文本精准地引用了毕淑敏的话进行点染升华，阐释了面对死亡的微笑的意义。老师典雅厚重的语言，使得课堂是语文的课堂，老师充满语文味的语言又成为学生习得语言的范本，也必将激发学生内心的情感。

二、在疑难迷惑处，要点拨

课堂教学是学生、教师、文本之间对话的过程。课堂的精彩与学生的阅读积累、对作品相关的背景知识了解息息相关，积累越丰富阅读的体验才越清楚、深刻、独特。但学生毕竟还是不成熟的个体，光怪陆离的社会影响他们的是非判断和价值标准，在与文本、作者对话时难免出现疑难迷惑。这时，教师要适时提供相关的背景知识，通过搭桥、点拨，让学生对文本有更深的理解，为有质量的发言推波助澜。

教学《故乡》一般教师通常会讲到这个问题："杨二嫂和闰土，到底是谁偷藏了碗?"几乎所有的答案全认定是杨二嫂。"为什么就不可能是闰土干的呢?"教师对这一疑难迷惑如果不点不拨不清,那学生的质疑问难的能力不利于培养。如果囿于僵化的思维模式和教参权威,认为淳朴善良的闰土肯定不会偷藏碗,自私、尖酸、喜搬弄是非的庸俗市民杨二嫂才肯定是偷藏的贼,那么保护这种惯性思维的后果就更可怕了。这时,教师首先就应该引导学生回到文本,追寻蛛丝马迹。经过讨论、比较、点拨,只能得出杨二嫂偷藏碗的可能性大一些。

当文本本身所提供的知识、观点还不能使学生获得深刻、全面的认识时,教师还要依据文本进行背景知识的补充。比如教师可以从人性的角度,从作者创作意图来引领学生思考、发现。是不是杨二嫂拿的?这里面有性格的多面性和复杂性,这不是品格的问题,而是有着社会的因素。只有认识到形象的复杂性,学生才不会简单地用善良或冷漠等词语来做绝对化的概括。同时让学生认识到,碗被谁偷藏并不重要,重要的是让人们看到,当时社会把故乡中的小英雄、"豆腐西施"等折磨得只能辛苦麻木地活、辛苦恣睢地活,从而引起疗救者的注意。这样,学生的思维在教师的引导点拨下就有了一个质的飞跃。

因此,在学生有疑难迷惑时,教师一定要引导学生走进文本,适时提供背景材料,对学生认识的迷惑进行点清,对认识的偏差进行纠正,学生的思考和探究才能一步步引向纵深,课堂讨论才会波澜起伏,丰富厚实。

三、在动情明理处,要点燃

课堂的精彩既是学生的精彩,同时也是教师的精彩。教师的精彩其中之一就表现在动情明理的点评。这就需要教师在课堂中不能只是一味地提问,还应当有一段段十分地道的言语照亮课堂,打动听者的灵魂。不能一味的政治说教,而是要在文本的情理关键处用语文的话适时布道发声,燃情明理,让学生醍醐灌顶,妙语如花。这样课堂有教师的风骚引领,又有学生的灼见真知。

内蒙古郭瑞老师执教李清照的《声声慢》有这样一个片断:本词写了"六伤",最惹词人伤心的,也最能触动你的是哪一伤?说出理由。

第一组学生:"雁过也,正伤心,却是旧时相识。"我们认为这一句最伤,因为词人看到空中的雁儿,不禁想到和南渡前家乡看到的一样,倍感亲切,所以伤心。

师:既是老朋友应高兴呀,为什么却要伤心呢?

第一组学生:大雁从北飞来,词人看到大雁便会联想到自己现在的遭遇也是从北到南来避难,自己身世可悲,自然倍感伤心了。

师：北雁南飞，词人南渡，同是天涯沦落人啊。

第一组学生：我想补充一点，大雁秋天自北而南，可到了春天，仍旧会飞回北方去，词人一定是还想到了这一点，雁儿还能北归，可自己却不知什么时候才能再回到故乡，这就更加让人伤感了。

师：正所谓乡心正无限，一雁度南楼。雁可北还，已归却无望。

第二组学生：我们组也认为这一伤最感人。可我们还有一种看法，鸿雁能够传书信，我背过李清照的一首《一剪梅》，其中就有"云中谁寄锦书来？雁字回时，月满西楼"一句，是她和丈夫分别后写彼此思念的，所以鸿雁代表着相思，本词里词人一定是看到鸿雁就勾起了对已经逝丈夫的无限思念。

师：精彩！当年鸿雁传书，如今万千心事寄与谁。国恨家愁，怎能不叫人断肠。

郭老师的点评异常出彩。当学生言不及意时，马上追问，"既是老朋友应高兴呀，为什么却要伤心呢？"一句追问引导学生"向青草更青处漫溯"。当学生发言到位后，用简明如诗的语言"北雁南飞，词人南渡，同是天涯沦落人啊"进行点评归纳，从一个侧面夸赞了学生的理解，后面学生的发言也在教师的睿智、才华中摇曳生姿。郭老师功底深厚，点评机智，"当年鸿雁传书，如今万千心事寄与谁。国恨家愁，怎能不叫人断肠"等点评，切合诗体，画龙点睛，让学生动情入境，怎一个"精彩"了得。

语文教学本是以学生的需要为前提，以学生的成长为目的。要想使学生拥有健全完善的人格、丰富细腻的情感、自由独立的思想，教师就须提升素养，熟透文本，循着学生发言用语文的方法相机点评，给偏颇者以导引，给自卑者以鼓励，给骄狂者以提醒，给优秀者以方向。这样的教学才语文，这样的课堂才精彩。

让教师的教学评价来得更精彩些吧！

老师，请您再宽容一点

教师是太阳底下最特殊的职业，既要教书，又要育人。教育的成功是一个综合的过程，而且百年才能树人，不能收到立竿见影的工作效果。正因为如此，教师有时也会"杀人"于无形，一顿粗暴的棍棒，一记响亮的耳光，一句嘲讽的话语，甚至一个蔑视的眼神，都会像一把利剑，将一颗透明的心击得粉碎。所以请老师宽容一点，宽容的老师才能培养宽容的学生，将来才会开形成宽容的社会。

首先要容人。爱一个学生等于培养一个学生，讨厌一个学生意味着毁掉一个学生。学生是有感情、有独立人格的人，因此需要尊重；学生是未成年人，因此要允许他们犯错误。由于教师受学生尊敬惯了，容易养成高高在上、唯我独尊的潜意识心态。教师如果没有一点容纳异已的量，往往就会在师生中形成剑拔弩张的紧张局势。这时教师要放下架子，把学生放在心上。关心学生内心的情感体验，让学生感受理解关怀的温暖。班上曾经有个学生喜欢边上课边喝各种饮料，科任老师看不顺眼，非常生气，叫学生站起来。那知学生站起来顶撞说："老师，《中学生日常行为规范》没有规定上课不准喝解渴饮料，"说完竟坦然坐下。科任老师气极了，把学生叫到我那里。我听完科任教师陈述之后就笑着先打发他走了。学生见我笑的脸色，神情便缓和下来。这时我趁势说："今天我要表扬你，"学生一楞，以为我是说反语。"我表扬你两点，"我见自己的话收到了效果，便趁机发挥，"你处处以《中学生日常行为规范》来约束自己，说明你心里有一根绳子，明确知道什么应做什么不应该做，用理性来控制自己的行为，这是一个人走向成熟的标志；另外，你能站起来回答老师，说明你懂礼貌，这也印证了你对《规范》的遵守。"学生露出了羞赧的神色，连连说老师"我错了"，我反问："你错在哪儿？""我不应该在课堂上喝水。"我说："很好，其实我们的行为除了法律、法规必须遵守之外，还要符合道德规范，不能以上面没有规定为理由钻空子。"这个事件之所以处理成功，首先就是因为宽容，先容忍了他在这件小事上的无礼，然后再用理来打动他，从此后他再也没有犯过这个毛病了。

其次要容言。人们的心目中，老师总是知识和智慧的化身，久而久之，老师自己也犯迷糊，以为自己就是真理，很难听进不同的意见。这就需要教师端正心态，察纳雅言。对待一个优秀的学生，教师认识到该学生是一个有价值的人，一个值得尊重的人，每个教师都能做到。但对待一个"差生"，每个教师却未必都能意识到这一点。有些教师因为"恨铁不成钢"或是疾"恶"太严，缺乏宽容的气度，没有认识到学生的人格价值和品质，就难以和"差生"沟通，从而无法取得较好的教育效果。苏霍姆林斯基说过："赞扬差生极其微小的进步，比嘲笑其显著的劣迹更文明。"事实上，只要对"差生"多一些宽容和赏识，多用发展的眼光看待他们，帮助其分析症因，提出应对策略，就能使他们的潜力得到开发，而这种潜力一旦被挖掘出来，迸发出来的力量是惊人的，甚至一点不比"优生"差。

再次要容事。教师要学会宽容，宽容学生的错误和过失，宽容学生一时没有取得很大的进步。苏霍姆林斯基说过：有时宽容引起的道德震动，比惩罚更强烈。每当想起叶圣陶先生的话：你这糊涂的先生，在你教鞭下有瓦特，在你的冷眼里有牛顿，在你的讥笑里有爱迪生。身为教师，就更加感受到自己职责的神圣和一言一行的重要。当今教育中，教师"只管学生的分数好不好，不管好生的心情好不好"的现象比较严重，教师总是抱怨学生的脑子笨，学习不用功，有些学生因不堪重负而采取逃学拒学，昔日的好学生行为变得怪异，情绪变得焦躁冷漠，失去了童年生活的乐趣。充满稚气的孩子背负着成年人沉重的期望，在紧张、疲劳的气氛中挣扎，失去了本该快乐的童年他能尊重学生，对学生有亲近感，能走进学生心灵。他能学会洞察孩子的变化，懂得呵护孩子的自信，懂得用不同的尺子来衡量孩子，会发现孩子的亮点，长处和不足。他能用宽容的心态去接纳孩子，去亲近孩子，以坦诚的胸怀去理解孩子。不会因为学生是"差生"而袖手旁观的，去批评他，指责他，而是会尊重每一个学生作为"人"的价值和尊严。尤其是能尊重那些过错的学生，有严重缺点的学生，尽管他也会批评，但至少不会体罚和污辱学生的，而是很婉转地让学生接受，以致于学生心服口服。英国谚语说得好"世上没有不生杂草的花园"。金无足金，人无完人，更何况是稚嫩无知的孩子。育人路上，多一些宽容 就少一些心灵的隔膜；多一份宽容，才会有关爱和扶持，有温暖和阳光。我们每一位班主任都不能太苛刻，都要有一点雅量，有一颗宽容之心，最大限度地宽容学生。有时，宽容所引起的道德震撼比惩罚更为强烈。曾在某杂志上看到这样的一个小故事：某学校的校长养了一条十分可爱的狗，一名学生因为好奇狗身体内脏的结构，于是胆大包天地把校长的爱狗解剖了。当校长知道此事后，并没有暴跳如狮，该校长从另一个方面发现了这位学生的天赋，而是宽容地进行"惩罚"——让该生把狗的内脏结构完全画出来。这位校长是善良的，同时他还发现了该生的另一个闪光点，没有宽容的心怎么可以宽容对待孩子的错误呢？该学生果然不负众望，在长大后成了一位有名的解剖医生。我们试想一下，没有校长那有卓越的见地，那宽容的对待，哪能塑造出如此出色的社会英才？学生会犯一百种错误，你就得有一百零一种耐心。宽容，真是一种智慧，使用权自己处理问题游刃有余。

世界上最宽阔的是海洋，比海洋宽阔的是天空，比天空宽阔的是人的胸怀。严以律己，宽以待人，要从语言落实到行动上，做一个宽容的老师，是一件多么美妙的事情。

宽容并不等于纵容。如果教师心慈手软，疏于管理，致使学生纪律涣散，有恃无恐，无所顾及，这是教师软弱无能的表现；如果教师厚此薄彼，亲疏有别，对干部子女，或班干部等特殊学生放松要求，致使班风不正，人心不齐，有令不行，有禁不止，这是教师私心作祟的结果；凡是种种都是纵容学生的错误做法，不仅会贻害学生，而且教师本人也因此威信扫地。

宽容与严格是矛盾统一体，宽容是另一种意义的严格。宽容应该因材施教，因人而异，因事而别。教师应该做到：原则问题不让步，是非面前不糊涂，评判学生看主流，心存善意看发展。

评语应做到四"宜"四"忌"

评语既有评价功能，又有导向作用，因此，评语历来备受教师重视，学生关注，家长聚焦。老师绞尽脑汁、费尽心思写就的评语本应该让学生视若珍宝、玩味再三，但往往却被学生草草一瞥，就搁置一旁。或千篇一律、或落于俗套的评语让学生觉得索然无味，久而久之，竟成了师生的情谊的催冷剂。评语简直成了弃之可惜、食之无味的鸡肋了。如何让这鸡肋多些色、香、味，让学生评语多些吸引力，从而唤起学生成长的诱因呢？笔者以为评语应该做到"四宜""四忌"。

一、评语宜具体细致而忌笼统抽象。

教师每天都在与学生打交道，只要教师目中有人，心中有生，就一定会对学生的日常行为加以观察，用"爱心"加"细心"去记录学生生活和学习中的许多细节，并把这些细节用具体细致的评语的形式写出来，当学生知道老师在处处关注和爱护他们的时候，学生会在心里感到强烈地震撼，更会在行动上自觉地要求自己，从而促使学生在人格上更上层楼。如果太笼统抽象，就成了假、大、空，学生自然品不出老师的情意，一眼望过之后，把评语丢在遗忘的角落，结果失去了评语应有的作用。如：一个来自"破烂王"家庭的女孩，总认为自己低人一等，在老师和学生的眼里她只是一个值得师生可怜的人，自尊总是树不起来。为了消除这个"疙瘩"，通过走访后，老师了解到她在校内、家中的许多感人的细节，于是就在她的评语上满怀深情地写道："孩子，我听你妈妈说，当她生病的时候，是你动手为她喂汤；妈妈劳累的时候，我听她说，是你为她捶背。老师听到以后，又对你多了一份喜爱之情。下周的主题班会全班同学真诚向你献上一束鲜花，以表达我和同学们对你的尊敬。"这个评语于细微之中见师情，于言语之间见生爱，远比"我们全班师生都不会嫌弃你"这样的笼统评价来得震撼的多。

二、评语宜欣赏激励而忌刻板教训。

好学生是夸出来的。这个说法虽然有些过份，但至少说明学生总是渴望得到别人的肯定、赞赏，期待与老师心与心的碰撞与交流。教师要善于用一双慧眼发现学生的闪光点，哪怕是一个微小的举动，一次微不足道的进步，都应该以充满激情和希望的评语给予肯定，增强他们的信心。即使是批评教训也应该多站在平等的立场上进行启发探讨，让学生自己感受到被尊重，从而充分重视教师的评语。如果教师居高临下刻板教训，就会造成一种逆反心理；反之，如果教师以平等的身份参与其中，或欣赏激励式，或启发探讨式，提出自己的看法，学生就能获得一种思考的冲动、完善自我的欲望。如：有一位学生喜欢发言，爱抢嘴，爱出风头。对此，同学对这种做法觉得感冒，同学关系空前紧张。为此，我给了他这样的评语："你有敏捷的思维，你的抢答就是最好的证明；你有很好的口才，你的发言就是有力的明证。你急切地想回答问题的心情老师能够理解，你想帮助同学把答案讲清，同学也非常乐意，但如果你能再倾听别人的回答，你就是在尊重你的朋友。希望你保持你的热心，再增加一些耐心，那么你就是一个最受班上同学欢迎的的人了。"在这里，既有欣赏激励，又有启发交流，让他受用，让他反思，让他清醒，这样他自己就很有分寸，很乐意地接受了下来。

三、评语宜以情动人而忌冷漠待之。

学生对教师的评语，最关心的并不一定是评价本身，而是颇费心思地从评语的字里行间窥探教师对自己的态度，是热情还是冷漠，是扶持还是厌弃等。所以教师写评语要以情动人，要以已心去发现他心，让学生在评语中感受到教师是用心在关注他，用情在欣赏他，用爱在发现他。学生一旦从教师满怀深情的评语中品出了鼓励和希望，会马上感奋起来，振作起来。如，班上一个学生是个乡下的孩子，上课总是低头不语，不敢积极发言。第一个学期教师给了他这样的评语："内向的性格是你朴实的表现，沉默的外表是你智慧在内敛，如果你再抬头看看，同学们都在投给你敬佩的眼神，他们更期望你能展示自己的才能，并期待你与他们交流。勇敢些，做一个大胆内秀的男孩。"第二个学期，当这个孩子有了明显进步时，教师的评语如下："你抬起了你低垂的头，老师看到了你的自信；你能说出自己的见解，同学看到了你的智慧；我们都在关注你的一切，记住：只要你坚持，一切皆有可能！"没有冷漠的歧视，没有无情的嘲笑，前后两次评语饱含着深情，打动了这个孩子，让他走入了勇敢的行列，乐于跟班上的学生交往，融入了班级浓浓的氛围中。

四、评语宜因人施语而忌千人一面。

做教师时间长了，评语写多了，往往会有程式化倾向。于是有的评语千篇一律，千人一面；有的评语剪切粘贴，张三不对李四；有的干脆全部克隆，敷衍应付。其结果冷了学生期待的心，也凸显了老师爱心、细心、责任心的缺损。因此教师应该把自己对工作的认真负责与对学生的满腔关爱化为动情的因人施语，必将触动学生灵魂深处，"于心有戚戚焉"。如：有个高三的学生曾在日记中模仿鲁迅的文章吐露自己的心声："可是我实在无话可说了,我只觉得所住并非人间。书本高高堆在我的眼前,作业压得我艰于呼吸,哪里还有什么言语?我将深味这校园浓黑的悲凉。"沉重的心理负担,悲观的厌学情绪流露于笔端,稍有不慎就会厌世。教师一边肯定他能仿写出真情,另一方面也给予精神上的关怀:"你的感受,教师能够理解。我想告诉你这样一个故事:一个女孩,正趴在窗户上看别人埋葬一只死狗,她泪流满面。这时她妈妈将她带到另一扇窗户前,让她欣赏美丽的花园。少顷,小女孩果然一扫脸上的愁云,变得快乐无比。试着关上这扇黑暗之门,去打开另一扇窗看看吧。何况人之所以为非凡之人,就得首先苦其心志,劳其筋骨,饿其体肤,空乏其身。"以故事喻之,以情感动之,以格言晓之,没有空洞的说教,有的是对症下语,没有一般化老套语言,有的是因人、因事而发的真诚之言,老师真诚的关怀和期待的言语感染学子迷茫的心灵,这甚至已经超越了评语的价值了。只有这样的评语才真正让学生品出其中的色、香、味。

好评语本身就是一种创造,它是老师才情和个性的展现,是教师眼光和识见的展示,是学生内心愉悦的审美体验。让教师的评语来得更好一些!

教师要学会说话

一项调查显示,校园伤害事件中,排在第一位的校园伤害竟是"软性"的"语言伤害";

很多案例表明,教师有时无心的几句赞美竟能创造一个又一个学生成才的奇迹。可见教师嘴下既能毁人也能树人。教师或赏识或幽默,或深情或商榷的话语,总能将学生的心理阴影一扫而空,从而化腐朽为神奇,塑造出更美的灵魂。那么教师应讲怎样的话语来打动学生,奏响动人的弦音呢?

一,讲赏识的话来鼓励。

有些教师信奉"严师出高徒",喜欢把批评、指责挂在嘴上,把严字写在脸上,甚至还有过激的行为,好象学生只能在批评、指责声中才能长大成材。其实人都有一种引起注意、得到认可、获得赞赏的天然欲求,教师就是要善于把握学生这种心理欲求,把注意力集中到发现和赞美学生的闪光点上,为他的优点赏识喝彩,让每个学生都能在愉悦的赏识、夸奖中接受教育。刘建强同学经常故意在课堂上提些与课堂内容无关的问题或说些笑话惹得全班哄堂大笑。这不,今天一来,就故意把"千呼万唤始出来"背成"千呼万唤死出来",弄得全班笑翻了天。班主任微笑着走过去,拍拍他的头说:"我很欣赏你独特的思维方式和幽默的性格,你让我们见识了什么叫仿拟妙用。如果你从今天起严格要求自己,专心听课,以后你一定会成为一名幽默大师或发明家。"针对刘建强同学的故意起哄,教师没有批评与指责,有的只是宽容的笑容和发自内心的赏识,,肯定了他灵机一动的"思维方式和幽默"的优点,同时又点明了他努力的方向,拨动了他内心渴望被鼓励被重视的心弦,后来他慢慢就改变了这种出风头的毛病,成为上进的好学生。

二,讲激情的话来感染。

美国著名教授理查德·威伍的一篇演讲,里面有一句极为精彩的话:"伟大的教师一定是有激情的教师。"教师的激情,源于对事业的热爱,基于对学生的关怀。激情能够唤醒学生沉睡的潜能,激活封存的记忆,开启幽闭的心智,放飞囚禁的情思。教师有了激情,就能激发学生心灵中潜在的情感,激起学生思想深处蕴藏着的热情,学生在感悟的同时聆听了教师的真情告白，也走进了教师坦诚的内心世界，在思想情感上产生了共鸣。针对深圳有的学生缺乏感恩之情，一个教师在教《我的母亲》时，充满激情地对学生说："世上有一种爱，它让你肆意地索取享用，却不要你任何的回报；世上有一个人，她永远占据在你心中最柔软的地方，你要用自己的一生去爱她。这一种爱，叫母爱。这一个人，叫母亲，让我们感谢我们的母亲，感谢她给予我们生命，感谢她给予我们深深的母爱，感谢她给予我们的启蒙教育。"没有空洞的说教，有的只是激情地感染，教师用激情的话语激起了学生心灵上的震撼，用启迪拨开了学生思想上的重重迷茫，情操得到了陶冶，心灵得到了净化。

三、讲真诚的话来沟通。

唐代诗人白居易说："感人心者，莫先乎情，"真实地道出了真挚情感的重要。欲想获得他人的真诚相待，首先就要真诚地对待别人。要想走进学生的心灵，教师就应当用充满真情实感的语言和学生交心，让学生感受到你的真情实义，师生之间的心理距离才能逐渐缩小，心灵的沟通才能实现。张齐华老师在讲"平行四边形是不是轴对称图形"时引起了争论，多数同学认为是，但平时有个比较调皮的学生认为"平行四边形不是轴对称图形"，他认为"把平行四边形对折后，两边的图形不能完全重合"，张教师特意走过去，跟他握手，笑着说："我跟你握手不是我赞成你的说法，而是感谢你为课堂创造出了两种不同的声音。想想，要是我们的课堂只有一种声音，那该多单调呀。"在学生再次进行操作实践后，大多数学生改变了自己的看法，知道了平行四边形不是轴对称图形。这时教师及时鼓励说，"实践出真知，你们的退让让我们更接近真理！"张老师的高妙就在于他尊重说话的学生，一次握手缩短了与学生的距离，一句真诚的赞扬使学生如沐春风，似乎漫不经心的话语正体现了他与学生沟通的技巧。

四、讲商榷的话来尊重。

所谓商榷，就是商讨，用点拨、启发、商讨的口吻来使学生明道理，长见识。随着年龄的增长和生活知识的增加，中学生的独立意识逐渐增强，他们不喜欢教师高高在上的姿态和盛气凌人的说教，期望和教师建立平等和谐的关系，开展情感和思想的相互平等交流。如果教师居高临下，容易造成学生的逆反心理。如果教师以探讨者的身份平等地参与其中，学生便容易接受。如有学生爱耍小聪明，就是不勤奋学习，以致成绩总在中游徘徊。为了警醒他，就可这样说："你有一个聪明的脑袋，已经具备飞翔的前提。如果你再勤奋一点，你就有了高飞的翅膀。"这里先赞赏他的脑袋聪明，然后再用商量的口吻提醒他要勤奋。这种商榷话语代替居高临下式的训诫，把教师和学生摆在平等对话的位置上，亲切而又平和，既给学生留下思考余地，又沟通了师生之间的感情，创设了平等和谐民主的氛围。

五、讲哲理的话来启示。

对学生的教育既要春风化雨，也须警钟常敲。有时以情动之，有时也要以理明之。这就需要教师准确精当地运用一些哲理性的语言来启示学生，让学生在思想上有所触动，在体悟、欣赏中，受到美的熏陶，理的教育。两个学生都是家在乡下的十五六岁的女孩，才上高一，学校推荐她们参加宝安区现场作文大赛，知道消息后又兴奋又担忧，兴奋的是能够有机会到外面看看，开开眼界；担忧的是作为乡下的孩子，作文能赛过城里的学生吗？有几十年班主任经验的老师看出了学生的忧虑，临行前的晚上，他找来这两名学生，对她们说："你们生在农村，常常与花草打交道，谁能说出一种不开花的草。"两位学生陷入了沉思，最后都摇摇头说："老师，没有一种草是不开花的，所有的草都会开出自己的花朵。"教师笑了，"是的，每一种花草都是一种花，栽在精美花盆里的花是一种草，而生活田地边和山野里的草也是一种花啊，不论生活在哪里，你们和其他人一样，都是一种草，也都是一种花。记住，没有一种草是不会开花的。"面对学生的不自信，教师没有讲大道理，而是用一个巧妙的比喻，把每个人都比喻成草，"所有的草都会开出自己的花朵"，所以每个人都是花。打消了学生的顾虑，由于轻装上阵，结果这两名同学都获得了一等奖，为学校赢得了荣誉，而她们的人生也从此拥有了自信。

六、讲幽默的话来明理。

雷曼麦认为："用幽默的方式说出严肃的真理，比直截了当提出更为人接受。"的确，幽默是一种机敏和智慧洞察力的表现，是能力和魅力的结晶，是情趣与哲理有机统一。教师运用幽默的语言，可以把教育意图直接导向学生，既可以缓解学生的心理压力，又容易走进学生的心灵；既能润滑师生之间的人际关系，又融洽了交谈气氛，让学生在诙谐的笑声中心领神会，明白事理，从而达到更好的教育效果。在一次考试中，一位同学藏了一本书准备舞弊。老师慢慢地走过去拿过他的书并且说道："考试带什么书呢？难怪只输不赢哩……。"这里，巧妙地通过"输"与"书"的谐音使学生明了道理，既是一种委婉的批评，又是一种善意的提醒，在笑声中保护了学生的自尊，效果不言而喻。

一花一世界，一生一心灵，要想走进学生的灵魂深处，就须用善言妙语叩击他们的心扉，拨动他们的心弦，从而弹奏出动人的乐章。

心理辅导四"利用" 春风化雨润无声

——浅谈如何克服考试中学生心理问题的几点体会

"考考考，老师法宝；分分分，学生命根，"这是当今学校的一种普遍现象。学生们要应付频繁的测验，各种规格的竞赛，各地统一的毕业考试，家长的签名也频繁起来，父母的期望值也跟着水涨船高，总希望孩子们能出人头地，取得好成绩，以便更好地择校、择班。学生在考试中慢慢地长大，好生、差生在考试中逐渐分离出来，心理在考试中有意无意地被扭曲。孩子们的负担实在太重。而初中阶段的孩子，无论身体、心理等褚方面还处在稚嫩的阶段，身心发展还不完善。虽然他们的独立意识在不断增强，但是自我意识发展还处于不成熟的阶段。他们常常不能客观地、正确地认识自己的长处和短处。由于内外因素重叠交叉，心理压力太大，容易产生各种心理问题。如考试怯场，发挥不好，以成绩认人，埋怨自己不如别人这样聪明，产生各种消极的人生观等。因此，如何培养初中学生完善、健康的人格，使他们适应竞争的时代，是我们开展心理辅导工作的一个新课题。

根据学生的特点，针对班级的现状，针对考试中出现的问题，我选择了从四个方面去做心理辅导方面的工作。

一、利用课程资源，培养良好心理。

进行心理辅导时，我们充分利用各种手头的课程资源，开展了不同形式、不同内容的心理辅导课，重在培养学生良好的学习习惯，培养他们的集体荣誉感及团结协作的能力，培养他们胜不骄，败不馁的良好心理素质。例如：上《意志是成功的重要心理因素》一课，孩子们知道了"意志"就是一个人自觉克服困难来达到预定目的的心理过程，这种心理过程是与意志行动分不开的；知道了良好的意志品质包括哪些，知道了良好品质的自我培养，懂得了只有在无数小事上锻炼意志的人，才能在未来的事业上表现出惊人的意志。上《人的的性情、脾气——气质》一课，同学们知道了在现实生活中，人和人有着彼此不同的个性，而这些性情、脾气的不同表现，就是心理学中所说的气质；知道了气质形成的生理基础，知道了每一种气质类型的表现都有积极和消极的方面；知道了自己属于什么样的气质类型，如何扬长避短，向积极方面发展，形成良好个性。上《培养良好的个性品质》一课，同学们知道了什么是个性品质，一个人的个性品质是怎样形成的，如何培养自己良好的个性品质。如何在考试中培养出好的个性品质。

二、利用小组辅导，进行心理调整。

我们还组织了小组辅导的形式，让学生们进行自我心理调整。在小组辅导活动中，同学们因为互相了解、熟悉对方，就不感到拘束、紧张、害怕，很容易谈出自己心里的想法和对考试中存在的心理看法。如进行"考试与情感波澜"的讨论。每个组员列举出自己平时考试前后经常出现的情绪，如快乐、悲伤、气愤、失望、难过、着急等，每人把自己平时有这种情绪时的表现（如动作、神态、语言）等表演出来。这样同学们之间有了更多的了解。在谈论中大家对"气愤"和"着急"时所表达的行为、态度等的表演感到不满，认为这种行为太激烈，今后遇到类似的情况，一定要克制。在小组辅导活动中，同学们还开展了"你能接受的批评方式""考考自己"等活动。通过活动，大家知道了同学之间要相互理解，相互尊重，平等待人、尊重他人的人格。他们也了解了自己的想法，懂得如何选择正确对待事物的看法、做法。

三，利用名人名言，鼓起自信风帆

为了让学生生能从名人身上汲取更多的人格养料，组织了"名人名言我知道"活动。每次考试都要进行一次说名人，品名言，找回自己的活动。尝试改掉一些考试中出现的不正常心理，学生在活动中结合自己的实际，说得具体、真挚，并且互赠名言警句。爱迪生，苏轼，李白，张海迪，海伦凯勒等从学生的口中走出，走进了学生的心中，"自信是成功的保证"，"失败是成功之母""走过去，前面是个天"，"站直了，别趴下"等警句名言脱口而出，发人深醒。在说名人名言的同时，还进行小组心理辅导活动，让同学们纷纷互说对方的优点，比如说："你的解题思路明晰！""你的作文特别有特色。""你的成绩有了很大的进步"，同学们通过相互评价，端正了对考试的看法，增强了抗拒挫折的心理，融洽了人与人之间的关系，懂得了从多角度看待考试的问题，懂得了欣赏别人，提高了认识的全面性。

四、利用个别案例，推动点面结合。

在心理辅导的工作中，我还注意点面结合，抓住个别，对一些特殊的学生采用个别辅导形式。班里又一位女同学李娜，平时学习挺好，各方面表现挺不错。可是到了考试时候就心理作怪，没有能发挥自己的水平，班上的同学对她渐渐看不起她，认为她的作业平时会抄，发言的东西是看其它参考书抄来的，渐渐地同学之间对她就比较冷淡，与她疏远。经了解，才知道她的父母期望值太高，她自己也觉得只有这样才能对得起自己的父母，于是越是想把考试考好越是紧张，母亲远在北京，又不能经常倾听她的心声，只是一味地写信数落她，同学间又冷落了她，因此她平时总有些郁郁寡欢。知道了这些情况，我便找一切合适的机会接近她，开导她。下课了，我把她带到走廊上，询问她的生活、学习情况，了解她的想法。在她的周记本中，我给她写一些鼓励的话语，告诉她过去怎样并不重要，考试成绩不是很重要，重要的是从考试中找出问题，重要的是如何把握现在，我看重的是她的现在，在我心目中她始终是一名好学生。我还主动打电话甚至写信给她的母亲，告诉她孩子的在校情况，要她多与女儿沟通，多鼓励，少责备，不要影响孩子的情绪。

在我的关心与辅导下，李娜的性格逐渐开朗起来，上课积极举手发言，下课后也与同学们相处得较好。我还注意在她获得进步的时候表扬她，同学们对她的印象越来越好，她变得自信多了，笑容开始洋溢在她的脸上。考试时也不再心理怯场，她的成绩提高很快，在全校的统考中，她的成绩在学校挤进了前二十名。

"后进生"往往是班级中学习较困难或思想品德较差的学生。考试对他们而言，就象大山一样压住了他们，而同学之间，家长之间，社会上的种种以考试成绩来看待学生是好是坏的观念让他们的心理负担特别重。但他们并不是不思上进的学生，如果给他们进行正确的心理辅导，那么"后进生"也是可以转化的。我从每一个人的实际出发，采取灵活多样的方法，坚持一把钥匙开一把锁。如深入了解他们的情况，因势利导；发现他们的"闪光点"，积极地关注他们。考试时编排两种不同的测试试卷，让他们能体会到学习的快乐与成功。特别抓住他们单科特别好的优点，加以表彰。像班里学习比较差的许建同学，在一次劳动中表现很出色，当时他和小组同学负责冲洗学校厕所，可厕所里的水阀坏了，没水冲洗。他灵机一动，把一楼走廊上的消防笼头拿下来，把水引到了厕所，不一会就把厕所冲洗得干干净净。看到他在劳动中如此苦干加巧干，我便充分加以肯定，鼓励他在学习上也应发扬肯吃苦，勤动脑的精神。在操行评分上给予了优等。看着我信任的目光，听着我鼓励的话语，他变得自信起来。从此以后，他认真学习，在全校统考中都及格了，数学还考了九十分的好成绩。

由于坚持进行心理辅导的实践，注重发挥心理辅导中的四个"利用"，有的放矢地进行各个方面的辅导，以此来促进学生的学习积极性，激发学生的学习兴趣，没有苦口婆心地说教，没有暴风骤雨的批评，春风化雨，润物无声。学生不仅学习成绩在年级名列前茅，而且都有比较完善、健全的人格。我深深体会到了心理健康教育对学生的发展多么重要，心理素质的提高对孩子们全面素质的提高起到了多么关键的作用。

姓名激趣　生活语文
——开学第一课的语文味

刘小华　李绪平

每一个开学，老师们都会精心打磨自己的开学第一课，希望能在第一个45分钟内，以自己的学识最大限度地激发学生的学习兴趣并征服学生，所以，开学第一课，精彩纷呈。前几天听一位新老师的开学第一课，又让我尤为惊喜。

这是一位刚刚参加工作的女老师，担任七年级某班的语文老师和班主任，校长极力邀请我去听她的开学第一课，可能对她的能力是充分相信的。

"同学们，我姓贾，是你们的语文老师和班主任，以后大家就叫我贾老师。"老师的开场白中规中矩，面对刚升入初中的新同学，我也想不出较新颖的开场白，师生做个自我介绍，也算是质朴而有效吧。但高潮也随之而来了，可能是有调皮的同学看这位新老师文文静静的样子，在下面小声地笑了，"假老师，嘿嘿！我们要真老师。"

"我就是货真价实的贾老师，不是弄虚作假的假老师。"老师转身在黑板上写下一个大大的"贾"字："大家认识一下这个'贾'字，'贝'字底，说明我是有真材实料的，在远古时候，人们是把贝壳当钱用的，所以和钱财、交易相关的字大多是用'贝'字旁的，不信你们自己写几个试试。"

"老师，'货物'的'货'字，'贵贱'两个字都是！"

"'贪赃枉法'中就有两'贝'字旁。"

"对呀，因为贪的是财物，所以'赃'字是'贝'字旁而不是'月'字旁。"老师适时点拨。

听到这里，我被老师的教育机智所折服，学生的一个小小捣乱，却被她引到形声字上来了，起码，大部分学生会牢记"贪赃枉法"的"赃"字不是"脏"了。

这时，有个女生站进来，低着头道歉说："老师，刚才我也笑了，不过不是笑你是假老师，是因为六一节的时候学校发给我的礼物是一本书，叫《女生贾梅》。"

"同学们，我不是贾梅，我是贾文娟，我这个名字，可是深有含义的。"老师在黑板上又写下"文娟"二字："我来考考大家，有没有人知道我这名字的含义呢？"

"是表示你很有文化吧。"老师话音刚落，一位女同学就接话了。

"不是表示我很有文化，是我爸爸妈妈希望我有文化，名字可不是我自己取的哟，好多事情我们自己是不能做主的，当然包括取名字，那时我还不认识字呢！"老师很幽默，学生都哈哈大笑。

"我知道了，您爸爸妈妈还希望您很漂亮，因为'娟'可以组个词'娟美'嘛。"一位帅帅的男同学很大胆地说，同学们笑得更欢了。

"不错，的确是这样，不过，爸爸妈妈给我取的名字是'文涓'，是希望我文笔如涓涓泉水，希望我成为一名作家呢，因为我有一位很会写文章的本家，有人知道吗？"

教室一下子安静下来了，可能小学生的阅读面还很少涉及贾姓作家吧。

"既然大家都不知道，我就向大家推荐一下吧，他就是贾平凹，中国当代最伟大的作家之一，这学期，大家就多读一读他的作品吧。上小学后，小女孩爱美呀，我就把名字改成'文娟'了，成不了美女作家，只能当个美女老师了，不过，我还算是一个比较有文艺范儿的语文老师吧。"

贾老师用"文艺范儿的语文老师"给自己作了一个小结，并要求同学们自告奋勇地作个自我介绍，"不必太详细，就从你的名字的含义入手，介绍一下自己吧"，老师把话题紧紧地收缩在"名字的含义"上。

"老师，我叫李昊，小学时很多同学不认识这个'昊'字，把我叫成'李吴'，有人问我是不是爸爸姓'李'妈妈姓'吴'，实际上，'昊'是'如日中天'啊，爸爸妈妈希望我能有巨大的成就呢。"

"不要仅仅向我一个人介绍哦，你如果说'老师好，同学们好，我叫李昊'，以后肯定没人叫你'李吴'了。"老师巧妙地给学生介绍了一点礼仪常识，"你的名字很大气，叫起来也响亮，'如日中天'，爸爸妈妈把希望都寄托在你身上了，希望你好好学习，不要辜负他们。"那同学坐下去，脸涨得通红，可能热血沸腾了吧。

"老师好，同学们好，我是梁文瀚，文化的文，浩瀚的瀚，当然是激励我要有很多很多文化的意思了，我很喜欢这个名字，叫起来很响亮，今后同学们可以叫我'大瀚'。"第二个发言的还是一位男生，他走上台，对老师、同学各鞠了一躬才介绍，老师的礼仪教育很快就有了成效。

"大瀚很有礼貌，名字也很有意义，不过你的名字太难写了，幼儿园里吃了不少苦吧。"

"没有啊,通常情况下我都写成'汉字'的'汉',只有老师的登记册上才写'浩瀚'的'瀚',反正大家都知道。"

"呵呵,你太聪明了,你这叫通假字呢,今后别写通假字了,名字可是很严肃的事情哦。"

老师看女同学跃跃欲试又不敢上台介绍,于是就点名一位同学:"刘颖,你来介绍一下你的名字吧。"

刘颖同学做了很充分的准备,可能只是一直鼓不起勇气,老师点名了,她走上台也就落落大方了。

"老师好,同学们好,我是刘颖,'颖'字,是才能出众、与众不同的意思,比如'聪颖''新颖',爸爸妈妈还希望我'脱颖而出',不要'泯然众人矣'。"

"我是麦嘉慧,'嘉'是美好的意思,'慧'是'智慧'的'慧',家长希望我又漂亮又聪明。"

"我叫刘文彬,爸爸妈妈希望我文质彬彬有绅士风度。"

……

"看来同学们对自己的名字都有认真的研究,名字不仅寄托了爸爸妈妈对我们的希望,更是伴随我们一生的金字招牌,所以我们要爱惜自己的名字,不要给自己的名字抹黑。由于时间关系,还有些同学没有介绍,那么请大家课后写一篇小作文,题目叫《爱惜我的名字》。老师还有最后一个问题,请同学们回忆一下曾经的同学的名字,看看男生女生的命名有什么不一样。"

"男同学的名字中多有浩、鹏、坚、豪、瀚、伟等字,一听就知道是男生,再看我的名字,林美丽,肯定是女生。"

"我爸爸给我取名高奉天,好多人一听这个名字就认为我是男生,可见名字是有性别的。现在我想改个名字吧,又怕太麻烦,大家以后叫我'天天'吧。"

"女同学的名字中常出现娟、慧、珊、茹、惠、妮、娜等字,我叫唐鲁会,名字比较中性,但如果把'开会'的'会'改成'恩惠'的'惠',就很女性化了吧。"

"同学们的分析很有意义,名字也有性别,男生的名字一般阳刚大气,女生的名字则柔美可爱,虽然生活中有男生的名字女性化,也有女生的名字男性化,我们只能接受,因为名字是我们不能选择的。但是,我们的生活学习中,男生不要女性化,女生也不要男性化。男生就应该勇猛刚强、洒脱大气,女生应该文静贤淑,秀外慧中。我希望同学们在初中三年,呵护自己的名字,让自己的名字在学校荣誉册上占据最显眼的位置！最后把班上几个同学的名字凑成一联，送给大家：'文质彬彬嘉慧显，瀚海弄潮勇争先'。下课。"

【点评】

贾老师充分发挥自己语文老师和班主任的双重身份，把开学第一课上成了一节语文激趣课，也上成了一节班会课。先说语文激趣吧，贾老师找准了一个很小的切口——名字，告诉学生，语文，就在我们身边，体现了语文学科的人文性和工具性；教学过程中，贾老师时时注意语文知识的贯通，如由"假、贾"谐音的误会引入形声字，由取名"文涓"向学生推荐了作家贾平凹；由自我介绍引导学生探究名字的意义，水到渠成不着痕迹。作为班主任，贾老师教会学生交际礼仪，教育学生珍惜自己的声誉。我特别欣赏最后一个环节，关于名字的性别问题，虽然同学们探究的不是很深入，但这明显不是贾老师的重点所在，贾老师是想通过这个探究告诉学生要注意自己的性别，中国男孩的女性化问题，男女生性别角色模糊的问题已成为很严重的社会问题，引起了国内外专家学者重视。贾老师的这一环节，无论是作为班主任还是作为一名教育工作者，都尽到了我们应尽的责任。

整节课老师以鼓励为主要手段，引导学生积极参与，合作探究，体现了新课程理念，展示了超强的掌控能力。

如果说还有不足的话，那就是关于姓名的研究可以作为一个综合实践课来开展，比如中国姓氏文化、姓名学等等，让学生进行综合实践后形成实践小论文，把这节课上成成果汇报课，学生的收益肯定会更多。

学校应用什么来使新教师脱茧成蝶

新学期又要开始了，大批新教师就要走上各自的岗位。新教师是学校的生力军，是学校的希望所在。新教师的强弱将直接决定着一所学校实力的大小和发展后劲的强弱。"百年大计，教育为本；教育之计，教师为本；教师之计，培养为本。"培养好新教师，是一项惠及教师前途，关系学校发展的重要工程，如何让新教师迅速脱茧成蝶，成为学校的中坚呢？

一、指点迷津，引好路

"火车跑得快，全靠车头带。"新教师刚刚踏上工作岗位，其专业思想和业务能力尚未定型，迫切需要学校的宏观引领和微观点拨。如果引导得不好，可能就会做一天和尚念一天经，一事无成。如果及时为他们指点迷津，可以使他们认识到自己肩上担负的重任，明确自己努力的方向，树立高远的理想。为此，新教师到学校的第一天，学校就要及时召开会议，给新教师作好思想动员，特别是要用好身边的榜样，让本校涌现出来的优秀教师典型现身说法。"榜样的力量是无穷的，"通过榜样的示范和带动，感染和鼓舞新教师，澄清新教师的模糊认识和混饭思想，培养他们在教育教学上吃苦耐劳，精益求精的精神，为其日后教育教学打下扎实的思想根基。

二、以老带新，结好对

"新竹高于旧竹枝，全凭老干来扶持。"新教师虽然在师范院校较为系统地学习过教育学、心理学和教材教法，但对于教育教学还缺乏临床经验，分析处理教材以及驾驭课堂教学水平能力还较差，这些都离不开有经验的老教师指导，使新教师少走弯路，缩短成长周期。为此，新教师到校后，学校就要及时给新教师指派一位专业能力强，敬业精神好的教师担任其导师，做好传、帮、带工作，通过共同备课，互相听课，一起评课，引领和帮助新教师快速成长，早日挑起学校发展的大梁。

三、创设条件，架好梯

"欲穷千里目，更上一层楼。"为了尽快适应新形势下的课改，新教师离不开多方面的学习培训，其发展需要学校在各方面提供便利和帮助。新教师要爬多高的楼，学校就要为其架多高的梯。要舍得投入人财物，乐于为其做嫁衣，通过有意识的政策倾斜，为其学习进修提供物质支持和制度保证。学校不仅要鼓励新教师"走出去"取经，博采众长，还要舍得"请进来"，让专家教授与新教师零距离接触，面对面地指导。通过多管齐下，不断给新教师架梯搭台，让他们获得更多的源头活水。

四、大胆放手，压好担

"没有压力就没有动力。"新教师的快速成长固然离不开自己的勤奋努力，但也离不开学校的重视。有时还得硬赶鸭子上架，压其进步，逼其成长。学校要摒弃偏见，敢于重用新教师，尝试着把一些重要的任务交给青年教师去摸索，让敬业精神强的新教师担任班主任或毕业班的教学业务，通过在教学第一线摸爬滚打，练出一身硬功夫，成为挑起学校发展的大梁，担当教学改革的主角。

五、鼓励冒尖，给好位

"海阔凭鱼跃，天高任鸟飞。"对于在教育教学中涌现出来的新教师典型，学校要不唯资历看能力，不唯文凭看水平，不唯职称看称职，敢于提拔重用。通过给予适当的位置让新教师在管理的舞台上"抛头露面"，大展身手，让有才能的新教师进入学校领导班子，这样对其他教师是一种鼓舞与鞭策，使教师们看到只要敬业奉献，积极进取，在自己的工作岗位上做出成绩，就一定会找到属于自己的位置，继而使广大教师重新审视自己，对自己提出更高的标准和要求，产生了很好的导向功能。

四招让对话描写更精彩

在写人的作文中，人物语言描写占重要地位，而对话描写又是语言描写的重要形式。从写作角度来看，学会描写人物对话是刻画人物形象、发展故事情节、表现文章主题的重要手段。因此，写好人物的对话至关重要。要想对话描写精彩，不妨从"变"、"换"、"添"、"修"四个方面多作文章。

一、变"说"的句式

所谓变，就是把单一刻板的对话形式通过变动提示语位置进行对话的重新组合，从而使对话形式呈现变化摇曳之美。在学生平时习作中，经常是"某某说"一"说"到底，句式机械，"说"法单调，面目可憎。其实，只要将提示语变挪一下，对话的形式就生动起来。根据提示语的位置，对话往往有四种句式：人前话后（某某说："……。"），话前人后（"……，"某某说。），人中间话两边（"……，"某某说，"……。"），有话无人（"……"）。变化对话形式是为了突出说话人的神态、情绪、心理及内容侧重等，让人物语言表达得更精确、更细致、更流畅，增强文章的感染力。如《羚羊木雕》中追问木雕去向的几组对话就十分精彩：

"要说实话……是不是拿出去卖啦？"妈妈变得十分严厉。

"没有卖……我送人了。"我觉得自己的声音有些发抖。

"送给谁了？告诉我。"妈妈把手搭在我的肩膀上。

"送给万芳了，她是我最好的朋友。"

"你现在就去把它要回来！"妈妈坚定地说，"那么贵重的东西怎么能随便送人呢？要不我和你一起去！"

"不"，我哭着喊了起来。

命令式的口吻、家长的威严、孩子威压下的不满等，通过妈妈与"我"围绕羚羊木雕几组不同的对话形式展示出来，句式错落有致，语气、重点各得其宜。如果把这几组对话统一改成"某某说"之类的单一对话形式，那就索然无味了。因此写作时对话形式要因文制宜，交错组合，灵活运用。

二、换"说"的替身

所谓换，就是把纯粹的"说"换成千姿百态的说。汉语词汇相当丰富，能取代"说"或者是类似"说"的功能的词语比比皆是，如"道、问、答、叫、喊、喝、唤、呼、嚷、唠叨、嘟囔、嗫嚅、喃喃、训斥、吆喝、痛斥、申诉、纳闷、不假思索、恍然大悟、脱口而出、得意洋洋、一本正经、自以为是、半信半疑、满有把握、若有所思……"，要使对话描写生动形象，就要避免词语贫乏、一"说"到底、人人同腔的毛病。如学生习作《我的母亲》中的一段：

一进初三，睡觉便成了一种奢侈。这不，天刚露点色，母亲就敲门（叫）上了："小华，起床了！"

我拉了拉被子，装作没听到。

"起——床——啦！"母亲大声地（喊）着。

我揉了揉惺忪的眼睛（嗫嚅）着，"天还没亮呢。"

母亲沉声（训斥）道：你听听，隔壁的小琳——！

括号里的词"叫"、"喊"、"训斥"，写出了母亲越来越严的口气，而"嗫嚅"则写出了"我"的不愿、不满及无力抗争的心态。读到这些"说"语就好像读到了人物的心声。

三、添"说"的修饰

所谓添，就是在"说"语前添加一些能反映人物神态、动作、心理、想象等方面的修饰语，借助人物的动作、神态、心理活动来加强语气，增强对话的表现力。如下面一段文字：

（1）小梅说："我忘了！"

（2）小梅支支吾吾地说："我——忘了！"

（3）小梅低着头，红着脸支支吾吾地说："我——忘了！"

（4）小梅低着头，红着脸，两手不安地绞着衣角，支支吾吾地说："我——忘了！"

通过比较分析，我们发现由于在"说"之前加入"低头""红着脸""两手不安地绞着衣角"、"支支吾吾"等动作、神态、语气、心理等修饰语，相较于其它三句，第（4）句便有如见其形，如闻其声，如临其境之感。

在学生习作中，最常见的是会写"说"，但就是不写"怎样说"，对话不能跟人物神态、动作等结合起来描写，人物形象呼之不出。因此，一定要有意识地加强这方面的训练，才能写出立体的生动的人。

四、修"说"的话语

所谓修，就是要对人物对话内容进行挑选、锤炼，写出人物对话的个性。俗话说"是什么人说什么话"，不同人物由于身份、职业、年龄、兴趣、修养等的不同，他们说话的内容、用词乃至语气、语调都是各不相同的。成功的对话描写必须做到这一点，才能使读者听其言，见其人，知其心。《荷花淀》中在对话描写上就有许多独到的地方：

"听说他们还在这里没走。我不拖尾巴，可是忘了一件衣裳。"（分析：找衣服借口，委婉含蓄，聪明型。）

"我有句要紧的话，得和他说说。"（分析：什么话这样重要？直率外露，憨态型。）

"听他说，鬼子要在同口安据点……"（分析："听他说"透出谨慎稳重，一看就是水生嫂。）

"哪里就碰得那么巧，我们快去快回来。"（分析：心急口快，已顾不得羞涩。）

"我本来不想去，可是俺婆婆非叫我去看看他—有什么看头啊！"（分析："有什么看头啊！"羞羞答答，纯属欲盖弥彰，新媳妇型。）

简单的生活话语透出十足的个性，淋漓尽致地写出了她们的思念之情，又让人物性格活灵活现，丰富的内心世界毕览无余，可谓是个性对话描写的精品。

学生在这一块最容易犯的毛病首先是对对话内容不加选择，诸如"等我一会儿，咱们一块走"、"几点了"、"吃饭了"等无特点的对话充斥作文之中。其次，对话千篇一律，万人一腔。要知道，即使表示同样一个意思，同一身份不同性格的人往往都有言语差异。如上文中《我的母亲》中的一段：

一进初三，睡觉便成了一种奢侈。这不，天刚露点色，母亲就敲门叫上了："小华，起床了！"

我拉了拉被子，装作没听到。

"起——床——啦！"母亲大声地喊着。

我揉了揉惺忪的眼睛（嗫嚅）着，"天还没亮呢。"

假如"我"是逆来顺受型，括号中的词就得换成"嗫嚅"；假如我是不满而又屈于威压型，那可能是"不耐烦"；假如我是唯我独尊型，那可能是"吼"了。因此在对话描写时要反复揣摩对话内容，精心挑选个性语言，让人闻其声，知其人，解其心。

只要善于"变"、"换"、"添"、"修"，对话描写自然会更精彩。

从08年高考看如何辨识字形

字形辨别是近年来高考必考题，加上今年作文中对错别字的扣分又特别重，因此很有必要让学生掌握辨识字形的方法。现结合2008年高考题谈几种辨识字形的方法。

一、**结构对应法**。汉语中有许多词语的结构是并列关系，词与词之间形成对应。尤其是对应位置上的词意义相同、相关或相反，我们可以利用词语的这种结构对应去辨析字形。如："钩玄题要"（2008年北京卷），"堰旗息鼓"（2008年浙江卷），它们都是动宾型并列短语。其中"玄"与"要"是对应的，意思分别是"深奥精微的道理"和"要领"，内容上有相关性；"钩"与"题"也应该是对应的，但"题"一般作名词，而"提"是摘取之意，所以"题"应当改为"提"才对。"堰旗息鼓"中，"旗"与"鼓"结构上对应，内容上相关。"堰"与"息"当然也是对应的，"息"是停息之意，而"堰"的意思是较低的挡水建筑物，是一个名词。"偃"是放倒之意。所以应该把"堰"改为"偃"。又如"粗制烂造"（2008年山东卷），"粗"是粗劣的意思。如果是"烂造"的话，就是胡乱的制造。"粗"跟"烂"意思相关性较远。而"粗制滥造"是指不负责任，马虎草率，只求数量，不顾质量。"滥"，多而不精细。所以，正确答案为"粗制滥造"。再如"名门旺族"，"惹事生非"，"插科打诨"，这几个词语都是并列关系，都有错别字，"名"与"旺"相对应，当用表"名望"的"望"。"事"与"非"相对应，当用表"正确"的"是"；"科"指古戏曲中角色表演的动作，"浑"表示水污浊不清，显然"浑"与"科"不能对应，当用表"在古戏曲中开玩笑"的"诨"。

二、**来源推断法**。词语或成语的形成往往凝结着浓郁的文化风俗，有些词语来源于古代书籍或寓言或生动有趣的典故，若能记住其出处或故事大意并结合词义辨别，就能查出是否出现错别字。如："功亏一匮"（2008年江西卷），原文是"为山九仞，功亏一篑"，意为堆九仞高的土山，因只差一筐土而没有完成。其中"篑"是跟竹制品有关，是盛土的土筐，这里指一筐土。而"匮"是缺乏之意。所以正确答案是"功亏一篑"。又如"墨守成规"，"世外桃源"，"桃园结义"三个词，如果知道了它们的来源就好判断了。"墨守成规"与墨子有关，古时墨翟以善于守城著名，后称善守者为墨守，所以应为"墨"，不能误作"默"。"世外桃源"与陶渊明有关，他曾写下《桃花源记》，应该为"源"，不能误作是"园"。而"桃园三结义"是《三国演义》中的故事，是在桃园子里进行的，所以"园"自然就不能写成"源"了。

三、语境辨析法。许多汉字是要根据语境才能确定用字的正确。如："吉人自有天象"（2008年山东卷），意思是说幸运的人常常有上天帮助。但"天象"是天文现象，跟原意没有关联。而"天相"就是上天扶持、帮助之意（"相"：扶持、帮助），因此正确答案为"吉人自有天相"。又如"他退休了真正感到清静"，句中"清静"使用不当，应为"清净"，指无人打扰。而"清静"应该与环境搭配。当然，使用此法首先应该弄清字词本身的意思。

四、音性辨别法。音指读音，性指词性。字形的考查多是一些形近或形异而音同或音近的字。如果读准了音，再加上从词性的角度加以判断，准确率就会提高。如"聚沙成塔，集掖成裘"（2008年湖南卷），其中"掖"（yè）是扶助或提拔，是动词。而"腋"（yè）是名词，胳肢窝，此指狐狸腋下的毛皮。虽然两个都读"yè"，但与"集"搭配的肯定是名词了。成语意思是狐狸腋下的皮虽小，但把许多块聚集起来，就可以缝制成珍贵的皮衣。所以正确答案是"集腋成裘"。又如："问侯"（2008年山东卷），"侯"读hóu，是指一种官位，名词。"候"读hòu，是指问候，表示对人的关心，是动词。所以答案为"问候"。再如"碑贴"（2008年天津卷），"贴"读tiē，动词，意思是把薄片状的东西粘在另一个东西上。"帖"读tiè，名词，意为学习写字或绘画时临摹用的样本。所以正确答案应为"碑帖"。

五、形旁推测法。汉字是形声字占百分之八十，形声字的形旁至少能表示其意义类型，因而，据形推测是辨别正误的重要方法。如"原物壁还"（2008年天津卷），这里的"壁"是"土"字旁，跟"土、墙"有关联。而"璧"跟"玉"有关，代表珍贵的东西。"原物壁还"的"壁"是名字作状语，意为"象壁一样"，意指东西随意、不值钱。而正确的"璧还"是敬辞，用于归还原物或辞谢赠品。两相比较，当然选"原物璧还"。又如"弟弟的朗颂声情并茂"（2008年浙江卷），这里的"颂"就应该改为"诵"，跟"讠"有关，符合原句表达的内容，所以答案是"朗诵"。再如"砰然心动"（2008年重庆卷），"砰"是"石"旁，代表重物落地的声音。而"怦"是跟"忄"有关，跟"心动"相吻合，因此答案为"怦然心动"。再如"讴歌"要用语言，"讴"不能用"呕"，用语言而不是口，"呕吐"则恰相反，"怄气"与心理有关，"沤肥"则需要水。

六、经验推断法。有些字只要结合生活经验常识就可以推知其正误。如"好高骛远"（2008江西卷），这个成语是动宾型的并列短语，如果是"鹜"，跟鸟有关，意为野鸭子，放在原词中解释不通。"鹜"通"务"，追求之意。所以"好高鹜远"应为"好高骛远"。又如"明枪易躲，暗剑难防"（天津卷），"剑"往往是君子所为，而"箭"往往是用来突袭的，所以答案为"暗箭难防"。再如"不胫而走"指没有脚却走了，那么"径"肯定就是"胫"的误写。"鸠占鹊巢"，"鸠"大而雀小，麻雀巢岂能装下它？岂能承载它？可见，"雀"是"鹊"的误写；同样"欢呼鹊跃"是形容人高兴得一跳一跳，谁看见喜鹊一跳一跳的？而麻雀一跳一跳确实是常见的，可见，"鹊"是"雀"的误写了。

以词推字，以意断字，以音定字，这是辨识字形的原则，在这个原则的指导下，运用正确的识别错别字的方法，对辨识字形还是行之有效的。当然如果想游刃有余，做到准确判断字形正确，不写错别字，更需要平时勤于积累，用心识记了。

从深圳中考和台湾基测来看两地对语文能力考查的共识与分歧

刘小华　李平生

在中考语文考试说明里,深圳采用布卢姆认知领域教育目标分类理论来说明中考语文的能力要求,这与大陆其他各地的表述有较大差异,却与隔海相望的台湾遥相呼应。大陆其他各地的中考语文考试说明的核心内容是"考试内容",在对"考试内容"的逐条列举中,一般没有严格的清晰的能力指标;深圳和台湾却将"考试能力要求(能力指标)"和"考试内容(教学指标)"并举,开宗明义,举足轻重。

布鲁姆将认知领域的教育目标分成知识、理解、应用、分析、评价、创造六个层次[1]。《深圳市初中毕业生学业考试(中考)语文学科考试说明》[2]的第二条"能力要求"规定:根据语文学科特点和《语文课程标准》的要求,初中毕业生语文水平测试包括识记、理解、表达运用、鉴赏评价四种能力。台湾师范大学郑圆铃教授的《国中基本学力测验(基测)评量指标》[3]将"国文领域"的能力指标规定为记忆、理解、运用、分析四个层级。这说明深圳和台湾都在运用世界公认的教育研究成果来开展古老的母语语文考试,努力让语文考试在科学的道路上实现应有的效度和信度。

在"能力要求(能力指标)"规定方面,深圳中考和台湾"基测"不同之处有两点:1、深圳是在同一张试卷上考作文,台湾"基测"国文领域没有作文,作文另外单独考试,深圳将"表达"作为运用能力之一并列,台湾将写作能力作为创造能力;2、台湾"基测"的最高能力指标是"分析",只有到"大学学科能力测验(学测)"才会通过"补充试题"测试"赏鉴"能力,深圳中考没有"分析"能力要求,却直接要求台湾高考才有的"鉴赏评价"。相对而言,在"能力指标"的规定上,台湾严格遵循布卢姆的理论,深圳却有较大出入。

在"考试内容(教学指标)"方面,深圳将其分为"语言知识与专项语言技能"、"文学常识与名篇名句"、"古诗文阅读"、"现代文阅读"、"名著阅读"、"写作"等几大块,每块又包含若干项。大陆各地中考说明"考试内容"的规定大同小异,只是深圳在各块的分项列举中遵循"以内容为经,以能力为纬"的方式,其他地区则是单纯的分项列举。台湾"基测"的"教学指标"按"能力为经,内容为纬"的方式列举,分为a.字形b.字音c.成语d.語詞涵義f.句子涵義g.段落涵義h.文化常識i.語法j.修辭法k.寫作表現法l.應用文格式m.閱讀題組共八项。现将深圳中考"考试内容"也按"能力为经,内容为纬"的方式列举,并与台湾"基测""教学指标"对照并列,比较如下:

(图一)④

能力指标	地区	教学指标
识记（记忆）	深圳	1、3500个常用汉字的字音 2、3000个左右常用汉字的字形 3、中国外国重要作家的时代及代表作 4、识记文学体裁常识 5、默写教材要求背诵的全部课文、文段
	台湾	a.字形2 （a）正確字形（b）形近字（c）同音字 b.字音1 （a）正確讀音（b）形近字（c）一字多音 c.成語1 （a）正確涵義（b）成語涵義正確關係

因为深圳的考试说明对各项能力没有做出界定,本文采用布卢姆教育目标分类学和台湾《国中基本学力测验评量指标》对各项能力的界定。

记忆:从长时记忆中提取相关的知识,包含"识别"、"回忆"。——布卢姆

所謂記憶是指經由認知或回憶歷程,產生對觀念、資料的記憶行為。學習後,我們期望學生的回憶行為,與當初學習時我們期望他們的應有行為,非常一致。——郑圆铃

图一显示:深圳和台湾都同意测试学生对汉字字音字形的识记能力,不同之处有四点:1、台湾明确了测试字音字形的三种情形以及题量,深圳没有;2、台湾单列成语作为必考项,深圳没有;3、深圳将作家作品、文体常识、诗文默写只作为识记能力测试对象,台湾不将它们列入单纯的识记对象,而是放在更高层次的能力要求上。4、从识记能力在整个测试中的权重来看,深圳的识记在总分60分里(写作另计)占不少于18分,即不少于30%;台湾的识记在总分96分里占8分,约8%。

对识记能力的不同要求直接导致的后果是：深圳的学生至少要花三倍于台湾学生的时间来记忆，因此，反复的过度的记诵式学习在深圳校园蔚然成风。让我好奇的是，这样培养的学生是否比台湾的学生更博闻强识，更满腹诗书？

图二

理解	深圳	理解常见实词、成语典故在课文中的含义 在记诵积累的基础上理解课文大意 理解课文中句子的大意，翻译课文中的句子、语段 了解课文的主要内容和基本写法
		体味和推敲重要词语在语言环境中的意义和作用 理解和推敲重要句子在语言环境中的意义和作用 领会科技作品中所体现的科学精神和科学思想 区分议论文中的观点与材料，发现观点与材料之间的联系，并通过自己的思考，做出判断 在阅读中了解记叙、描写、说明、议论、抒情等表达方式及其作用
	台湾	a.語詞涵義2 （a）解釋詞義（b）同義詞（c）多義詞（d）虛數詞（e）虛詞（f）意義新詞（g）聲音新詞 b.句子涵義5 （a）句子涵義（b）句子觀點（c）句子要旨（d）句子邏輯（e）句子關係 （f）句子語氣（g）句子主要觀點 c.段落涵義7 （a）段落標題（b）段落要旨（c）段落內容（d）段落關係 d.文化常識1 （a）人物（b）典籍（c）史事、節慶（d）六書及部首

理解：从口头、书面和图像等交流形式的教学信息中构建意义，包含"解释"、"举例"、"分类"、"总结"、"推断"、"比较"、"说明"等。——布卢姆

所謂理解是指當學生遇到一個訊息溝通時，能了解溝通的內容，並利用它所包含的資料或觀念。——郑圆铃

图二显示：深圳和台湾都同意通过测试学生对词语含义、句子含义的理解来考查他们的理解能力。不同之处有五点：1、深圳将理解能力分列在古诗文阅读和现代文阅读中，对不同的选文分别做出分项要求，台湾则去除选文性质，只从文章的基本构成单位：词、句、段的角度分别作出要求；2、深圳对词、句的理解确定在意义和作用两方

面，对段落没有做出要求，台湾不仅对理解词语含义和句子含义分别规定了7项指标，而且对理解段落含义规定了4项指标；3、深圳把文章写法、表达方式、实用文体阅读放在理解能力考查范围里，台湾则放在"应用"和"分析"部分；4、台湾将文化常识作为理解能力考查，并明确规定了考查的五个方面及题量，深圳通常只考查识记，在考试说明里也没有规定范围和题量。；5、深圳对词、句理解没有规定题量和权重，台湾则做了明确的规定，而且词、句、段权重依次递增

以上分析表明，深圳和台湾在对语文"理解能力"的构成存在较大分歧，那么，汉语"语文理解能力"的完整结构应该是怎样的？这个问题不解决，就无法培养和考查学生真正的语文理解能力。

图三

应用	深圳	能正确使用标点符号 能正确使用常用词语（包括成语） 能纠正句子的常见语病 能正确使用、选、交换常用句式 语言表达基本做到简明、连贯、得体 能正确运用常见的修辞手法 书写熟练、规范
		筛选并整合文中的信息 把握文章思路 归纳内容要点 概括中心思想
	台湾	a.語法6 （a）複詞（b）詞類（c）詞類活用（d）詞語結構（e）簡句（f）複句 b.修辭法3 （a）修辭（b）寫作技巧 c.寫作表現法3 （a）語詞（b）句子（c）段落（d）資料整理（e）標點符號 d.應用文格式2 （a）書信（b）柬帖（c）對聯（d）題辭

应用：在给定的情境中执行或使用程序，包含"执行"、"实施"。——布卢姆

用是指學生面對新問題時，能正確應用其抽象性，而不須給予任何提示。——鄭圓鈴

图三显示：深圳和台湾各自列举了认为重要的语文应用能力考查项目，有许多共识：1、都重视标点符号的应用；2、都重视词语、句式、修辞的应用；3、都重视语法的应用；4、都重视资料筛选整理归纳概括。不同之处有三点：1、深圳将书写能力列

入，台湾则将传统的应用文格式列入应用能力考查范围；2、台湾分类更细，题量权重明确，且语法权重在语文应用能力考查中分量最大，深圳则没有题量和权重的规定。

　　语文是一门实践性很强的学科，语文应用能力是语文学科的核心能力。深圳和台湾在对语文应用能力的认识上有许多共识，也有分歧。能否深入探讨这些分歧，以期更多更好的共识，构建更完整更科学的语文应用能力结构，从而指导语文教学？

图四

鉴赏评价	深圳	欣赏文学作品，在初步领悟作品内涵的基础上，从中获得对自然、社会、人生的有益的启示 对作品的感情倾向，能联系文化背景做出自己的评价 对作品中感人的情境和形象，能说出自己的体验 品味文中富有表现力的词语，能做出初步的审美评价 对课文内容和形式能提出自己的看法和疑问。
分析	台湾	a.各類短文的要素、關係、組織 古典散文（b）古典韻文（c）現代散文（d）現代詩（e）外國文學（f）知識性短文（g）實用性短文 b.短文優劣（基測未見）

　　分析：将材料分解为它的组成部分，确定部分之间的相互关系，以及各部分与总体结构或总目的之间的关系，包含"区别"、"组织"、"归因"。——布卢姆

　　分析強調將材料打散，再探求材料間的關係和結合方式，它也可能包含各種傳達意義或溝通技巧的設計。分析包括指明短文的要素、關係及組織。要素包括前三項能力所提及的字形、字音、詞義、句義、語法、修辭、恰當語詞等能力。關係則指某一課外某一觀點與短文某部份的關係。組織則包括短文的組織原則、思想、寓義、文體、風格鑑賞、寫作手法及寫作優劣評析。——郑圆铃

　　图四显示：深圳和台湾都将作品解读作为检测高层次语文能力的手段，不同之处有两点：1、深圳考查了对文学作品的鉴赏评价能力，却没有明确将对作品的分析能力列入考查范围；台湾在对作品分析能力考查中，列入了短文"写作优劣评析"一项，实际上也接触到了对评价能力的考查，但是基测不考。2、深圳将实用文体列入"理解"、"应用"能力考查范围，台湾对各类短文则主要考查学生的"分析"能力。

　　事实上，深圳未尝没有对分析能力的考查，例如考试说明中"区分议论文中的观点与材料，发现观点与材料之间的联系，并通过自己的思考，做出判断"、"筛选并整合文中的信息"、"把握文章思路"、"归纳内容要点"、"概括中心思想"等表述，

无不体现分析能力的要求，可是深圳却将它们列入理解、应用能力范围。

对文学作品的解读能力，深圳做了比较完整的要求（深圳把文学作品分析能力也归入理解、应用能力了），其中对评价能力的要求尤其明确，台湾却不把评价能力作为基测的考查对象，这其中两地各有何深层次的考量？

面朝大海，站在伟大的母语版图上，前边是隔着浅浅海峡的台湾，后边是浑然一体的大陆，深圳语文：向前看，向后看！

感谢台湾，给了我们一个特别不一样的参照，使我们能在共建中华语文的路途中，聆听到一种以乡音传达的提醒。愿我们能携手共识，珍惜分歧，在分歧中采掘更多更好的共识，共同推进中华语文教育的进步。

①参见《布卢姆教育目标分类学》修订版，本文中布卢姆对各项能力的界定亦出自本书。 洛林·W·安德森等编著 外语教学与研究出版社
②本文采用2010年《深圳市初中毕业生学业考试（中考）语文学科考试说明》
③文本转载自豆丁网
④图一至四内容分别出自《国中基本学力测验（基测）评量指标》和《深圳市初中毕业生学业考试（中考）语文学科考试说明》（2010）

对称法在文言文解读中的巧妙运用

在学生眼里，文言文就是一根"鸡肋"，学之枯燥无味，弃之又得过关考试。学生解读文言文时，常常读不准字音，读不顺句子，译不出意思，辨不明用法。搞得头昏脑涨，不知所云。事实上，解读文言文还是有一定方法。对称法就是其中一种较为实用好方法。

古文写文章一般很讲究对称，注重语言形式上的对称美与语感上的节奏美，因而常常使用对称句式，我们可以根据这个特点，从对称性的角度来解读文言文。

一、划分句读。"书读百遍，其义自见"，可见文言文首先是要读。由于文言文很注重语言形式上的对称美与语感上的节奏美，因而常用对称句式。利用这种对称，能迅速划分出句子的停顿，从而读出一种节奏美，便于进一步感悟、理解句子的意思。如《兰亭集序》中"固知一死生为虚诞，齐彭殇为妄作"，是读成"固/知一死生为虚诞，齐彭殇为妄作"还是"固知/一死生为虚诞，齐彭殇为妄作"？只要我们注意到后半句"齐彭殇为妄作"就可推知它对应的上半句是"一死生为虚诞"，所以正确的句读当然应该是"固知/一死生为虚诞，齐彭殇为妄作"，意思是（我）当然知道把死和生混为一谈是虚诞的，把长寿与夭亡等量齐观是荒谬的。再如《黄州快哉亭记》："而况乎濯长江之清流，揖西山之白云，穷耳目之胜以自适也哉！"利用对称我们就可以看出"濯长江之清流，揖西山之白云"对称工整，所以，就应该按"而况乎 濯//长江之清流，揖//西山之白云，穷耳目之胜//以自适也哉"来进行停顿，进而读出那种音韵感与节奏感，为感悟、理解句意提供了条件。

二、辨析词义：古文字词比较凝练，句式比较整齐，这正好为我们运用对称法理解古文提供了方便。由于句子整体对称，从而字词局部也可能会形成或相同、或相近、或相关、或相反的对称关系，利用这种关系有利于辨析、解释字义。如《屈原列传》中有"信而见疑，忠而被谤"，句中与"见"相对称的是"被"，其意义相同，所以是"被"之意。《白马篇》中有"控弦破左的，右发摧月支"，句中与"摧"相对称的是"破"，其意也正是"破、穿"。《赤壁赋》中的"苏子愀然，下襟危坐"，"危"跟"正"相对应，就是"端正"之意。再如《黄州快哉亭记》中有"士生于世，使其中不自得，将何往而非病？使其中坦然,不以物伤性,将何适而非快"一句,其中"病"字作如何解释?根据对称的特点我们发现它与"快"是对应的且意思应该相反,"快"是愉快之意,那么"病"就是忧愁之意了。掌握了这个规律,对于学生正确地理解词义、句意,是有很大帮助的。

三、理清用法:对称法在古文字词一些特殊用法(特别是对词性、用法、结构方面)的判断上也可提供重要参考。如屈原《离骚》中有"高余冠之岌岌兮,长余佩之陆离",句中的"高"与"长"后面都带了宾语,仔细分析就知道均是形容词的使动用法,分别是"使……加高"、"使……加长";而"佩"与"冠"相对称,因而"佩"在这里不是动词,而应该是动词作名词,作"佩带"讲。再如苏东坡《赤壁赋》中"侣鱼虾而友麋鹿","侣"与"友"也同样理解为名词的意动用法,意思是"以……为伴侣"、"以……为朋友"。再比如《阿房宫赋》:"燕赵之收藏,韩、魏之经营,齐楚之精英,几世几年……倚叠如山",句中的"收藏"、"经营"、"精英"相互对称,意思相近,都应该作名词用,可译为"收藏的珠玉、聚敛的金银、精美的奇珍等等"。这种对称只要能解出其中一个,其对称的便可类推。

四、区分读音。利用对称性可以确定特定语境中多音字的读音。如柳宗元《小石城山记》:"无土壤而生嘉树美箭,益奇而坚,其疏数偃仰,类智者所施设也。"句中"数"读"shǔ"、"shù"、"shuò"还是"cù"呢?根据对称规律,"偃"与"仰"相对且意思相反,"疏"与"数"也相对,意思当然相反,"数"的意思是"密",所以它的读音就应当是"cù"了。再如《陈情表》"既无伯叔,终鲜兄弟","鲜"读"xiān"还是"xiǎn"?根据对称性,"无"与"鲜"相对,"无"是没有之意,那么"鲜"当然就是少之意,读音自然读"xiǎn"。

改写，让诗词如此美丽

学习传统诗词除了进行口头诵读外，还可以作改写练习。这样既可以加深对原作的理解，又可以培养自己想象能力和文字表达能力，从而让诗词换一种方式在我们面前美丽。

一，诗体之间的转换改写。

诗体之间的转换改写指的是化诗为词，或化词为诗。就是要在把握诗词内容和体制特点的基础上进行转换。诗词转换改写一定要确保意境、内容一致，并且在体制上符合各自的要求。如诗要求句式整齐，字数相同，对仗和押韵方面力求工整；而词在句式上则参差错落，长短有致。在这基础上，适当增删词句，进行艺术加工。这种改写既能提高领悟内容，赏析诗词的能力，又能提升写作水平。现以柳永《雨霖铃》改写为例：

雨霖铃

执手相看长亭外，无语凝噎徒哀叹。

今宵酒醒归何处，晓风残月杨柳岸。

长亭别

骤雨初歇寒蝉鸣，兰舟催发意阑珊。

泪眼相对无言语，执手默视竟凝噎。

暮霭沉沉楚天阔，杨柳依依风月残。

多情自古伤离别，千种风情欲诉难。

别佳人

帐饮都门外，相望兰亭边。

凝噎留恋处，执手望泪眼。

晓风杨柳岸，良景徒虚年。

纵有千番语，更与何人言。

以上这些改写，都是学生认真感受词作，对词中的意象及所营造的意境有了正确的把握，并对原作进行了一定的增删改动的结果。如果没有对柳永的《雨霖铃》内容上的深刻揣摩，没有对意境的深刻体会，没有对诗的对仗与押韵的掌握，肯定改写不出这样

优美的诗来。（当然也可改成现代诗：附改成的现代诗）

　　离别（现代诗）

　　秋天的蝉鸣凄凉悲切

　　一场暴雨刚刚停歇

　　分手在秋天的霸桥长亭

　　温柔的话语早已随风沉寂

　　执手相看

　　泪眼涟涟

　　离别的风帆已经挂起

　　留恋的时分兰舟又在催行

　　让我绝望地将你秀发上的气息收集

　　和着你的热泪装进行囊里离去

　　暮霭沉沉

　　江阔云低

　　天未亮

　　酒已醒

　　年年柳色伤别离

　　依稀昨夜旧梦里

　　千里迢迢芳踪无处寻觅

　　把酒独酌

　　全是满盏满盏的回忆

　　当思念如水般地涌进

　　如你的千种风情

　　我该如何将它一遍又一遍地

　　黯然饮尽

二，诗词散文化的诗意表达改写。

　　所谓诗词散文化的表达改写就是指化诗词为充满诗意的散文，即在准确把握诗人传达的意境、内容基础上去想象与联想，（诗词不适宜改变原作的主题以及作者所创造的意境），自选叙述角度，用个性化的充满诗意的语言去表达。这是改写当中最常用的一种方法。

要把诗词改写成散文，就必须找到改写的突破口。这个突破口就是意象、意境。诗词的意象一般来说都是能够构成一幅自然或者是生活的画面的。改写就是要抓住这两点入手，先读懂诗词的意象、意境，明确其构成意境的意象。例如，改写《雨霖铃》，我们先应该明确柳永通过"蝉"、"长亭"、"雨"、"杨柳"、"风"、"月"等意象，再加上"凄切"、"寒"、"晚"、"骤"、"晓"、"残"等意象修饰词，描绘出凄清孤寂的秋景，造成了离别的情调和气氛。

其次在体会意象、意境的基础上变诗词语言为个性化的充满诗意的散文语言。改写时可按照作者的行文思路（有时也可以变通），把这些断断续续的意象通过自己的想象把它构思成一幅完整的画面，然后再把它诗化为环境描写，为散文中抒情主体的活动创设一种情境氛围。然后根据诗词中透露出来的主人公行踪进行情节构思，并加以合理的动作描写、神态描写、心理描写等。仍然以柳永《雨霖铃》为例：

晚风中氤氲着薄薄的烟雾，树枝上哀鸣着凄清的寒蝉，秋风细雨中传来一丝轻轻地叹息，直透心底。"天凉了！"一双红酥手伸了过来，暖暖的。我握在手心，紧紧的，不想放开。

欲饮不饮，凝望的双眸，秋水般明净，我愿浸淫在这醉人的温柔里，然而不能。酒辛辣得呛人，眼里雾气迷蒙，我转过身抬头，咽了回去。

"执子之手，与子偕老"……语末毕，声哽咽。走吧，走吧，踏上兰舟，忍心不回头，我怕一回头便无法离去，不想离去。

渐行渐远，暗夜一点点漫上来，终于漫成一片死寂。脸上一阵温热，眼泪终于倾泻下来，滴落在江水，不见痕迹。

多情自古伤别离，此去化作相思泪。既然伤离，何必多情，既然无分，何必不忘。端起酒杯想化愁肠，而你的影子摇曳在杯中，美丽而哀伤。

半梦半醒，半醉半痴间，依稀是那一钩残月斜挂在疏落的柳条间，晓风起，泪痕干，万千风情与谁说，人在天涯梦一场。

这篇习作紧紧扣住"寒蝉"、"雨"、"杨柳"、"晓风"、"残月"等意象，营造了离人伤离别的意境。根据词中主人公的行踪（别离前，别离后）展开了想象，补充了牵手、流泪等细节，再加上诗化的个性语言，使得文章别有一番风味在心头。

再如：对李清照《声声慢 寻寻觅觅》的改写

"靖康"，一个富有讽刺意味的年号，大宋的繁华与荣光倾刻间化为一片废墟，昔日的安宁也在这靖康年间变成了南渡移民的记忆。

你的家也碎了，碎在战火下的废墟中；你的丈夫也永远地走了，走向了另一个世界。

人生怎能没有温暖？人生怎能没有眷恋？于是，一个清秋的早晨，你又在寻找，寻找曾经的温馨，曾经的眷恋，曾经的寄托。但除了清冷，就是冷清，死一般的孤寂与忧伤。人说，春天是乍暖还寒的季节，在你的世界，秋天也是一个凄风冷雨的时节。一个身心都极度疲惫的人，即使沐浴在吹面不寒的杨柳风中也不会有温暖。

何以解忧，唯有杜康，真的吗？那一杯杯淡酒，熨不直九曲的愁肠，更不敌窗外的晓风。

秋天的长空不再寂寞了，一群群自北南飞的大雁，结伴飞过。那长鸣于空的大雁，肯定有在你故乡栖息过的那一只，但它们却无法为你带来故乡的问侯。你已经没有故乡，触动你的只有忧伤；窗台前的花栏也不再寂寞了，今年的菊花在这样的秋天也如期盛开了。可诗人你，形容憔悴，对镜花黄。国破了，家亡了，哪里还有心情陶然地面对那盛开的菊花？

每天守着那一扇小窗，就象守着一个漫长的世纪，你不停地问自己如何排遣这一天的时光。好不容易捱到暮云四合，正准备一头沉入梦乡，窗外又淅淅沥沥地下起了小雨。雨打在窗外屋檐下的梧桐叶上，在寂静的夜晚，分外地响！敏感的你啊，在这样的一个夜晚，你又怎能入眠？因为你的心永远沉在无边的子夜里！

这篇习作用第三人称来改写，紧紧扣住词中的"大雁""黄花"等意象，把诗人一生的悲惨经历浓缩在这"寻寻觅觅"的凄风冷雨之夜，无限的愁思就在这诗化的语言中弥漫开来。

诗词改写主要是以改变表达方式或体裁为主，允许增添情节，添枝加叶，进行艺术加工，因此也可以改写成诸如日记、书信、短篇小说甚至电视剧等，这里不再赘述。不过改成什么不重要，只要能让诗词重新美丽。

练习：根据以上方法，试改写温庭筠《望江南》

梳洗罢，独倚望江楼。过尽千帆皆不是，斜晖脉脉水悠悠。肠断白𬞞洲。

例文：

阳光透过窗口照射进来，地面上留下了金黄的斑点。远处船夫的号子和鸟儿的吟唱由远及近的传入耳中，她睁开了眼睛。

又是新一天的开始。

她走到梳妆台前，开始精心地梳妆打扮。不一会儿，一张美丽的面庞出现在镜子里。原本苍白的脸在胭脂的修饰下变得红润了，而红肿的眼眶也在粉黛与眼影的遮掩下消失。脑后的发髻和头上的珠钗使她的头发看上去整洁又端庄。她满意地又向镜子看了一眼，便又坐在窗前，望向远方的江水。

江中数不清的船只像欢快的梭鱼行驶着，江边喧闹的人们似乎也给江水带来了不少活力。江水欢快的流淌，把船儿带向远方。

她习惯了每天这样的生活。独自望着江水，回忆过去的点滴往事。她盼望有一天，她能在那来来往往的船只中找到一个熟悉的身影。他会站在船头，望向她的小楼，然后向她露出欣喜的微笑。尽管她盼望的那天迟迟没有到来，尽管她等待的那人迟迟未曾出现。

黄昏时分，江水泛着美丽的金色鳞片，一轮破碎的夕阳仿佛是她破碎的心。江面上浮现着一块长满了白萍的小洲，注视着夕阳下那个孤独的身影。

合作学习，想说爱你不容易

伴随着语文的课程改革和教学改革实验的进行，合作学习已成为一种重要的组织形式。走进中小学课堂，无论什么样的课，教师或多或少都会采用合作学习的方式。我们欣喜地看到，以往"安静"的课堂一下子"热闹"起来。客观地说，"合作学习"的确调动了学生的积极性和主动性，激发了学生大面积参与的热情，开阔了学生视野，增长了学生见识，培养了合作意识和团队精神，即使是学困生也能在合作中得到发展或提升。但是，很多合作学习只在合作形式上作文章，简单的坐位变换就叫分组合作，无价值的热闹发言就叫合作学习，逢课必用，开课必贴，"合作学习"演变成了一种"课改标签"、"灵丹妙药"。究其原因，还是因为教师机械地理解合作学习的要旨，对合作学习中几种"轻""重"关系没有处理到位。

一、重"合作"轻"自主"

小组合作学习是一种师生互动、生生互动的学习形式，也是培养学生合作意识的一种基本途径。小组合作学习的目的是让人人参与合作学习的全过程。在这个学习过程中学生可以和别人共享自己的思路，可以拥有自由组合、分工协作的机会，可以拥有评价和讨论他人观点的机会及空间和时间。但在实际操作中小组合作学习一直由优生唱"独角戏"，担当"合"的重要角色，而其他人则围绕优生随意附和，充当看客，甚至一言不发，故作沉思状。一堂课下来看到的整节都是学生在合作学习，却很少看到有时间让学生独立学习，学生个性的思考与表达在这种所谓的合作中慢慢渐渐磨失，参与合作学习的自主性自然慢慢减退。

真正的合作学习既要有集体的"合"又要有学生个性的"作"，"合"而不"作"、"作"而不"合"都不是真正的合作学习。因此在合作学习中，既要重视合作，又要培养学生积极动脑、自主思考、踊跃发言的习惯，让学生真正参与课堂教学，主动探究新知的形成过程，并把自己的探究过程用语言表达出来，在组内进行交流，既能发现与自己不同观点的解决问题方式，又能为其它学习困难的学生提供帮助，真正发挥团体的合作精神。在交流时，还要注重培养学生认真听取别人意见的习惯，记录别人发言的主要观点，并与自己的想法进行比较。这样，学生自主，学得性趣十足；学生合作，合得喜上眉梢。

二、重"形式"轻"组构"

很多教师机械地理解了合作学习的含义，对合作学习缺乏真实有效的认识与把握，认为只要是学生围坐在一起，进行简单的讨论，就会出现合作的效应；认为只要是以小组的形式进行学习的，学生自然就是合作。于是，在课堂上教师随意编组，布置一些学习任务，要求小组讨论，一时间，课堂上人声鼎沸，热闹非凡。至于如何分组构成教师很少去研究甚至从来不研究，教师既不指导学生如何与小组中其他成员交流，也不监控学生在小组中的交往情况，把合作学习变成随意组团讨论，甚至成为纯粹的学生"自学"和"自议"。结果，小组活动流于形式，费时费力，影响了教学目标的实施，学生的学习效果也不佳。

其实，合作的动机和责任是合作学习，合作学习不应是课堂教学的点缀。小组也不应仅仅是形式。合作学习的开始是有效的分组构成。成功的合作小组构成采用的原则是"组内异质、组间同质"，并非"强强联合"，而是偏于"互补"，即合作小组成员在性别、性格、学习成绩、家庭背景等方面要具有差异，从而实现各小组成员在合作过程中的优势互补、互相学习、互相帮助。组内异质决定了小组内成员各具特色，必须根据学生的特点使其在合作中承担不同的角色。而且小组内的的任务分配要明晰，组员之间要相互了解，积极互补。这样才能实现真正意义上的合作、自主、交流、互动。

三、重"主体"轻"主导"

在传统教学模式中，教师作为教学活动的"主导"，对课堂教学的全过程实施严格的控制，学生不可越雷池半步，更不可能提出不同的见解、质疑以至争论、探究。合作学习的出现正好适应新课改的要求，强调学生是学习的主体，强调学生自主探究，在一些观摩课、示范课上，教者为了一味体现课改精神，当起了主持人，整堂课起串联作用，让学生自由组合起来讨论，任凭学生尽情展示，自己成了旁观者，表面上气氛活跃，实际上华而不实。更有甚者，一堂课自始至终不见教师，男女生各一名当节目主持人，小组讨论接着派代表轮流拿着稿件宣讲，认为教师参与越少，学生活动频率越高，就越能体现学生学习的合作性和主体性，其实，这种合作学习，是以淹没教师主体意识为代价的，尤其在有深度的知识上，缺少了教师富有启发性讲解，也就点燃不了学生的思维的火花。

合作学习强调学生是学习的主体，强调学生自主探究，并不是不要教师指导，也不是说教师可以撒手不管。学生"合作学习"时，教师不是局外人，不能当甩手"掌柜"，教师应是"合作学习"的参与者与组织者、学生学习的激励者和指导者。学生讨论交流时，教师应以平等的身份穿插在各个学习小组之间，或倾听学生发言，或相机点拨引导。学生在什么问题误入歧途，学生对什么问题有不同的理解，学生对那些问题思考还不到位等，教师要相机点拨、评价、引导，促使学生的认识走向全面深入。

四、重"结论"轻"过程"

合作学习本身就是对学生的一种培养与提高，可惜教师在教学中往往追求合作的结果，追求合作学习最后得出的结论，而忽略了合作的过程。造成如此局面的主要原因在于，教师过多地将合作学习落实在对某一问题的答案层面上，过多地将合作学习拘泥于课堂教学，过多地将合作理解为对困难问题的讨论上，也正因为如此，过于形式化机械化地理解合作，让学生的合作形成了一种讨论答疑的固定思维。

其实，合作的精神应在于对问题的合作探索之中。合作不回避结论，但合作学习应着眼于在对结论的追求中所获得的方法与乐趣。在合作学习中，每个人都有参与的机会，每个人都有所作为，结论并不是最重要的，获得乐趣、积极有效的参与才是学生们最终的收获，这种收获不应仅仅是一种形式上的结论，而更应是一种方法与品格价值观的形成。只有强调学生的参与，强调个性的张扬，强调合作的培养，才能让合作精神得到最大限度的张扬与发展。

五、重"问题"轻"价值"

在合作学习中，问题的抛出往往是思维爆发的导火索。有些教师为了追求"合作气氛"或一味追求求异思维，随意提出一些脱离文本的问题或没有探讨价值的问题，既没有达到合作学习的目的，也没有培养出学生合作精神，结果合作学习流于形式。

因此，合作学习中尽量提出一些开放性的、有探究和讨论价值的问题。一个好的问题本身就会激发学生的合作学习兴趣，使学生体验到合作的快乐，形成合作的能力。要力求避免出现假问题、伪问题，虚问题等。

合作学习的最高价值当然是培养学生合作学习的精神。每次合作学习，须要先让学生独立思考，有了初步的想法后再进行探究、交流。这样，让学生有了充分的准备，有时间思考，提出自己的见解。只有在学生经过独立思考、有交流的需要时，展开的合作学习才是有价值的、有成效的；只有能培养学生合作精神和创新能力，这样的合作学习才是成功的。

合作学习不是万能的钥匙，要想让小组学习之"树"结出丰硕的合作之"果"，仍需要我们不断地研究、探索有效合作学习的途径和方法，储备合作学习的技巧和能力。这样，合作学习才能真正成为师生碰撞思想的舞台。

合作学习，想说爱你不容易！

花果山下见百变，大讲堂上取真经

4月17日至22日，本人与新区公办学校教师一行九人来到江苏连云港参加"名师大讲堂"课堂观摩活动。此次活动会场设在花果山下国家级示范性高中新海高级中学，由于规格奇高，名师顶尖，吸引了一千多名前来来观摩学习的教师。传说中的花果山上，是孙悟空七十二变的戏耍场所。而今，花果山下云集了多位全国顶尖名师，他们在讲堂上闪转腾挪，极尽变化独有的招式，挥洒自己的激情，让人大开眼界，大长见识，观摩教师大呼过瘾，捧得真经。

一、名师云集的讲堂

"谈笑有鸿儒，往来无白丁。"这次名师大讲堂邀请了北京大学教授、现当代文学博士生导师著名作家曹文轩作《我的语文阅读观》讲座，浙江师范大学教授、浙江省中语会会长王尚文作《语文教师教学中要有"含人量"》的报告，大师们从理论的高度对现当代散文教学中出现的问题进行纠偏并指明了教学中的方向；还邀请了全国"语文报杯"中青年教师课堂教学比赛一等奖的八名选手进行示范观摩课展示，他们精彩的表现博得了与会者的交口称赞；同时还特别邀请了全国著名特级教师王栋生、黄厚江、蔡明结合当前教学状况和观摩课进行了画龙点睛式的点评，其点评之犀利之深刻之独到，激起了与会一千多名教师的共鸣，自发鼓掌数十次之多。

二、自然本色的讲堂

"清山出芙蓉，天然去雕饰。"这次名师大讲堂第一感觉就是自然，本色，华而不宴．魏书生说过，课堂教学是艺术，舞台表演是艺术，舞台追求的是美，什么都美；课堂追求的是真、是实，只有真实才美。课堂看过程，舞台看结果。课堂教学看的是十年功，而舞台表演看的是一分钟。从这些名师的课堂，无论是从内容的概括还是朗读的指导，还有对疑点难处的点拨，都体现了教学的自然、本色、真实。这些名师有着扎实的功底，教学中没有简单地播放人家的录音，而是教师自身范读，无论是音色、音质、语速、停顿，还是抑扬顿挫、情感流露，都恰到好处，博得与会者、同学们的阵阵掌声。朱震国老师深情演绎，曾文彦老师动情吟诵，朱则光老师声情并茂，施月老师柔情诉读，张悦老师清纯温婉，李卫东老师真实率性，无不真实自然，娓娓动听。在他们富有情感的诵读声里，学生走进了教材，走进了文本。特别是尤立增老师，仅用一支粉笔一本书，就把学生引进了胡同文化，一张嘴，便把胡同文化品得有声有色、有滋有味，全然没有华哨的北京胡同的图片来扰乱学生的视听。

三、随机应变的讲堂

"突如一夜春风来，千树万树梨花开。"这些名师对预设的提问拿捏得精妙，而随机生成的问题处理得更是让人叫绝，他们随机的"春风"让"万树梨花"于一课之间色彩缤纷。梁老师教授《汪大娘》，在引导学生通过解决过渡句让学生概括四段中心事件过程中，这时，学生问汪大娘目不识丁，为什么会赢得了李家人和"我"的尊敬？梁教师没有让这个有价值的问题溜走，而是引导学生解读文本中的相应部分，然后，顺手提上一问"如果她在你家，你如何看待她的这个原则"，让学生充分领悟到汪大娘应该做的一定做，不应做的一定不做的人性光辉。而张悦老师配乐朗读过后请学生来评价自己的朗读时，学生不光评价了老师精湛的朗读技巧，还连同文本也一带加以评价，这时张老师顺着她的话引导学生从文章哪些地方看出来的，顺势就切入文本，不着痕迹。这种随机应变能力有如春风般，课堂上顿时鲜活了起来，学生的思维犹如缤纷的花朵绽放，讲堂里响起了潮水般的掌声。这些随机应变的生成保护了学生认真思考、勤于动脑的积极性，教师的顺势处理又保证了教学过程的流畅性与延续性，体现了名师在教学中的机智与过人的能力。

四、充满诗意的讲堂

"此中有真意，欲辨已忘言。"这次名师大讲堂研讨的内容是现当代散文教学，所选的课文文化与诗意俱浓。名师们充分认识到了这一点并大作文章，教师的情与文有机相融。朱震国老师由"故乡"一词想到了遥远故乡的外婆桥，中秋时分那轮皎洁的月亮，黄河浪笔下的故乡的榕树，余光中诗里悠悠的乡愁。一则导入语，宛若一首深情的散文诗．课堂中顿时弥漫起浓郁的散文气息，在这种浓浓的文化氛围中，学生的心境一下子进入状态．仿佛置身于故乡之中。文本尚未接触，但情感已经贴近文本了。整个教学过程，朱老师那诗化般的语言感染着每一个人，最后收束文章时，朱老师再一次倾诉了对故乡复杂的情感，而那一声富有诗意地轻微长叹竟然让课堂静默了半分钟，直击师生的心扉，震撼了在座的每个人，真的欲说已忘言了。

五、情读相生的讲堂

"嘈嘈切切错杂弹，大珠小珠落玉盘。"读是学好语言的基础。要想学好语文更是少不了读。以情带读，读中悟情，是这次大课堂的一个显著特色。这次名师讲堂有集体读，个人读，男生读，女生读，角色读，对话读，整个课堂珠玉之声不绝于耳。其中最令人称道的是《百合花开》。朱则光老师把读始终贯穿在整个过程。课伊始，就以情带读。在自己配乐诵读的基础上，学生动情地说出自己心目中的百合花形象。课中间通过读来把握"我要开花"这一重点段落不同心态，达到以读悟情。最后通过分角色读出乐观、坚定、乐观且坚定且自信来。朱老师在这个重点段落的教学中，三读三悟，三悟三读，以读悟文，以读导情，以读养性，给人留下深刻的印象。语言在朗读中积淀，情感在朗读中迸发飞扬。课听完后，师生还沉醉在那深情款款、情意浓浓的诗意课堂中。

六、适时拓展的讲堂

"问渠哪得清如许，唯有源头活水来。"课堂上如何求精、求深、求透，很大情况下取决于教师对文本的钻研，而引导学生对文本的理解又离不开一些背景知识及关键材料的引入。如何适时引入材料就成了一门高超的艺术了。在这次名师讲堂活动中，八位教师都进行了适时拓展。有的是在开篇时引入，如梁杰老师执教的《汪大娘》，先引周汝昌评语："此堪压卷，其他即不复读，亦无不可矣"、"我最赏者汪大娘"。这个评语的引入，激发了学生探究的兴趣，而且成了解读全文的纲。李卫东老师则是以学生悲痛相告"写《背影》的朱自清死了"来导入，试图通过解读背影真正让人流泪的地方；而曾文彦老师在执教《紫藤萝瀑布》时，在学生有疑处引入文革及作者家的不幸际遇来让学生理解人如花开的哲理。这种适时、适度的引入或激趣，或解疑，或升华情感，或深化主题，或解读人生，各尽其宜，各得其妙。

七、抓点切入的讲堂

"满园春色关不住，一枝红杏出墙来。"名师大讲堂里可谓春色满堂，但每课春色的呈现都各有特点。有的是巧开园门一角，有的是看出墙红杏，正所谓横切的苹果见星星，竖切的苹果见常规。正由于他们的巧妙切入，让学生以最经济的速度触摸到学习重点，牵一发而动全身。这次名师的课有的是从文题切入，如朱震国的《故乡》；有的从作者生平事迹切入，如施月月老师的《奖》；有的是从关键语句切入，如张悦老师的《世间最美的坟墓》；有的是从段落切入，如曾文彦的《紫藤萝瀑布》，有的是从写作方法切入，如梁杰的《汪大娘》。无论是哪一种，都用得恰到好处，满园春色尽收师生眼底。

"千淘万漉虽辛苦，吹尽狂沙始到金。"这次连云港之行虽说行程劳累，但收获颇丰。一则结识了名师，二则丰富了见闻，三则取得了真经。如何把真经与我们自身的教学个性和学生的实际结合起来，还有漫长的路要走。同行的老师都纷纷表示，在以后的教学中，要有意识地运用这些名师的招式，苦练教学基本功，最后形成富有自己特色的真经。

教学切入也应讲究点招式

教学如何切入，各有各的招。传统的招式一般都是先介绍背景作者，然后才转入正文，显得保守；近来又流行四步教学法（一激趣导入，二整体感知，三美点赏析，四拓展延伸），中规中矩，显得机械；偶尔有些课花样翻新，中间开花取其精要，略显机智。最让人头痛的是很多执教者拿到篇目无从切入。如何让教学出奇、出新，还真得讲究一点切入招式。

一、从课文标题切入。标题是课文的眼睛，选入教材的篇目在标题上是很值得玩味的。从标题中可以看出文本的内容，也可以看出文本结构，还可以看出作者情感等。从标题入手，提纲挈领，切入快，最大限度地提高了课堂教学的效率。如：对《罗布泊，消逝的仙湖》一文的教学，在指导学生充分预习后，从题目切入：①你从题目中读到了什么？②消逝前的罗布泊是怎样的，消逝后又是怎样的，是什么原因使它消逝了？③题目中的标点去掉好不好，它表达了什么情感？围绕这个切入口，师生深入到课文中，通过对罗布泊消逝前后的对比，深究出了它消逝的原因，体会作者复杂的情感及向世人的呼吁。

二、从关键词语切入。所谓关键词语一是指理解课文内容的关键点，二是指学生接受课文内容的焦点、难点。它可能出现在题目里，也可能出现在文本中。往往是那些或隐或显地牵扯到文本主旨和重要观点的词句，教师抓住这些关键词语切入，带出有全局性的问题，就可揭示中心，并能培养出学生的探究兴趣和概括能力。如《俗世奇人泥人张》，就可从题目中的"奇"字切入：①"俗世奇人""奇"在哪些方面？②请结合文本关键词说说"奇"。通过文本阅读，抓两个关键字进行分析。其一就是"捏"：在哪里捏？袖子里。什么时候捏？边饮酒边捏。用什么捏？用鞋底泥捏。为什么隔两丈远海张五就看出捏得是他？逼真。捏得多大？比核桃还小。这些细节都看出其手艺奇。而为什么捏完要卖？看出个性奇。其二是"没"："没第二"、"全然没有把海张五当个人物"、"泥人张听赛没听"、"泥人张头都没回"、"泥人是没了"，几处"没"的语句，更使泥人张"奇"得与众不同。抓住了这些关键词语，教学教得实在，人物形象才栩栩如生，课堂才情趣十足。

三、从关键句子切入。文本中通常有一些句子或勾联全文内容，或体现某种哲理，或看似矛盾实则含义丰富，它们往往是全文的点睛句。从这些关键句子切入，既体现了教学难点又体现了教学的重点，这样的切入会让执教者"恢恢乎其于游刃必有余地"。如张晓风的散文《行道树》的结尾说："立在城市的飞尘里，我们是一列忧愁而又快乐的树。"这一句是全文点明题旨的话，也是对全文内容的收束。从这句话中的关键词"忧愁而又快乐"切入：行道树为何忧愁，又为何快乐？从文中找出语句来理解。通过这一组相互矛盾着的关键词，学生深入研读文本，理解行道树忧愁和快乐的真正内涵，从而深入理解了行道树在奉献中快乐着的奉献者形象。又如吴均的《与朱元思书》，文中第一段末句说："奇山异水，天下独绝。"这一句领起了下文中的第二、三段，在文中起到总起全文的作用，可以从此句切入：下文中哪些句子写了奇山，哪些句子写了异水，作者是怎样表现它们"独绝"的？学生既明确了文章的结构，又品赏了奇山异水，一举两得。

　　四、从重点难点切入。一篇课文教学目标很多，但肯定有一个重难点。与其停留在表层人云亦云的隔靴搔痒，还不如另辟蹊径在某一重难点上深挖重掘，让学生有所收获。如《云南的歌会》，很多执教者停留在经典的"点面结合"描写场景的手法上，对学生而言这不是难点，相对作者创作意图而言，绝不是重点。第七届"语文报杯"一名初中女选手就没有选择从写法入手，而是抓住了原文中被删去了的一节（也是原文中最能体现作者写作意图，是学生最难体会的地方）"从马背上研究老问题，不免近于卖呆，远不如从活人中听听生命的颂歌为有意思了"切入，巧设问题，引导学生去领略"歌美"，寻找"人美"，感悟"生命美"，带领学生去倾听沈从文听到的来自"活人"的"生命的颂歌"。三个层次，层层深入，将沈从文笔下平民身上流淌的生命智慧、尊严和人性中最本真的光华挖掘出来，让学生从沈从文最朴实的文字中去发现：在艰难的生存状态，只要心中有爱，生命可以怎样简简单单却有声有色，平平凡凡却又高贵美丽。这正是这部作品的精妙之处。比较一下，学习"点面结合"的写法与倾听"生命的颂歌"，孰轻孰重，谁低谁高，不言而喻。

　　五、从各种评价切入。经典作品及作品中的人物总是有名家进行评价，有的评价作品内容，有的评价人物，有的评价风格，有的评价语言等等。从这些评价切入，给人耳目一新之感。如《汪大娘》，在全国"语文名师大讲堂"活动中，江苏梁杰老师从周汝昌评价"此堪压卷，其他即不复读，亦无不可矣"和作者评价"我偏写小人小事"切入：①张中行到底写了哪些小事？②这些小事体现了汪大娘怎样的品格？③作者在文章中多次提到汪大娘不识字，文末又对读书可以明理提出质疑，有何用意？梁老师就是借用"小人小事"、"此堪压卷"来梳理情节、品赏写作特色。本课妙在切入，如庖丁解牛，哗然而解。

六、从作品文体切入。各种文体教学切入有所侧重。记叙文往往从六要素切入；小说往往从情节、环境、人物切入；散文往往从形散而神不散切入；诗词教学往往从诵读切入；传记类作品教学往往扣传记类四个特征"真实性（传记可以成为史实），文学性（建立在真实的基础上，特别在语言上各种手法的运用），细节性与选择性（有代表性事件刻画人物）"切入。如：《鲁提辖拳打镇关西》，就可以从小说中的人物去切入，理清三个主要人物之间的关系：①文中重点写了几个人物（人物鲁提辖、镇关西、金氏父女）？②他们是怎样互相对待的，各分三个步骤说说。围绕这个问题的切入，引导学生理顺小说的情节变化：鲁提辖对金氏父女是一问（为何哭），二赠（赠银两），三救（救出虎口）；镇关西对金氏父女是一占（霸占金翠莲），二弃（赶走金翠莲），三诈（诈骗银两）；鲁提辖对镇关西是一要（消遣他），二揭（揭其罪），三打（三拳打死）；镇关西对鲁提辖是一从（顺从伺候），二拼（拼命），三求（求饶）。通过这样的切入梳理，人物关系一目了然，情节发展条理分明，鲁提辖的形象也呼之欲出。

七、从作品本身结构特点切入。经典作品结构本身就章法严谨，体现出一定的规律性。如果深入研究教材，就会发现其中很多相似之处。如《邹忌讽齐王纳谏》里面的"三问""三答""三思""三谏""三效"；《祝福》中的三次场面描写，三次肖像描写，三次悲痛叙述，三次皱眉，三次皱眉与咒骂，三问和我的三答，三个结构相似的句子。《季氏将伐颛臾》里面的三问三驳；《项脊轩志》中的一屋二情感，三代四女人等。从作品的这种结构切入，学生掌握了内容，又明析了结构。

八、从单元整合切入。作为以单元编排教学内容的教材，在教学中应体现单元教学目标。可以从内容相似性角度切入，也可从形式相似性角度切入。如《端午的鸭蛋》，可以从课文中"曾经沧海难为水"这句诗切入，"曾经经历过沧海的烟波浩淼，就不会被其它任何一处的海水所倾倒；曾经看见过巫山的云蒸霞蔚，就不会被其它任何一方的风景所迷醉。曾经吃过家乡的鸭蛋，汪老说，其它地方的鸭蛋就再也瞧不上了，这是一只什么样的鸭蛋呢？"切入有趣有味；可以从标题结构切入，简捷明了；可以从作者自己评价"平淡而有味"的语言切入，取其一瓢。不一而足。如果从单元教学整合角度来看，也可以从"感受民俗"方向切入，这样在教学中立足把握单元教学目标，进行单元整体教学设计，才能更好地发挥出语文课本单元教学的作用。

教学虽有法，切入无定法。要想切得巧、入得妙，就得掌握一点切入的招式，讲究一点切入的技巧。但无论哪种招式，都要注意结合文本、结合生情，更要看执教者研读教材的内功。

解题也要讲点技巧

刘小华　游云去

"解题"即解析标题，通过对标题的感受、解释、剖析、比较，理解其含义，感知基本内容。此外，通过深入挖掘题目在内容和形式方面的独特性，然后引导学生带着感受和问题走进文本，"解题"就具有了切入的功能。然而在实际教学中许多教师不善于解题切入，其中既有教师切入意识薄弱的原因，也是解题方法单一的缘故。笔者想通过案例归纳，总结解题的常用技巧，以供借鉴。

一、猜题、激趣

"好的开头是成功的一半"，课也是如此，课的起始阶段一定要有吸引力。解题一般处在课始，所以要注重用解题激发学生的兴趣，引起他们求知的欲望。在教学中，可采用"猜题"的形式，解题、激趣乃至激疑。

常见的猜题形式有两种：一是列特征，猜题目。在学生预先不知道授课篇目的情况下，教师列出标题在文体、主题、内容、语言等方面的特征，请同学们猜猜要上哪一课？钱梦龙老师的《死海不死》是为范例，通过猜题既激发了学生的兴趣，又感知了标题的趣味性，还以"趣味性"为切入口，引导学生探究科普小品文的语言特点。二是看题目，猜内容。板书课题之后，请学生思考："看到这个题目，你猜猜作者可能会写哪些方面的内容"，引导学生辨体析题、预知内容之后，用"那我们就带着好奇走进课文，看看你和作者是否'英雄所见略同'？"自然过渡，切入文本。

哪些题目可以采用"猜题"的形式呢？巧设悬念，使人产生好奇的题目值得一猜，如《奇妙的克隆》、《好嘴杨巴》等；带有关键词，能"牵一发而动全身"的题目可以一猜，如《触龙说左太后》、《孙权劝学》等。猜题，一是为了激趣、二是为了预知，三是为了切入。教师要在这三方面巧妙设计，使之"骤响易彻"。

二、读题，感受

朗读是理解标题的重要手段，所谓"出于口，入于耳，了然于心"。读出重音，可指引学生找到关键词，读准停顿，便于学生找到语义重心，读好抑扬，利于学生初步感受情感。

哪些题目需要读呢？带语气词、情感词的题目肯定值得读。此外，长题目要读。例如"人民解放军百万大军横渡长江"，学生在读题的同时，感受标题蕴藏的英雄气概，继而顺势一问"文中还有哪些词、句给了你同样的感受"，巧妙切入文本。

偏正式结构的题目要读。例如朱震国老师教《星期一早晨的奇迹》，学生齐读课题后，追问"重音落在哪个词上"，再次读题后，请学生带着问题——"奇迹为什么会发生在星期一的早晨，奇迹是怎么发生的？"走进文本。[1] 两次读题极其巧妙：通过读题，感受重音，感受了重音，就抓住了关键词——"奇迹"，抓住了关键词，就抓取了切入点，抓取了"切入点"，切入就水到渠成了。

带标点的题目要读。如"罗布泊，消逝的仙湖"，通过读题，学生才能体会到停顿的妙处，重音的落点，才能感受到作者的痛惜之情，才能带着对"消逝"的疑惑和忧患走进文本。"祖国啊，我亲爱的祖国"同样要读，经过朗读，学生才能感受到逗号停顿的巧妙。

读题时，可让学生自读；学生缺乏感受时，教师可范读，亦可通过增删标点的形式让学生品读。例如在引导学生品味标题"我们家的男子汉"时，黄厚江老师就采用了加标点品读的方式：先请学生思考"如果要在标题后面加上标点，加什么标点好？"，继而请学生再读，最后追问"读出了什么感情？"。[2] 通过加标点品读的形式，调动学生的语感，体味感情，深入解题。

三、揭题、提问

"题"本义是头的前额，"目"意为眼睛。文章之题目犹如人体之前额和眼睛，蕴藏着丰富的信息。"揭"既有"使隐藏的事物显露"的意思，又有"标示"的意味，所谓"揭题"就是使题目中蕴藏的信息点显露出来，并把它设置成指引学生感知理解、深入探究的路标。一般来说，揭题、提问是阅读教学比较理想的一种策略。

通过分析"揭题"的含义，我们可以明确："揭题提问能否成功，关键在于教师能否准确抓取题目中蕴藏的信息点，并以此切入设计出有效的问题"。例如若题目中有一个提纲挈领的关键词，揭题时，就要引导学生抓取关键词，然后围绕它来设计问题。若题目是偏正结构，就要抓取修饰限制词的意义直入文本。此外题目的语言风格、写法标志、矛盾之处都是"信息点"所在，要善于抓取。

揭题提问时，我们要充分考虑课时安排、提问目标、问题难度，再来设计提问。新授课又带悬念的题目，学生容易产生新鲜感和好奇心，此时教师可在"疑"处设问，如

---

1 《上海名师课堂中学语文·朱震国卷》第182-198页，上海教育出版社，2009年10月版。

2 《语文的原点》第132页，黄厚江著，江苏教育出版社，2011年2月版。

"胡同也有文化,什么是胡同文化?";甚至可以直接引导学生质疑"看到这个题目,你有什么疑问",然后让学生带着问题走进文本去解疑答疑。

起始课,教师要善于通过揭题,提出基础性问题,为后续开展丰富的语文学习活动打下坚实的基础。例如,"了不起的粉刷工,了不起在哪里?"、"伤仲永,王安石因何而伤?"……设计这样的基础性问题,要紧扣教学目标,紧抓中心内容,充分考虑阅读的起点,指引学生走进文本。

提问质量和问题设计有着密切的关系,"妙在这一问"!教师要磨炼揭题、提"主问题"的能力,要善于设计中心问题,让其他问题在主问题的链条上自然、流畅地转换和过渡。在这方面,黄厚江老师《装在套子里的人》堪称经典,课始,

揭题、提问:"小说的标题叫'装在套子里的人',现在请同学们快速阅读课文,数一数别里科夫身上有多少套子?","找套子"这一设计真是别具匠心,通过这一主问题,组织学生进入文本,初步感知人物形象;还可以继续设问:"数不清的套子里哪个是最主要的套子"了然无痕地过渡到下一步的学习。[1]

揭题提问事关切入,尤其重要,因此教师不能随便一问,而要深思熟虑、巧妙设计。课始,通过揭题提问引导学生走进文本、感受文本,从而整体感知、理解内容。在此基础上,再有逻辑、有层级地提问,通过问题的解决渐次深入地研习文本、理解文本,领会写法、理解主旨。只有这样,提问才是有效的。

四、换题、比较

乌申斯基说:"比较是一切理解和思维的基础",运用比较的方法,关键要选好比较点,换题亦如此。增删调换题目中的哪几个关键点?通过比较凸显原题的哪些特点?"为什么要换题",对这一目标点,教师要心中有数。

换题,是为了加深学生对文章主旨的理解。但学生对文章主旨理解不到位、不透彻、存难度的时候,教师可考虑通过更换课文的标题,通过对"关键点"的比较、赏析,来加深学生的理解。例如,为了加深学生对"沙皇专制制度的罪恶、契诃夫矛头所向"的理解,黄厚江老师比较了《套中人》和《装在套子里的人》两种译法的区别,学生通过对"装"字比较、赏析,从而突破了难点。

换题,是为了加深学生对语言风格的感受。有些文章语言风格独特,标题别具匠心。这时可通过换题,加深学生对语言的感受,并以此切入,品味文本的语言特色。例如朱震国老师在教学《差不多先生传》时,去掉"先生"一词谈区别。学生很快体会到

---

[1]《语文课堂教学诊断》第60-73页,黄厚江著,江苏教育出版社,2011年12月版。

作者用"先生"一词的妙处——嘲讽式、冷幽默。

换题，是为了加深学生对情感基调的把握。如《罗布泊，消逝的仙湖》文章字里行间充满了强烈的忧患意识，为了让学生充分感受文章的情感基调，可将题目换成《罗布泊消逝之谜》进行比较，学生在品味赏析之后，对文章的情感基调将会有更深刻的感受。

明确了换题的目标，还要采用最佳的换题方式。可学生自拟题目跟原题比较，学生拟题的过程是多角度感知内容的过程，拟完题，教师顺势过渡"同学们自拟了不少题目，但作者为什么用……作题目呢？"，自然而然进入精读阶段。

教师可增添删改题目跟原题比。如作者为什么不说是"我家的男子汉"，而说是"我们家的男子汉"？"我"和"我们"表达效果有什么不同？又如"题目是《伤仲永》，试问题目上的这个'伤'字是否可以去掉？题目改为《记仲永》行不行？为什么不是《伤方仲永》？二者有什么区别"[1]一般情况下，教师增添删改的多是修饰限制词、关键词和表情感基调的词。此外，教师还可呈现不同版本的题目进行比较。学生比较赏析的过程中，教师要善于追问，力求解读深入。

五、添题，概括

"发现的艺术就是正确概括的艺术"，语文学习活动中的"概括"，就是在通读课文的基础上，要求学生用自己或课文里的语言，简明扼要叙述内容。文章的标题，外在形态往往只是一个词、一个短语或顶多一句话，教学时，可让学生"添题"，通过这一活动形式使学生从不同的角度和侧面概括课文内容。

添题一般有添加副标题、添加小标题和在原题上添加修饰、限制语三种形式。例如宁鸿彬老师教学《皇帝的新装》时，让学生以"一个……的皇帝"的句式给课文加一个副标题，看着学生经过阅读课文、认真思考后的添题，我们有理由相信：学生大致了解了皇帝的形象特点。

添题，只是一种手段，以语言学习为抓手，引导学生饶有兴致地走进文本，理解课文内容才是目的。有了对课文整体感知的基础，才利于进一步深入阅读。

总之，我们既要善于从教学目标的达成出发，通过分析题目的特点来抓取最佳的切入点、选择最好切入角度，又要学会采用合适、巧妙的解题切入方法进行切入，这样才能"切中肯綮"，游刃有余。

---

1 《程少堂教育理论与实践探索》，第373页，程少堂著，海天出版社，2006年8月版。作者单位：游云云：广东省深圳市光明新区实验学校　518106　　136 9165 8887　　刘小华：广东省深圳市光明新区教育管理与研究中心

句子连贯要讲究一致性

句子连贯是文章语句结构逻辑方面的一项重要要求，也是近年高考语文考查的热点之一。它要求我们在选择句式时，除了要把握全段乃至全篇的中心外，还要注意与上下文的联系，看它是否前后相连，协调贯通，尤其需要在以下几个方面注意一致性。

一，对象话题要一致。陈述对象或话题统一是保持语言连贯的首要条件。一般说来，陈述的对象或阐述的话题一致，思维顺势而下，文句就能畅通，语意就能明晰。如：填入下面横线处的句子，与上下文衔接最恰当的一组是：（2006年全国卷）

都灵冬奥会的花样滑冰双人滑的比赛中，张丹、张昊在冲击世界上最高难度的后内接环四周抛跳时失误，张丹重重地摔在冰面上，膝盖严重受伤。_____，_____，_____。他们勇敢的精神和精湛的技术征服了全场观众，也征服了现场裁判，最终赢得一枚银牌。

①所有人都以为这对组合将退出比赛

②在所有的人都以为这对组合将退出比赛的时候

③简单包扎以后的张丹又与张昊重新回到了冰上继续比赛

④冰上却出现了张昊和简单包扎后的张丹

⑤两人顺利地完成了其它高难度

⑥其它高难度动作完成得很顺利

A①③⑤　　　B①④⑥　　　C②③⑤　　　D②④⑥

解析：在这个语段中，横线处前后的句子都是以"张丹、张昊"作为陈述对象的，所以，为了陈述对象的一致性，所选的都应该以他们二人为主，第①句以"所有人"为主语，首先排除，而第②句在句中作状语成分，可选。同样，第③、⑤句以"张丹、张昊"作为陈述对象，第④⑥句分别以"冰上""高难度动作"为陈述对象，由此可知选C。

二，句子结构要一致。解题时要仔细观察分析句子的语言结构，它们往往呈现出整齐匀称的结构美，有时附带还要注意词语的押韵，力求音节的和谐。如：依次填入下列两句中横线处的语句，与上下文语意连贯、音韵和谐的一组是：

（1）每逢深秋时节_____（a置身山顶，俯瞰槐榆丹枫　　b置身山顶俯瞰，槐榆丹枫），松竹山茶，色彩绚丽，美景尽览。

（2）远眺群山环抱，_____（c白云缭绕，层林叠翠　d层林叠翠，白云缭绕）；近看小河流水，茶园葱绿，松竹并茂。

A，ac　　　B，ad　　　C，bc　　　D，bd

解析：第（1）句中后面的"松竹山茶"决定了前面的句子结构是一样的，都是对称的，属于主谓型结构，所以选"槐榆丹枫"；后一句中的"远眺群山环抱，"与"近看小河流水"对应，而"层林叠翠，白云缭绕"中的"绕"恰好与"茶园葱绿，松竹并茂"中的"茂"押韵，做到了句式与音韵的和谐，所以选D。

①鲁大海（四凤的哥哥，鲁贵的儿子）进。他身体魁伟，（a，粗黑的眉毛　b，眉毛粗而黑），两颊微微陷下去。

②天山连绵几千里（a，不论高山、深谷，不论草原、湖泊，不论森林、溪流　b，不论高山、深谷，不论草原、森林，不论溪流、湖泊），处处有丰饶的特产。

解析：①句前后的短语"身体魁伟"、"两颊微微陷下去"都是主谓结构，只有"眉毛粗而黑"在结构上和前后保持一致。②句a、b两项尽管都采用了排比，结构相同，但从内容上看，a项较混乱，b项就显得分类标准明确，并列得当，内容层次分明，较为恰当。

三，词语次序要一致。句子中的词语排列有时要注意语言标志，做到前后照应，确保前后词语次序的一致。

如：我党在幼年时期，我们对于中国革命的认识是何等肤浅，何等贫乏，则现在我们对于这些的认识是（a丰富得多了，深刻得多　b深刻得多，丰富得多了）

解析：题干中有"何等肤浅，何等贫乏"，下面分句要保持这组词语的一致性和照应性，所以选b

如：遍布华夏的古村落，作为乡土建筑的精华____，___，_____，_____，_____，____，承载着丰富的历史文化信息，对中国人的价值观念、生活方式的形成产生过深刻的影响。（2006年全国卷）

①却辉映着辉煌的过去

②鲜明地折射出中国悠久历史

③具有很高的文物价值

④它们看似陈旧

⑤生动地展现着民族文化的丰富多样

⑥成为了解中国文化和历史的一个重要的窗口

A，④①③⑥②⑤　B，②⑤⑥①④③　C，③⑤②⑥④①　D，⑥④①③②⑤

解析：仔细观察答案句子的特点，发现②⑤为相同结构的短语类型，四个答案均符合这一特点，C项是⑤②，其它三个选项为②⑤。然后仔细观察第⑥句，发现"文化和历史"这个先后排列的词语，可知应该先谈"文化"，再谈"历史"，据此可知选C。

四，情境氛围要一致。情境就是指文段中所体现的情感意蕴同其中的物象景致高度统一。选填这一类语句要充分考虑原文语境，在情感基调、感情色彩及语言风格等方面做到与原文协调一致。

如：从槐树叶底，朝东细数着一丝一丝漏下来的日光，或在破壁腰中，静对着像喇叭似的牵牛花的蓝朵，自然而然地也能感觉到十分的秋意。说到牵牛花，我以为以蓝色或白色为佳，紫黑色次之，淡红者最下。最好，还要在牵牛花底，_____使作陪衬。

A，叫长着几丛蓬蓬勃勃的柔嫩细长的小草
B，叫长着几根疏疏落落的尖细且长的秋草
C，叫长着几株色彩缤纷的花型各异的秋菊
D，叫长着几棵枯叶低垂萧瑟苍黄的衰草

解析：郁达夫的《故都的秋》充满着一种清、静、悲的气氛，在这段文字中，如用"蓬蓬勃勃"、"色彩缤纷"等词语无疑破坏了这种秋意，不合语境，排除A、C，而D项中的"萧瑟苍黄的衰草"跟长的牵牛花陪衬不当，所以选B。

五，逻辑顺序要一致。句子排列往往有着一定的合理顺序，有的需要按时间先后顺序排列，有的需要按照空间顺序排列，有的要按照逻辑顺序（如一般到特殊、具体到抽象、由主到次、由大到小、由浅入深等）排列等，所以要往这个方面多加考虑。

如：生命是母亲给我的。_____，_____，_____，_____，_____，_____。她一生未享过一天福，临死还吃的是粗粮。唉！还说什么呢？心痛！心痛！

①我的性格习惯　②我之能长大成人　③我之能成为一个不十分坏的人隔不久　④是母亲传给的　⑤是母校感化的　⑥是母亲的血汗灌养的。

A，②⑤③④①⑥　B，②⑥①④③⑤　C，①④②⑥③⑤　D，③⑤①④②⑥

解析：仔细审查题中的几个备选句子，我们就会发现，①②③是同一句式，④⑤⑥是一个句式，它们分别是对应关系。接着考虑这两组相同句式的内部关系。从"传"可以看出在句中的意思是"遗传"之意，然后应该是"养"，再"感化"成一个"不十分坏的人"。按照这种先后关系可选定正确答案是C。

抛砖为引玉，弄斧到班门

——观摩第七届"语文报杯"比赛有感

7月25日，两年一次的第七届"语文报杯"全国中青年教师优质课大赛在西安隆重举行，三十多名初、高中选手舞台竞技，秀出自己的教学风格。来自全国各地听课教师也云集古城，目睹选手在课堂上的风骚独领。来自光明新区十名教师也有幸观摩了这一盛会，并与宝安、龙岗、罗湖等大批同行畅谈听课体会，收益颇丰。感慨之余，本人欣然提笔，结合新区听课中所碰到的教学疑问及本届赛事课例班门弄斧，聊发浅见，以图抛砖引玉，引同行共同关注新区的语文教学。

一、"课堂还给"与"课堂交给"。新课程理念下的语文教学倡导学生的主体性，让教师从"讲师"中跳出来，学生不再是一味地"倾听"，而是动起来。理念一经提出，得到了语文界的好评。很多教师特别是青年教师接受新理念快，一经名家理论煽动顿时热血沸腾，却没有静下心来认真理解"学生主体性"这个概念含义及要领，盲目割裂了学生主体与教师主导的关系，于是"把课堂还给学生"变成"把课堂交给学生"，结果让学生在课堂里、教材里、问题里"大闹天宫"，自己却在教室里做甩手掌柜，并美其名曰"放手"。稍好一点，学生积极而不激动，讨论热闹而无思想交锋，有问有答而停留表面。这样的交给，学生在热闹中失去了"静思"，教师在浮躁中失去了引导，学生的认知只停留在一个低级层面上。这种"还给"实际上就是一种变相的"交给"，从一个极端走向了另一个极端。

下面以山西阳城一中的邢小雷老师执教的《失街亭》一文为例，看看"还给"与"交给"的区别。在教学进行到最后时，教师提问：马谡该不该斩无可讨论，现在请你站在蜀国大臣的角度上如何力谏不斩马谡呢？问题一经提出，下面学生放手讨论，把主动权交给学生。按理说这个问题的提出角度比较新，课堂似乎真还给了学生。但学生在回答不能斩马谡时，没有注意到人物身份，而且缺少一个对话的环境。这时，邢老师更高妙的第二问抛出来了：你是劝谏大臣，我是诸葛亮，现在请你站在大臣的角度向我进谏，我又是如何拒谏的？这两个问题放在一起，"还给"与"交给"的区别就凸现了。

第一个问看起来是"还给",可实际上是"交给",对话语境不明,教师的主导性不明,学生回答千奇百怪;而第二个问尊重了学生的主体性,又加上了教师的引导性,并适时给了学生一个对话的环境,生师一谏一拒相映生辉,这才是真正的课堂"还给"。这两个问也构成了当天比赛的一个最大的亮点。

再如河北李哲锋老师执教的《作点辩证分析》。教师先出示三条语录:"一个好校长就是一个好学校","没有教不会的学生,只有不会教的老师","知识改变命运",然后提问学生"你对哪句话感受最深,说一说",这是李老师第一次把话语权交给学生,突显了学生的主体性。而后进行第二次提问:"这三句话难道就没有缺陷吗,请说说你的见解?"这是李老师的第二次问,再一次把话语权交给了学生,通过巧妙的问题,引发学生内心的冲突,迫使他们通过思考发现名言的思维破绽,最终形成比较合理的答案。再后进行第三次提问:"任选其中一句名言,作一修改,写出一句最为辩证的名言"。这三个问很好地解决如何把课堂还给与交给的问题,学生的自主性与教师的引导性得到了有机结合,高妙之极,佩服之至。

由此可见,"还给"不等同于"交给","把课堂还给学生"至少包含两条内容:既要有教师的主导,又要有学生的主体,两者有机结合。

二、"问题生成"与"问题预设"。生成与预设看起来似乎矛盾,但其实两者这间有着必然的联系。预设是事先的,有准备性;生成是即时的,有突然性。但预设是基础,是用来解决生成。要想在课堂上解决好生成的问题,首先是教师对教材要进行充分的研读,也就是要吃透教材,摸透学情,拓展知识面。很多教师怕即时生成的问题,主要原因是对教材理解不深不透,准备工作没有预设好,以致于生成问题一出现,课堂上就手忙脚乱,于是要么置之不理,,要么含糊了事,要么王顾左右而言它。

请看来自西安的一位执教者在教《琵琶行》一课时是如何处理预设与生成的。在读完全文以后,老师提出了一个问题:全文的情感句是哪一句?生答"同是天涯沦落人,相逢何必曾相识"。师问:这一句话中,你最想提出的问题是什么?学生提出了如下问题:为什么叫做"沦落人"?为什么用"同是"?于是下面教师便围绕"谁解沦落人"和"同是天涯沦落人"究竟'同'在哪里作为文章的主问题展开教学,角度新奇。应该说,这个问题是教师预先就设计好的,他对教材钻研得深透,早就知道学生会提这样的问,可谓成竹在胸。这几个问从学生的角度来说是生成,体现了主体性;从教师的角度来说早就预设了,体现了引导性。

很多教师也会提第一个问,但后面几个问却可能不会去光顾了,因为没有去钻研这句话在全文中的作用，让一个美丽的切入点在身边错过。

再如来自新疆兵团的朱典锴老师执教的《写作要有理有据》。这个老师首先预设了一道高中文理分科的材料，激发了学生的兴趣。学生有赞成分的，有不赞成分的，有建议缓行的，一时之间，课堂言辞四溢，机锋敏锐，妙语如珠。这个材料的预设考虑到了学生的实际，结合了本课的教学目标"有理有据"，一经抛出，赢得了开场彩。而最后教师抛出一道我国有些地方男女学生分校、分班、分餐厅的材料，请学生对此"有理有据"谈自己对此事的看法时，这个预设就不成功了。他仅想到了此材料结合学生实际，但没有预设到这个材料要找出"据"来难如登天。结果学生"生成的现场话语"全部偏在"有理"上，对"有据"却是空白，教与练有脱节之嫌了，这就是预设不够全面的地方，自然也就解决不了临时生成的问题。

因此，要讲究预设，重视生成。只有研深钻透，预设与生成才能比翼双飞。

三、"个性解读"与"教师点拨"。"强调个性解读"不等于什么解读都行。坚持该放就放，该守就守，该导就导。教师的责任是不仅要善于组织一个充满生机、民主平等的语文课堂，更要善于在学生偏离语文学习主题、模糊文本价值取向、迷失是非善恶判断标准时，及时给学生以正面引导。教师并不是对来自学生的任何诠释都要认同，在放弃过去对简单确定性的偏执之后，也不能放弃自己应有的点拨引导职能；在挣脱传统阅读教学规定性的枷锁之后，同时需要对无边际的多元解读即过度解读保持警惕。

宁夏李天玲老师在执教《漫话清高》时，最后提出了一个问题：分组辩论，当今社会还需不需要清高？这个问题提得好，既针对了编者的意图，也符合当今社会人生价值观的辨知。但在辩论的过程中，有的学生认为生命诚可贵，物质价更高，若为清高故，二者皆可抛；有的学生认为要保持清高，远离物质文明；有的学生认为不要固守清高等等不一而足。这些个性化的见解，有的是从原文中图解出来，有的游离了原作，有的更是唱起清高的反调，竟然赢得学生的掌声，随意的个性化的解读走向了误读。老师此时没有对学生的说法加以评价，更没有站在更高的层面上对学生的迷茫认知作一个点拨，学生的认知层面停留在浮浅的表象上。这个时候，亟待教师点透拨明：即在当今社会清高并不一定意味着拒绝财富，关键是保持自己清高的气质或者是做人的自尊，号召大家做一个有尊严、不媚俗的人。如此一点，迷雾顿消；如此一拨，醍醐灌顶。

再如内蒙赤峰老师李淑慧执教的《巴尔扎克葬词》，本文的一个重点就是要解读诗化的哲理语言，进而解读到雨果借巴尔扎克之死来谈作者的生死观。可惜师生在这方面都没有个性化的解读，只是停留在表面；老师显然也在点拨方面受到了知识的束缚，探究不到里面包含的生死观，给人以草草收场的感觉，让人扼腕。

因此，个性化解读不光是指学生的解读，也是考查教师的解读。点拨不是一味地叫好，而是要中肯地评价，及时扶正纠偏，拨开迷雾，为学生指明方向。（不要一味地说好，这种技术含量低的表扬话实质上是在骂学生资质太低了）

四、"主问意识"与"碎问意识"。一堂成功的语文课，一堂高效的语文课，一堂抓人眼球的语文课，首先是主问意识强的课。所谓主问意识就是指在语文课堂上要有一个主问题，这个主问题解决的是这堂课要达到的目标、要解决的重点。其它的问都围绕这个问来做文章。而不能是满堂碎问，问得学生如坠迷雾，晕头转向。

这里以河南师大附中张军老师的《项脊轩志》为例。教师提问：第三段写了几件事？为什么叔伯分家是一件悲伤的事？有人评论说归有光的文章"平易之中，惨淡之情溢于言外"，你能感受到吗？应该说，教师的这几个问题还是有一定的层次性，可惜本人觉得张老师忽略了归有光的散文具有"至情言语即无声"的特点。如果认真翻阅课文，我们会发现有这样一些特定的虚词，"先是"、"始"、"已为"、"凡"等；有一些很有味道的句子如"鸡栖于厅"而并非"鸡栖于庭"，从这些虚词与实词的角度来设计一个主问题，既能品出归有光散文语言的妙处，又能传达出由暖到凉到冷，进而这种冷又勾连起他对三个女人无法排遣的回忆，这才好理解作者"余泣""长号不自禁"，最后睹物思人，情不能已。同样是一个目标，但由于主问题不明，致使这个环节的教学黯然失色。

相反，邢小雷老师执教的《失街亭》就很有主问题意识，而且问题层进性强，步步深入。1、失街亭讲了一个什么故事？2、街亭为什么会失？3、诸葛亮为什么会派马谡去守街亭？4、失街亭，谁之过？5、假如你是蜀国大臣，你如何力谏丞相不斩马谡？整体来看，前面的问题层层铺垫，步步过渡到最后的中心问题上，设计精致严密，过程行云流水。

因此，抓住主问题进行教学，能提纲挈领，快速切入。如果只是一些零碎的问题，一方面是乱而无序，一方面是小而无值，整个教学就会散漫无章。

五、教学语言与课堂品位。教师在教学中是通过言语来贯穿整个课堂教学。许多老师由于缺乏应有的自我修养，上课语言干瘪，信息量小，使学生长期处于一种荒芜的语言环境之中，致使课堂品位不高。

教学语言要简洁、简明、简约。你的课堂用语简洁吗？你的课堂设计程式简炼吗？你的课堂教与学的处理干净吗？有些教者在课堂上的"哆嗦语"、"绕弯弯"、"陷泥潭"等等，使学生整堂课中云里雾里，淡化了课堂学习的兴趣。一节理想的课堂语言应该是：讲述时条理清晰，提问时准确到位，总结时简洁凝练；教学流程时行云流水。

视野要宽，见解要深，学识要博。名师文化底蕴深厚，文化视野开阔，文化境界高远。我们只有做到"心通中外千年史，胸藏古今万卷书"，才能驾轻就熟的带领学生驰骋在语文教学的殿堂里，以儒雅风度来吸引学生，影响学生，才能更好的提高学生的语文素养。

教学个性要足，教学情感在丰。梁启超讲到精彩处，"有时掩面，有时顿足，有时狂笑，有时太息"，"悲从中来，竟痛苦流涕而不能自已"，情绪好了又"涕泗交流之中张口大笑了"，"每当讲过，先生大汗淋漓，状极愉快"，这便创设了十足的语文味。所以语文教学要会因兴奋而振臂，因情发而高歌，因激动而流泪，因悲痛而扼腕，因惋惜而唏嘘，发挥着"言教"的功能，更发挥"身教"功能，影响学生，熏陶感染学生。

如《听听那冷雨》。柯灵说："直接用文字的雨珠，声色光影，密密麻麻，纵横交织而成"，所以需要我们用视觉、听觉、触觉、味觉同时参与享受。光明高级中学的谈胜轶老师：《冷雨中的忧思、眷恋与失落》"文中的冷雨时空交织，繁复错落。就时间而言，或现实，立足于当今；或回忆，着眼于过去；或憧憬，展望于未来；就空间而言，或台北，或大陆，或整个中国。这些冷雨在作者的心灵世界里，下得是淅淅沥沥又滂滂沱沱，下得是苍苍凉凉又悲悲壮壮。" 高级中学的潘宾刚老师《人生的突围》："史上像苏轼一般少年成名的天才有，但像他一样人生断裂的不多；有这般坎坷遭遇的迁客有，但像他这样更深刻的理解人生和社会，主动而不是错位地实现人生价值的文人不多；随缘自适、宠辱不惊、从失意走向超然的人少有，但如苏轼一般从怨愤走向旷达、净化心灵、正气凛然、始终积极康健的绝无仅有。"

评语的设计：有的老师平时对学生不是冷若冰霜，便是横加指责，可到了公开课上，却一下子变成了狼外婆，不但"慈眉善眼"，而且"海纳百川"，学生说什么都是"好"，答什么都是"对"，更有甚者，动不动就鼓掌喝采。把求知的学堂变成了作秀的舞台。实际上，这种毫无原则，缺乏理性的肯定，往往只能让学生思想更懒惰，情绪更低落。

你找到了一个靓丽的意象（金柳），你找到了一个柔美的意象（青荇），你找到了一个深沉的意象（树荫下的一潭），你找到了一个激情的意象（梦）。

情理语的设计：《苦难。我与地坛》流星的光辉来自星体的磨擦，珍珠的璀璨来自贝壳的血泪，痛苦是一种财富，从苦难起航，只有在痛苦和磨难中才会延生灵魂的歌声。生命恰似一股激流，没有岩石和暗礁，就激不起美丽的浪花，生命是一朵常开不败的花，那挫折必是滋养花的养份，没有经历过挫折的人生是不完整的人生，没有养分滋润的花迟早也会枯萎。

成功的号角吹响之前，嘴唇上必须磨掉几层皮。连续不断的幸福犹如没有曲线的女人，令人十分乏味。

结语的设计：黄玉峰《说苏轼》：与屈原比，苏轼多了一分自我，少了几分愚忠；与陶潜比，苏轼多了一分经历，少了几分寒闲；与韩柳相比，苏轼多了一分豁达，少了几分悲观；与李白比，苏轼多了一分责任，少了几分狂漫；与杜甫比，苏轼多了一分大度，少了几分怨言。

功夫语的设计：

当然，我们的讲述可能是流利的，但却是就事论事、浅薄、平面化的；我们的答疑解惑可能是耐心细致的，但缺乏更深意义上的关怀和考量；我们的声音可能更多地来自喉咙，而不是发自内心；我们的目光亲切柔和，但是却缺少深邃和睿智。这一切都因为我们缺少应该有的知识底蕴和文化视野。

因此，只有教师教学语言的丰富多彩，才能提升我们的课堂品位，才能让我们的学生对语文、对语文教师情有独钟。要做到丰富多彩，那就是读书读书再读书，写作写作再写作。

六、拓展训练与文本挖掘。要把一篇好文章读深读透，往往需要大量的背景知识做支撑，需要深厚的教师功底做后盾。所以，现在大多提倡增大课堂容量，加强课内外衔接，结果导致许多老师画虎不成反类犬，在课堂上游离课文主旨，肆意发挥，无端延伸，冲淡了文本解读，分散了教学重点。好好的课不讲下去，为什么偏要瞎折腾呢？文本研读是教学的重中之重，应该在文本上下工夫，要研究写了什么，怎样写的，为什么要这样写。无目的的进行拓展训练，势必会造成对原文的研读不深不透，这是本末倒置的做法。

如内蒙赤峰李淑慧老师执教《巴尔扎克葬词》。在还没有完全对文本中充满情感的哲理句作深刻的领悟时，就进行拓展。引进了《欧也妮葛朗台》中"老头子身子一纵，扑上梳妆匣，好似一头老虎扑上一个睡着的婴儿。"，这种引入貌似丰富实则喧宾夺主。

如青海西宁中学安昊老师在执教《林黛玉进贾府》。随着黛玉进贾府，你最想认识的人是谁？引出了凤姐、宝玉，然后对人物性格分别进行分析。重在抓住"我来迟了，不曾迎接远客！""天下真有这样标致的人物，我今儿才算见了！况且这通身的气派，竟不象老祖宗的外孙女儿，竟是个嫡亲的孙女。"如果再对文本挖掘一下，试从林黛玉的角度来分析，岂不是更深一层？到了后面，执教者用黛玉与宝钗进行PK，人们却喜欢宝钗，不喜欢黛玉，谈谈你对黛玉的看法。这个问题就有点跑了。还不如引《红楼梦》中另一段来佐证人物性格：

贾母这边说声"请"，刘姥姥便站起身来，高声说道:"老刘，老刘，食量大似牛，吃一个老母猪不抬头."自己却鼓着腮不语.众人先是发怔，后来一听，上上下下都哈哈的大笑起来.史湘云撑不住，一口饭都喷了出来，林黛玉笑岔了气，伏着桌子嗳哟，宝玉早滚到贾母怀里，贾母笑的搂着宝玉叫"心肝"，王夫人笑的用手指着凤姐儿，只说不出话来，薛姨妈也撑不住，口里茶喷了探春一裙子，探春手里的饭碗都合在迎春身上，惜春离了坐位，拉着他奶母叫揉一揉肠子.地下的无一个不弯腰屈背，也有躲出去蹲着笑去的，也有忍着笑上来替他姊妹换衣裳的，独有凤姐鸳鸯二人撑着，还只管让刘姥姥。

当然如果拓展的好，能加深对教学内容的理解，加强对教学目标的深化，提高学生的学习兴趣。如光明高级中学的李凤娇老师执教《米洛斯的维纳斯》，为了对"受到限制的、不充分的有与包孕着不尽梦幻的无"有更深刻地理解，就引了齐白石画虾，竹锁桥边卖酒家等。当然，如果老师的视野更广阔一些，积累更丰厚一些，还可以举出踏花归去马蹄香、竹锁桥边卖酒家、嫩绿枝头红一点、蝴蝶梦中家万里、杜鹃枝上月三更、深山藏古寺、野渡无人舟自横、古井万丈深、蛙声十里出山泉等。

当然，语文课不是不要拓展训练，但一定要搞清目的：拓展是为了让学生加深对教学重点的理解，让学生更深刻地把握课文。

当然，这次赛事还出现了别的一些跟我们平时教学常犯的错误，如一味追求热闹而忽略双基，过分强调个性而疏远引导，讨论积极而思维肤浅，重视求新而忽视实在等，但这些也掩盖不了这次大赛选手的风采，从他们的身上，我们看到了自已的进步与不足。只要善于在名家弄斧时细心求教，认真揣摩，敢于在班门面前弄弄大斧，求取人家的指点，我相信，我们的教学能力定会再上一个层次，不远的将来，我们的选手也会在大赛的舞台上抛头露脸。

破解歧义，走出歧途

"表意不明"是《考试大纲》所列六类病句中较难辨析的一类，多年高考屡有涉及，而"歧义"是导致表意不明的一种最常见情况。所谓歧义是指一个语言单位（如短语，句子等）在语义上失去了确定性，可以有多种理解，于是句子产生歧义。分析产生歧义的原因有利于消除歧义现象，从而走出歧途。

一，词义两解生歧义

有些词语或短语常常具有多义性，用到句子中就能产生歧义，导致对句子意义理解不同。例：（2003年全国卷）"独联体国家看不上2002年世界杯足球赛"。句中的"看不上"既可以理解成"轻视"、"看不起"，也可理解为"看不到"、"收看失败"。类似的例子还有：（1994年全国卷）"县里的通知说，让赵乡长本月15日前去汇报"。"前"字既可理解为名词"以前"，指汇报时间不能超过15日；也可以理解为动词"前往"，指规定汇报的时间为15日当天。

二，结构两分生歧义

同一短语或同一句话，在结构层次上划分不同，会产生歧义。如：（2004年全国卷）"这一桩发生在普通家庭中的杀人悲剧在亲戚当中也有些不解和议论，要说小莉的妈妈不爱她家里人谁也不相信。"句子"要说小莉的妈妈不爱她家里人谁也不相信"结构上就可划分"要说小莉的妈妈不爱她\家里人谁也不相信"，又可划分为"要说小莉的妈妈不爱她家里人\谁也不相信"，这样就有两种不同的意思。

三，词性两兼生歧义。

有些词语或短语兼有两个或两个以上不同的词性，词性不同，常会带来理解上的差异，从而导致歧义。如：（1998年全国卷）"他背着总经理和副总经理偷偷地把这笔钱分别存入了两家银行"。句子中"和"字，一可作为连词，他背着总经理和副总经理两个人，一个人干了这件事；一个是介词，他背着总经理，和副总经理一起干了这件事。类似的还有（2005年江苏卷）："这次外出比赛，我一定说服老师和你一起去，这样你就不会太紧张，可以发挥得更好"。句中的"和"既可以作介词，也可以作连词，因而说服的既可以是"老师"，也可以是"老师和你"。有一道数学题：一斤猪肉一块钱，一斤白菜多少钱？此题按数学角度来理解肯定是无解的，但从语义歧义角度去理解就行，钱既是名词，指人民币，又可是量的单位，一斤等于一百钱，"钱"成了兼类词，所以一斤白菜应是一百钱。

四，成分两省生歧义。

前文交代了两个或两个以上的主体，而后文的动作由于主体省略而没有归属，这样就会导致歧义。如：（2006年浙江卷）"曾记否，我与你认识的时候，还是个十来岁少年，纯真无邪，充满幻想"。句中出现了两个人"我"和"你"，后文"还是个十来岁的少年"前主语省略，因而不清楚谁"还是个十来岁的少年"，因此既可以理解为是"我"，也可理解为是"你"。

五，代词两指生歧义

一个句子中出现两个或两个以上的人、事、物，而下文使用代词时交代不清，就可能产生歧义。如：（2004年全国卷）"美国政府表示仍然支持强势美元，但这到底只是嘴上说说还是要采取果断措施，经济学家对此的看法是否定的"。这个句子出现了两个做法"只是嘴上说说"和"要采取果断措施"，下文指示代词"此"究竟是指"嘴上说说"还是指"采取果断措施"不清楚。再如：（2004年全国卷）"松下公司这个新产品14毫米的厚度给人的视觉感受，并不像索尼公司的产品那样，有一种比实际厚度稍薄的错觉"。这个句子前面出现了"松下"公司的产品，也出现了"索尼"公司的产品，而指示代词"那样"既可理解为松下产品没有"比实际厚度稍薄的错觉"，而索尼产品有"比实际厚度稍薄的错觉"；也可理解为松下产品有"比实际厚度稍薄的错觉"，而索尼产品没有"比实际厚度稍薄的错觉"。又如（2005年高考全国卷）"今天老师又在班会上表扬了自己，但是我觉得还需要继续努力。"当中的"自己"可指"老师"也可指"我"。

六，数量两限生歧义。

数量词使用范围较广，既可表人的单位，也可表物的单位。若数量短语作定语所限制的范围不确定，就会产生歧义。如：（2004年全国卷）"数百位死难者的亲属出席了隆重的葬礼"。修饰语"数百名"既可修饰"死难者"，说的是"死难者有数百名"，也可修饰"亲属"，说的是"亲属有数百名"。再如（2005年广东卷）"他每天骑着摩托车，从城东到城西，从城南到城北，把180多家医院、照相馆、出版社等单位的废定影液一点一滴地收集起来。"其中"180多家"既可修饰"医院"，也可修饰"医院、照相馆、出版社"。如：（2007年全国卷）"王林呆在实验室里半个月，好像与世隔绝了，所以他回到家，强迫着自己看了十天的报纸"。句中"看了十天的报纸"有歧义，它可以是指"近十天来的报纸"，还可以是指"看的时间是十天"。

七，朗读两顿生歧义。

说话或朗读时，需要在句子中间作或长或短的停顿，有时还得注意逻辑重音。由于停顿不同，重音不同，语意的侧重点就会不同，就可能产生歧义。如：（2005年天津卷）"山上的水宝贵，我们把它留给晚上来的人喝"。"晚"和"上"连读，意与"白天"相对；"上"和"来"连读，意即"后上来的"。再如：（1989年全国卷）"一个季度就生产了五百台录音机"，要求通过重音不同，分别表达"太少了"和"真不少"两种意思。重音落在"就"字上，表示生产太少；重音落在"五百台"上，则表示真不少。

谦恭之称有讲究

2007年4月18日播出的央视王牌栏目《艺术人生》特别节目《恰同学少年》中，朱军请上毛泽东的嫡孙、毛岸青的儿子毛新宇，上台讲述爷爷奶奶的往事。毛新宇刚一落座，朱军立即语气深痛地说："不久前，毛岸青去世了，首先，向家父的过世表示哀悼。"此语一出，观众哗然。众所周知，"家父"、"家母"，是对自己父亲的尊称，当称呼对方父亲时，应该用"令尊""令尊大人"，称呼对方的母亲，则是"令堂"。这是中国儒家文化传下来的礼教，已经传用了几千年。朱军犯的这个致命的错误，招致观众对他更多的失望。近几年高考语文也考查了这个方面的内容。如2005年全国卷一：（1，王孝椿准备6月16日在阳光饭店为爸爸过70生日，想请爸爸的老战友刘妙山夫妇那天中午12点来一起吃饭。请以王孝椿的名义给刘妙山夫妇写一份请谏。要求称呼得体，表述简明，措辞文雅。卷二：请写出下列不同场合中使用的两个字的敬辞谦语。示例：探望朋友，可以说"特意来看您"，更文雅一点，也可以说"特意登门拜访"。（1）想托人办事，可以说"请您帮帮忙"，也可以说"　　您了"。（2）请人原谅，可以说"请原谅""请谅解"，也可以说"请你　　"。（3）询问长者年龄，可以说"您多大岁数"，也可以说"您老人家　　"。卷三：（1）邀请朋友到家里作客，可以说"下午我在家里等您来"，也可以说"下午我在家　　您　　"。（2）把自己的著作送给人，可以在书上写"请您提意见"，也可以写"ＸＸ先生　　"。再如2007年全国卷：下面是一位记者对接受采访的某著名作家之子说的一段开场白，其中有4处不得体，请找出并在下面相应的位置进行修改。"大家知道家父①是一位著名的作家，作品广为流传，在文坛小有名气②。我在上中学时候就读过他的不少作品，至今还能背诵其中的段落。您是他老人家的犬子③，能在百忙之中有幸④接受我的采访，我对此表示感谢。"这些题目既体现了对传统文化的传承，又体现了生活的实用性，富有生活情趣。在解答这些题目的过程中，很多学生对传统文化的东西吸收不够，体会不深，所以在得体性与文雅性方面都做得不够，笔者于是想通过下面的归纳，使考生对这方面的内容有一个大致的掌握。

措辞文雅古已定，围绕得体要表清。已故长辈要称先，家大舍小令他人。称已之母叫家慈，称已之父叫家严，称已之妹叫舍妹，称已之弟叫舍弟，称已之侄叫舍侄，称已之室叫舍下，称已之女叫小女，称已之子叫小儿。称人女儿说令爱，称人儿子说令郎，称人之兄说令兄。称人亲戚说令亲，称人妻子说令阃，称人母亲说令堂，称人父亲说令尊。去人家里说造府，看望别人说拜访，初次见面说久仰，久不见面说久违，等待宾客说恭候，迎接宾客说恭迎，请人相见说有请，宾客到来说光临，欢迎购物说光顾，向人祝贺说恭喜，面对称颂说过奖，回答赞扬说过誉，陪伴友人说奉陪，不能相陪说少陪，中途先走说失陪，未能迎接说失迎，告人详情说奉告，送人礼物说奉送，归还原物说奉还，请人收礼说笑纳，礼貌不周说少礼，责已不周说失敬，招待不周说怠慢，表示歉意说不安，与人分别说告辞，请人勿送说留步，安全行路说慢走，请人办事说劳驾，请人帮忙说偏劳，求人相助说有劳，表示请托说烦劳，托人办事说拜托，求人解答说请问，打听事情说借问，冒昧求人说敢请，向人询问说动问，请求接受说赏脸，请人赴约说赏光，求给方便说借光，征求意见说不吝，请人指点说赐教，请人批评说指教，请人指瑕说指正，请人改文说斧正，受到指教说叼教，受人教益说见教，与人较艺说领教，自己表演说献丑，称人见解说高见，称人诗文叫大作，称人相片叫玉照，对方来信叫惠书，要求回信说赐复，别人任职说高就，得到关照说承蒙，得人好处说叼光，受到款待说叼扰，委屈他人说屈尊，请人就职说屈就，感人帮助说鼎力，麻烦别人说打扰，谢人代劳说难为，别人谦让说承让，领受情谊说承情，老人谦称说老朽，称已之姓说敝姓，谦呼自己说鄙人，称呼自己说在下，问老人龄说高寿，问人年龄说贵庚，问人表字说台甫，问人姓氏说贵姓，别人学生说高足，敬称学生说贤契，敬称朋友说足下，敬称对方说尊驾，称人之家说府上，对方之家说尊府，自己之文说拙作，答谢赠送说惠赠，让人花钱说破费，辞谢赠送说心领，请人宽宥说海涵，请人原谅说包涵，耗费心思说费心，耗费精神说费神。

其中"已故长辈要称先"指的意思是已去逝的长辈要在称呼前加一"先"字，如先考、先父等。"家大舍小令他人"是指对比自己年长的家里长辈要称"家"，如家父、家母等；对比自己年小的家里人要称"舍"，如舍弟、舍妹等；对别人则要敬称为"令"，如令尊、令爱、令郎等。主持人朱军之所以犯这个错误，就是没有分清"家父"与"令尊"使用上的区别，以致说话不得体，导致观众哗然。

附2005年答案：卷一：称呼得体（如称"刘伯父伯母"等）；表述简明（写明具体时间、地点、邀请缘由等）；措辞文雅（如使用"家父""寿辰""恭请""光临"等）卷二：（1，拜托。（2，包涵。（3，高寿。卷三：（1，恭候；光临。（2，指正

2007年答案：①把"家父"改成"您父亲或令尊"；②把"犬子"改成"儿子"；③把"小有名气"改成"很有影响"；④"有幸"改成"应邀"

潜规则："和"往往是为了"不和"

带"和"字并列句在病句修改中经常出现，句子表面详和，其实一搭上"和"字往往就会出现不和谐的音符，这似乎成了一条潜规则了。因此命题者总是喜欢借"和"字来设置语病，而这恰好也成为辨析语病的一条捷径。

一、表意不明。由于"和"既可是连词，也可以是介词（相当于"跟"的意思），容易造成句子歧义。

根据气象资料分析，长江中下游近期基本无降雨过程，仅江苏和浙江的部分地区可能有短时小到中雨。（07年安徽卷）

析："江苏和浙江的部分地区"可以理解为"江苏和浙江"的部分地区，这里的"和"是连词；也可能理解为"江苏"和"浙江"的部分地区，这里的"和"作介词用。

市政府关于严禁在市区养犬和捕杀野犬、狂犬的决定得到广大市民的热烈拥护和支持。（07江西卷）

析：句中"严禁"的宾语可能是"在市区养犬"，也可能是"在市区养犬和捕杀野犬、狂犬"，主要看"和"是介词还是连词。如果是介词，"严禁"的宾语是前者，如果是连词，宾语就是后者了。

二、属种不合。有"和"字的并列成分之间容易出现内容交叉，属种不分（外延较大的概念称为属概念，外延较小的概念称为种概念）。

市教委要求，各学校学生公寓的生活用品和床上用品由学生自主选购，不得统一配备。（05年全国卷）

析：句中"生活用品"应该包括"床上用品"，这是属概念与种概念的问题，并列不当。应改为"各学校学生公寓的床上用品及其他生活用品由学生自主选购"。

我们的报刊、杂志、电视和一切出版物，更有责任做出表率，杜绝用字不规范的现象，增强使用语言文字的规范意识。（2000年全国卷）

析：句中的"报刊"是"报纸、杂志"的简称，不能与"杂志"并列；同样"报纸、杂志"不能与"一切出版物"并列。改为"我们的报纸、杂志及其他出版物……"。

三、逻辑不符。并列短语一般都要按照一定的逻辑顺序来排列的，不注意顺序排列就会出现语病。

1，语序不顺。"和"字并列词语一般按时间先后、距离远近、范围大小、程度轻度以及逻辑关系等来构成合理语序，如果违背了这种顺序，就有语病产生。

树立和落实科学发展观，发展和重视农业产后经济，应当成为解决我国"三农"问题的重要组成部分。（07年安徽卷）

析：句中并列词语"发展和重视"依逻辑顺序，应"重视"在前，"发展"在后。

2，照应不周。并列短语有时也得讲究前后照应，不能站错队伍排错序。

对调整工资、发放奖金、提高职工的福利待遇等问题，文章从理论上和政策上作了详细的规定和深刻的说明，具有很强的指导意义和操作性。（06年湖北卷）

析：句中"理论上和政策上"与"详细的规定和深刻的说明"语序不对应，宜改为"从理论上和政策上作了深刻的说明和详细的规定"。

在新形势下，我们应该树立新的文化发展观，推进挖掘文化体制创新和特色文化内涵，着力开发富有时代精神和四川特色的文化产品。（07四川卷）

析：句中谓语位置的"推进挖掘"与处于宾语搁置的并列短语"文化体制创新和特色文化内涵"不能一一对应，宜改为"推进文化体制创新，挖掘特色文化内涵"。

四、搭配不当。指并列短语或并列短语中的部分词语与其他内容成分搭配不当，具体来说就是并列短语使得句中主、谓、宾三者之间可能交叉出现搭配不当，并列短语与修饰语搭配不当。

1，谓宾搭配不当。

我国的文化遗产是我们民族悠久历史的证明，是我们与祖先沟通的重要渠道，也是我们走向未来的坚实根基，我们应当永远保持对古代文明成果的尊重和珍惜，以及祖先的缅怀和感恩。（08年湖南卷）

析："保持"与"对古代文明成果的尊重和珍惜"是对的，"保持……缅怀和感恩"就搭配不当了。

目前电子计算机已经广泛应用到各行各业，这就要求我们必须尽快提高和造就一批专业技术人员。（02年北京卷）

析：句中并列短语"提高和造就"与"人员"不能一一搭配，可改为"尽快提高专业技术，造就一批专业人员。"

近年来，我国加快了高等教育事业发展的速度和规模，高校将进一步扩大招生，并重点建设一批高水平的大学和学科。

析：句中并列短语"速度与规模"不可与"加快"一一对应，改为"加快了高等教育事业发展的速度，扩大了高等教育事业发展规模"。

2，主宾搭配不当。

李明德同志在担任营长、团长期间，多次被评为训练先进单位和后勤保障模范单位。（05年全国卷）。

析：句中"李明德"被评为"训练先进单位和后勤保障模范单位"肯定搭配不当。

3，主谓搭配不当。

这位高能机械工程师的出色工作和独特设计，已被国内有关单位采用，并受到国外专家的高度赞赏。

析：句中"出色工作和独特设计"这个并列短语，只有"独特设计"能"被采用"。删除"出色工作"即可。

4，修饰语与并列短语搭配不当。

我校这次为四川地震灾区募捐的活动，得到了许多学校老师和同学的积极响应，在不到一天的时间内就募集善款三万余元。（08年山东卷）

析：修饰语"许多"与并列短语"学校老师和同学"放在一起，形成歧义。

他那爽朗的笑声和笑容似乎告诉我：这个问题不是很严重。

析："爽朗"修饰并列中心语"笑声和笑容"肯定不当，"爽朗"中只能修饰"笑声"而不能修饰"笑容"，可改为"爽朗的笑声和和蔼笑容"。

一个"和"字竟然弄出了这样多的错处，修改病句时可要留心它了。

强化五种意识　　提升课堂教学

语文课堂如何才有语文味，一直困扰一线教师。从一线名师课堂反复回放咀嚼后，发现要想语文味足，教师教学必须强化五种意识。

一、朗读意识："读书百遍，其义自见"，通过朗读，学生能体会到文章内容、神韵、含义较深的语句、段落。很多教师平时也重视朗读，但朗读无目的、无技巧，以致学生怕读、厌读。而名师在朗读方面花得功夫多，有章有法，朗读声情并茂。1。扣住文体读。从一次广东省教学比赛的观摩上我们很欣喜看到教师有强烈的文体意识和朗读意识。文言有文言的读法，散文有散文的读法，诗歌有诗歌的读法。中山纪念学校的张华老师在执教《春夜宴诸从弟桃李园序》时，就抓住该文是骈体文的特点，要学生读出错落美、音韵美，进而体味夜会的意境美、李白的境界美。读中带赏，赏中再读，让师生共享了一场坐花醉月式的夜宴。而广东实验学校的黎小敏老师更是把《一个文官之死》进行角色朗读，学生披文入情，角色意识强烈，诵读刚完，掌声四起。2。融入情境读：梅州平远中学的吴岳峰老师展示背景之后，让学生带着情感去诵读《蜀相》，当学生诵读不到位时自己示范朗读，融情于诗，读得沉郁顿挫，读得泪沾衣襟。3。反复照应读：北江中学赖老师在执教《哦，香雪》一文时出手不凡，开讲就从题目标点入手朗读，让学生读出几种不同的情感。究竟标题要用怎样的语气来读呢？带着这个问题和学生一起深入文本探究，最后在领悟文本之后让学生用"哦，香雪，你是那么的———"概括形象并进行深情诵读和重读题目，前后照应，情味十足。佛山南海石门中学的李俊兴执教《只因为年轻啊》时，开头三读标题谈读感，中间依照找——品——读的步骤让学生归结到"不懂爱恨、不愿受伤、不会珍惜、不知安排"上，最后师生深情回读课文，可谓异曲同工。4。抓住关键词读。东莞东华中学的耿丹老师在执教《蝶恋花》时，紧紧抓住"愁"字不放，让学生找"愁"、品"愁"、读"愁"，教师不失时机地挖掘博引，让学生体会柳永的"无言谁会凭栏意"，方法独到，情深意切。正因为有了朗读意识，课堂教学才有色有声。

二、文本意识："语文教学要回归文本，要从文本出发，又回到文本"，这是一条很重要的语文教学原则，必须在语文教学中贯穿始终。但语文教学能不能回归文本，关键还要看语文教师能不能真正走进文本，把握文本情感和思维的脉动，从而引领学生出入文本，深入理解课文。张华老师在执教《春夜宴诸从弟桃李园序》时立足文本，析字赏词，让学生理解"浮生"与"人生"的区别、"阳春"与"春天"的不同，学生便顺利地把握了李白及时行乐的人生态度。黎小敏老师在执教《一个文官之死》时针对学生提出的"将军是不是凶手"，作者为什么要塑造一个文雅的将军来吓死文官这个问题时就很注重从文本入手，先让学生找出将军六句话，引导学生品出对话后面的味道，然后结合《变色龙》及小说创作背景，明了"环境扭曲，异化了人的性格与心理，扼杀了人的灵魂与生命"这个主旨。正因为有了文本意识，课堂教学才有本有源。

三、设计意识：正所谓"竖切的苹果见常规，横切的苹果见星星"，一个精心的教学设计让课堂横看成岭，侧看成峰。这次选修课很多选手在课文的处理上，体现了高妙的设计艺术。汕头市澄海中学林诗诠老师直接从标题入手，抓住"窑洞"与"思考"两词大做文章，用"窑洞是毛泽东的——"这一句式带动对全文内容的梳理，进而赏析里面的精妙细节，明了作者交替用平视、仰视的方式来写伟人大事的妙处，可谓匠心独运。深圳平岗中学的王雪娟老师巧用程颐三条读书感受串起对《论语》十则的理解，"凡看文字，须先晓其文义，然后可以求其意。未有不晓文义而见意者也"，"凡看孔孟，且须熟读玩味。须将圣人言语切己，不可只作一场话说"，"当时已晓文义。读之愈久，但觉意味深长"，层层递进，步步深入，由论语十则的表层意思联系到自己的实际，再深入到孔子的精神内核及对今天人类的意义，解读深刻，拍案叫绝。而广东实验学校的黎小敏老师则是以一则填写死亡报告的形式，引领学生追究文官之死的原因，巧妙之极。湛江第一中学胡兴桥老师另辟蹊径，从探究文化散文的写作方式切入，追寻秦腔这一文化现象在特定区域兴盛的自然与人文因素，进而理解根植于血脉里的文化和作者的情怀。这样精心营造的教学设计风格迥异，但又各领风骚。正因为有了设计意识，课堂教学才有识有智。

四、语言意识：这里的"语言"不是指对文本里字词品赏，而是专指教师课堂话语。课堂既是学生活动的舞台，也是教师才华显现的地方。课堂的精彩往往取决于教师精湛的语言。理想的课堂语言应该是：讲述时条理清晰，提问时准确到位，总结时简洁凝练；教学流程时情深意长又行云流水。张华老师执教《春夜宴诸从弟桃李园序》时，点评的语言就相当出彩，引发学生们表达的欲望。而最后在探究"及时行乐"积极与消极时，更是展示了教师言语功底："刚读的时候，开始那种浮生若梦的人生感伤，慢慢会在李白坐花醉月的闲情逸致中，烟消云散；开始那种及时行乐的人生态度，也慢慢会在李白觥筹交错的洒脱雅怀中，变成了一种生命的讴歌。……跳出作品来看，'及时行乐'远非我们所理解的那样消极。李白把'及时'当成对抗岁月无情的法宝，这在某种程度上，觉醒了我们常常被忙碌蒙蔽了的时间意识和生命自觉。……而李白的'行乐'态度，其实也觉醒了我们对人生意义与生存价值的终极思考。行乐并非有罪，关键在于'行什么乐'。我们需要树立正确的'快乐观'，如果你的快乐是健康而高雅的，及时行乐难道不正是我们应该作出的正确选择吗？从这个意义上来说，'行乐'倡导的恰恰就是热爱自然、享受生活的一种积极态度。面对及时行乐，理解需要透彻。"执教者分三个层面谈到自己对"及时行乐"的理解，语言精美深刻，句子摇曳生姿，给学生以哲理与美的享受。这样的课堂想不叫人不爱都难。正因为有了语言意识，课堂教学才有美有情。

五、文体意识：广版教材在编写时，文体意识特别强。很多教师在执教过程中往往忽略了编者意图，忽视了教材文体变化。教传记的忽视传记的特点，于是《布衣总统孙中山》之类的文章当成纯记叙文来教；教科普小品的不顾科普小品的"四性"，于是《奇妙的超低温》之类的文章变成地道的说明文；教人物访谈的只考虑归纳被访对象的人格品质，于是教《访李政道博士》之类的文章从不涉及访谈提问的技巧……从名师的很多课堂观摩中，我们发现他们就有文体意识，解读散文着眼于散文的形神，解读小说着眼于小说的三要素，解读诗歌着眼于诵读，解读古文着眼是"言"与"文"的统一。湛江第一中学胡兴桥老师执教《秦腔》时，不是一味从散文的一般特点出发，而是着眼于文化散文这一特点进行解读，让人耳目一新。正因为有了文体意识，课堂教学才有类有型。

只有在课堂教学中强化这些意识，我想，我们的语文课堂必能焕发出生命与活力。

巧用"评价"，别有洞天

在《教师教学用书》中，除了对作品内容作必要的"课文解读"外，还往往收录了一些"相关资料"，里面含有了名家对作品的一些点滴评价。有些教师对这些评价或视而不见，或视而不用，或随意乱用，浪费了一块很好的教学资源。其实，如果能巧用这些"评价"，语文课堂教学往往别有洞天。

一、从评价入手，寻找文本切口

教学中寻找文本切口的方法很多，从别人的评价入手去进行教学设计不失为一着高招。因为这种评价往往是人们对作品高度精练的概括，抓住评价入手就是抓住了要点。如教李清照的《声声慢》，可引唐圭璋《唐宋词简释》："自庾信以来，诗人写愁，多半极言其多。这里却化多为少，只说自己思绪纷茫复杂，仅用一个'愁'字如何包括得尽，而词中句句皆现愁。"从这个评价切入让学生读词，看词中哪些句子写了"愁"，她是如何写"愁"，为什么她会有这样多的"愁"，通过这些教学设计激发起学生探究的兴趣。就会品赏出"寻寻觅觅"背后李清照的内心空虚，无所寄托又寻觅着想找某些东西来寄托。明了"冷冷清清"的环境背后是更多的是心情的冷清，环境的冷清又感染了心情。最后"凄凄惨惨戚戚"叠在一起，把词人内心孤寂的心情淋漓尽致地表达了出来。这样的切入可谓曲径通幽了。

二、从评价入手，突破文本难点。

有些经典作品是作家特定时代特定心情的产物或写照，所以作品或隐晦、或艰深、或曲折等，这时如果借助评论，易于突破文本的难点，更容易直达作品的精妙之处和作者的灵魂深处。如教《京口北固亭怀古》，初读时学生可能不知所言。因为"稼轩词好用典"，喜"掉书袋"。辛弃疾曾置酒请客，令歌妓演唱该词，自己击节伴奏，请宾客指出暇疵，岳飞之孙岳珂直言不讳地说"用典太多"，辛闻言大喜说，真是一针见血，一语中的。曾在事后尝试修改，却又是难上加难。这首词就是被后人称为稼轩词压卷之作的《京口北固亭怀古》。如果能从"用典"这个角度切入，先让学生找出本文中关于孙权、刘裕、刘义隆、佛狸祠、廉颇五个典故，进而了解典故的内涵：千古英雄的孙权，金戈铁马的刘裕，宋文帝的败北，扬州路上的烽火，佛狸祠下的神鸦社鼓，无法重用的廉颇，都是用来刻划一个为国担忧，以身报国的爱国壮士形象，他既仰慕英雄，想建功立业，但又感慨怀才不遇，借古讽今，满腔豪迈与无限悲愤交织一起构成了辛词独特风格。这样，既突破了教材的难点，又站到了解读作品的高点。

三、从评价入手，澄清是非疑误

在教学中针对学生提出的疑问，教师如能恰当地引证他人的评价去帮助学生分析、理解，有助于培养学生批判性思维。如执教《鲁提辖拳打镇关西》在分析鲁达这一人物形象时，一位学生突然提出：我认为鲁达这个人物不如大家刚才说得那么好，他尽管也有多次救人行为，但更多的时候表现为杀人放火，醉后大闹，遍地撒尿，他只是个莽和尚而已。此言一出，引起学生共鸣。此时倘若避重就轻，忽视这"偏颇"，势必挫伤学生的积极性，不利于学生思维的发展，也不能使其它学生信服。聪明的教师肯定会接纳该生的感受，并顺势请学生共同讨论鲁达的形象：或认同他是侠义英雄，或认同他是个莽和尚，大家各执一词，莫衷一是。这时教师顺势向学生介绍金圣叹对鲁达的评语：写鲁达为人处，一片热血直喷出来，令人读之深愧虚生世上，不曾为人出力。接着又可介绍了台湾学者乐衡军先生的观点：鲁智深原来是一百零八人里唯一真正带给我们光明和温暖的人物……他正义的赫怒，往往狙灭了罪恶（例如郑屠之死，瓦官寺之焚），在他慷慨的胸襟中，我们时感一已小利的局促（如李忠之卖药与送行）和丑陋（小霸王周通的抢亲），在他磊落的行止下，使我们对人性生出直纯的信赖（如醉后打金刚殴同门，对智真长老坦认过失）……尽管学生听后未必能即刻认同前人或名人的观点，但至少他们的观点正在受到冲击、在动摇。教师也不必急于求得意见的统一，而可以给学生一段时间去细读原著，对此作个缓处理，随着阅历的加深会形成属于学习主体自己的一家之言，对学生此后的解读人物会起到不可估量的作用。

四、从评价入手，彰显风格特征

不同的作家其作品自然就有不同的创作风格，如汪曾祺的"汪氏语体"、孙犁的"诗体小说"等。从作家风格入手去品赏文章，更有助于赏出语文的原汁原味，品出文章的别样风景。

如江苏特级教师王厚江执教汪曾祺先生的《葡萄月令》时，就巧妙地从这方面切入。他说：汪曾祺写了《葡萄月令》这篇散文以后，非常得意，认为是他的代表作。那它能代表什么呢？这是一个有意思的问题。整节课围绕"代表"二字展开。这个问题具有提纲挈领的作用，切入点巧妙，概括力强。黄老师从"汪氏语体"、"汪氏散文"、"人生境界"三个方面分析"代表"的内涵，既涉及内容、又涉及语言、又有人物情感、思路清晰，体现出名师对文本深度解读的能力。具体到赏析文体时，黄老师从风格方面进行提问："汪氏语体有何特征？汪氏散文有什么特点？什么样的人才能写出《葡萄月令》？"仅此三个问题贯穿课堂，紧紧抓住问题核心所在，让学生从语言入手走进作者的内心。"汪氏语体的特点是什么？"旨在提升学生鉴赏品味散文语言的能力，"什么样的人才能写出《葡萄月令》？"这一提问锻炼了学生综合运用多种资料赏析散文的能力。由于抛出问题角度适当，时机得当，学生通过具体语句明了了汪氏散文摇曳而有变化，自然而然，没有斧凿的痕迹的风格。

这样看来，"评价"委实不可多得，巧用教学别有洞天。

巧用对联，让语文教学更精彩

让课堂出趣出彩出新一向是教师教学中所追求的。在课堂教学中恰当地运用一些对联，对于活跃课堂气氛，点评作品人物，归纳总结内容，训练学生遣词造句的能力以及陶冶学生的审美情操势必产生积极的效果。

一，用对联介绍作家作品。 纯粹地介绍作家作品相对乏味，激发不了学生的兴趣。如果恰到好处地运用对联来介绍，就能起到独具匠心的效果。如讲《药》一文，自然要了解鲁迅其人及其代表作《呐喊》、《彷徨》在中国文学史上的重要地位。在导语中可以选用美国作家斯诺与剧作家姚克合写的一幅悼念鲁迅先生的对联：译著尚未成功，惊闻陨星，中国何人领《呐喊》；先生已经作古，痛忆旧雨，文坛从此感《彷徨》。板书此联于黑板，让学生填两部作品名，进而围绕此联，提出质疑："陨星"何意？《呐喊》、《彷徨》指什么？等等。让学生了解鲁迅是中国文化革命的主将，是中国现代文学的奠基人，代表全民族的大多数，向着敌人冲锋陷阵的民族英雄。《呐喊》、《彷徨》是他的两本小说集，是中国现代文学的奠基之作，是中国小说现代化的卓越开端。以此导入新课，别具一格，既使学生了解了作者及文章内容，又激发了学生对鲁迅先生的无比景仰之情。这样有意识有目的的把作家作品与对联联系起来，对学生的影响作用是很大的。

二，用对联引入文章课题。 语文教学中的导课非常讲究，一个巧妙的导语往往使课堂气氛异常活跃，能引发学生产生强烈的兴趣感和求知欲。在授课中，可以结合课文选用或自拟一个合适的对联进行导课，"一石激起千层浪，"引导学生对课文的思考，为完美地研习课文打下基础。例如，在讲授《勾践灭吴》时，可借用这样一幅对联"有志者事竟成，破釜沉舟，百二秦关终属楚；苦心人天不负，卧薪尝胆，三千越甲可吞吴"导入新课，通过对对联的质疑解疑激发学生阅读课文的兴趣。再如，学习《报任安书》一文，可由对联"刚正不阿，留将正气冲霄汉；幽愁发愤，著成信史照尘寰"导入新课，也会起到先声夺人、引人入胜的教学效果。

三，用对联概括故事内容。 理清思路、概括层意也是教学中的一个常见环节，尤其是讲授叙事性较强的文章时，不妨模仿一下古典章回小说回目的形式，给每层拟一个对联式的小标题，既有助于遣词造句的培养，又能理解归纳文章内容，新颖别致。例如，学习《廉颇蔺相如列传》，在明确全文记叙三件事以后，可拟以下对联进行概括：第一回："既使秦，蔺相如物归原主；欲欺赵，秦昭王无计可施。"第二回："渑池会，蔺相如力挫强敌；赵设兵，秦昭王惮动干戈；"第三回："退三舍，蔺相如不计私怨；负荆棘，廉将军悔过自新。"用这样的形式，不仅激活了文言文课堂常见的沉闷气氛，尤其是能够引导学生深入探讨课文每层的含义，还锻炼了学生运用语言的能力，可谓一石三鸟。

四，用对联归纳课文主旨。教学中，在理解层意的基础上，往往要引导学生总结中心归纳主旨，如果使用传统的方法，则显得平淡无奇，学生兴趣不大。若采用对联形式进行归纳，往往能达到出奇制胜、一语中的的效果。如学习闻一多先生的《最后一次讲演》，用对联"一个人倒下去，千万人站起来；千万人站起来，一个人倒下去"殿后结尾，就可以表现闻一多先生不畏强暴，敢于斗争，刚强不屈，视死如归的革命精神，具有惊天地、泣鬼神，气吞山河的震撼效果与冲击力；对展示作者从诗人到学者到战士的伟大人格有言简意赅的概括力；对归纳课文内容与全面评价闻先生殉难所产生的极大影响有积极的作用。

五，用对联激活课堂氛围。有时巧妙地把对联引入到课堂，能改变过去课堂中存在的生疏乏味的被动局面，引导学生深入探讨课文，对于丰富他们的语文素养和培养正确的审美情趣，有着深远的意义。在《祝福》中鲁迅写到鲁四老爷书房一对联时，只上联在："事理通达心气和平"，下联脱落松松地卷了置于桌上。下联到底是什么？此时，就可抓住下联大做文章：拿起你们的笔，据作者刻画的鲁四老爷其人，拟对一下。学生们个个摩拳擦掌，屏气凝思。稍后有对"诗书饱读性格稳重"；有对"礼教固守厌弃寡妇"……虽然同学们对得千奇百怪，甚至驴头马嘴，但是课堂气氛是不言而喻的。最后出示下联："品节详明德性坚定"。作者何以故意让其脱落？这与下联的内容有关吗？，鲁四老爷"品节详明"吗？有"品节"吗？"德性坚定"吗？有"德性"吗？鲁四老爷配谈这些吗？这一连珠爆式的扔给学生，果真"炸"醒了他们，使他们更加深刻地理解了这个人物和作者刻画这个人物的良苦用心。

六、用对联来评价作品人物。通过评价人物这一环节加深对人物及课文内涵的理解，这种充满个性的对联解读，源于课本又超越了课本，使学生获得了思想的飞翔和个性舒张！如归结《信陵君窃符救赵》一文时，可拟以下对联："仁而下士，大义大勇救赵国，可敬可叹；前后对应，有曲有折用映衬，多姿多彩。"上联总结了人物形象，下联则概括了文章写法。现在的中学生，大多对历史知之甚少，对以往的生活、历史上重要人物的事迹更是难以理解。如果教师只是凭自己掌握的历史材料泛泛而谈，学生是难于接受的。而有些对联却对过去的生活、历史上的名人做出了精确的概括，且形式短小，合辙押韵，读来朗朗上口，学生易于理解和接受。如学习《沁园春·雪》时，用对联对诗人毛泽东作这样的介绍及评价："泽色绘成新世界；东风吹复旧山河。"此嵌字对联言简意赅，异常大气，高度颂扬了政治家的伟大气势和非凡抱负，对学生加深理解"数风流人物，还看今朝"起到画龙点睛的作用，人物形象跃然纸上。

　　七、用对联渲染升华情感。学生的情感在朗读中慢慢蕴积，在领悟中渐渐升华，往往需要找到一个可以抒情的出口来以情传情，以情感人。这时如果巧借对联就有可能达到渲染情感的效果。如用"青山含悲声声泪，声声呼总理；碧水长歌字字血，字字哭忠魂"作《周总理你在哪里》开场白，用以介绍背景，营造气氛，一下子就把学生们的思绪拉入到那难忘的一九七六年，取得情定全篇的效果。并用"千秋青史，不忍归去；寸草春晖，难报恩来"作课文的穿插，展现人民对周恩来总理的眷恋爱戴之情。"寸草春晖"让学生油然回忆起唐代诗人孟郊《游子吟》："谁言寸草心，报的三春晖"的诗句，扩大了作品的容量，让学生理解人民对敬爱的周恩来总理是何等的热爱。时间距离拉近了，新世纪的学生终于体会到上个世纪七十年代人民大众的情感。言尽情远、余味悠长。

　　特别注意的是，把对联引进课堂，需要教师细心谨慎选择，引用时不能在教学过程中过多地影响课文教学时间，更切忌兴之所至地旁征博引。对联，它只是一味药引子，用得恰当，画龙点睛；滥用，有卖弄、矫情之嫌，适得其反。

让我们的课堂教学语言更精彩

听一堂好课，就像观摩一幅名画，心旷神怡，神彩飞扬；就像欣赏一首名曲，余音绕梁，三日不绝；就像品味一杯名茶，清香四溢，回味悠长。在课堂教学上，教师若能通过其教学实践探索语言艺术的路径，提高教学语言的规范性、形象性、哲理性、启发性，在课堂教学的一些关键环节上发挥语言艺术，学生就会像磁铁般被吸引着，与教师一同走进艺术的殿堂。

"工欲善其事，必先利其器"。教师要想讲好课必须明了课堂教学语言的四个基本特性：语言的规范性。语音真，才能善，才能美。汉字是表意文字，音韵调之间关系密切，若语音不准，表意则可能差之千里，这就更需要教师在准备教学语言时，潜心推敲、稽查，以求准确通畅地表情达意；语言的形象性。教师的课堂语言要精确，更要形象。李燕杰教授说过："讲到最典型的人物，最生动的事例，最感人情节，要绘声绘色，细致刻画，使听众如临其境，如见其人，如闻其声。"语言生动形象能将抽象的化为具体，深奥的讲得浅显，枯燥的变风趣；语言的情感性。不同的教师，教同一门课程，善教者使学生如乘轻舟，举帆顺风，学生视听课为"乐事"。不善教者使学生如入荒山野坡，举步艰难，学生视听课为"苦差"。两者之间的差别很大程度上在于是否巧于表情；语言的启发性。古语云："学起于思，思起于疑"，"小疑则小进，大疑则大进"。教师注重语言的启发性，设计有价值的思考题，促使学生积极动脑，这样才能使学生学得主动积极，课堂气氛才能活跃而充满生机。

在掌握教学语言的四个特性后，更须在课堂教学几个环节的语言上下功夫。

一、导入语求"新异"。

课堂导入语的"异"，是指形式和语言的奇异、奇特和标新立异。如果你着装漂亮，必定会吸引过往路人的注意。同样，作为教师，如果能使得自己授课前的导入语新颖、奇特，那么必定会抓住学生的眼球，有效地提高课堂教学的效率。如教学《逍遥游》要介绍作者庄子，"他是一个特立独行的思想家，是文采斐然的散文家，是幽默大师，是故事大王，是心理医生，是穷光蛋，是常常感到寂寞的高手，是藐视权贵的奇才，是淡泊名利的隐士，是悲天悯人的仁者，是滔滔不绝的辩士，是好抬杆的朋友，是田园诗人，是经常援引神州的无神论者，是喜欢异想天开的理想主义者，是濮水边的渔翁，是田间的歌者。然而这一切仍然不足以概括他。"这一段导入语整句与散句相结合，以悬念式的诗性语言吊足学生胃口，自然学生就迫不及待地想进入课文。

由此可见，导入语的"异"不仅能有效地体现教师课堂用语的艺术性，还能有效地提高课堂教学效率。因此教师要广采博闻，与教材有关的笑话、故事、佳联、格言、警句、成语、典故、诗词等均可引入课堂，从而调动自如，游刃有余，学生如坐春风。

二、过渡语求"顺承"

顺则通，承则美。课堂教学过程中的过渡语往往起承接、小结的作用，是贯穿整个教学环节的必要步骤。过渡语用得好，教学就如行云流水，问题势如破竹。如执教毕淑敏《孩子，我为什么打你》一文，教师就很好地利用了标题这个切入口，利用问题过渡语来达到课堂教学的精彩："打"体现在文章的哪些段落？什么情况下打？为什么要打？用什么打？打孩子的心理感受怎样？"不打"又体现在哪些段落？什么时候不打？为什么不打？既然文章的标题是"打"，但为什么文章还要写"不打"？这些问题过渡语层层深入，步步"惊心"，不仅帮助学生理解了文章的内容，还使孩子在课堂中领略到语言之美、情爱之美。

三、提示语求"到位"

"到位"的提示语总是一语惊醒梦中人，让你有山重水复、柳暗花明之感。它就好似一盏明灯，在黑暗中，为你照明前进的方向。在课堂教学中，教师的责任不仅要善于组织一个充满生机、民主平等的课堂，更要善于在学生偏离学习主题、模糊文本价值取向、迷失是非善恶判断标准时，及时给学生到位的提示，让学生迷途知返，思路豁然开朗。如在教学《木兰诗》，在追问"双兔傍地走，安能辨我是雄雌"能否换成"双兔傍地走，安能辨雄雌"时的妙处，很多学生无法理解去掉"我"的妙处，教师恰到好处地引用播得正火的电视连续剧《我的团长我的团》，提示学生这里的"我"包涵了什么内容及情感。经过一番辨赏，大家形成了共识，认为标题有两个"我"，感觉很性格。激情、骗情、同情、爱情、伙伴情、同乡情、情情皆备，更添了与子同袍的男人豪情。同样迁移到文章中，大家认识到改后的句子虽然形式上是统一了，但是那种飒爽英姿、手持五尺枪的自豪感和那种眨吧眨吧眼睛的调皮味不在了，有了这个"我"，更有女人味、调皮味。可见到位的提示语确有拨云云去雾之功能。

四、生成语求"机智"

在课堂教学过程中，虽然教师预设很多，但在实际过程中常风波陡起，这就要求教师出语机智，既要解决困境，扭转尴尬，又要顺势引导，从而柳暗花明。在执教《故宫博物院》教师提问："世界四大宫殿究竟是哪四座？""故宫"，一位女生反应很快，教师表扬她真聪明，谁知话音未落，人群里传出一个声音"还有子宫"，紧接着教室里一片笑声，青春期的孩子对这些问题是比较敏感，糟糕的还有刚才认真思考问题的氛围也被破坏殆尽。遇到这样的学生和这样的场景，真让人头疼，骂他一顿还未必起到教育的作用。面对此景，教师微笑着扫视了那位男同学，肯定地说："你答得很好，联想很丰富。说到子宫，真的让我们肃然起敬，它是胎儿的宫殿，是我们所有人的摇篮，它是世界上最伟大的宫殿，只是这节课我们不研究这个问题，我们来研究一个中国古代辉煌的古代建筑。"由"故宫"到"子宫"，中间的反差如此巨大，但教师找到了它们的共同点，既维护了学生的面子，又不扼杀学生的想象力及积极性，更妙的是顺势又回到了文本，课堂教学语言机智无比，让人叹服。

五、评价语求"贴心"

"贴心"指的是教师的评价语言要贴着学生的灵魂。现在很多课堂教学泛滥了技巧，孤独了灵魂，这是教学中的一大悲剧。前苏联著名教育家苏霍姆林斯基曾经说过："教育是人和人心灵中最微妙的相互接触。"课堂教学不是一种简单的知识传授，不是教师把自己头脑中的思想、观点和知识搬到学生头脑里的简单过程，它是师生情感双向交流和相互影响的过程。这个交流过程很大一部分取决于教师的评价语言。如果一个教师能从文本与情感的角度二个方面进行评价，它就会成为沟通学生心灵、启迪学生智慧的一把金钥匙。如执教毕淑敏《孩子，我为什么打你》一文，在学生解答问题的时候，老师的评价语言就紧贴学生的灵魂："在我们跌跌撞撞的脚步中，在我们失败迷惘的泪水里，在我们青春飞扬的快乐中，你可曾感受到母亲的爱？""其实母亲的爱不仅仅是高高扬起又轻轻落下的手，还是……"，学生在这些动情的语言诱导下展开了热烈的探讨和情感体验，触摸到文本内部起伏消涨的情感律动，品味到跃动在字里行间的汩汩情爱，体验到了毕淑敏打孩子的无奈痛苦，也体验了毕淑敏深沉浓烈的母爱，更读懂了自身父母不轻言的示爱。

六、结束语求"情理"

课堂结束往往是情的升华或理的深华，引发学生的思索。教材上的文章，都是名家名篇。有些作品的内涵，非常值得学生去细细品味。在授课时，不要忽视下课的那几分钟，要设置一些能够引起学生思索和回味的结束语，让学生带着满腔的热情，在课后继续进行探究。如在执教《伶官传序》，教师针对"忧劳可以兴国，豫逸可以亡身"作了一段哲理与情思的总结，就很令人回味："兴亡谁人定，盛衰岂无凭。励精图治十五载，忧劳兴国，可赞！宠幸伶人，逸豫乱政三年亡国，可惜！不鉴前车，防微杜渐，可忧！一声呜呼，申之以人事之理，殷勤叮咛，深深期盼，可敬！"这段结语既是对全文内容的高度概括，又是在对全文充分解读的基础上的拓展提升。教师熟悉史实，理解人事，褒贬人物，触类旁通，引申义理，告诫后人，最后实现了文本的认识价值、审美价值和教育价值。

从根本上讲，课堂教学语言艺术是一种智慧，一种激情，一种文化，而不是单纯的技能或技巧。愿我们的教师能有相声演员的幽默，播音员的流畅，哲学家的周密，数学家的严谨，演说家的激情和至圣先哲温暖的情怀。

让我们的课堂教学语言来得更精彩些！

让题目更"给力"

——由《光明教科研》部分论文标题所想到的

拟题难，拟科研论文题目更难。近段时间《光明教科研》（以下用"杂志"代称）"浅谈"类文章数度"重逢"，让编辑有"目不忍睹"、甚至"痛不欲生"之感。这种标题不是不能用，而是它象极了"大标语"，文采不够，技术含量不高。

俗话说："书看皮，文看题。"标题是论文的"眼睛"。"眼睛"亮了，就会先声夺人，辉映全篇。好的科研论文标题应该是准确、简明、新颖，恰如其分地表达论文的广度、深度和作者的写作意图，"精神上相容、字句上包含"，最终做到题文合契。怎样的论文题目更"给力"？笔者以为要有"四味"：

一、题目有鲜味。这里的"鲜"指的是拟题时要关注时代生活，攫取时尚音符拟题，一闻标题，顿觉鲜味扑鼻，清香怡人。如杂志第二期中田寮小学陈瑜老师的《给孩子"一米"心灵阳光》，陈老师别出心裁，巧借电视剧《一米阳光》时尚片名，顺手拈来，揉进题中，顿时阳光普照，学生心暖如阳。其它科研论文题目如《更新我们头脑中的教育"软件"》、《把"意见"刻录成光盘》、《朋友，请带好你的"护照"》等无不透出时尚的元素，鲜活的滋味。

二、题目有异味。这里的"异"指的是拟题的形式，讲究手法独到，将各种修辞翻云覆雨，造成变化万千之异境，恰如四川火锅，五味杂陈，异香满口。如杂志第一期光高的李凤姣老师《绿色的批评、温柔的征服》，既是言语工整的对仗，又是时尚鲜味的清香；光高李绪平老师的《品亭台双壁，悟大气人生》，既是形式上的对称，更是内容上的凝练，堪称经典；教科研中心刘会金老师的《陈题再考出新意，变式思维开新花》，变与不变、陈题与新意交错对举，匠心独具，新颖闪亮；东周小学冯硕万老师的《借鉴香港经验，构建和谐校园》对仗工整，主旨明晰，简明扼要；爱华小学邓华香老师的《作文教学另一片绿洲》比喻新奇，引人遐想；凤凰小学李国林老师的《书香氤氲凤高飞》就地取"名"，比喻贴切，含义双关，让人拍案叫绝。

三、题目有趣味。这里的"趣"指的是题目中含有的情趣、理趣、性趣。标题一现，读者或情绪上有阅读的冲动，或明了作品的语言风格，或预知作者理性思索的端倪等。这种标题读之爽口赏心，思之横生情趣。如杂志第三期宋杰同志的《终点就是起点，高度决定深度》，题目大气，高瞻远瞩，语重心长，理性十足；杂志第四期中公明二小姚琳老师的《新课改热潮下音乐教学的冷思考》，热潮冷看，辨证看待，趣生味足；杂志第三期田寮小学的刘琳静老师的《剑走偏锋》，介绍的是自己教语文的一些另类方法，别人走罗马大道，她却曲径通幽，标题有理趣，内容有独思；杂志第二期公明一小李柳红老师的《听，雪花歌唱的声音》，拟人手法，情味亲切，巧妙隐喻，诗性流露；杂志第一期中光明中学李平生老师的《弱水两瓢，我取哪瓢饮》巧化古语，有文化底蕴，惶惑之感触、焦虑之情绪、教改之衷心尽在问中；杂志第四期凤凰小学贺娇华老师的《瞧瞧我的看家本领》，题目看似平淡，但童趣天然十足，炫耀竞争味浓，不肯服输之意识跃然标题之上。

四、标题有韵味。这里说的"韵味"是指所拟标题要讲究音节、韵律、排比、对仗，要让人看起来心旷神怡，读起来琅琅上口，听起来珠落玉盘，忆起来余香满口。如杂志第二期公明中学鲍丽娟老师的《爱是阳光爱是雨》，比喻成题，节奏鲜明。光明小学毕立刚老师的《传承关爱传统，谱写和谐篇章》上下对应，主旨突出，看在眼里，爽在唇间。这种例子在"题目有异味"中都作了一些举例阐述，不再一一赘述。值得注意的是杂志前四期论文题目超出15字以上的标题居然有十八篇之多，我想，如果要把这样长的标题读得有韵味，那是要有多好的气功呀。（申明：本人不是认为这些长标题不能作题目，而是觉得尽量可以短一点，读起来有点韵律感。）

在为这篇文章拟题的时候，笔者纠结了好一阵，思量了好几番。我的题目该怎样拟才有我说的那种味呢？拟《画好龙，点好睛》虽是巧拆妙分成语，但题目太大，关注两面，舍去；拟《拟题，贵在点睛》，题目准确，了无新味，内容难写，废除；拟《擦亮你的"眼睛"》，修辞用了，生动传神，可如何擦亮难写，纠结；拟《让标题更有味》，虽朴素本真，但耐不起咀嚼，割爱；拟《题好，文就好》，化用广告语"牙好，胃口就好"，直奔话题，简洁可用；拟《让题目更"给力"》，引进时尚，耳目一新，韵律天然，滋润鲜活且合符文本，就是它了！

"作好一道题，绉脱两撮眉。"看来，标题的诞生，总是要经历"千呼万唤"的艰难历程，只要我们对标题经常锤炼，删繁就减，肯定就能立异标新。

笔者以为，以后我们杂志的论文标题一定更上层楼，"不管你信不信，反正我信了！"

光明新区教育科学研究管理中心
2011-11-5

让文言文实词教学活起来

刘小华 游云去

文言文实词教学一向是很多教师难言之痛，在平时课堂教学中很多教师不分难易、不分主次，见一个敲一个，琐碎凌乱、肢解文章。如何解决文言实词教学，笔者以为要从三方面入手：

一、以文解言，主问题带动实词教学

关于"以文解言"，钱先生谈了自己的主张："文言文教学必须首先树立一个观念：文言文，首先是'文'，而不是文言词句的任意堆砌。教文言文，当然要指导学生理解词句，但理解词句的着眼点在于更准确、深入地把握文意；反过来说，把握了文意也可以更好地理解词句。把文言文作为文章来教，是更好地理解文言词句的需要。"

怎么做到这一点呢？他在《愚公移山》教读中进行了示范：

师：这篇寓言共写了几个人？大家一起说，我来写，好不好？我们先来熟悉一下这个人物表。大家说说看，这个老愚公有多大年纪了？

（学生纷纷答，有人说"九十岁"，有人说"九十不到"）

师：到底是九十，还是就是不到？

生（齐声）：不到。

师：不到？从哪里知道？

生："年且九十"，有个"且"字。

师：且，对！有的同学看书仔细，有的同学就有些粗心，那么，那个智叟是年轻人吗？

生（齐声）：老头。

师：怎么知道？

生（齐声）："叟"字呀！

师：啊，很好。愚公和智叟都是老头子，那么，那个疑难有几岁了？

生：七八岁。

师：你又是怎么知道的？

生：从"龀"字知道。

师：噢，龀。这个字很难写，你上黑板写写看。（生板书）写得很好。"龀"是什么意思？

生：换牙。你看这是什么偏旁？（生答："齿"旁）孩子七八岁时开始换牙。

师：再请你们计算一下，这次参加移山的一共有多少人？

生：五个人。

师：你们怎么知道的？

生：一个愚公、一个遗男，还有他的三个子孙。

师：三个什么样的子孙？

生：三个挑担子的，"荷担者三夫"。

师：你们怎么知道愚公自己也参加了呢？

生："遂率子孙荷担者三夫"，是愚公率领子孙去的。

师：啊，讲得真好！那请你再说说看，"遂率"前面省略了一个什么句子成分？

生：主语。

师：主语应该是什么？

生：愚公。

生：好！愚公遂率子孙荷担者三夫，主语补出来，人数很清楚，一共五个人。人数我们搞清楚了，下面再看看，这个寓言写了一件什么事？

在《愚公移山》的教读中，钱先生摈弃了"字字落实，句句对译"的传统教法。而是在学生自读的基础上，提出问题，感知内容。如"这篇寓言共写了几个人"、"这次参加移山的一共有多少人"、"这个寓言写了一件什么事"……在此基础上，带出重点实词、特殊句式的教学。如这一段教读过程中就解决了重点实词"且"、"叟"、"龀"三个字，定语后置句、省略句两种特殊句式。

二、突出重点，学习活动带动实词积累

在《文言文教学不能以偏概全》中，于漪先生归纳教学实践经验，指出："古今意义相同的词语无须花功夫，学生就能理解；文言文中的单音词，现通常用双音词表达的，只要善加点拨，指导学生在近义词、同义词中慎加选择，学生是能掌握的。重点要辨析多义词以及诸多义项之间的思维差别，要重视词类活用现象"余映潮先生在文言文的教学中就非常重视"一词多义"的辨析和积累。与"主问题带动实词教学"不同，他采用的方法主要是"学习活动带动实词积累"例如在《马说》的教学中他就进行了下列学习活动：

师：第二步是辨析积累（大屏幕显示）。这是你们的活动了，怎么辨析呢？文言课文中有很多词是反复地用，有的时候就表现出同形状但意义不同的情况，我们称之为一词多义。下面你们做这样一个活动，每个人找一组这样的词，两个字的形状是一样的，但是它们的意义不同。要一组一组地找，开始。

（学生在课文中找，教师巡视指导，并提示学生把探索的结果写下来）

师：好，我们再做一个活动，在你认为同形不同义的词上画个圆圈，并用线连起来。（学生画圈连线）

师：现在就开始交流我们的学习所得。

……

师：你们看，我们通过这种辨析词义的活动可以找到很多组词义不同的词。反之，我们还可以找出很多组词义相同的词。它的方法就是两两相比，甚至三个相比、四个相比。大家看课后练习题的设计，就是这样比出来的。因此你们熟悉了这个操作方法之后呢，自己也就可以编练习了，就能找出很多组词义不同的词。好，这就叫"辨析积累"。

用"主问题带动实词教学"，学生对实词的掌握是零碎的、不成体系，在教学流程上，停留在"老师问、学生答"的层面上，而采用"学习活动带动实词积累"的方法，学生的积累是成块的、学生的思维空间比较大，避免了"问答交替式"的课堂流动模式，学生可以静静读、静思、充分活动交流，老师还可以随机点评，进行方法指导。

特别是文言文单元教学结束以后，可以采用这种方式进行"文言实词小词典"的积累。在实词教学过程中，教师也要有意识地"左右勾连、古今互证"，例如《生于忧患、死于安乐》中"必先苦其心志，劳其筋骨，饿其体肤，空乏其身，行佛乱其所为，所以动心忍性，增益其所不能。"加点词都属于文言词的使动用法。用"惊天动地"、"惊天地泣鬼神"进行解释，可以帮助学生理解这一用法。在解释《小石潭记》"潭西南而望，斗折蛇行，明灭可见"中"斗""蛇"的用法就可以用"云集""席卷"进行例证；《醉翁亭记》"而不知太守之乐其乐也"中"乐"是意动用法，可以用学生熟悉的歌词"让我忧伤着你的忧伤，幸福着你的幸福"来加深学生的印象。

三、授之以渔，"学长"式点拨带动方法归纳

胡明道先生提出"学长式教学"，主张教育者以"学习论"为核心，特别注重对

学法的点拨、归纳。她认为："课堂价值的评估不应该过多关注教师是否教了某项具体的知识，而应关注学生的认知规律及心理规律是否被顺应，学生是否参与学习了，是否学会了，是否会学了。教师是先学者，要在一个一个教学设计中向学生示范，展示思维过程，甚至是错误的过程，并且要能从无数个过程中，抽象出带规律性的方法，加大学生正迁移的概率。《童趣》的教学，胡明道就充分展示了"学长式教学"方法点拨的魅力

师：让我们进行第一次合作探究。我们采用"小合作"+"大合作"的方式吧。全文共4个自然段，每个小组合力译读一段，要注意：①读懂文章写的内容；②你是怎么读懂的？你用了什么方法？③你还有什么问题？

（学生小组合作译读。教师巡回参与。）

师：现在我们进行全班交流，也就是"大合作"，请同学们展示自己的成果吧！（学生接龙翻译，教师巧妙插话、点拨）

师：（第一段译读后）"睁大"从何处来？"所以"是怎样译出来的？

生8："张目"的"张"可译为"睁大"。

生9："故"可译为"所以"。

师：那么，你们发现的方法是——

生10：（抢着回答）可以用现在的词语去"换"。

师：（第二段译完后）其他组可像我一样向他们发问。

生11：你怎么知道"项为之强"是"脖子为这都僵硬了"？

生12：书下有注释呀！

师：哦，这可叫"查看法"，还有什么发现吗？

生13：我们读"夏蚊成雷"时，起初不知"雷"是什么意思，后来，看到下文有"飞鸣"及"鹤唳（书下有注释）"，于是反推回去，知道这里说的是"声音"，"成雷"是"像雷声"的意思。

师：太聪明了！你这可叫"反推法"吧！

师（第三段接力译完后）：其他组同学还有问题吗？

生14：我想问他们组，文中只有一个"常"，你为何译为"常常"？"定神细视"为何译为"定下心来细细观察"？

生15：我按今天的习惯，给它加了字。

师：哦！又发现了一个"加字法"。现在让我们再读一遍吧！……

师:刚才,大家在合作解读的过程中,自己发现了很多方法,如换词法、查看法、推断法、加字法等等。可见,文言文并不难学。现在让我们充满自信,再读一遍课文。

这一板块的教学主要还是为了翻译全文,感知内容。但丝毫不觉得死板、枯燥,教师善于调动学生,把学习的自主权完全交给了学生,让学生自己去和文本碰撞、融入,产生思维的火花。虽有知识的获取和能力的习得,却丝毫不入传授、灌注的框束,虽有"方法"的预设,却让它巧妙地融入自主、合作、交流的学习中,教师及时、精当的"拨问""总结"起到了无痕的指导作用。

在众多教师的课堂上并非完全没有教学生如何学,但由于这些学习方法的指导往往淹没在冗杂的讲述当中,没有归纳、总结,学生不仅难于掌握,甚至完全没有意识到。胡明道老师在《邹忌讽齐王纳谏》教学中将方法总结成琅琅上口的歌诀:"借助注释第一招,语境推断也重要,古今异义需辨析,一词多义细比较"并归纳成"借助、推断、辨析、比较"八字诀,真正让学生实现了从"扶你走"到"放你走"的跨越。

只有这样,我们的文言实词教学才会鲜活起来。

赏析有法，解题有方

近几年来，各地的现代文阅读题中经常出现"请找出文中你最喜欢的句子并说明理由"类的句子赏析题，很多考生在此类题前纷纷落马，有的是茫然摸不着边际，有的是心里似乎明白，答题时却不得要领。此类题看似把主动权交给了学生，其实在要求上潜在的提出了限制。如果随便选一句，不一定能说出理由。要选就得选具有突出特点的，便于回答的句子。所以一般要选在修辞、句式、选词炼句、表达方式等方面有明显特点的句子品味。其答案一般包括两个方面：一是形式。主要是指修辞、句式、选词炼句、表达方式等本身的特点和作用；二是内容。指的是对句子思想内容的分析概括（有时内容的答案往往在原文中能找到蛛丝马迹）。因此解答时要围绕句子的思想内容来和修辞、句式、选词炼句、表达方式等方面的特点和作用来作解答，甚至可作多角度地思考。

"八月的南疆，难躲热浪。为品赏胡杨，我们奔波在一望无际的戈壁滩上。（1）熊熊燃烧的烈日将大漠当成硕大无朋的锅，金黄的沙砾成了锅中热炒的花生，'毕毕剥剥'的声响不时爆起。"

自选角度，为画线句子试着写一句赏析的话。

依据上面所给的提示，解答这道赏析题要包括两个方面，一是形式，一是内容。先答形式，再析赏内容。具体步骤分为三步。即：（1）怎样写的；（2）具体分析写出了什么；（3）给读者怎样的感受或表达了作者怎样的情感或哲理。解答如下：（1）运用比喻的修辞方法；（2）写出了八月南疆热浪滚滚的气候特点（原句中有"八月的南疆，难躲热浪"的提示）；（3）使人有身如其境之感，增强了文章的感染力，给读者留下了深刻的印象。只要将这三点组合成句，就能使自己的答题趋于完美。答案归结如下：这个句子运用比喻的修辞方法，形象生动的写出了八月南疆热浪滚滚的气候特点，给读者留下了深刻的印象（或增强了文章的感染力等）。

这个例句的解答告诉我们，要解答好这类题目，首先要掌握修辞手法。掌握比喻、排比、夸张、反问、拟人、夸张、对比、反语等修辞手法的特点和作用。如比喻能使意思明白浅显，具体形象；排比能加强气势，强化情感；夸张能突出事物特征；拟人能使事物生动形象；对比给人鲜明印象；反语更能显示语言幽默风趣等。然后抓住该修辞手法结合句子加以分析就能手到擒来，如上面所示的例句。

其次要掌握一定句式。要掌握陈述句、疑问句、设问句、反问句、感叹句、倒装句、双重否定句、整句与散句等特点和作用。句式不同，表达的效果也不同。陈述句语气平稳，不温不火，疑问句吸引读者，制造悬念；设问句、反问句加重语气，感叹句抒情强烈，倒装句出于表达的需要，把句子成分的正常次序颠倒过来，双重否定句表达强烈的肯定语气，而整句与散句的结合则使句子有参差之美、音韵之美等。如"一切都像刚睡醒的样子，欣欣然张开了眼。山朗润起来了，水涨起来了，太阳的脸红起来了。小草偷偷地从土里钻出来，嫩嫩的，绿绿的。园子里，田野里，瞧去，一大片一大片满是的。坐着，躺着，打两个滚，踢几脚球，赛几趟跑，捉几回迷藏。风轻悄悄的，草软绵绵的。"这段描写既有拟人化的修辞手法，也有整句、散句。如果单就句式的角度来看，整散结合，行文有参差之美，有音韵之感，如茵春草呈现眼前，勃勃生机跃然纸上，读来情致盎然。

再次要揣摩选词炼句。特别要揣摩动词、形容词、介词、拟声词、叠词等。这些词语在表情达意上往往体现了作者独具匠心，在文章里呈现独特的风采，品赏这些词语往往能起到出奇出新的效果。如：熊熊燃烧的烈日将大漠当成硕大无朋的锅，金黄的沙砾成了锅中热炒的花生，"毕毕剥剥"的声响不时爆起。解答这一句既可以从上面的修辞手法入手，也可以从视觉与听觉方面入手，还可以从"毕毕剥剥"这个拟声字入手。一个拟声词形象再现了南疆热浪滚滚而来的情景，富有音韵感，读起来琅琅上口，听起来清脆悦耳。

最后要把握表现手法。许多美文极尽各种表现手法去描摹事物，传达情感的。如正面描写与侧面描写相结合；视觉、听觉、嗅觉及触觉描写等相结合；动与静的描写相结合等。"桃树、杏树、梨树，你不让我，我不让你，都开满了花赶趟儿。红的像火，粉的像霞，白的像雪。花里带着甜味，闭了眼，树上仿佛已经满是桃儿、杏儿、梨儿！花下成千成百的蜜蜂嗡嗡地闹着，大小的蝴蝶飞来飞去。野花遍地是：杂样儿，有名字的，没名字的，散在草丛里，像眼睛，像星星，还眨呀眨的。"这里通过视觉与听觉，写出了百花竞开，争芳夺艳，蜂飞蝶舞，草荡花曳的春之画面。特别值得一提的是，作者在这里巧妙地绘出了一个动的画面：野花散在草丛里，象眼睛、象星星一样"眨眼"，实际上是春风吹拂，草伏花现的动态。跟前面的静态描写相结合，有动有静，画面优美。

掌握了以上这些要点，再加上多角度地去思考赏析并及时强化提高自己理解和概括能力，对于解决这种赏析题，自然游刃有余。

深圳中考语文命题，咱们可不可以也那样

李平生　刘小华

面对这份中考试卷，我一再告诫自己要冷静，但仍忍不住激动地想：咱们可不可以不这样？

一、可不可以不这样看重课内知识的识记？

深圳中考语文考查课内知识识记能力的分量有多重？

下面表格，是上海、北京、广州、潍坊、苏州、深圳、台湾2011年或2012年中考语文对"课内知识识记能力"考查的情况：

	全卷分值	识记能力所占分值	识记能力所占比重	知识点及题型
上海2012	150	25	16.7%	诗歌默写18分、文学常识填空2分、课内文言句子翻译3分、字形填空2分
北京2012	120	13	10%	拼音选择2分、诗歌默写5分、课内文言实词解释2分、句子翻译4分
广州2011	150	23	15.3%	拼音选择3分、字形选择3分、诗歌默写8分、课内文言实词解释5分、句子翻译4分
深圳2011	100	21	21%	拼音选择3分、诗歌默写12分、课内文言实词解释2分、句子翻译4分
苏州2012	150	20	13.3%	拼音填空4分、字形订正4分、课内文言实词解释2分、诗歌默写文学常识10分、
潍坊2012	120	9分	7.5%	拼音选择2分、字形选择2分、诗歌默写5分
台湾2011	共48题	1题		字形选择

一点说明："诗歌默写"是指直接默写，不包括理解运用型默写；"课内文言词句解释、翻译"是指对课文中词句的直接解释翻译，不包括课内文言实词在课外文言中的迁移运用。

深圳中考语文这样重视课内知识的识记，初衷可能是为了降低考试难度，照顾生源薄弱的学校，防止学情两极严重分化。这或许有一定道理的。但是，在应试教育盛行的环境里，它对正常语文教学的干扰和破坏也到了真的伤不起的程度。当一份试卷考查课内知识识记的分量高达20%的时候，得之则昌，失之则亡，谁敢大意？于是，几百个词语，专攻音与形，反复考查；几十首古诗，翻来覆去，折腾到麻木；十几篇文言文，肢解成重点词句，字字落实，句句过关。为了保证效果，必得争分夺秒，于是课文不考则不讲，名著不考则不读，古文只考翻译则弃文言而背诵白话。临考还不放心，心怀侥幸，再探信息，务求抓住必考篇目。碰上了，则欣喜若狂；一旦信息有误，顿觉前功尽弃，追悔莫及。教师的智慧才华，孩子的青春生命，硬是被这20多分缠住，反复折腾，过度复习，无法自拔。不但中考复习如此，挟中考之权威，其流弊所及，初一初二，无一幸免。堂堂语文教育，因这20%的分量，斯文扫地乃至于此！

深圳中考语文，可不可以不这样重视课内知识的识记？

二、可不可以不让教师这样辛苦慌乱，考生这样辛苦茫然，评卷这样辛苦麻木？

这里要说的，是咱们试卷上那二十多分的阅读理解题。

教师的辛苦慌乱是首先必得猜测：今年是考说明文呢，还是议论文？然后针对所谓考点编制答题套路，灌输给学生；因为无趣，大部分学生不会真心配合，灌输过程很辛苦，效果常让人沮丧。临考前，还得探听信息，以确证自己的猜测；一旦信息与猜测不一致，则赶紧加班。

考生更不容易。他们读了那么多年书，读过感兴趣和不感兴趣的文章无数，但试卷上等待他们的只有两篇，而且其中一篇很有可能就是自己不感兴趣的：如《一生的戒指》，"谁能告诉我，顶针是个什么东东？"如《大唐柳色》，"穿越+朦胧，我晕！"但即使不感兴趣也得答题，容易吗？题目是老师费尽心机编出来的，包含着老师对文章的解读和对考生的期待。考生读考题，差不多就等于品尝老师的反刍，要全面彻底地品尝出老师品尝到味道，容易吗？于是绞尽脑汁按老师教的套路拼凑词句，写了几行自以为是或不知所云的句子，得到结果是：没答到点上，零分，容易吗？他们茫然了：先前课堂上那个只要同学开口答问就会表扬的老师哪里去了？他们还茫然：自主读书、课堂学习究竟有没有用？学生容易吗！

评卷就轻松吗？几万个问答题，几十个老师，几天时间；几万个答案鹦鹉学舌、邯郸学步，集病句残句之大全，难见几句人话，更别说真知灼见；再加上有一个沉默的权威在侧，名为"参考"实即"法条"。如此种种，评卷老师也就能做一个辛苦麻木的城管了。

真的，可不可以不这样辛苦啊！

如果语文考试只能这样，另无它途，那么，我们认命，从此安心做人，以求来世转胎。

但是，如果语文考试还可以——那样呢？那么，我要执着一问：咱们可不可以也那样？

一、咱们可不可以也像台湾那样考古典诗文？

对，不考直接默写，不考句子翻译，只考理解和运用！

据说，学生学习语文有三难：作文古文周树人。其实，三者之中，古文是真的很难！所以"义务教育课程标准"反复强调：阅读浅易文言文，能借助注释和工具书理解基本内容，注重积累、感悟和运用。可是看看我们编制的考试题——句子翻译，它哪里是只要"借助注释和工具书理解基本内容"？它是要求字字落实的！是我们语文老师设计的考试，不顾课程标准的规定，使本来就难的古文学习雪上加霜！

学习古文的目的，在课程标准"总体目标与内容"中规定得很清楚：认识中华文化的丰厚博大，汲取民族文化智慧。目标的实现，首先决定于教材选文（这一点这里不谈），其次决定于我们的教学方式。如果我们在初中三年不但不能让学生亲近古文，反而让学生视古文为火星怪兽，那么我们的所谓教学简直就是一场灭绝民族文化的劫难！

所以，请不要单纯从考查能力与减轻负担的角度考虑，更重要的是，请冷静对照一下台湾和大陆两种迥然不同的古文考试对学生认识和汲取民族文化智慧所造成的不同影响，然后，请回答：咱们可不可以也那样考古诗文？

二、咱们可不可以也像台湾那样大大方方使用"客观题"这个考查工具？

咱们这里有一个奇怪的现象：国家公务员考试可以堂堂正正使用"客观题"，中考、高考语文却刻意回避"客观题"，好像只有"主观题"才是语文考试的明媒正娶。

咱们这里还有一个奇怪现象：咱们之所以看重"主观题"，是因为学生运用语言答题的过程可以展示出他的思维品质、言语能力和情感态度，这样就可以评价学生思维品质、言语能力和情感态度的差异性。但实际评卷时，咱们发现，绝大多数所谓"主观题"不以思维品质、言语能力和情感态度的差异性来评价，而以是否合乎参考答案来判断：只论对错，不顾差异。为什么咱们明明编的是"主观题"，评卷时却只能按客观题来评价？真相是：咱们编题时，不小心让"客观题"穿了个马甲，摇身一变成了"主观题"。咱们一方面嫌弃客观题的简朴，一方面又让它穿上马甲出现在试卷里冒充主观题去完成凭他的本来面目就能轻松体面完成的任务。这种穿马甲的"客观题"起不到"主观题"的作用，却为考生和评卷徒增许多负担和困扰。

真正的主观题有吗？有！在台湾高考语文试卷非选择题组里有；在北京2012年的中考语文里我也发现了真正的主观题："17.本文的描写和议论都饱含感情，请以第3段的相关内容为例，作简要赏析。（不超过150字）（7分）"

请问，咱们可不可以让"客观题"和"主观题"真正名正言顺，各司其职？

三、咱们可不可以也像台湾那样，在选用句子和篇章作为考试材料之外，大量设置"片段阅读"，并使片段成为主要的考试材料？

在2011年台湾"國民中學基本學力測驗 國文科題本"里，第一部分35道"单题"中有10个现代文片段， 4个文言文片段，第二部分"题组"则由4篇现代短文和2篇文言短文组成。无独有偶，在咱们大陆，国家公务员考试也把"片段阅读"作为主力题型。片段阅读在上述考试中用以考查"题旨概括"、"意图推断"、"观点态度把握"、"标题选用"、"细节判断"、"词句理解"、"语句衔接与连贯"、"写法分析"等等方面。

现在，咱们将布卢姆认知领域教育目标分类中的"知识、理解、应用"交给"词语、句子、片段阅读"，用客观题来考查；而将"分析、评价、创造"交给篇章阅读，用主观题来考查；再加上片段写作和篇章写作，咱们就有了一份可以很善良，很丰富，很高贵的试卷了。

那样一份试卷，或许可以让身处应试教育隆冬里的人们，至少在面对语文试卷的时候，体会到一点民族文化智慧的光辉与温暖吧。

特定词语在病句修改中的"潜规则"

"潜规则"就是指一些潜在的必须值得关注的常识性法则或思路。病句修改中有些特定的词语往往是设置语病的潜在地方，但同时也是破解语病的切入点，聚焦这些潜规则存在的地方往往是辨别语病的一条捷径。

一、潜规则之并列短语。

若句中有并列短语充当成分，就可能使得句子结构复杂化因而容易形成语病，命题者常利用并列短语来设置如下误项。

1. 属种不合。并列地位的两个或三个成分之间出现内容交叉，属种不分（外延较大的概念称为属概念，外延较小的概念称为种概念），逻辑关系不明。

例：市教委要求，各学校学生公寓的生活用品和床上用品由学生自主选购，不得统一配备。（05年全国卷）

析：句中"生活用品"应该包括"床上用品"，这是属概念与种概念的问题，并列不当。应改为"各学校学生公寓的床上用品及其他生活用品由学生自主选购"。

例：中华人民共和国公民在年老、疾病或者丧失劳动能力的情况下，有从国家和社会获得物质帮助的权利。（08年江西卷）

析："年老、疾病或者丧失劳动能力"并列不当，这三个概念的范围有交叉。

2. 语序不顺。并列词语一般按时间先后、距离远近、范围大小、程度轻度以及逻辑关系等来构成合理语序。

例：树立和落实科学发展观，发展和重视农业产后经济，应当成为解决我国"三农"问题的重要组成部分。（07年安徽卷）

析：句中并列词语"发展和重视"依逻辑顺序，应"重视"在前，"发展"在后。

例：任何一种文明的发展都是与其他文明碰撞、融合、交流的过程，完全封闭的环境不可能带来文明的进步，只会导致文明的衰落。（08年江苏卷）

析：并列短语之间语序不当，"碰撞、融合、交流"应改为"碰撞、交流、融合"。

3. 搭配不当。指整个并列短语或并列短语中的部分词语与其他内容成分搭配不当。

例：法律专家的看法是，消费者当众砸毁商品只是为了羞辱或者宣泄自己的不满。

（05年全国卷）

析：句中的并列短语"羞辱或者宣泄"与之搭配的是宾语"自己的不满"。说"宣泄自己的不满"可以，但是不能说"羞辱自己的不满"。

例：蒙古族同胞长期生活在马背上，随身携带精美的小刀，既可用来宰杀、解剖、切割牛羊的肉，肉烧熟了，又可用它来作餐具。（05广东卷）

析："宰杀""解剖""切割"三个词，除了"切割"能与"牛羊的肉"搭配外，其余都不能，应该分别给它们配上恰当的宾语。

例：我国的文化遗产是我们民族悠久历史的证明，是我们与祖先沟通的重要渠道，也是我们走向未来的坚实根基，我们应当永远保持对古代文明成果的尊重和珍惜，以及祖先的缅怀和感恩。（08年湖南卷）

析："我们应当永远保持对古代文明成果的尊重和珍惜，以及祖先的缅怀和感恩"，"保持"能够与"尊重和珍惜"搭配，却不能与"缅怀和感恩"搭配

4，表意不明。并列词语通常用"和"字来加以并列，使得并列词语与其他内容关系不明产生了歧义。

例：根据气象资料分析，长江中下游近期基本无降雨过程，仅江苏和浙江的部分地区可能有短时小到中雨。（07年安徽卷）

析："江苏和浙江的部分地区"可以理解为"江苏和浙江"的部分地区，也可能理解为"江苏"和"浙江的部分地区"。

二、潜规则之关联词。

句中出现关联词，首先要考虑配对使用的关联词是否搭配得当；其次是看它是否符合句意，以及分句的顺序是否正确；最应该注意的是关联词的位置问题，原则是：复句主语一致，关联词在主语的后面；复句主语不一致，关联词在主语的前面。

例：对这部小说的人物塑造，作者没有很好地深入生活、体验生活，凭主观想象加了一些不恰当的情节，反而大大减弱了作品的感染力。（08年广东卷）

析："反而"使用不当，不表示转折而是表因果关系，关联词搭配不符合句意流向。

例：强强联合制作的大戏，让人们不仅看到了中国戏曲的整体进步，而且看到了中国戏曲在现代化问题上迈出的可喜一步。（05年北京卷）

析：句中的"不仅……而且"所引导的前分句是表示递进关系的，既然为递进关系，就要遵循逻辑上的从小到大，由浅入深的顺序，就应先有"中国戏曲在现代化问题上迈出的可喜一步"，然后才有可能"看到了中国戏曲的整体进步"。

例：由于技术水平太低，这些产品质量不是比沿海地区的同类产品低，就是成本上升比沿海的高（04年北京卷）

析：这是一个由关联词"不是……就是"构成的复句，前一分句陈述对象为"这些产品质量"，后一分句陈述对象为"成本"，陈述对象不同，即主语不一致，那么关联词"不是"就应该放在"质量"之前。

例：诚信教育已成为我国公民道德建设的重要内容，因为不仅诚信关系到国家的整体形象，而且体现了公民的基本道德素质。（08年安徽卷）

析：主要是词序不当和主语不一致。"因为不仅诚信……"，应该为"因为诚信不仅……"，让"诚信"作复句的主语，但这又与前一句的主语不一致了。修改为"诚信已经成为我国公民道德建设中重要的教育内容"。

三、潜规则之数量词。

句中出现数量词，首先要考察其自身表述是否正确，其次如果是表示约数，还要看其是否与句中其它词语重复或矛盾，别外还须注意是否造成歧义。

例：自1993年北京大学生电影节诞生以后，已经累计有超过100万人次参与了影片的观摩。（05全国卷）

析：句中"有……人次"表确数，而"超过……人次"表约数。应表述为：参与影片观摩的累计已超过100万人次。

例：科技下乡的热潮，受到了广大农民的热烈欢迎，县科技下乡小分队来到桃花乡，大约半个小时左右，近千份科技信息资料就被老乡们索要一空。（05年重庆卷）

析：句中有数量词语"半个小时"，其前后同时出现表示约数的词语"大约"和"左右"重复，应该删去其中一个。

例：今年4月23日，全国几十个报社的编辑记者来到国家图书馆，参观展览，聆听讲座，度过了一个很有意义的"世界阅日"。（08年安徽卷）

析：歧义，"全国几十个报社的编辑记者"可作两种理解："全国/几十个报社/的编辑记者"，"全国/几十个/报社的编辑记者"

四、潜规则之否定词

句中出现否定性词语时，一要注意多重否定是否合乎逻辑，二要注意特殊的否定词，如"忌、防止、否认、禁止、避免、忘"等都包含有否定意味，"无时无刻"是一个词，所以只是一重否定；三要注意否定词用在反问句中，句子具有肯定含义。

例：睡眠有三忌：一忌睡前不可恼怒；二忌睡前不可饱食；三忌睡处不可当风。

（94年全国卷）

析：句中"忌"包含否定意味，再加上"不可"就构成了双重否定，成了要恼怒、要饱食、要当风睡了，不合逻辑，删去"不可"

例：雷锋精神当然要赋予它新内涵，但谁又能否认现在就不需要学习雷锋了呢

析：此句因多次否定引起混乱，只需把它改成肯定形式的陈述句，原句不合常理之处即不言自明，因为反问句相当于一重否定

五、潜规则之两面词

两面词指含有正反两面意思的词语，如"是否""成败""能不能""荣辱"等，句中出现两面词，特别要注意前后的呼应问题，避免出现两面对一面的情况。

例：教育在综合国力的形成中处于基础地位，国力的强弱越来越多地取决于劳动者素质的提高，取决于各类人才培养的质量与数量。（四川）

析：题干中的"国力的强弱"包括两方面，一个是"强"，一个是"弱"，与"取决于劳动者素质的提高"这一面不一致，搭配不当

例：在交融与冲突并存的文化环境中，能否用东方雕塑语言来表达这个精神，恰恰是中国当代雕塑所欠缺的。（浙江卷）

析：不能"用东方雕塑语言来表达这个精神，恰恰是中国当代雕塑所欠缺的"，而原句是"能否"。

六、潜规则之介词短语

介词是不能独立充当任何语法成分的，它只能和名词一起构成介词短语才能充当定状补等成分，如果在句首出现介词，就要考虑是否有"缺少主语"的情况；要注意介词的固定搭配问题，如"在……上""在……下""在……中""从……中""自……以来"等。

例：在这部作品中，并没有经人们多少下面的鼓励和积极的启示，相反，其中一些情节的负面作用倒是不少。

析：句子的主语应该是"这部作品"，但它被"在……中"关了起来，失去了主语地位，成了状语。

例：当西方学者普遍认为古希腊是现代文明之源，杜兰博士则认为大多数的发明来自埃及和东方。

析：我们在说话时常说"当……时候"来表示时间，这是里只有介词"当"，少了后面照应的部分。应在"当西方学者普遍认为古希腊是现代文明之源"后加"的时候"。

由此看来，辨析病句并非无迹可循，无法可依。掌握了这些潜规则，辨析病句自然游刃有余。

托物言志和联想思维，应该成为初中语文教学的基本内容之一

——以人教版《紫藤萝瀑布》为例

李平生 刘小华

一."托物言志"和"联想思维"是不是初中语文教学的基本内容之一？

如果不是，仅仅人教版七年级上册语文教材就有《紫藤萝瀑布》、《蝉》、《贝壳》、《行道树》、《金色花》、《荷叶母亲》等课文，该如何向学生解释它们的文体特点和阅读方法？

如果是，为何在人教版初中语文教材中找不到对这两项内容的解释和教学指导？

《紫藤萝瀑布》是人教版初中语文教材所选的第一篇典型的托物言志类散文，它的课前提示语如下：

一树盛开的紫藤萝花吸引我驻足观赏，使我浮想联翩，原先关于生死谜、手足情的焦虑和悲痛化为精神的宁静和生的喜悦。面对紫藤萝花的勃勃生机，"我"感悟到了什么？朗读时，要注意体会作者的思想感情并品味优美的语言。

在这里，编者的意图很明确：教学《紫藤萝瀑布》的基本内容有两个：一是体会作者的思想感情，二是品味优美的语言。

基于这个编写意图，课后"研讨与练习"设计了三道练习题：

（一）朗读全文。试用你的经历或见闻印证"花和人都会遇到各种各样的不幸，但是生命的长河是无止境的"这句话。

教参提示：本题除练习朗读外，意在联系生活经验进一步体会课文的主要哲理。

基于阅读，连通生活，拓展学生的精神视野，应该是阅读教学的基本内容之一。但是，课后练习一见面就直接要求学生将课文的主旨句同化到自己十二、三岁的人生经验里去，是不是过于突兀，且有脱离文本之嫌？如果前面能有一个铺垫性问题，效果应该

会好些；面对紫藤萝花的勃勃生机，"我"感悟到了什么？

（二）揣摩下列语句，体会写景的妙处。

1、从未见过开得这样盛的藤萝，只见一片辉煌的淡紫色，像一条瀑布，从空中垂下，不见其发端，也不见其终极。

2、紫色的大条幅上，泛着点点银光，就像迸溅的水花。仔细看时，才知道那是每一朵紫花中的最浅淡的部分，在和阳光互相挑逗。

3、每一朵盛开的花就像一个小小的张满了的白帆，帆下带着尖底的舱，船舱鼓鼓的；又像一个忍俊不禁的笑容，就要绽开似的。

4、紫色的瀑布遮住了粗壮的盘虬卧龙般的枝干，不断地流着，流着，流向人的心底。

教参提示：本题揣摩景物描写，实质上，主要是揣摩比喻、拟人等修辞手法的效果，以达到增强语感、领悟写景技巧的目的。答好这些题目不很容易，应该让学生在把握句意的基础上，细心地感受比喻、拟人的表达效果。

《紫藤萝瀑布》中"赏花"部分的景物描写，角度多变，语言精妙，确实值得赏析，应该成为本文的教学内容之一；同时，从整体上看，《紫藤萝瀑布》这个语言作品包含了从"赏花"到"忆花"到"悟花"的完整过程，除了每一个局部的语言特点应该品味之外，这个"完整的过程"所体现出来的东西是不是也应该成为语文教学的内容之一？

那么，《紫藤萝瀑布》这个语言作品从"赏花"到"忆花"到"悟花"的完整过程所体现出来的东西是什么？

我以为，就是作者运用联想思维，托物言志。作者运用"联想思维"构思《紫藤萝瀑布》，"联想思维"就流淌在《紫藤萝瀑布》里，阅读《紫藤萝瀑布》就像泛舟在联想思维的河里来领略作者精心营筑的世界。不仅《紫藤萝瀑布》是如此，托物言志类散文皆是如此。

（三）人们往往赋予一些花木以某种象征意义，试搜集几种说法（有兴趣的同学，还可以搜集一些吟咏花木的诗句），与同学交流一下。

教参提示：本题要求搜集，简便的办法是各就所知交流一下，你一个，我一个，大家说，做好记录，然后整理，这也可以说是搜集。要找书搜集，就要告诉学生哪些书有这样的材料。

这道练习题已经不是"课前提示"所强调的教学内容了，它应该是在指导学生学习如何运用《紫藤萝瀑布》写作手法。但是，我很怀疑学生是不是能够很顺利地完成这个练习。

首先，题干中的"象征"一词是整个人教版初中语文教材第一次出现，教材在此却没有做任何说明，七年级的学生能明白"人们往往赋予一些花木以某种象征意义"是什么意思吗？

其次，《紫藤萝瀑布》的写作手法是什么？教材并没有作分析和归纳，学生该如何去运用？

最后，《紫藤萝瀑布》是运用"象征"的手法吗？或者说，宗璞写作《紫藤萝瀑布》，与张晓风的《行道树》、鲁迅的《雪》、高尔基的《海燕》、甚至杨朔的《荔枝蜜》茅盾的《白杨礼赞》，都是同样运用象征的方法来托物言志吗？

综上所述，通过人教版教材所编《紫藤萝瀑布》，学生或深或浅能理解这个作品的主题，或多或少能学到如何"体味"景物描写语言的方法；至于能否让学生了解《紫藤萝瀑布》的文体特点，能否让学生学习这类文体该如何阅读的方法乃至写作手法，那就有待老师们"八仙过海，各显神通"了。

二.假如"托物言志"和"联想思维"被列为初中语文教学的基本内容之一

假如"托物言志"和"联想思维"被列为初中语文教学的基本内容之一，那么，学生就有可能在课文前面读到一段名叫"文学聚焦"的提示（以下两段文字摘自百度百科，略有改动）：

托物言志 托物言志就是通对物品的描写和叙述，表现自己的志向和意愿。采用托物言志法写的文章的特点是用某一物品来比拟或象征某种精神、品格、思想、感情等。托物言志有借物喻人、借物抒情、借物喻理三大类。托物言志的写作方法，最常用的有比喻、拟人、象征等，写托物言志散文，要掌握好"物品"与"志向"，"物品"与"感情"的内在联系，这就要运用"联想思维"。

联想思维 联想思维有四种类型：1.接近联想。是指时间上或空间上的接近都可能引起不同事物之间的联想。比如，当你看到一棵春天的树时，就可能联想到它在冬天的情景。2.相似联想。是指由外形、性质、意义上的相似引起的联想。如由松树联想到像松树一样的人等。3.对比联想。是由事物间完全对立或存在某种差异而引起的联想。如由一朵花盛开的情形想到它衰败的情形。4.因果联想。是指由于两个事物存在因果关系而引起的联想。这种联想往往是双向的，既可以由起因想到结果，也可以由结果想到起因，如由早晨的绿肥红 想到昨夜的雨疏风聚。

学生就有可能在课后练习中，自己去解释"文学聚焦"在本文中的具体运用：

托物言志　阅读《紫藤萝瀑布》时，你会发现作者描写眼前所见的紫藤萝是有另有目的的，从作者描写紫藤萝的目的看，你认为本文属于"托物言志"的哪一种类型？解释理由

联想思维　阅读《紫藤萝瀑布》时，你会发现作者的思维经历了从"赏花"到"忆花"到"悟花"的过程，这个过程作者运用了哪些类型的联想思维？解释说明。

学生就有可能参与基于课文阅读学习、向现实生活领域广泛延伸的应用活动：

1.**公益广告**　模仿本文的主旨句或其他你搜集到的有关生命哲理的警句，创作一句包含生命哲理的语句；然后以此为主题，绘制一幅图画，并向你心目中的读者口头解释你的作品。

2.**游戏**　利用一种或几种联想类型，设计一个四人轮流叙说游戏。

3.**写作**　到自然中去，仔细观察一样被你的目光捕捉到的事物，同时要留意自己在观察时内心的细微变化，然后用托物言志的写法写一篇文章。写作技巧重点：运用多角度描写与联想思维来托物言志。范例：《紫藤萝瀑布》的多角度描写与相似联想。提纲：可以在草稿上拟出你将要描写的几个角度，你运用的联想类型和联想过程。写稿：开头描述背景创造气氛，引人入胜；然后对观察对象要进行多角度描写，为突出主题做铺垫；最后用精妙的语言揭示主题。修改：考虑能增强描写表现力的修辞方法，注意联想过程是否完整，自然。

当然，学生还会发现《紫藤萝瀑布》只是"托物言志类散文"单元中第一篇，在这个单元里他们还会学习其他托物言志的作品，了解到每个作品独特的"文学聚焦"，参与基于每个作品的学习、向现实生活广泛领域延伸的应用活动。

当然，在每个作品的学习中，他们也会得到词汇句式的练习与积累、作品理解与赏析等方面的训练，但这些方面的训练不再成为阅读教学的全部，阅读教学包括了词汇句式、理解赏析、文学聚焦、延伸应用等一系列活动。

于是，学生们在初中三年的语文学习中就有可能获得一个清晰完整的知识能力体系，学生在语文课堂上的精神成长就有可能得到有力保障。

至于教师，他不再为"教什么"而焦头烂额，不再陷入盲目编造五花八门的教学内容而不可自拔；如果他爱这份事业，他就有可能把全部的精力和热情投入到"怎么教"，怎么去陪伴一群孩子走过三载宝贵的语文时光，他就有可能从"教语文"转向教育人了。

三. 上述文字为什么要依照《美国语文》（中国妇女出版社，马浩岚编译）的教材编制思想来如法炮制？

非常感谢你能耐心读到这里。但是，我无法回答这个问题，真的。

作为一个有着20年教龄的语文老师，受过了多少回"不会教语文"的教训，见识过多少"这样教语文"的模式，可是每回打开教材，想想该教给学生一些什么东西的时候，居然依旧像个新手，一样茫然一样惶恐一样歉疚一样忐忑不安。

只是，亲，这能全怪我吗？

文言字词教学得讲究情趣

文言文教学离不开"言"与"文"的教学。其中,"言"的教学(字词教学)是一个绕不开的坎。时下,在不同类型的课堂上对"言"的处理出现了对比鲜明的两种表现:一线教师的常规课中,教文言文主要解决字词,句句串讲,字字落实,教得枯燥,解得无味;大型的公开课中,教师主要功夫花在"文"上,很少涉及文言字词。即使有也是蜻蜓点水,缺少情趣。字词虚空,分析架空,教文言文变成了教现代文。其实文言字词教学是很朴实的,但即使是朴,也力求在纯朴中教出一点情趣来;即使是实,也力求在实在中教出一点花样来。

一、借助诵读体味声韵之情趣。

"读书百遍,其义自见"。诵读是文言教学中一种最原始、最生动、最鲜活的教学方式。文言文最重诵读。在诵读中可读出抑扬,读出轻重,读出舒缓,读出情感,读出境界;在诵读中可积累语言知识,可培养语感,可陶冶情操。反之,放逐了诵读的古文教学,很难引领学生步入鉴赏深处,可能会流失掉许多感悟的探究的审美的元素,甚至有可能产生语言、诗境、情怀方面的隔膜感。如《醉翁亭记》中的"也"字,很多教师喜欢机械引用教参说法,把"也"片面理解为表示各种语气,有音韵感,这种说法固然不错,但却脱离了作者是在"醉"态的情况下写出此文,文中的"也"充满了一种醉趣与情趣,这得靠读才能体味欧阳修自得自醉的情韵、醉韵之美。再如《岳阳楼记》,文章骈散并行,骈句辞彩华美、音韵和谐,散句抑扬顿挫、富于变化,意境优美而多变,不诵不足以感受其"喜",不读不足以品味其"悲",不涵咏不足以领会"忧乐"关情。字词在朗读中理解了,意境在朗读中体味了,情感在朗读中升华了,立意在朗读中充盈了心胸。因此,教学文言文时,教师很有必要对朗读提出一些要求,指导学生明确停顿、语气、语调、情感,带着学生诵读,在读中体会文言音韵之美,享受诵读节奏之趣。

二、借助字形体味推测之情趣。

文言文中由于词语的多义性,不易记忆却易混淆。若再加上死记硬背就更置学生于被动地位,久而久之,课堂会失去灵动性,学生学习文言的趣味也会被消磨殆尽。借助古汉字造字法来理解字词不失为一种好方法。汉字是一种以象形为基础而发展起来的表意文字，一般是因形示义，词的较初始的意义不同程度地寄予在字形结构中（尤其是象形字、会意字），对它们进行"因形索义"的探究往往会激起学生浓厚的探究情趣。如："间"，会意字，从门、日。日光从门外射进来，这门一定有缝隙，引申为间隔、间断、间隙等，如《晏子仆御》"其御之妻从门间而窥其夫"，这里的"间"就是缝隙之意。还可以引申为顷刻、期间之意等，如《出师表》"奉命于危难之间"，这里的"间"就是期间之意。又如从形旁推测，"页"字旁与头有关，"系"字旁与绳子有关，"月"字旁与肉、身体相关，"又"与手相关等等，不胜枚举。如果教学中有意识地引导学生从字形入手推测理解，枯燥的文言字词马上就复活了，字词解释便鲜活起来。

三、借助提问体味探究之情趣。

文言文教学是一个整体。在文言文教学中，可以通过巧妙的教学提问来带动解决字词教学。这里关键是要设计好问题，或扣题目，或扣关键句，或扣要解决的文言字词等，力求能"一石激起千层浪"，这样既避免了纯讲字词带来的枯燥感，拉近了学生与文言文的距离，又能彰显文言文厚重的文化底蕴。如《烛之武退秦师》第一段："晋侯、秦伯围郑，以其无礼于晋，且贰于楚也。晋军函陵，秦军南。"这一段这样写有什么作用？可以看出左传什么特点？如果简单地讲这一段说明了背景，固然没有错，但却极为肤浅，而且对"以"、"贰"、"军"等字词没有落实到位，更别说这一段的神妙了。先看语序。第一句不说"秦伯围郑，而要说"晋候、秦伯"围郑，已暗示围郑主导者是晋而非秦，这也就照应了题目，烛之武退的是秦师而非退晋。再看原因。"以其无礼于晋，且贰于楚也"一句，抓住"以"、"贰"两字可以看出围郑原因与秦没有关系，秦与郑无直接利害冲突，这就为成功退秦埋下伏笔。最后看驻军情况。"晋军函陵，秦军南"，既写出了大军压境，又巧妙透出晋、秦驻军异地的情况，这就为下文烛之武顺利到达秦军营以及成功劝退留下了可能性。由上可见，以问题带动字词教学，通过字词的诠释又帮助理解课文，深入领会第一段的精妙：既点题，又提示原因，还为烛之武的出场作了铺垫，同时为下文退秦埋下伏笔。寥寥25字，言简而意丰。一字不可增，一字不可减，体现了《左传》高超的语言与叙事艺术，体会到作者的匠心与行文之妙。这种"磁性"问题极大地激发学生求知的兴趣和对传统文化的热爱。

四、借助语境体味想象之情趣。

文言文言简而意深，对文言文的教学不光落实在字词面上，更重要的是引导学生从语境角度来理解，甚至有时还得教会学生知人论世。在实际教学中如果能重视语境，创设一定情境，提供特定的知人论世，就能调动学生的积极性，发挥他们的想象力和创造力，就可以更好地理解文本。如《湖心亭看雪》：1。作者在"更定"时分、"人鸟声俱绝"的时候，"独往湖心亭看雪"，反映出作者怎样的情怀？2。第1段最后说"舟中人二三粒"，第2段最后说"及下船，舟子喃喃曰"，可见船上至少有两个人，那作者为什么说"独往湖心亭看雪"呢？客观地说，"独"的字面意思明白无误，但错过深入理解这个"独"，文本理解就无从谈起。通过结合语境、想象和知人论世，这个"独"表明作者超凡脱俗的闲情雅致，孤独落寞之感慨，既不欲人见，也不欲见人，蕴含着避世的幽愤情怀。有了上述的体味，才明了舟中真正看雪的人是张岱自己，舟子是划船的，稍带陪"相公"，根本没有赏雪的兴致，也不理解他的行为。张岱看得不仅是雪，更是一种不被人理解的孤独寂寞，一种幽愤的情怀。这种由"言"深入到"文"的过程本身就是一种难得的情趣。

五、借助结构体味对应之情趣。

文言文的句式结构往往呈现一种对应、对称之美，由于这种对应与对称，读起来音韵感强，有些字词解释注意句子结构特点就能迎刃而解。如《得道多助，失道寡助》中"域民不以封疆之界，固国不以山溪之险，威天下不以兵革之利。得道者多助，失道者寡助。寡助之至，亲戚畔之；多助之至，天下顺之"这句话，前三句是一个结构相同的整句，后两句是一个对比的整句。利用这种对应与对称的特点，加点的几个字就不难掌握了。这样进行字词教学有法可循，情趣十足，学生乐此不彼。

现在学生中流传"一怕周树人，二怕文言文"的说法，其实怕文言文主要怕字词掌握，怕背诵理解。如果将文言字词教学情趣化，将上述的招式用巧用活，文言文的教学就不会成为师生难以言说的痛了。

想说"得体"也容易

语言表达得体是指能够根据交际的语境恰当地使用语言。（语境有内部语境和外部语境之分。内部语境，包括不同文体的语言要求和文章中语言风格的一致性；外部语境指语言交际时的各种情境条件，包括场合、对象、目的等语境条件。）通俗地说，所谓得体就是根据需要说相应的话。

近几年高考对得体的考查有以下几个特点：①考查范围不断扩大。内容有启事、通知、标语、欢迎辞、广播稿、留言条、赞赏语、邀请语等。②语文生活化，生活语文化。比较注重考试与生活的结合，特别是语用题，在实用性、实效性、时尚性上最为显眼，非常贴近生活和学生的实际，应用文体和实用文体不断出现在语言表达题中。③题型推陈出新。以前考查大都侧重在人与人的称呼上、语境场合上、情感色彩上。近几年得体题型以修改语段、仿写、请柬等形式出现，综合考查了得体知识。

从近几年的高考试题看，要做到语言表达得体，除了要符合文体要求外，更要注意以下几个方面

一、注意交际场合

交际场合包括时间、地点、对象、氛围等。交际场合各式多样，这就要求语言表达要与环境气氛相协调。比如拟写标语，除了要注意标语的写法（标语一般要求字数简洁，句式整齐，表情达意，准确健康，能起到营造气氛、鼓舞士气的作用），还得注意切合当时的场合。有人曾经把一幅标语"人口降下去，素质升上来"挂在一火葬场门口，这就不符合特定的场合。

例：根据要求，发挥想像，为2008年北京奥运会开幕式拟写三条标语。语言要亲切、友善、生动活泼、富有文采。

（1），（从运动员角度）展现各国运动员的精神风貌。

（2），（从观众角度）表现观众对运动员的热情期待。

（3），（从历史的角度）表现这次体育盛会的意义。

[解析]：此题考查既是对标语写法的考查，也是对语言得体的考查。由于对象不同，场合不同，侧重点不同，所以拟写的标语就得吻合上述要点才行。

示例答案如下：（1）信心百倍精神抖擞 奥运赛场勇争第一。（2）古老的民族永远为你喝彩；热情的北京期盼你的登场。（3）北京因你而自豪 你使北京更骄傲；传承奥运文明 历史永远铭记；绿色文明因你而流光溢彩；科技文明因你而发扬光大；人文精神因你而升华。

二、注意交际对象

注意交际对象，就是要注意对象的性别、年龄、身份、经历、文化背景等具体因素，结合个体情境从而达到得体。

例：今年4月，中国国民党荣誉主席连战回到福建祭祖，请你以福建学子的身份写一段真切自然，简洁得体的欢迎辞。（不得出现与考生真实身份有关的人名、市县名及山水地理名等信息；不超过60字）（06福建卷）

[解析]：此题重点考查应用文写作，首先要了解如何写欢迎辞：欢迎辞是迎接宾客时出于礼仪的需要而使用的讲话稿，因此要十分注意礼貌。首先称呼用尊称，一般在姓名前面加头衔或表示亲切的语词，如"尊敬的""亲爱的""敬爱的"等。称对方姓名要用全名。其次感情要真挚，写作应落在对宾客的热烈欢迎之情上，要体现出迎客的诚意。再次，篇幅要简短，语言要精确，语气要热情、友好、礼貌。

示例答案：尊敬的连战先生，我们福建学子热烈欢迎您回乡祭祖，愿您"寻根之旅"顺利、圆满和愉快，期盼您和家人常回家看看。

三、注意交际目的

交际目的不同，即使说同样的内容，说话的角度、重点等应有所不同。譬如老师劝学生读读书，如果对方不想读书，老师要帮助分析原因，说明读书的重要；如果对方很用功，但效果不好，老师应在学习方法上作指导；如果对方文理关系处理不当，老师应该着重谈全面打好基础，为将来的发展作好准备。如果老师不根据对方的实际确实谈话的重点，就谈不上得体了。

例：给"写得好"加上一定的上下文，使它分别符合下面的表达要求。（可以只有上文或下文，字数不限）（06江西卷）

示例：表达的是"赞扬"：文章有气势，有文采，写得好！

（1）表达的是"嘲讽"：＿＿＿＿＿＿＿＿＿＿＿＿＿＿＿＿＿＿＿＿

（2）表达的是"威胁"：＿＿＿＿＿＿＿＿＿＿＿＿＿＿＿＿＿＿＿＿

[解析]：说话写文章有一定的目的或意图，目的不同，用语自然要有变化。要做到准确得体，须根据表情达意的需要，选用恰当的表达方式。本题要求给"写得好"加上一定的

上下文，表达的是"嘲讽"或"威胁"的意图。要根据外部语境的变化，给出上文或下文，选取的语言当然不同，这样才能符合得体的要求。

答案示例：（1）这篇文章是写得好，好得连作者自己都看不懂。（2）他指着举报自己的人说："你的举报信写得好，我们走着瞧！"

四、注意文体语体特点

不同体裁类型的文体，各有自己的写法。以请柬为例：一般有标题（一般会印制好）、称呼、正文、结尾、落款五部分构成。称呼要顶格写出被邀请者(单位或个人)的姓名名称，如"某某先生"、"某某单位"等。称呼后加上冒号。正文要写清活动内容，如开座谈会、联欢晚会、生日派对、国庆宴会、婚礼、寿诞等。写明时间、地点、方式。结尾要写上礼节性问候语或恭候语，如"此致 敬礼"、"敬请 光临"等，在古代这叫做"具礼"。落款署上邀请者(单位或个人)的名称和发柬日期。语体方面有书面语和口语之分。书面语庄重典雅，口语则通俗易懂。

例：王孝椿准备6月16日在阳光饭店为爸爸过七十岁的生日，想请爸爸的老战友刘妙山夫妇那天中午十二点来一起吃饭，请以王孝椿的名义给刘妙山夫妇写一份请柬，要求称呼得体，表述简明，措辞文雅。（不超过40字）

_____

_____。

王孝椿恭请

六月七日

[解析]：文体不同，使用的语言也不相同。写请柬不仅格式有的要求（本题没作要求），称呼更要得体，用词准确，要说明邀请的具体时间、地点，邀请的原因。称呼得体（如称"刘伯父伯母"），表达简明（如写明具体时间、地点、邀请缘由等），措辞文雅（如使用"家父"、"寿辰"、"恭请"、"光临"等）

示例答案：

尊敬的刘伯父、伯母：

我们准备为家父过生日，请您二老6月16日中午12点光临阳光饭店一起用餐。

五、注意转述角度

转述角度一变，其它因素也应随之而变，尤其是转述对象变了的时候。

例：根据对象转述下列通知：（1）把通知转告本班团员。（2）把通知转告团支部委员。(3)把通知转告班主任。

通知内容：因天气关系，明天团委到白云山的活动暂停。团支部委员明天下午放学后在本班课室开会，研究开展学习竞赛活动的问题。

[解析]：转述不同于当面陈述，叙述的角度变了，时间、对象及事件、称谓都要随之改变，因此，必须把握好"变"的各种因素，特别是要依据转述对象的不同，让措辞也随之改变。

示例答案：（1）因天气关系，明天团员到白云山的活动暂停。（团支委的事没必要讲）（2）因天气关系，明天团委到白云山的活动暂停。明天下午放学后在本班课室开会，研究开展学习竞赛活动的问题。（支委委员也是团员，第一句不能少）。(3)明天团员的外出活动暂停，团支委于明天下午放学后开会。

六、注意谦词和敬词

汉语中不少词是有明显的倾向性，有的用于自谦，称为谦词。如称自己的作品为"拙作"，称自己的看法为"鄙见"、"愚见"、"浅见"等；有的用于对他人表示敬意，称为敬词。常用敬词有"贵"（如贵校、贵公司）、"大"（如大作，用于称对方的作品）、"高"（如高见）、"尊"（如尊姓大名）、"拜"（如拜托）、"赐"（如赐教，请别人指教）、"雅正"（请对方指正）、"惠"（如惠顾）等。

在交谈中，人们还常用"'家'大'舍'小'令'他人"来称呼。对家中自己的长辈要称"家父"、"家母"，对家中自己的小辈要称"舍弟""舍妹"，这里用"家"、"舍"是谦称。称别人的父母兄弟加"令"表敬重，如称别人的父母为"令尊"、"令堂"，称别人的儿女可用"令郎"、"令爱"，这是敬称。

例：下面是一位记者对接受采访的某著名作家之子说的一段开场白，其中有4处不得体，请找出并在下面相应的位置进行修改（2007年全国高考卷）

大家知道家父①是一位著名的作家，作品广为流传，在文坛小有名气②。我在上中学时候就读过他的不少作品，至今还能背诵其中的段落。您是他老人家的犬子③，能在百忙之中有幸④接受我的采访，我对此表示感谢。

[解析]此题主要是考查谦称与敬称的问题，分不清这点就修改不了。

示例答案：①"家父"改成"您父亲"或"令尊" ②"小有名气"改成"很有影响" ③"犬子"改成"儿子" ④"有幸"改成"应邀"。

从历年的高考得体题型中，考查应用文体的格式很少，考查语言表达得体的情况较多，这就需要我们结合语境、结合题目要求去解答，求得真正"得体"。

挖掘消极修辞中的"积极"意义

修辞是通过调整组合语词来追求更好地达意传情的一种手段，我们对语言材料进行选择、调整和组合的过程，都是在进行修辞活动。1931年陈望道先生就提出修辞分为两大部分：积极修辞和消极修辞。积极修辞，特指经过长期修辞实践而形成的固定而公认的修辞格。这种格式有相对独立性，具有特殊的表达效果。消极修辞它多和抽象思维相联系，重在叙事、状物达意的正确与明了。

目前，中学语文修辞教学及考试过份注重训练修辞格的判断，常常为一个句子究竟使用了什么修辞格争论不休，忽略了对学生音韵标点、遣词造句、布局谋篇等消极修辞能力的培养，而这些音、标、字、词、句的教学恰恰是消极修辞在语文教学中的积极体现，更是值得把玩。

揣摩标点。标点可以传达特定的情境与情感，可以凸现人物的性格和人物的心路历程，从一个小标点中就可以看出大世界。比如："我没有亲见；听说，她，刘和珍君，那时是欣然前往的。"这是《记念刘和珍君》中的一句话，作者用三个逗号，将一个长句分裂为几个短句，断断续续地念出，使人明显感受到作者的悲愤填膺，语言哽咽，一字一顿，愤怒控诉反动当局凶残虐杀革命青年的滔天罪行。再如："我当时很兴奋，但不知道 怎 么说才好，只是说，啊！闰土哥你来了？"他站住了，脸上现出了欢喜和凄凉的神情，动着嘴唇却没有做声。他的态度终于恭敬起来了，分明地叫道："老爷……"这是《故乡》中的一段。这段话用了九种标点，把"我"当时高兴而又激动的心情生动地表达出来，还表现了闰土呆滞、迟钝、自卑的神情，特别是省略号，读者能从闰土见到"我"改口称"老爷"的那种犹豫不决，欲言又止的神态中看到闰土那被封建意识毒害的灵魂。

锤炼语词。讲究选字炼词，力求词语运用准确、鲜明、生动、简练。如鲁迅《药》中写刑场交易一段："黑的人便抢过灯笼，一把扯下纸罩，裹了馒头，塞与老栓，一手抓过洋钱，捏一捏，转身去了。"倘若把前六个动词分别易为"拿"、"剥"、"包"、"交"、"要"、"摸"，语法上并无毛病，但词义不准确，修辞效果也相差太远，因为这改动后的六个动词不足以显示刽子手的残暴、凶狠、粗俗、贪婪，这是用词的准确、鲜明、生动、简练。再如《竞选州长》写到吐温先生因竞选州长而到莫名其妙的诽谤和攻击时，词语的精妙搭配构成了强烈的讽刺艺术："九个刚学走路的小孩子，包括各种肤色，带着各种穷形怪相，在一个公开的场合上闯到讲台上来，抱住我的腿，叫我爸爸。"私生子有九个之多，本已令人忍俊不禁，各种肤色也令人难以置信，竟然都是刚学走路的孩子，又在公开的场合上，闯到讲台上，岂不令人捧腹大笑？预谋者旨在揭露我是一个淫荡的色鬼，可是读者却立即可以品出预谋者的利令智昏，荒乎其唐。这种艺术效果的获得，除了作者匠心独到之外，与题材选择的巧妙，情节结构安排的完整严密，词语的选择和搭配极为注重有关。

选择句式。要根据情境来选择使用不同句式。有时要注意肯定句与否定句的互换，有时有注意常式句与变式句的互换，有时要注意长句与短句的结合等等。如《药》："'一手交钱，一手交货，'一个浑身黑色的人，站在老栓面前，眼光正象两把刀，刺得老栓缩小了一半。"这是短句的使用，通俗，简练，末见其人，先闻其声，其贪婪本性凸显，突出了人物的性格特征。再如《荔枝蜜》："蜜蜂是画家的爱物，我却总不太喜欢。""可是从此以后，每逢看到蜜蜂，感情上都疙疙瘩瘩的，总不怎么舒服。"杨朔《荔枝蜜》前句中"总不太喜欢"比"总有些讨厌"语气要轻些，后句中"不怎么舒服"也比"总有些难受"平和委婉。这是肯定句与否定句的使用，虽然都可以表达相同的语意，却往往有语气轻重之分。

明辨色彩。词语色彩主要指感情色彩和语体色彩。有时为了表达的需要，有些词本来是贬义词，在运用时却活用成了褒义词，有些词本来是褒义词，但表现的意思却是贬义的。有时为了表达的需要，还要注意在不同的场合正确使用口语与书面语。明辨了词语色彩，既能准确地表达作者的感情，又使文句生动活泼，妙趣横生，耐人寻味。如《我的老师》："我用儿童的狡猾的眼光察觉，她爱我们，并没有存心要打的意思。""狡猾"本义是"诡计多端，不可信任"，但这里为了表现儿童活泼调皮的特点，用上"狡猾"一词，人物就活灵活现了。

调谐语音。要做到语言简明，连贯得体，就得在音韵上下功夫。注意讲究平仄，讲究音韵，讲究节奏。比如："远眺群山环抱，（A白云缭绕，层林叠翠　B层林叠翠　白云缭绕）；近看小河流水，茶园葱绿，松竹并茂。"乍一看，AB两句都没有什么分别。仔细分析一下原句，"远眺群山环抱，"与"近看小河流水"对应，而"层林叠翠，白云缭绕"中的"绕"恰好与"茶园葱绿，松竹并茂"中的"茂"押韵，音韵和谐，节奏分明，当然就B句更连贯得体了。

中学语文课本上使用消极修辞的地方还有很多，把玩消极修辞背后的积极，让学生们在理解课文中音、标、字、词、句所起作用的同时了解一些消极修辞的知识，为将来进一步提升鉴赏水平打下一定的基础。同时，也可以提高学生语言交际能力和写作能力，培养学习修辞的兴趣。

新课改下语文课堂教学的反思

——观摩第七届"语文报杯"高中优质课比赛有感

7月25日,两年一次的第七届"语文报杯"全国中青年教师优质课大赛在西安隆重举行。各路选手围绕课改方向纷纷亮出自己的招式,使得大赛精彩纷呈,亮点不断。综观高中组赛课情形,有以下几个方面引发本人深深地思考。

一、"课堂还给"与"课堂交给"。新课程理念下的语文教学倡导学生的主体性,让教师从"讲师"中跳出来,学生不再是一味地"倾听",而是动起来。理念一经提出,得到了语文界的好评。很多教师特别是青年教师接受新理念快,一经名家理论煽动顿时热血沸腾,却没有静下心来认真理解"学生主体性"这个概念含义及要领,盲目割裂了学生主体与教师主导的关系,于是"把课堂还给学生"变成"把课堂交给学生",结果让学生在课堂里、教材里、问题里"大闹天宫",自己却在教室里做甩手掌柜,并美其名曰"放手"。学生分组合作积极而不激动,讨论热闹而无思想交锋,有问有答而停留表面。这样的"交给",学生在热闹中失去了"静思",教师在浮躁中失去了引导,学生的认知只停留在一个低级层面上。这种"还给"实际上就是一种变相的"交给",从一个极端走向了另一个极端。

河北李哲锋老师执教的《作点辩证分析》。教师先出示三条语录:"一个好校长就是一个好学校","没有教不会的学生,只有不会教的老师","知识改变命运",然后提问学生"你对哪句话感受最深,说一说",这是李老师第一次把话语权交给学生,突显了学生的主体性。而后进行第二次提问:"这三句话难道就没有缺陷吗,请说说你的见解?"这是李老师的第二次问,再一次把话语权交给了学生,通过巧妙的问题,引发学生内心的冲突,迫使他们通过思考发现名言的思维破绽,最终形成比较合理的答案。再后进行第三次提问:"任选其中一句名言,作一修改,写出一句最为辩证的名言"。这三个问很好地解决如何把课堂还给与交给的问题,学生的自主性与教师的引导性得到了有机结合,高妙之极,佩服之至。

由此可见,"还给"不等同于"交给","把课堂还给学生"至少包含两条内容:

既要有教师的主导，又要有学生的主体，两者有机结合。

二、"问题生成"与"问题预设"。生成与预设看起来似乎矛盾，但其实两者这间有着必然的联系。预设是事先的，有准备性；生成是即时的，有突然性。但预设是基础，是用来解决生成。要想在课堂上解决好生成的问题，首先是教师对教材、学情要进行充分的研究，也就是要吃透教材，摸透学情，多多预设可能发生的情况。很多教师怕即时生成的问题，主要原因是对教材理解不深不透，对学生可能提出的问题预设不足，以致于生成问题一出现，课堂上就手忙脚乱，于是要么置之不理，要么拔脚走向讲台，要么王顾左右而言它。

请看来自西安的一位执教者在教《琵琶行》一课时是如何处理预设与生成的。在读完全文以后，老师提出了一个问题：全文的情感句是哪一句？生答"同是天涯沦落人，相逢何必曾相识"。师问：这一句话中，你最想提出的问题是什么？学生提出了如下问题：为什么叫做"沦落人"？为什么用"同是"？于是下面教师便围绕"谁解沦落人"和"同是天涯沦落人"究竟'同'在哪里作为文章的主问题展开教学，角度新奇。应该说，这个问题是教师预先就设计好的，他对教材钻研得深透，早就知道学生会提这样的问，可谓成竹在胸。这几个问从学生的角度来说是生成，体现了主体性；从教师的角度来说早就预设了，体现了引导性。

很多教师也会提第一个问，但后面几个问却可能不会去光顾了，因为没有去钻研这句话在全文中的作用，让一个美丽的切入点在身边错过。

再如来自新疆兵团的朱典锴老师执教的《写作要有理有据》。这个老师首先预设了一道高中文理分科的材料，激发了学生的兴趣。学生有赞成分的，有不赞成分的，有建议缓行的，一时之间，课堂言辞四溢，机锋敏锐，妙语如珠。这个材料的预设考虑到了学生的实际，结合了本课的教学目标"有理有据"，一经抛出，赢得了开场彩。而最后教师抛出一道我国有些地方男女学生分校、分班、分餐厅的材料，请学生对此"有理有据"谈自己对此事的看法时，这个预设就不成功了。他仅想到了此材料结合学生实际，但没有预设到这个材料要找出"据"来难如登天。结果学生"生成的现场话语"全部偏在"有理"上，对"有据"却是空白，教与练有脱节之嫌了，这就是预设不够全面的地方，自然也就解决不了临时生成的问题。

因此，要讲究预设，重视生成。只有研深钻透，预设与生成才能比翼双飞。

三、"个性解读"与"教师点拨"。"强调个性解读"不等于什么解读都行。坚持该放就放，该守就守，该导就导。教师的责任是不仅要善于组织一个充满生机、民主平等的语文课堂，更要善于在学生偏离语文学习主题、模糊文本价值取向、迷失是非善恶判断标准时，及时给学生以正面引导。教师并不是对来自学生的任何诠释都要认同，在放弃过去对简单确定性的偏执之后，也不能放弃自己应有的点拨引导职能；在挣脱传统阅读教学规定性的枷锁之后，同时需要对无边际的多元解读即过度解读保持警惕。

宁夏李天玲老师在执教《漫话清高》时，最后提出了一个问题：分组辩论，当今社会还需不需要清高？这个问题提得好，既针对了编者的意图，也符合当今社会人生价值观的辨知。但在辩论的过程中，有的学生认为生命诚可贵，物质价更高，若为清高故，二者皆可抛；有的学生认为要保持清高，远离物质文明；有的学生认为不要固守清高等等不一而足。这些个性化的见解，有的是从原文中图解出来，有的游离了原作，有的更是唱起清高的反调，竟然赢得学生的掌声，随意的个性化的解读走向了误读。老师此时没有对学生的说法加以评价，更没有站在更高的层面上对学生的迷茫认知作一个点拨，学生的认知层面停留在浮浅的表象上。这个时候，亟待教师点透拨明：即在当今社会清高并不一定意味着拒绝财富，关键是保持自己清高的气质或者是做人的自尊，号如大家做一个有尊严、不媚俗的人。如此一点，迷雾顿消；如此一拨，醍醐灌顶。

因此，个性化解读不光是指学生的解读，也是考查教师的解读。点拨不是一味地叫好，而是要中肯地评价，及时扶正纠偏，拨开迷雾，为学生指明方向。

四、"主问意识"与"碎问意识"。一堂成功的语文课，一堂高效的语文课，一堂抓人眼球的语文课，首先是主问意识强的课。所谓主问意识就是指在语文课堂上要有一个主问题，这个主问题解决的是这堂课要达到的目标、要解决的重点。其它的问都围绕这个问来做文章。而不能是满堂碎问，问得学生如坠迷雾，晕头转向。

这里以河南师大附中张军老师的《项脊轩志》为例。教师提问：第三段写了几件事？为什么叔伯分家是一件悲伤的事？有人评论说归有光的文章"平易之中，惨淡之情溢于言外"，你能感受到吗？应该说，教师的这几个问题还是有一定的层次性，可惜本人觉得张老师忽略了归有光的散文具有"至情言语即无声"的特点。如果认真翻阅课文，我们会发现有这样一些特定的虚词，"先是"、"始"、"已为"、"凡"等；有一些很有味道的句子如"鸡栖于厅"而并非"鸡栖于庭"，从这些虚词与实词的角度来设计一个主问题，既能品出归有光散文语言的妙处，又能传达出由暖到凉到冷，进而这种冷又勾连起他对三个女人无法排遣的回忆，这才好理解作者"余泣""长号不自禁"，最后睹物思人，情不能已。同样是一个目标，但由于主问题不明，致使这个环节的教学黯然失色。

相反，邢小雷老师执教的《失街亭》就很有主问题意识，而且问题层进性强，步步深入。1、失街亭讲了一个什么故事？2、街亭为什么会失？3、诸葛亮为什么会派马谡去守街亭？4、失街亭，谁之过？5、假如你是蜀国大臣，你如何力谏丞相不斩马谡？整体来看，前面的问题层层铺垫，步步过渡到最后的中心问题上，设计精致严密，过程行云流水。

因此，抓住主问题进行教学，能提纲挈领，快速切入。如果只是一些零碎的问题，一方面是乱而无序，一方面是小而无值，整个教学就会散漫无章。

五、教学语言与课堂品位。同样是文本解读，有的激情洋溢，或情思绵绵，词句散发热量，学生有身临其境之感。有的或客观地剖析，或平板地图解，语言里的情感被挤掉了，剩下了骨骼与外壳。学生品尝教学语言的快乐、吮吸教师语言中养料的情形没有了，课堂语文味不足，课堂品位不高。究其原因，在于老师缺乏应有的自我修养，视野不宽，个性不足，见解不深，情感不丰，学识不博，上课语言干瘪，信息量小，使学生长期处于一种荒芜的语言环境之中。一节理想的课堂语言应该是：讲述时条理清晰，提问时准确到位，总结时简洁凝练；教学流程时情深意长又行云流水。

山西阳城的邢小雷老师在执教《失街亭》，最后在回答学生以蜀国大臣角度来力劝丞相不斩马谡这个环节时，老师以丞相的身份演绎出一场精彩的"下水辨词"，博得现场一片掌声，听课者如沐春风。

平时教学中，很多教师只重视导入语与结束语的修饰，而忽视教学过程中充满诗情与理性的教学语言。如果教师能紧扣文本，注重恰到好处地运用情感语与哲理语对学生进行情感的洗礼与人生观的提升，那么整个课堂教学就有品位了。如讲《我与地坛》，如果你能在课堂中插入这样的哲理句，恐怕学生的能力就能更上一个台阶了："流星的光辉来自星体的磨擦，珍珠的璀璨来自贝壳的血泪，痛苦是一种财富，从苦难起航，只有在痛苦和磨难中才会延生灵魂的歌声"，"生命恰似一股激流，没有岩石和暗礁，就激不起美丽的浪花。"，"生命是一朵常开不败的花，那挫折必是滋养花的养份，没有经历过挫折的人生是不完整的人生，没有养分滋润的花迟早也会枯萎。"，"成功的号角吹响之前，嘴唇上必须磨掉几层皮"，"连续不断的幸福犹如没有曲线的女人，令人十分乏味。"

因此，只有教师教学语言的丰富多彩，情理兼美，才能提升我们的课堂品位，才能让我们的学生对语文、对语文教师情有独钟。

六、拓展训练与文本挖掘。要把一篇好文章读深读透，往往需要大量的背景知识做支撑，需要深厚的教师功底做后盾。所以，现在大多提倡增大课堂容量，加强课内外衔接，结果导致许多老师画虎不成反类犬，在课堂上游离课文主旨，肆意发挥，无端延伸，冲淡了文本解读，分散了教学重点。好好的课不讲下去，为什么偏要瞎折腾呢？文本研读是教学的重中之重，应该在文本上下工夫，要研究写了什么，怎样写的，为什么要这样写。无目的的进行拓展训练，势必会造成对原文的研读不深不透，这是本末倒置的做法。

如内蒙赤峰老师李淑慧执教的《巴尔扎克葬词》，执教者设计的一个重点就是要解读课文诗化的哲理语言，进而解读到雨果借巴尔扎克之死来谈作者的生死观。可惜教师在这些诗化的哲理句上还没有进行深入挖掘，又没有去探究里面包含的生死观，就转而拓展到课本《欧也妮·葛朗台》里面去了，大讲"老头子身子一纵，扑上梳妆匣，好似一头老虎扑上一个睡着的婴儿"，对"纵"字反复揣摩，这种拓展貌似丰富，实则喧宾夺主，让人扼腕叹息。

当然如果拓展的好，能加深对教学内容的理解，加强对教学目标的深化，提高学生的学习兴趣。浓浓的语文味便弥漫于课堂。

因此，语文课不是不要拓展训练，但一定要搞清目的：拓展是为了让学生加深对教学重点的理解，让学生更深刻地把握课文。

总之，这次赛事亮点多多，但引发的思考也多。我相信，在深深的思考过后肯定会涌现出更多的亮点，

本文刊登于2009年的《语文教学通讯》

新闻标题力求"五美"

俗话说"看书先看皮，看报先看题"。标题，被称为新闻的眼睛，为了让"眼睛"更加明眸善睐，在拟新闻标题时要力求"五美"。

一、新闻标题的数字美。

数字在人们的日常生活中往往会被忽略，但在新闻中有时却具有非同寻常的意义。在标题中巧妙引入数字往往能形成对比美、反差美，强调美，引起读者的关注与感情共鸣，从而起到画龙点睛，深化突出主题的作用。

如：在2000年3月召开的第九届全国人民代表大会第三次会议第四次大会上，最高人民法院院长肖扬在其报告中着重介绍了反腐倡廉、惩治腐败的工作，博得多次热烈的掌声。对此，《羊城晚报》3月11日的标题：引题《最高人民法院加大打击犯罪惩治腐败力度深得代表赞赏》，正题：《一个小时报告，九次响起掌声》。这里用两个数字充分表达了人大代表对社会上腐败行为的深恶痛绝，要求惩治腐败的迫切心情。两组数字交相辉映，相映成趣。再如：《光明日报》1979年8月5日有一条标题：《错批一人，误增三亿》。这个标题可谓经典之作。这则新闻报道的是为我国著名经济学家马寅初平反。马寅初曾在50年代提出了"新人口理论"，却被当作资产阶级理论受到批判，从而造成我国人口急剧膨胀。新闻引入数字作标题，对比强烈，反差巨大，具有强烈的冲击力、震撼力。与当时大多数报纸的标题"北京大学为马寅初先生彻底平反"相比，具有更强烈的吸引力。

以上标题正是抓住了数字的特殊意义，将新闻最精彩的部分在第一时间交给了读者，同时也将读者的"眼球"吸引了过来，体现了新闻标题的数字美。

二、新闻标题的变异美

新闻标题的变异美就是利用变异性修辞手段制作新闻标题达到目的一种特殊的修辞效果。标题在准确、鲜明、生动、简练地向读者提供完整新闻事实的基础上，恰当利用变异性修辞手段（如比喻、谐音、排比、对偶、双关等修辞手法）制作新闻标题能取得语用上新奇的美学价值，使标题活泼而诙谐，新颖而别致，增强标题的感染力和宣传效果，从而实现新闻和读者之间的"双赢"。

如：2004年5月13日《经济日报》有一条标题：《教师：身在校园"薪"在外》。这则标题利用谐音变异，"薪在外"是"心在外"的仿拟，两者语义截然不同，却巧妙地表达了当下一些教师不安心教学而在社会上挣钱的不正常现象。标题语义双关，含蓄风趣。给读者以强烈的视觉冲击。再如2007年8月《宝安日报》一则新闻标题：《市场招聘会：热！热！热！》深圳人才招聘市场举行大学生就业招聘会，有六万多人冒着骄阳涌入，场面火爆，记者连用三个"热"字，颇觉热气扑面，一经叠加来反映这种火爆，不但真实，而且具有强烈的排列变异之美。

三、新闻标题的音乐美

制作新闻标题，可以利用同韵呼应、平仄相协、排偶对称等语言表达手段，这样拟出的标题不仅看起来醒目美观，新颖别致，而且读起来顺口，听起来节奏感强，声情并茂，使新闻标题具备音乐美。

如：2001年10月24日《楚天都市报》一则新闻标题：《共圆足球梦，同唱一首歌》。标题前后两个分句平仄相对，声调变化富有规律。这种表达使标题节奏鲜明，抑扬有致，读起来琅琅上口，听起来和谐悦耳。

四、新闻标题的情趣美

好的标题除了能主动明快地传递新闻内容的主体信息，还能够营造一种轻松而又充满风趣的氛围，给人们带来智能的释放和审美的愉悦。这种情趣美主要得益于标题的修辞运用以及幽默成分的嵌入。这样的标题能强化表情达意的功能，传递丰富的审美信息，调动读者的情感与想象，显得情趣盎然。

如：2002年3月21日《中国青年报》一则新闻标题：《北京城"黄天厚土"，内蒙古"闻风色变"》。标题"黄天厚土"仿拟"皇天后土"这个成语来的，里面的"黄"字既形象贴切地道出了沙尘暴的特点，又强化了视觉效果，使人容易联想到京城上空风沙茫茫，灰蒙蒙的情景，而"闻风色变"这个成语的运用，又让人想到沙尘暴的威力。标题对应排列，诙谐成趣，形象幽默，感染力和表现力强烈异常，读来情趣十足。

五、新闻标题的意境美

新闻标题既有诗的情味，又有画的意境，看来赏心悦目，妙趣横生，读后联想浮翩，思绪飞扬。因此制作标题时，要尽量创造意境，点染意境，使标题富有诗情画意。也就是说，要通过事情理的融合，或者以景传情，情随景生，或者以事传情，情附于事，或者以理传情，情溶于理。总之，使情与景，意与境交融在一起，创造出飘逸流动、意境深远的新闻标题如2001年9月16日《楚天都市报》一则标题：正题《壮岁旌旗拥百万，巨擎挽狂澜，兵谏一功垂千古。异国他乡寄客身，怅眼望神州，依稀黑水绕白山》。副题：《张学良乘鹤西去》。标题笔饱墨酣，寓强烈感情于行间，用诗话的语言描述了张学良将军的丰功伟绩和人生经历，传达了深切怀念之情。标题情真意切，文采斐然，意境深远。

要想快速抓住读者的眼球，新闻标题就得讲求"五美"。

精读明真意　　细析定乾坤

——论述类文本怎样阅读才高效

王　蓉　刘小华

近年来高考论述类文本阅读考查还是有一定变化的。从形式上讲，2016年以前几乎都是考查理解不正确或不符合原文意思的选项，三道选择题都是选择不正确的一项；2017年、2018年的全国卷选择题包括1道"三非一是"和2道"三是一非"题，且2017年的答案顺序是选正确、不正确、不正确，2018年是选不正确、不正确、正确，这些细微变化其实是为了打破学生的思维惯性，考查学生认真审读题目要求。从内容上讲，从2017年开始，也有明显变化，第2题考到了论证，更突显了论述类文本阅读的特点，命题层次更加分明，第1题侧重对原文内容的理解；第2题侧重对文本论证思路的把握；第3题侧重对文本观点的迁移运用。这充分体现了高考命题的思路，即依据文本的特征命题。

要想快速、准确地拿下论述类文本阅读三道选择题，需要考生有良好的心态和思维品质以及整体把握、理解文本的能力。

总体来讲，论述类文本阅读无论题目怎样变化，考查的能力仍是相对稳定的，本质上还是考查学生的阅读能力。既是如此，论述类文本阅读的破解之道也全在"读"中。读是目的，是方法，是过程，也是结果。文学类文本重在感悟品读，论述类文本重在逻辑辨读，着重考查信息整合筛选、分析综合和推断能力，且是以选择题形式出现，要求阅读高效，又快又准。做到准，就要深入理解文本；要求快，阅读就要有方法。在教学实践中，笔者和学生一起坚持精读五步法，取得了一定效果。

精读五步法具体是：扫读——知方向；圈读——划重点；找读——明区间；比读——找异同；析读——辨逻辑。

下面结合2018年全国卷Ⅰ谈谈精读五步法的具体操作：

(2018课标全国Ⅰ，1—3)阅读下面的文字，完成后面题目。(9分)

诸子之学，兴起于先秦，当时一大批富有创见的思想家喷涌而出，蔚为思想史之奇观。在狭义上，诸子之学与先秦时代相联系；在广义上，诸子之学则不限于先秦而绵延于此后中国思想发展的整个过程，这一过程至今仍没有终结。

诸子之学的内在品格是历史的承继性以及思想的创造性和突破性。"新子学"，即新时代的诸子之学，也应有同样的品格。这可以从"照着讲"和"接着讲"两个方面来理解。一般而言，"照着讲"，主要是从历史角度对以往经典作具体的实证性研究，诸如训诂、校勘、文献编纂等等。这方面的研究涉及对以往思想的回顾、反思，既应把握历史上的思想家实际说了些什么，也应总结其中具有创造性和生命力的内容，从而为今天的思考提供重要的思想资源。

与"照着讲"相关的是"接着讲"。从思想的发展与诸子之学的关联看，"接着讲"接近于诸子之学所具有的思想突破性的内在品格，它意味着延续诸子注重思想创造的传统，以近代以来中西思想的互动为背景，"接着讲"无法回避中西思想之间的关系。在中西之学已相遇的背景下，"接着讲"同时展开为中西之学的交融，从更深的层次看，这种交融具体展开为世界文化的建构与发展过程。中国思想传统与西方的思想传统都构成了世界文化的重要资源，而世界文化的发展，则以二者的互动为其重要前提。这一意义上的"新子学"，同时表现为世界文化发展过程中创造性的思想系统。相对于传统的诸子之学，"新子学"无疑获得了新的内涵与新的形态。

"照着讲"与"接着讲"二者无法分离，从逻辑上说，任何新思想的形成，都不能从"无"开始，它总是基于既有的思想演进过程，并需要对既有思想范围进行反思批判。"照着讲"的意义，在于梳理以往的思想发展过程，打开前人思想的丰富内容，由此为后继的思想提供理论之源，在此意义上，"照着讲"是"接着讲"的出发点。然而，仅仅停留在"照着讲"，思想便容易止于过去，难以继续前行，可能无助于思想的创新。就此而言，在"照着讲"之后，需要继之以"接着讲"。"接着讲"的基本精神，是突破以往思想或推进以往思想，而新的思想系统的形成，则是其逻辑结果。进而言之，从现实的过程看，"照着讲"与"接着讲"总是相互渗入："照着讲"包含对以往思想的逻辑重构与理论阐释，这种重构与阐释已内含"接着讲"；"接着讲"基于已有的思想发展，也相应地内含"照着讲"。"新子学"应追求"照着讲"与"接着讲"的统一。

(摘编自杨国荣《历史视域中的诸子学》)

1.下列关于原文内容的理解和分析，不正确的一项是（3分）（　　）

A.广义上的诸子之学始于先秦，贯穿于此后中国思想史，也是当代思想的组成部分。

B."照着讲"主要指对经典的整理和实证研究，并发掘历史上思想家的思想内涵。
C."接着讲"主要指接续诸子注重思想创造的传统，在新条件下形成创造性的思想。
D.不同于以往诸子之学，"新子学"受西方思想影响，脱离了既有思想演进的过程。

2.下列对原文论证的相关分析，不正确的一项是（3分）（ ）

A.文章采用了对比的论证手法，以突出"新子学"与历史上诸子之学的差异。
B.文章指出理解"新子学"的品格可从两方面入手，并就二者的关系进行论证。
C.文章以中西思想交融互动为前提，论证"新子学""接着讲"的必要和可能。
D.文章论证"照着讲""接着讲"无法分离，是按从逻辑到现实的顺序推进的。

3.根据原文内容，下列说法正确的一项是（3分）（ ）

A.对经典进行文本校勘和文献编纂与进一步阐发之间，在历史上是互相隔膜的。
B.面对中西思想的交融与互动，"新子学"应该同时致力于中国和世界文化的建构。
C."照着讲"内含"接着讲"，虽然能发扬以往的思想，但无助于促进新思想生成。
D."新子学"要参与世界文化的发展，就有必要从"照着讲"逐渐过渡到"接着讲"。

第一步：扫读——知方向

大量的数据表明，学生做题的情况与对文本解读的深入程度密切相关。扫读这一步耗时不多，却是一个整体感知和初识重点的过程。扫读主要是扫读文本的起始段落和题目中的选项。通过快速扫读，快速提炼选文讲了什么。有时扫读一次还似懂非懂时，还要多次扫读，逐段扫读，明了选文内容。通过扫读，明确本文论述涉及到的内容是"诸子之学""新子学""照着讲""接着讲"等，心中有了方向，为下一步的文本细读打下良好基础。

第二步：圈读——划重点

这是整个阅读环节中非常关键的一环。勾画什么，如何勾画，直接影响后面的找、比、析等步骤，也直接影响答题效果。所以，这一步具体的细节实施非常关键。参看上文中的勾画部分，做到以下要求，就会勾画得准确、整洁，便于查找和辨析。

（1）勾画内容：

宏观勾画：对文本的整体把握，勾画文本论述的中心内容、观点句及体现论证层次的句子。

微观勾画：对区分度高的重点句子和重点词语（关联词句，表示发展变化的词句，表示范围或修饰限定的词语、时间、数据等）的勾画。勾画范围包括文本、题干（正确或不正确要明确勾画）、选项。在勾画过程中，做到两个"尽量"：尽量勾画词语，不勾画整句；尽量少勾画，不铺天盖地圈点画线。

（2）勾画要求：简洁、整齐、个性化。比如：一类句子（词语）用一种笔记符号。这样让自己在回顾文本时思路更清晰。

上文中勾画的词语和句子集中在：

文中的重要概念："诸子之学"、"新子学""照着讲"、"接着讲"

重要概念的内涵："照着讲"主要指什么，"接着讲"意味着什么，"照着讲"和"接着讲"的关系，"新子学"的发展内涵等。

第三步：找读——明区间

在读懂选文后，还要结合各题选项，回到文本中去找到对应的区间内容。

第1题考查信息筛选与整合。A项对应信息在第一段"广义上说"，B项"照着讲"对应第二段内容，C项"接着讲"对应第三段，D项对应信息在第四段。选项和段落具有一定的对应性。

第2题考查论证。A项对应是第二段开头两句，B项是对全文主要内容的概括，C项涉及到中西思想交融，在第三段，D项讲的是如何论证"照着讲"和"接着讲"，对应内容在第四段。

第3题考查文中的观点和态度。A项"文本校勘与文献编纂"对应第二段，"进一步阐发"对应第三段的"延续诸子注重思想创造的传统"；B项对应的是第三段中西交融互动与"接着讲"和"新子学"的关系，C项对应第四段的"照着讲"的相关理解，D项从"新子学"和"照着讲"与"接着讲"的关系来考查，范围也在第四段。

第四步：比读——找异同

将选文里涉及的原句或原段与选项里的句子放在一起来进行比对，重在分析比较。比读重在比较由于字词的增、删、掉、换等形成的不同意思。而析读重在内容、逻辑等深层思考分析。在实际操作中，比读与析读往往是结合在一起。所以，我们将这两步合在析读这一环节里一起解释。

第五步：析读——辨逻辑

析读，就是分析比较，就是反复思辨，小心求证。

第1题 答案 D

A项 对应信息在第一段"广义上说","至今没有终结"和答案中的"贯穿于此后中国思想史,也是当代思想的组成部分",表述看似不全相同,实际意义一致,所以正确。

B项 "照着讲"对应第二段内容,由原文"从历史角度……实证研究""研究……既应把握历史上的思想家实际说了些什么,也应总结其中具有创造性和生命力的内容,从而为今天的思考提供重要的思想资源。"可知答案表述正确。

C项 "接着讲"对应第三段,"它意味着延续诸子注重思想创造的传统","这一意义上的'新子学',同时表现为世界文化发展过程中创造性的思想系统。"和答案中的"接续""创造性的思想"意思一致,正确。

D项对应信息在第四段。"从逻辑上说,任何新思想的形成,都不能从'无'开始,总是基于既有的思想演讲过程,并需要对既有思想范围进行反思批判。"可判断答案中"脱离了既有思想演进的过程"错误。

第2题　答案 A

A项 论证和观点不照应,原文第二段中有"诸子之学的内在品格是历史的承继性以及思想的创造性和突破性。'新子学',即新时代的诸子之学,也应有同样的品格。"纵览全文,本文也几乎没有对比论述"新子学"与"诸子之学"的差异,而重在论述"新子学"。

B项 文章第二段提到了可从"照着讲"和"接着讲"两方面理解"新子学"的品格,接着讲了"照着讲"的研究对象、做法,以及它的作用;第三段讲了"接着讲"的特点和在中西思想交融之下对"新子学"的意义,即获得新的内涵与新的形态;第四段则详细论证"照着讲"和"接着讲"的关系。文章结构条理清晰,B项正确。

C项 讲的对象是"接着讲",对应区域在第三段。依据原文的"以近代以来中西思想的互动为背景"和"在中西之学已相遇的背景下",可判断其论证前提是中西思想交融互动的,国际视野对"新子学"的发展意义重大,"获得了新的内涵与新的形态"。C项正确。

D项 论证"照着讲"与"接着讲"的关系,对应的是第四段。第四段里有明显的层次关系提示,如文中勾画处"从逻辑上说","从现实的过程看",因此选项说"是按从逻辑到现实的顺序推进的"也是正确的。

第3题　答案B

A项　"对经典进行文本校勘和文献编纂"对应"照着讲"，"对经典进行进一步阐发"对应"接着讲"，换句话说A项认为"照着讲""接着讲"两者在历史上是互相隔膜的，但从第四段的表述"'照着讲'与'接着讲'二者无法分离""从现实的过程看，'照着讲'与'接着讲'总是相互渗入"可发现两者不是相互隔膜的。典型的曲解文意。

B项　选项表述为"面对中西思想的交融与互动，'新子学'应该同时致力于中国和世界文化的建构。"原文中有"这种交融具体展开为世界文化的建构与发展过程。中国思想传统与西方的思想传统都构成了世界文化的重要资源，而世界文化的发展，则以二者的互动为其重要前提。"致力于中国文化的建构是新子学发展无可置疑的应有之义。如此看来答案是正确的。

C项　答案是"'照着讲'……无助于促进新思想生成"，而原文的表述则是"仅仅停留在'照着讲'，……可能无助于思想的创新"，"仅仅""可能"，表明了"无助于思想的创新"的条件。答案中表述绝对化了。另外，从"'照着讲'内含'接着讲'"这一分句来看，已表现出二者相互渗入、相互统一的逻辑关系，也就认可了其促进新思想生成的作用，与后一分句观点矛盾，可判断此选项错误。

D项　可以由原文中的"从现实的过程看，'照着讲'与'接着讲'总是相互渗入""'新子学'应追求'照着讲'与'接着讲'的统一"得出推断的错误。这个推断只要勾画了原文，几乎很快可以识别出错误。有同学如果没仔细勾画，没有理解"照着讲"与"接着讲"对于"新子学"的意义以及彼此的联系，反而容易认为D正确，会想当然选择貌似正确的答案。

通过对2018年全国卷Ⅰ卷论述类文本阅读题的解答分析可以看出，阅读是解答问题的基础。由于论述类文本的内容不像文学类文本自带吸引力，如何沉下心来阅读非常重要。阅读就是一个定心定向的过程，这一步耗时不多，却是一个整体感知和初识重点的过程。读懂了选文，就为选项甄别奠定了基础。当然，如果扫读后还不明白，那就要逐段细读，把文本所述的内容搞清楚，弄明白，这才有可能答好题。

圈画这一环节的重要性不言而喻。只有圈得准确，圈得明了，才会比较快地找出有用信息，进行比对。做好圈画也需要一定的训练，圈画什么、如何圈画都是需要用心落实的。圈画主要是帮助后面的查找比对确定范围区间，当以简洁为贵。每一段中都尽量只勾画那些提示性非常强的句子，如对诸子之学的广义理解在文中很重要，也比较长，如果全部勾画，势必会形成处处是重点的局面，而只勾画"在广义上"几个字，既突出了重点，又能引导读者快速注意到后面的具体阐释内容。

再说说进行有效比对分析，这里面是需要有一定的知识储备的。关于论述类文本的考查方向，以及论点、论据、论证的相关知识一些常见的逻辑陷阱（以偏概全，曲解文意，绝对化，强加因果等），有了一定的知识储备，比对分析就能心中有数，有的放矢，也会提高做题效率和准确率。

抓住"读"这一本质，步步落实，优化细节，"扫——圈——找——比——析"，这样一步步做下来，表面看来费时，其实重点突出，思路清晰，比对有效，心中有数，更有效果。

方法永不新鲜，落实才是关键。耐心读，认真找，仔细辨，长期坚持，强化训练，就一定能相对高效准确地完成论述类文本阅读。

识字教学也能教出"语文味"

央视汉字听写节目掀起了一股收视热潮，一方面是节目引人入胜，另一方面，也显露出人们对当前识字教学状况的隐忧。如何让识字教学变得有趣有味呢，笔者以为可以从如下方面入手。

一、因形析意，有趣识字

汉字是形、音、义结合的艺术想象文字。从字形上分析、联想、推断，就容易掌握词意，让学生领略汉字造字之趣。

特级教师于永正教"帽"字是一个经典的案例：注意"帽"（板书）上面部分是"冂"旁，再宽一点，里面的两横，谁都不靠。最早，"帽"字是象形字（画帽子），因为帽子戴在眼睛上面，成了会意字，后来为什么加"巾"字旁呢，古人扎头巾，最早的"帽"专指头上的头巾，后来一演变，所有帽子都由这个字来表示。上学期学的《少年王冕》的"冕"字，上面要写成"冂"，里面的两横谁都不靠，"冕"就是帽子的意思，卫冕冠军也就是这个"冕"。

从偏旁入手对"帽"字讲解，枯燥的形旁区分竟演绎成词语演变的盛宴，识字变成文化的享受与熏陶。

二、归类比较，有味识字

归类比较法就是将一些容易弄混的形近字放在一起，注重形旁的比较区别，在区别中挖掘词语潜含的语文味道。

于世龙执教《湖心亭看雪》有一个精彩片段："余挐一小船，拥毳衣炉火，独往湖心亭看雪。雾凇沆砀。"于老师问："挐"与"絮"字区别在哪？学生回答：一个是"手"，一个是"系"。于老师再问：把两点水的"凇"改成三点水的"淞"字好不好？学生回答：不好。两点水是"冰"的意思，三点水是"水"的意思，"雾凇"是冰晶，应当与两点水相联系。于老师又问："毳"字你觉得是什么意思？学生回答：与"毛"有关，三个"毛"字叠加在一起更能突出毛很多，很细。

于老师通过形旁及形近字归类比较，引导学生注意形旁所表示意义的差别来联想推测词意，让学生揣摩出语言的味道，又借助这一手段让学生牢固地掌握了词语的写法。

三、借错纠错，有智识字

在教学过程中，教师、学生都难免会写错字，面对这些动态生成的错字有的教师视而不见，有的教师遮遮掩掩，但许多智慧型的教师却能机智地借错纠错，利用特定的语境竟错出一段美丽来。

以《鞋匠的儿子》教学为例，执教老师不小心把"尴尬"一词写错了。听课教师发现后示意其纠正，执教老师机智地说：老师写错字觉得难为情，去改怕听课师生笑话，丢了面子。老师改也不是，不改也不是，这就是"尴尬"；进也不好，退也不好，处于两难境地，这就是"尴尬"。

教者面对自己的失误，没有回避与掩饰，而是巧妙抓住失误，引导学生思考教者此时的内心感受，不露痕迹地让学生自己感悟了"尴尬"的含义，加深了对该词的理解与记忆。

四、借助体验，有形识字

很多教师对词语教学一味地强调笔画笔顺，把汉字教学往"死"里教，全然不知如何借助生活体验、肢体动作等有形的手段来进行识字教学。

特级教师王崧舟在执教《慈母情深》中对"攥"的识字教学就是一个亮点："'攥'整整23画。伸出你的右手，张开你的左手，在手掌心上把'攥'字清清楚楚地写一遍，确定自己已经牢牢记住'攥'字的，请将左手牢牢攥紧。"

"攥"是本文教学中的难点，王老师让学生在自己的左手心上写一遍，记住了，就把左手攥紧。多么巧妙的一攥，多么灵动的识字教学。

随着多媒体在课堂教学中的引入和手机在学生生活中的应用，识字教学将面临更大挑战，这就要求教师在识字教学上善做文章，抓得巧、落得实、教得有味。

诗歌也得诗意地教

古典诗歌以其典雅凝练、意韵丰足深得学生的喜爱。但如何让诗歌教学有美感、有情趣、有波澜、有意境却是让教师头痛的事。笔者结合自身的实际，自出心裁教古诗，让诗歌诗意地走进学生心中。

一、诵。著名诗人郭小川曾说："诗更应当是叮当作响的流水"。这里的"叮当作响"便形象地说明诗歌具有一种节奏与韵脚的音乐美。这种音乐美是要通过诵来感受体会的。诗要朗读，更要吟诵。朗读关注的是诗歌的节奏与韵律，吟诵则是把情感内化到诗中，吟出诗歌的诗意与诗境，完善地表达作者的思想情感。教师或如古人一般自我陶醉地吟哦，或通过声色俱妙的录相带引导学生进入一个诗情画意的境界，或对不同的诗歌用不同的节奏和旋律，急如珠落玉盘，缓似细雨沾衣，高如鹰击长空，低似鱼翔浅底，作声情并茂的朗读，荡起学生情感的浪花，唤起学生联想和想象，不由自主地把情感注入诗中，在有张有弛充满情调的朗读与吟诵中，诗里的形象、意境浮现在学生面前。如诵读《过故人庄》"待到重阳日，还来就菊花"一句，就要读的慢一点，要诵得"意味深长"一点，并通过延长尾联一些字词读出故人待客的热情，作者作客的愉快与留恋，主客之间的亲切融合以及来年诚挚相邀的真情；吟读《游山西村》的尾联"从今若许闲乘月，拄杖无时夜叩门"时，就要轻读，重现山村月下的静谧情趣，通过用延长的拖音来品味诗中那种闲适、恬静的意境。

二、引。有些诗的诞生涉及名人趣闻，有些诗的来历有掌故轶事，在讲述中要善于穿插有关的趣闻轶事增加教师讲授的魅力，激发学生学诗的兴趣，加深学生对诗歌的理解。如讲李白《赠汪伦》就可以引"万家酒店"、"十里桃花"的故事，从而更好地体会他们两人深如潭水的友情。如讲崔颢的《登黄鹤楼》就可以引李白的感叹"眼前有景道不得，崔颢题诗在上头"，学生就更有兴趣去品味烟波江上日暮怀归之情。讲王之涣《凉州词》可以举王之涣、王昌龄与高适三人"旗亭画壁"的故事，激起学生读诗的浓厚兴趣。讲杜牧《江南春》"千里莺啼绿映红，水村山郭酒旗风"，可以引明代杨慎在《升庵诗话》中所说"千里莺啼，谁人听得，千里绿红，谁人见得？若作十里，则莺啼绿红之景，村郭、楼台、僧寺、酒旗皆在其中矣"，学生通过讨论就可懂得写诗要的是艺术的真实，而不是生活的刻板再现的道理。如此引得源头活水，学生心田必会受到诗歌的滋润。

　　三、品。就是要对诗歌中最精练传神的字句深入品味。古诗对炼字、炼句历来十分讲究，"语不惊人死不休"，品味这些古诗中最精彩、最响亮、最关键的字句有助于诗歌意境的把握和理解。如"红杏枝头春意闹"中的"闹"，静中显动，使杏花怒放、春意盎然、鸟语花香的大自然活力跃然诗上，评论家评为"着一字而境界全出"。尤其是要品味诗歌中的动词、形容词、叠词、虚词等。如"山围故国周在，潮打空城寂寞回"，"上长城空自许，镜中衰已先斑"，"芳树无人花自落，春山一路鸟空啼"，"映阶碧草自春色，隔叶黄鹂空好音"，这些诗句中出现的"空"就很值得玩味品赏。通过反复地揣摩，就可以看出这里的"空"能传达出一种凄清冷落的氛围和个人感世伤怀的悲愤慨叹。这样品赏能收到"玩之者无穷，味之者不厌"的效果。

　　四、描。诗中有画，画中有诗。诗歌就是一幅充满诗意的画。它用精练的语言艺术，寥寥几笔就能传达出一种深邃优美的意境。所以教师要善于引领学生带着自己的想象、体验走进诗歌的意境中，用生动形象的语言描绘自己脑海中的画面，让画面生动地映现在面前。如讲宋代诗人赵师秀的《约客》"黄梅时节家家雨，青草池塘处处蛙，有约不来过夜半，闲敲棋子落灯花"，就可用精彩的语言勾勒出这样一幅绝妙图景："黄梅时节，家家细雨，青草池塘，远近蛙声。诗人独坐灯下，轻敲棋子，不时有明亮的灯花从灯芯上飘落下来。抑或他在等友人？抑或他在无聊地看着灯花一颗又一颗的跳落桌面？抑或他在静听棋子敲击的清脆之音？抑或他嗅着黄梅时节特有的清新气息，听雨声滴答，听蛙声轻唱？"这种生动精练的语言，一下子把文中的绝妙情境再现出来，学生脑海中有了鲜明可感的形象。正是如此优美的描绘再加上如此美丽的失约，才让这一夜在作者和学生心目中变得如此美丽。

　　五、联。联就是联想，由此及彼，围绕一个联想点发散开来。可以是意境相似的联想，可以是相同词语的延伸，可以是某种表现手法运用的拓展。如在讲述王维的《山居秋暝》中的"明月松间照，清泉石上流"里面的以动写静的手法，就可以联想到"蝉噪林逾静，鸟鸣山更幽"，"月出惊山鸟，时鸣春涧中"，"芳草无人花自落，春山一路鸟空啼"等，让学生更好地体会这种手法对突出意境的妙处。再如《滁州西涧》"春潮带雨晚来急，野渡无人舟自横"，我们可以联想到宋代宫廷画院曾以"野水无人渡，孤舟尽日横"为题，考选宫廷画师的事（应试画师大致有以下三种构想：一是"系空舟岸侧"，画一空船系在岸边；二是画一空船，在船舷画一拳鹭，或在蓬背画一栖鸦，鹭拳于此，鸦栖于此，暗示船上无人；三是"画一舟人卧于船尾，横一孤笛，其意以为非无舟人，止无行人耳，且见舟子之甚闲也。"）联想阐发开去，妙趣"横"中生，境意便了然于心，学生对诗歌的理解就会"更上层楼"。

美国《教育学》中这样写道："每一位干练的教师就是一个艺术家，他从事于教学，犹如琴师从事于操琴一样，他和缓地触动学生思想上、感情上的心弦，刺激之，安慰之，兴奋之，鼓励之。"让我们每位语文教师在课堂教学中也象琴师一样，触动学生的心弦，让诗歌诗意地走进学生的心田。

用典——解开《短歌行》的钥匙

　　《短歌行》是曹操的传世名篇，诗人以政治家的深沉雄心、文学家的一唱三叹，表达了求贤若渴和一统天下的思想情怀。这种情怀的表现又是通过精彩的用典来表现。但由于课文中典故的注释，有的仅是交代出处，有的仅提供一句原文，有的只是叙述相关的故事大意，造成了理解的困难，影响学生对诗文的理解与鉴赏，难以领略到诗文独具的情趣。因此在教《短歌行》这首诗歌时，笔者试图从典故入手，分析作品主旨和作者的情怀。

　　一、借语典来抒发情感。语典在这里表现为化用、引用《诗经》里的语句。曹操有着远大的抱负，决心延揽人才，招纳贤士致力于建功立业，他在诗歌中借助语典来抒发自己个人这方面的情怀。如"青青子衿，悠悠我心。但为君故，沉吟至今。""青青"二句原来是《诗经·郑风·子衿》中的话，原诗是写一个姑娘在思念她的爱人，其中第一章的四句是："青青子衿，悠悠我心。纵我不往，子宁不嗣音？"（你那青青的衣领啊，深深萦回在我的心灵。虽然我不能去找你，你为什么不主动给我音信？），曹操引用了前两句，略去了后两句，换上"但为君故，沉吟至今"，这一改动，由思慕情人变为思慕贤才，因求之不得而日夜沉吟。曹操在这里引用这首诗，而且还说自己一直低低地吟诵，以至如今，就是因为思念贤才，这实在是太巧妙了。他用这种含蓄的方法来提醒他们："就算我没有去找你们，你们为什么不主动来投奔我呢？"由这一层含而不露的意思可以看出，他那"求才"的用心实在是太周到了，的确具有感人的力量，表达了求贤若渴的真挚之情。"呦呦鹿鸣，食野之苹。我有嘉宾，鼓瑟吹笙"语出《诗经。小雅。鹿鸣》，本是周代朝廷与民间宴会上宴请宾客的诗句，表现的是天子宴请群臣的盛况和宾主之间融洽的温情。选句意为"野鹿呦呦不停叫，在那野外食青苹。我有高贵佳宾客，吹笙鼓瑟悦宾朋。"这四句诗信手拈来，却与全诗融为一体，说明贤才若来投奔于已，必将极尽礼节招待他，我们是能够欢快融洽地相处并合作的。这些诗句化用了《诗经》的成句，以明已志，表达了诗人求贤若渴，尊重贤才的思想感情。化用前人成句而无呆板的痕迹，天衣无缝，浑然一体，显示出作者驾驭语言的高超能力。

　　二、借事典来表达思想。这里的事典表现周公吐哺这事。招纳贤才固然重要，但对待贤才的态度更重要。"周公吐哺"的典故出于《韩诗外传》，据说周公自言："吾文王之子，武王之弟，成王之叔父也；又相天下，吾于天下亦不轻矣。然一沐三握发，一饭三吐哺，犹恐失天下之士。"周公为了接待天下之士，有时洗一次头，吃一顿饭，都曾中断数次，这种传说当然是太夸张了。曹操引这个事典非常切合诗之主旨，"山不厌高，水不厌深。周公吐哺，天下归心"，他以周公自比，反复倾诉了求贤若渴的迫切心情，表明了为完成统一大业而不遗余力的真诚态度，那种想招纳贤才、建功立业的思想跃然纸上。

　　通过以上的反复分析、理解典故含义，我们不难领悟曹操用典的真实意图，进而把握住了作品的主旨。

语文课得讲究度

作为一个中学语文教研员，听过很多课也评过很多课，事后，我反复问自己，究竟什么样的语文课才是好课？思之再三，我觉得好的语文课总是有"度"。

一、切入有角度

解读教材恰如解牛，各有各的角度，各有各的招式，或"折"、或"割"、或"以无厚入有间"，角度如果选的好，那就会营造出"合于桑林之舞，乃中经首之会"的效果。好的语文课总是在角度上煞费苦心：或从标题切入，有提纲挈领之效；或娓娓引来，有声情并茂之美；或顺手拈来，颇现匠心之思；或千回百转，最后曲径通幽；或中间开花，率先夺人耳目；或直奔要点，别开生面开掘……无论从哪种角度切入，一定要立足教材全局，着眼于课堂高效和学生实效，不能只停留在为角度而角度上。曾听过《罗布泊，消逝的仙湖》同课异构，有的教师从月牙泉的美丽故事导入，有的从"泊"的造字法入手，有的从标题切入，角度多样，呈现了个性解读之美。这里谈谈从题目这个角度切入：①你从题目中读到了什么？②消逝前的罗布泊是怎样的，消逝后又是怎样的，是什么原因使它消逝了？③题目中的标点去掉好不好，它表达了什么情感？围绕课题切入，首先角度切得好；对前两问，很多教师也会设计，但第三问从标点切入，这个角度就非同一般了，既领会了标点的妙用，又能顺手拈出课文中表现作者情感的关键语句。这种切入凸显了罗布泊消逝前后的对比，深究出了它消逝的原因，体会到作者复杂的情感及向世人的呼吁。与前两种教学切入角度相比，从标题切入角度巧、选点准、挖掘透，更富有文章的全局意识。

二、开掘有深度

语文课讲究深度课堂，这就要求我们对课文开掘要深。对课文的理解不要仅停留在课文写了什么，更要关注怎样写，为什么这样写，进而更关注通过文章你读到了一个怎样的作者。这实际上就是一个读进、读入、读出的过程。把教材背后蕴含的深意挖掘出来，这就要求执教者能够在平时广泛涉猎有关书目，厚积薄发。如执教曹文轩的《孤独之旅》，就得去读读他写的《草房子》，读读他的美学理论，读读他写作的人生主张。这样，才能真正走进文本当中，真正领会理解作者的创作意图："有些孤独，其实是我们成长过程中无法回避的元素，我们要成长，就不能不与这些孤独结伴而行"的"孤独之美"。从表面上看，求深度好像是一种技术；而从本质上来讲，它更是执教者广阔视野的体现。也就是说，读书的厚度决定了教学的深度。所以深度语文，来自于教师本身的底蕴及钻研教材的能力。在第七届"语文报杯"中，一位南京女教师所上的《云南的歌会》就很有深度。她没有去关注一般教师所讲的形式上的经典的"点面结合"场景的写法，而是抓住原文中被删去了的一节"从马背上研究老问题，不免近于卖呆，远不如从活人中听听生命的颂歌为有意思了"巧设问题，引导学生去领略"歌美"，寻找"人美"，感悟"生命美"。三个层次，层层深入，将沈从文笔下所描写的平民身上流淌出来的生命智慧、尊严和人性中最本真的光华挖掘出来，让学生从沈从文最朴实的文字中去发现：在艰难的生存状态下，只要心中有爱，生命可以怎样简简单单却有声有色，平平凡凡却又高贵而美丽。最后还联系写作背景，更进一层去揭示作者的创作意图，引导学生去体会这部作品在沈从文生命中的地位，有悟性的学生便能领悟到创作的最高境界是隐藏，在最朴实的文字中隐藏最激越的感情。比较一下，对学生而言，学习"点面结合"的写法与倾听"生命的颂歌"，孰轻孰重？这样的开掘有深度，这样的教学才能让学生醍醐灌顶。

当然，提倡课堂深度也不是一味地求艰深，也要联系学生的实际情况，不能为难学生，以免曲高和寡。

三、勾联有广度

在文学的百花园中，作品浩如烟海，形象多如繁星，各种流派、思潮层出不穷。在教学中，我们没精力也没可能将它们一一介绍给学生，只能选取有代表性的范文，借一斑窥全豹。这就要求教师在教学中不能孤立地讲文章、谈形象，而应该对教材所选之文作发散性的拓展。即从篇章入手，多层次、多纬度地探究、拓展、挖掘和延伸，力求通过一个点而让学生掌握一个面。如讲李清照的《声声慢·寻寻觅觅》，可从李清照的生平作纵向延伸，并引入她不同时期作品中有关"愁"的句子，让学生弄清她南渡前后笔下"愁"字的不同内涵；也可以从表现手法的比较运用来理解自庾信以来，或言愁有千斛万斛，或言愁如江如海……体会李清照用"怎一个愁字了得"来写"愁"所起到的笔更直而情更切的效果；还可以从词中"梧桐更兼细雨"一句进行纵、横向的阐发，领会古代名家对秋雨打梧桐意境的理解。这样顺手拈来、巧联妙引，不仅丰富学生的文学知识，而且通过比较品赏，作家的风格、诗词里的意境也凸显出来了。表面看来渗透的是星星点点，零散而不系统，但积累下来，就能将众多的点有序地连缀起来，就会在学生脑海中构建起一个有机的语文网，就能体味到语文的味。

当然，提倡广度也不是一味求漫无边际的拓展，也要围绕教学目标作适度的发散，避免信马由缰。

四、设计有亮度

一堂课能吸引人的眼球，一定是源于其亮点或特色。或教学设计别具一格，或教师点拨机智灵动，或师生活动动静相生……执教者要善于向湖中掷石子，要让湖水不时激起浪花，荡起涟漪，这样，湖面才更迷人，课堂才更精彩。相反，有些时候一堂课听下来，总觉得淡而无味，究其原因，就是课堂上缺乏亮点和精彩点。观课如同看戏，一出没有高潮的戏很难打动人，一堂没有亮点和精彩点的课也会让人感到枯燥、乏味。师生间的思想情感没有交疏、碰撞，没有擦出火花，课堂上当然就没有亮点。在连云港举行的"名师大讲堂"观摩课上，山东教师朱则光执教的《百合花开》就十分抢眼：一是个性解读让人眼前一亮。他抓住野草、蜂蝶与百合之间的对话，通过生找、生评、生读三个教学环节，引导学生领会百合勇敢面对自然环境、社会环境、自我的挑战，终于"默默"开满山谷的执著信念。这种解读在一般教师眼里可能只会停留在百合的成功仅是信念的成功上面。二是对"我要开花"这个段落朗读的巧妙处理。先根据句式内容读，有声有色，这是初读；再结合语境的理解来读，情深味浓；最后分角色朗读，师生入情入境。听着学生越读越有味道的朗读，我不禁叹服朱则光老师的设计的高妙：句句蓄势，步步铺垫，层层渲染。真是妙不可言，令人叹为观止。

五、课堂有开放度

一堂好的语文课应该是开放的。"开放"一是指教学观念、教学方法的开放；二是指教学资源的开放。所以，一节好的语文课绝不能仅仅只局限在课堂上，框死在文本中，而应建立在深入领悟文本意蕴的基础之上，引导学生超越文本，超越课堂，把学生引向课外，引入广阔的生活，让学生学会广泛涉猎、大量阅读，学会关注时事、关注生活，从而积淀文化底蕴，增广知识见闻。如深圳市光明新区李凤娇老师执教《米洛斯的维纳斯》，在引导学生理解了清刚卓行的无与有、虚与实的美学观点后，就大胆放手，让学生寻找这一美学原理的种种例证：有从文学的角度引出莫泊桑的《项链》、曹雪芹《红楼梦》中林黛玉死前的"你好……"等；有从诗与画的角度引出"深山藏古寺""竹锁桥边卖酒家""踏花归来马蹄香"等；有从历史故事的角度引出武则天的无字碑等。所涉及的事例由课内走向课外，由语文拓展到其他，课堂如水沸腾。就在此时，李老师又及时抛出了一个问题：是不是所有的东西都要追求缺陷美呢？学生安静了，课堂安静了，大家陷入了深沉的思考。短暂的安静过后，又是一番激烈的争辩，最后形成理性的答案。整个教学过程立足文本又超越了文本，师生主导与主体的关系处理到位。

语文课堂应该呈现什么

——观著名语文特级教师余映潮执教有感

在职一年半，听课二百篇，课型如繁花，忧思效不见。教学视导下的原生课，"教态"百出，课堂低效几成事实；潜心准备的优质课，花哨无边，是否高效心里无底；精雕细琢的示范课，望洋兴叹，华美效高悬而未决。我们的语文课堂究竟应该呈现什么？有一次新区请到了余映潮老师，我有幸聆听了他执教的两节语文课，让我对语文课堂有了进一步的认识。

一、语文课堂，应该是凸显智慧的课堂。余老师的智慧首先体现在无问教学上。他原来推行板块教学，再后来主张"主问题"教学。这次风格陡然一变，开创无问题教学。细心的教师会发现，两堂课一个问题都没有，有的只是围绕一个话题从不同角度来品赏。如执教《俗世奇人泥人张》，"从'场景设置'、'人物出场'、'细节描绘'、'对比手法'、'伏笔照应'、'侧面烘托'的角度，自选一个话题进行手法欣赏。"话题一出，角度变换，思维放开，兴致顿起，没有问题却神奇地把课堂搅动起来；其次是体现在板块教学上。如执教《自己的花是让别人看的》，第一板块简洁地说一说：围绕这是一篇＿＿＿的文章；第二板块细心地品一品：围绕本文标题可以用课文里的"＿＿＿"替代，因为＿＿＿；第三板块深情背一背：指定美句段落进行背诵。《俗世奇人泥人张》第一个板块是课文概说，着重解决整体感知；第二个板块是手法欣赏，重点解决美点突破。这种板块教学目标明确，步骤明晰，一板一法，生动师评。我们很多教师也喜欢板块教学，但却往往有架无骨，有形无神，究其原因目标不明，钻研不深，拿来就用，缺少积累；再次这种智慧体现在方法抓手上，如在解决《俗世奇人泥人张》时，发现学生在概括情节不到位时，马上就提醒学生要注意时间、地点、情节的一波三折等要素，让学生有了抓手，难题顺势而解，学生真知灼见如泉涌出，妙言佳句如数家珍。因此，要追求智慧的课堂，课堂有了智慧就有了灵气。

二、语文课堂，应该是洋溢激情的课堂。余老师已经六十多岁，从一个教师的职业生涯看，或许早已过了教学的黄金季节，因为做教师上课堂，除了需要相应的专业背景，还需要足够的精、气、神。在余老师的课堂上，你看到的分明不是一位年过花甲的长辈，而是一位保留着童真，充满着激情与童心的智者。对小学生低头轻语，语调缓慢而深情；对中学生吐字清脆，话语简洁而高雅。对文段朗读抑扬顿挫，情随文生。对学生发言扬长拨迷，真情肯切。二场讲座两堂课，仍是字正腔圆，激情十足，颇得听课师生的赞赏，无怪乎公明一小朱校长啧啧有加。因此，要追求激情的课堂，课堂有了激情就有了人气。

三、语文课堂，应该是呈现朴素的课堂。在余老师的课堂上，我们很少看到声光电还加动漫等一应俱全的多媒体课件，有时只是纲要式的映现。很少看到动不动就是小组合作讨论的形式，有的只是帮助式的简讨。也很少听到"棒、棒、棒，你真棒！"的廉价表扬和不着边际的评价，更多的是紧扣学生回答点破其中的要点。更看不到任何一丝一毫花里胡哨的噱头。简单自然的课堂下透出的是严谨扎实，朴实无华的外表上露出的是睿智灼见。简朴就是一种至美，严谨就是一种境界，这才是大师级的课，这才是我们永远努力的方向。因此，要追求朴素的课堂，课堂有了朴素就有了大气。

四、语文课堂，应该是流淌爱心的课堂。在余老师的课堂上，我们找不到名家大师的影子，见到只是一位处处关爱着孩子的长者；我们看不到名师的居高临下，见到的是与学生一起合作学习的朋友。一双关爱的眼神如春水潺潺，流入心田；一句真心的"谢谢"似春风拂面，心旷神怡。和气有了，人气有了，"生"气自然有了，课堂上流动的自然就是学生的智慧了。因此，要追求爱心的课堂，课堂有了爱心就有了"生"气。

五、语文课堂，应该是显露遗憾的课堂。教学永远是一门遗憾的艺术，余老师的课堂同样也不是完美无缺的。他在执教《自己的花是让别人看的》在处理优美词语这个环节的时候，直接映现词语意思，然后要求学生读背课文。此环节颇觉生硬，让课堂缺少了应有的活泼。不符合小学生的认知习惯，学生也无法掌握及运用这些词语。前两天，我正好参加了新区小学语文选拔赛听课观摩，巧合的是马田小学郑燕文老师也执教了《自己的花是让别人看的》一文，她在处理这些优美词语的时候，就显得高妙多了：1。巧解：从"花团锦簇"、"姹紫嫣红"两个词语中，你看到了什么，听到了什么，闻到了什么？2。变读：当你"走过（变换不同地点）时"，请你读一读"家家户户的窗子前都是花团锦簇、姹紫嫣红……" 3。情读。学生充满深情地读第三段。同是一个环节，郑老师层层铺垫，步步深入，品得有滋有味，教得有趣有情，招式巧妙实用，与大师相比显然高出。当然余老师在课的设计方面也忽视了新区学生的基础，处理教材的时候起点过高。但正是这一些小小的遗憾才更加真实地反映什么才是真实自然的课堂。课堂不会因这些遗憾而失色，相反让我们更多的新区教师知道，原来我们的课堂教学离大师如此之近！！！因此，课堂教学不怕遗憾，有了些许的遗憾，我们的课堂教学才有了"真"气。

行文至此，掷笔长叹：要抓好语文课堂自己还得努力！

语序调整要讲究和谐

高考中常有一道关于调整语序的语言表达题,这道题的解答须讲究结构匀整对称,句子协调一致,语言风格统一,从而使词与词、句与句之间达到一种和谐

一、在句式对称上求和谐

所谓在句式对称上求和谐,就是要求句式结构相同,对称匀整,和谐一致。

例:阅读下面的文字,修改画线的句子,使整个文段的语言风格一致

树头红叶翩翩,疏林如画。西风乍紧,犹听莺啼;暖日常喧,又添蛩语。遥望东南,建几处依山楼榭;近看西北角,造起三间面临绿水的轩斋。

析:要使整个语段语言风格一致,句子对称匀整,就应使画线句子变成一组严整的对偶句,从而使句式整体和谐。"遥望"对"近看","东南"对"西北","建"对"造","几处"对"三间","依山"对"临水","楼榭"对"轩斋"。所以,此句可以改为"遥望东南,建几处依山楼榭;近看西北,造几间临水轩斋",这样句子结构匀整,达到了句子间的和谐了。

二、在音节声韵上求和谐

在解调整语序题时除了要仔细观察句子的语言结构,求得整齐匀称的结构美,有时还要注意音韵的押韵,注意音节的和谐。

例:阅读下面的文字,修改画线的句子,使整个文段的语言风格一致,音韵和谐

远眺群山环抱,白云缭绕,叠翠层林;近看小河流水,茶园葱绿,松竹并茂。

析:观察句子就会发现"远眺"与"近看"各领一个分句,"远眺群山环抱"与"近看小河流水"对应,"白云缭绕,叠翠层林"结构不一致,跟后面的"茶园葱绿,松竹并茂"不和谐,所以首先要把"叠翠层林"改为"层林叠翠";而"白云缭绕,层林叠翠"中的"绕"恰好与"茶园葱绿,松竹并茂"中的"茂"押韵,所以应该再把它调整为"层林叠翠,白云缭绕",这样才真正做到了句式与音韵的和谐。

三、在逻辑顺序上求和谐

句子排列往往有着一定的合理顺序,有的需要按时间顺序排列,有的需要按空间顺序排列,有的需要按由主到次、由大到小、由浅入深、一般到特殊、具体到抽象等顺序来

排列等,从而达到句子内部的和谐

例:阅读下面的文字,调整画线的句子语序,并做到各短语格式协调到致,匀称整齐。

倘若真的能化寂寞为思考,寂寞为实干,改寂寞为娱乐,那么,我们就能精神抖擞,走出寂寞,洗涤心灵,获得新生;变得朝气蓬勃,成就一番大事业。

析:解答此题,先要做到短语格式一致,将"精神抖擞"改为"抖擞精神"即可。那么,这四个短语的顺序如何排列呢?这就要考虑这四句话的内部顺序逻辑关系了,应先"洗涤心灵",再"抖擞精神",然后"走出寂寞,获得新生"。故画线句子改为:"洗涤心灵,抖擞精神,走出寂寞,获得新生"。

又例:读下面一段文字,调整画线部分的语序,并使前后表述一致

有了最佳位置,就可以充分表现,尽情发挥和自由驰骋。鹤叫九天,雁排长空,鹭上青天,鹂鸣翠柳,此天上飞鸟之极致。龙吟大海,鱼翔浅底,蟹横水府,虾戏礁石,此水中游物之极致。狮吼山谷,驼走大漠,马嘶平川,犬吠深巷,此地面走兽之极致。真可谓各得其所,各尽其妙。

析:解答此题,应按由高到低的空间顺序排列,先写天上飞鸟,再写地面走兽,最后写水中游物。所以,此句应调整为"鹤叫九天,雁排长空,鹭上青天,鹂鸣翠柳,此天上飞鸟之极致。狮吼山谷,驼走大漠,马嘶平川,犬吠深巷,此地面走兽之极致。龙吟大海,鱼翔浅底,蟹横水府,虾戏礁石,此水中游物之极致。"

四、在前后照应上求和谐

调整句序有时候还要注意句子的前后照应,使之言之有序

例:阅读下面的文字,调整画线的句子语序,并使前后表述一致。

朱自清先生笔下的"水",有汪汪一碧的,有晶莹清澈的,有凌空飘逸的,它们是琼浆、深潭、瀑布。他逼直地描绘出水的色、形、质。

析:解答此题,要从语句的前后呼应入手,"汪汪一碧的"应是"深潭","碧"写出了水的"色";"晶莹清澈的"应是"琼浆","清澈"写出了水的"质";"凌空飘逸的"应该是"瀑布","飘逸"写出了水的"形"。所以此句可改为:"有汪汪一碧的,有晶莹清澈的,有凌空飘逸的,它们是深潭、琼浆、瀑布。他逼直地描绘出水的色、质、形。"

长春课堂，不一样的精彩

——第三届全国初中语文教师教学观摩活动观感

5月16日至18日，本人有幸参加在长春举行的第三届全国初中语文教师基本功展评活动暨教学观摩研讨会。此次活动由于规格奇高，选手顶尖，名师汇集，评委权威，吸引了一千多名前来观摩学习的初中语文教师。比赛分两个场地同时进行，选手在课堂上闪转腾挪，极尽变化之招式，挥洒自己的教学激情，让人大开眼界，大长见识，观摩教师感叹"春城处处在飞花"。由于分身无术，笔者只观摩了第一会场14场课堂教学，但选手精彩课堂呈现给人无穷回味。

一、诵的有味

"嘈嘈切切错杂弹，大珠小珠落玉盘。"读是学好语言的基础。要想学好语文更是少不了读。以情带读，读中悟情，是这次初中教学展示现场的一个显著特色。此次活动选文短小精美居多，选手也注意到这个特点，于是诵读成了主旋律。有集体读，个人读；男生读，女生读；角色读，示范读，整个课堂珠玉之声不绝于耳。在师生富有情感的诵读声里，学生走进了教材，走进了文本。来自新疆的张洪虹老师示范素诵《桥之美》，流利畅顺，小桥之美顿现眼前；深圳龙岗的赵查老师范读《马》中的一段，腔圆情深，野马自由高贵之形跃然；朱丽老师在执教《华南虎》时，与生各扮角色，现场演读，声情流露，可圈可点；东北师大附属初中王烁老师通过诵中品、品中诵来执教《绝品》，堪称绝妙。在出示学习目标"通过语言描写塑造人物形象"后，让学生自选最感兴趣的情节，进行多样化朗读，体会语言描写的魅力。在指导诵读过程中，王老师通过改换原句、揣摩"三千"后面的问号、体会"三爷倒吸一口气，就有些口软"等神态心理等来指导学生朗读，一时之间"读"趣高涨，学生读得有声有色，有情有味，入境入心。其它选手或清纯温婉，或真实率性，或声泪诉读，感染了听课师生。于是语言在朗读中积淀，文本在诵读中贴近，情感在品读中迸发飞扬。课听完后，师生还沉醉在那深情款款、情意浓浓的诗意课堂中。

二、变的机智

"突如一夜春风来，千树万树梨花开。"随着课改春风的深入，课堂教学关注预设，更关注学生问题的生成。在处理预设与生成关系上，选手拿捏得精准，而随机生成的问题处理得更是让人叫绝。他们随机的"春风"让"万树梨花"于一课之间色彩缤纷。河南师大附属初中都温中老师执教《河中石兽》，开课就让学生读课题、作者。学生把第三声的"纪"错读为"纪念"的"纪"，教师引导学生联系"纪昌学射"进行纠正。一般情况下老师能做到这步就算功德圆满，但都温中老师没有让即时生成的机会溜走，他借读错"纪"字这一现象进行追问，"纪昀用一句话评论了类似这种现象，请找出来"，一石投入，千层浪起，学生趣起兴生。当"据理臆断"显山露水后，老师追问"一则小故事居然含有这样深的大道理，那这是一件什么事呢，请大家自由诵读课文，完成下列图表。"都老师可谓聪慧之师，抓住生成之机，顺势切入文本，环环相扣，不着痕迹。来自湖南湘潭的李美意老师围绕"抓特点，传神韵"进行写作教学，她"牺牲"自身形象让学生说说初识李老师的感受，在学生谈感受的过程中巧妙抓住"不是很标准普通话"、"虽然有点肥"、"热情开朗"等话语，与学生一起评点哪些话没有抓住特点，哪些话传出了神韵，顺势入文，一堂写作课便风生水起，学生收益颇多。这些随机应变的预设与生成处理保护了学生认真思考、勤于动脑的积极性，教师的顺势应变又保证了教学过程的流畅性与延续性，体现了选手在教学中的机智与过人的能力。

三、切的高妙

"满园春色关不住，一枝红杏出墙来。"本次课堂教学大赛可谓春色满堂，但每课的"春色"呈现却各有特点。有的是巧开园门一角，有的是妙看出墙红杏，有的是就地取材，顺手拈看，正所谓"横切的苹果见星星，竖切的苹果见常规"。正由于他们的巧妙切入，让学生以最经济的速度触摸到学习重点，牵一发而动全身。东北师大附中王烁执教的《绝品》从"绝"字解析入手，然后顺势追问，"文章'绝'在何处"，引出画绝（唐代珍品）、技绝（三层倒装置）、人绝（义绝），设计独具慧眼；江西萍乡李海萍老师从学生生情入手，亮出学生习作在对话描写方面存在的问题，从"分一分、换一换、变一变、添一添、减一减"五个方面提升学生进行对话描写的能力，教学颇具匠心；新疆的张洪虹老师执教《桥之美》时抓住题目进行切入：课文写了哪些不同环境中的桥？在作者眼中桥美在哪里，选择你最喜欢的一种说一说？作者认为，桥之美究竟美在哪？三个问题贯穿课堂，层层深入。这些多角度的切入使得课堂有了一个有力的抓手，教师使用时得心应手，恰到好处，满园春色尽收师生眼底。

四、书的创意

"删繁就简三秋树，标新立异二月花。"活动组委会连出创意奇招，增设最佳诵读、最佳教学设计、最佳课件、最佳板书等七个单项奖，着实让选手费尽心思。既要让课堂书声琅琅，又要让自己基功展露；既不能让多媒体喧宾夺主，又不能让板书设计草率马虎。这种纠结逼得选手"八仙过海，各显神通"，于是整个赛事亮点迭现，引人眼球。这次比赛尤其让人称道的是板书设计这一块。如张家口市的崔丽老师执教《风筝》，板书整体设计为蝴蝶风筝型。左边翅膀上下分别为"精神虐杀"和"麻木"，右边翅膀上下分别为"手足亲情"和"反省"，蝶身中间为"悲哀"，形神兼备，亮眼；新疆张洪虹老师执教《桥之美》，把板书设计为桥型，桥的两端分别为"搭配"与"映衬"，拱桥下面是"和谐"，图文结合，形象；河南师大附中都温中老师执教《河中石兽》，板书设计为六个字："小故事，大智慧"，简明扼要，直观；江西萍乡的李海萍老师执教对话描写，在"苦脸"与"笑脸"的简笔画中间板书的是对话描写的五种方法，意为开始写不好时而愁眉苦脸，觅得"真经"后笑逐颜开（详见下面板书），自然天真，巧妙。这些亮点的凸现为今后的语文教学提供了一个不错的选择。

让对话描写更精彩

分一分

换一换

变一变

添一添

减一减

"千淘万漉虽辛苦，吹尽狂沙始到金。"这次春城之行虽说行程劳累，但收获颇丰。一则结识了名师，二则丰富了见闻，三则取得了真经。长春课堂，不一样的精彩！

字形辨析六法

字形辨别是近年来高考必考题，加上今年作文中对错别字的扣分又特别重，因此很有必要让学生掌握辨识字形的方法。现结合2008年高考题谈几种辨识字形的方法。

一、结构对应法。汉语中有许多词语的结构是并列关系，词与词之间形成对应。尤其是对应位置上的词意义相同、相关或相反，我们可以利用词语的这种结构对应去辨析字形。如："钩玄题要"（2008年北京卷），"堰旗息鼓"（2008年浙江卷），它们都是动宾型并列短语。其中"玄"与"要"是对应的，意思分别是"深奥精微的道理"和"要领"，内容上有相关性；"钩"与"题"也应该是对应的，但"题"一般作名词，而"提"是摘取之意，所以"题"应当改为"提"才对。"堰旗息鼓"中，"旗"与"鼓"结构上对应，内容上相关。"堰"与"息"当然也是对应的，"息"是停息之意，而"堰"的意思是较低的挡水建筑物，是一个名词。"偃"是放倒之意。所以应该把"堰"改为"偃"。又如"粗制烂造"（2008年山东卷），"粗"是粗劣的意思。如果是"烂造"的话，就是胡乱的制造。"粗"跟"烂"意思相关性较远。而"粗制滥造"是指不负责任，马虎草率，只求数量，不顾质量。"滥"，多而不精细。所以，正确答案为"粗制滥造"。再如"名门旺族"，"惹事生非"，"插科打诨"，这几个词语都是并列关系，都有错别字，"名"与"旺"相对应，当用表"名望"的"望"。"事"与"非"相对应，当用表"正确"的"是"；"科"指古戏曲中角色表演的动作，"浑"表示水污浊不清，显然"浑"与"科"不能对应，当用表"在古戏曲中开玩笑"的"诨"。

二、来源推断法。词语或成语的形成往往凝结着浓郁的文化风俗，有些词语来源于古代书籍或寓言或生动有趣的典故，若能记住其出处或故事大意并结合词义辨别，就能查出是否出现错别字。如："功亏一匮"（2008年江西卷），原文是"为山九仞，功亏一篑"，意为堆九仞高的土山，因只差一筐土而没有完成。其中"篑"是跟竹制品有关，是盛土的土筐，这里指一筐土。而"匮"是缺乏之意。所以正确答案是"功亏一篑"。又如"墨守成规"，"世外桃源"，"桃园结义"三个词，如果知道了它们的来源就好判断了。"墨守成规"与墨子有关，古时墨翟以善于守城著名，后称善守者为墨守，所以应为"墨"，不能误作"默"。"世外桃源"与陶渊明有关，他曾写下《桃花源记》，应该为"源"，不能误作是"园"。而"桃园三结义"是《三国演义》中的故事，是在桃园子里进行的，所以"园"自然就不能写成"源"了。

三、语境辨析法。许多汉字是要根据语境才能确定用字的正确。如："吉人自有天象"（2008年山东卷），意思是说幸运的人常常有上天帮助。但"天象"是天文现象，跟原意没有关联。而"天相"就是上天扶持、帮助之意（"相"：扶持、帮助），因此正确答案为"吉人自有天相"。又如"他退休了真正感到清静"，句中"清静"使用不当，应为"清净"，指无人打扰。而"清静"应该与环境搭配。当然，使用此法首先应该弄清字词本身的意思。

四、音性辨别法。音指读音，性指词性。字形的考查多是一些形近或形异而音同或音近的字。如果读准了音，再加上从词性的角度加以判断，准确率就会提高。如"聚沙成塔，集掖成裘"（2008年湖南卷），其中"掖"（yè）是扶助或提拔，是动词。而"腋"（yè）是名词，胳肢窝，此指狐狸腋下的毛皮。虽然两个都读"yè"，但与"集"搭配的肯定是名词了。成语意思是狐狸腋下的皮虽小，但把许多块聚集起来，就可以缝制成珍贵的皮衣。所以正确答案是"集腋成裘"。又如："问侯"（2008年山东卷），"侯"读hóu，是指一种官位，名词。"候"读hòu，是指问候，表示对人的关心，是动词。所以答案为"问候"。再如"碑贴"（2008年天津卷），"贴"读tiē，动词，意思是把薄片状的东西粘在另一个东西上。"帖"读tiè，名词，意为学习写字或绘画时临摹用的样本。所以正确答案应为"碑帖"。

五、形旁推测法。汉字是形声字占百分之八十，形声字的形旁至少能表示其意义类型，因而，据形推测是辨别正误的重要方法。如"原物壁还"（2008年天津卷），这里的"壁"是"土"字旁，跟"土、墙"有关联。而"璧"跟"玉"有关，代表珍贵的东西。"原物壁还"的"壁"是名字作状语，意为"象壁一样"，意指东西随意、不值钱。而正确的"璧还"是敬辞，用于归还原物或辞谢赠品。两相比较，当然选"原物璧还"。又如"弟弟的朗颂声情并茂"（2008年浙江卷），这里的"颂"就应该改为"诵"，跟"讠"有关，符合原句表达的内容，所以答案是"朗诵"。再如"砰然心动"（2008年重庆卷），"砰"是"石"旁，代表重物落地的声音。而"怦"是跟"忄"有关，跟"心动"相吻合，因此答案为"怦然心动"。再如"讴歌"要用语言，"讴"不能用"呕"，用语言而不是口，"呕吐"则恰相反，"怄气"与心理有关，"沤肥"则需要水。

六、经验推断法。有些字只要结合生活经验常识就可以推知其正误。如"好高鹜远"（2008江西卷），这个成语是动宾型的并列短语，如果是"鹜"，跟鸟有关，意为野鸭子，放在原词中解释不通。"骛"通"务"，追求之意。所以"好高鹜远"应为"好高骛远"。又如"明枪易躲，暗剑难防"（天津卷），"剑"往往是君子所为，而"箭"往往是用来突袭的，所以答案为"暗箭难防"。再如"不胫而走"指没有脚却走了,那么"径"肯定就是"胫"的误写。"鸠占鹊巢","鸠"大而雀小,麻雀巢岂能装下它?岂能承载它?可见,"雀"是"鹊"的误写;同样"欢呼鹊跃"是形容人高兴得一跳一跳,谁看见喜鹊一跳一跳的?而麻雀一跳一跳确实是常见的,可见,"鹊"是"雀"的误写了。

以词推字,以意断字,以音定字,这是辨识字形的原则,在这个原则的指导下,运用正确的识别错别字的方法,对辨识字形还是行之有效的。当然如果想游刃有余,做到准确判断字形正确,不写错别字,更需要平时勤于积累,用心识记了。

"不知"的背后有什么

中国古诗讲究含藏，通过简短的话语，追求咫尺千里的效果。若拘于实，意境就不会广阔深邃。而古诗当中的"不知"恰恰就是这种变有限为无垠手段之一。从诗歌意境这个角度上说，就是所谓的"虚"或"虚境"。它指的是诗中看不见摸不着却又能从字里行间体味出的那些虚象和空灵的境界，它给人想象，引人回味。

贾岛的《寻隐者不遇》是一首表现"不知"的著名的诗。"松下问童子，言师采药去。只在此山中，云深不知处。"郁郁青松，悠悠白云，给人幽深清奇的画面质感，令人想象无穷。童子的答语以及作者寻而未遇又让满怀的希望变为怅惘。一个"不知"，一方面表现了隐者的孤高和作者的倾慕之情，一方面也让人联想到许多美好事物难遇难求这一千古命题。

"去年今日此门中，人面桃花相映红。人面不知何处去，桃花依旧笑春风。"这是崔护的《题都城南庄》。一年清明节，诗人去都城郊外踏青，因为口渴，就向一位农家姑娘讨水喝，姑娘给了他一杯水，并倚在桃树旁边凝视着他。第二年，诗人再次来此，但姑娘却不知哪里去了，只剩下门前一树桃花仍旧在春风中凝情含笑，于是他在紧闭的门上写了这首诗，这"不知"包容着多少生活的感慨：岁月的流逝，姑娘的难忘，诗人的惆怅、酸楚和无奈以及不经意情况下遇到某种美好事物，而当自己有意追求时却再也不可复得的人生体验……

以上两首诗里的"不知"真的是"不知"。正由于"不知"，才带给人们无限的想象与回味，让人进入一种神妙的境界；而有些诗歌中的"不知"却是诗人明知偏故意说"不知"，同样让人在感慨中体味诗人的情思以及人生的别样况味。如李白的《秋浦歌》："白发三千丈，缘愁似个长。不知明镜里，何处得秋霜。"这里的"不知"其实诗人自己早知，作者慨叹壮志未酬，人已衰老，因此愁生白发，鬓染秋霜，揽镜自照，触目惊心，发出了白发三千丈的孤吟，何由不知。但这正好表现了诗人面对明镜时的感慨，发如秋霜的愁思与无奈。时光飞速，人之将老，"愁"老交织，"不知"所领起的内容强化了"愁"字，读后让人唏嘘再三，人生的别样况味在"不知"中弥漫开来。

古诗中含有"不知"的诗句还有很多，比如王建《十五日夜望月寄杜郎中》："今夜月明人尽望，不知秋思落谁家"。"不知"把读者带进一个月明人远、思深情长的意境，加上一个唱叹有神、悠然不尽的结尾，将别离思聚的情意表现得委婉动人。李益《夜上受降城闻笛》："不知何处吹芦管，一夜征人尽望乡。""不知"写出了征人迷惘的心情，营造出一种凄清幽怨的意境，句绝而意不绝。张仲素《秋闺思》："梦里分明见关塞，不知何路向金微。"一个"不知"极回环曲折之能事，将思妇的心情极细致地表达出来。张渭《早梅》："不知近水花先发，疑是经冬雪未销。""不知"加一个"疑是"写出了梅花似雪非雪的迷离恍惚之境。贺知章《咏柳》："不知细叶谁裁出，二月春风似剪刀。"一个"不知"把"春风"与"细叶"之间的情愫串联在一起，让人感到大自然变化中的美丽，诗意十足。

　　诗歌是讲究虚实相生，而"不知"是体现虚实相生的手段之一。以上例子中"不知"所领起的内容虽然不同，但它们都有着共同的作用，那就是营造出一种境界，引发读者的想象。强化诗人的情感，感叹人生别样的况味。这里所谓的"不知"就是中国艺术表现里的与实相对的"虚"，写"虚"也就是追求虚实结合、情境相生的神妙境界。

换一种思路来教诗

——《钱塘湖春行》教学感悟

到学校上示范课《钱塘湖春行》，学校非常重视，老早就让学生预习熟读。结果课还没有上，学生内容理解到位，诗歌背得烂熟。

咋办？突发奇想：教诗不能仅仅只停留读诗、诵诗、赏诗上，如果能让学生引用诗、化用诗甚至写出诗，这不是一种能力的提高？尾联"最爱湖东行不足，柳杨阴里白沙堤"表现了诗人余兴未阑、眷恋西湖之感，给人无尽地回味。何不让学生用学过的诗来说一说、写一写，"行不足"的西湖到底有多美？

于是，我设计了第一个练习：请你用所学过的诗句对"最爱湖东行不足，＿＿＿＿＿＿＿＿＿"进行补写，内容要符合原诗基本意境。

题目一出，教室一池春水吹皱，学生们各显神通。思考的思考，翻书的翻书，不一会，学生就给出了很多补写的答案："二月春风似剪刀"、"柳杨烟外晓寒轻"、"人面桃花相映红"、"桃花依旧笑春风"、"吹面不寒杨柳风"、"万紫千红总是春"、"梨花一枝春带雨"、"绝胜烟柳满皇都"、"千树万树梨花开"、"天光云影共徘徊"、"露似珍珠月似弓"、"山色空蒙雨亦奇"、"淡妆浓抹总相宜"、"映日荷花别样红"、"桃花流水鳜鱼肥"、"西塞山前白鹭飞"、"映日荷花别样红"、"辛夷花尽杏花飞"……看着学生们补出的答案，心里暗喜。"这些答案难道都适合吗？为什么？"话音刚落，刚才热闹的教室沉静下来，学生纷纷思索。一学生说，"'梨花一枝春带雨'不好，合在一起没有音韵感，放在全诗中看也不押韵。"话语刚落，另一学生说，"'万紫千红总是春'也不好，它写的不是早春景象。" 又一学生说，"'绝胜烟柳满皇都'也不好，写得是皇都之景而不是西湖之景"……

我不失时机地追问了一句，"答案中有没有觉得可以适用的？说说理由。"经过一番小组讨论，学生们对"二月春风似剪刀"、"柳杨烟外晓寒轻"、"吹面不寒杨柳风"、"露似珍珠月似弓"、"淡妆浓抹总相宜"、"西塞山前白鹭飞"等作了肯定，认为它们符合早春的景色，还表现了诗人的情感，放在对句中看，还挺有音韵感。

经过师生共同探讨，一致认为引用诗句至少要符合以下几条：1。引用的诗句一定要符合原诗的基本内容。《钱塘湖春行》写的是早春之景，景色优美。"万紫千红总是春"写的是春意最浓时的情景，"千树万树梨花开"哪怕就是写真的梨花开，也是春意最浓时，而"映日荷花别样红"是夏天时候的景色，自然更是不合。而"绝胜烟柳满皇都"写的皇都的景物，跟西湖挂不上钩，肯定不能相配。2。引用的诗句要切合原诗意境及情感。"辛夷花尽杏花飞"写的是春残之景，渲染春光逝去时凋零的氛围，意境、情感都不合原诗。3。引用的诗句至少最后一字符合平仄、押韵。"梨花一枝春带雨"的"雨"是仄声，韵脚跟原诗也不配。

一招见效，我又设计了第二个练习：请你用所学过的诗句进行改写，完成下面对句，"最爱湖东行不足，＿＿＿＿＿＿＿＿"。内容要符合原诗基本意境。

这个练习有一定的难度，于是我举出了一个例句："'千树万树梨花开'原来是形容雪的，如果这里改为'几枝梨花争春风'，是不是符合原诗意境呢。"学生恍然，经过一番思索，他们写出了很多化用的句子：春江水暖桃吐红（原诗"春江水暖鸭先知"）、天光云影山色中（原诗"天光云影共徘徊"）、断桥长堤白鹭飞（原诗"西塞山前白鹭飞"）、桃花含羞迎春风（原诗"桃花依旧笑春风"）、把酒吟诗步从容（原词"何妨吟啸且徐行"）、淡妆浓抹最相宜（原诗"淡妆浓抹总相宜"）、春风杨柳满长堤（原诗"杨柳满长堤"）……在这个练习环节中，我先让学生背出原诗，再让他们说说为什么要这样化用、改写，是不是合了音韵，是不是符合原诗的意境。通过这次练习，学生引用、化用能力得到了提升，也为今后在写作当中引诗、化用打下了基础。

看着学生飞扬的眼神，便知他们余兴未了，我又即兴设计了第三个练习：请你用所学过的词牌《忆江南》、《如梦令》或格律诗等形式，写一首赞美西湖的诗或词，可化用诗中词句。老师也下水写一首词。

几分钟后，我用《长相思》的词牌写了一首《长相思·游西湖》：山一程，水一程，身向西湖那畔行，花草惹人醉。堤一段，桥一段，信马由缰穿绿阴，微雨燕双飞。

词虽不咋的，但有点词的味道，学生一看，大声叫好。原来写诗填词如此简单，经过同组一番合作修改，学生呈现了几篇有模有样的作品：

《忆西湖》：西湖好，风景最多娇。莺争暖树燕啄泥，乱花浅草占妖娆，湖光山色妙。

《忆钱塘》：钱塘好，风景世无双。乱花浅草迷人眼，柳绿堤白燕轻飞，能不忆钱塘。

《如梦令》：常忆钱塘春行，轻风绿杨满路，乱花浅草中。燕舞，燕舞，惹醉行人无数。

《西湖春咏》：毕竟西湖春天中，风光不与四时同。新燕啄泥莺争树，绿杨白堤笑春风。

　　课后,我问学生这样上诗歌教学喜欢吗?学生异口同声地说:超喜欢,太刺激,我们不光会读背诗,还会写诗写词。

　　这堂课让我陷入了沉思:假如学生没有预习到这个程度,假如我还是按原来的备课方式去上,假如不让学生的活动去主宰课堂,那这堂课会怎样呢?那以后在作文中学生如何引诗化诗呢?

　　一想到此,我不禁冷汗淋淋。

鉴赏技巧，从四个角度切入

诗词鉴赏一直是高考考查的重点和难点，如何品评诗词的表达技巧是其中考查的一个重要方面。从历年各省高考题考查内容中，笔者发现从以下四个角度切入，有利于学生赏鉴诗词。

一、景与情

中国古典诗歌的重要特点，讲究情景交融。诗人对某种景象或某种客观事物有所感触时，便会把自身所要抒发的情感，表达的思想，通过描写此景此物而抒发出来。诗中的景物明显地带有诗人的主观色彩，融入了诗人情感。写景是手段，抒情是目的。即使是句句写景，也是字字关情。因此，在古典诗歌鉴赏中，理清景和情的关系便显得极为重要。

景与情的关系在诗词鉴赏中，具体表现为寓情于景（如下面《春行即事》）、借景抒情（如下面《端居》），最终达到情景交融。

1. 寓情于景。作者把特定的情感寓于景中，让读者在景中去体会作者所抒发的情感。如2005年高考题（全国卷一）

《春行即兴》

宜阳城下草萋萋，涧水东流复向西。

芳树无人花自落，春山一路鸟空啼。

①. 古人在谈到诗歌创作时曾说"作诗不过情、景两端。"请从景与情的角度来赏析这首诗。

解析：这首诗写了作者春行时的所见所闻：有草有水，有树有山，有花有鸟，可谓一句一景，且每个画面均有特色。但诗又不是纯粹写景，而是景中含情，情景交融，诗中"花自落"、"鸟空啼"之景都显出了山中的宁静，但这种景中更透出了一丝伤春、凄凉之情。

2. 借景抒情。借用景物来抒情。表现在诗歌的最后两句上写的是景，却又是借景传情。如2006年高考题（福建）

《端居》

远书归梦两悠悠，只有空床敌素秋。

阶下青苔与红树，雨中寥落月中愁。

①. 这首诗的三、四句在艺术手法上有什么特点？

解析：在艺术手法上，第三、四句的最大特点是借景抒情，诗人借助对青苔、红树以及雨景月色的描写，赋予客观景物以浓厚的主观色彩，营造出了冷寂凄清的氛围，表达了悲愁孤寂和思亲的情感。

高考中最喜欢考查的是景与情的正衬与反衬。

1. 景与情的反衬。即乐景写哀情，哀景写乐情（这种情况比较少见）。如2010年高考题（天津）

峡口送友人（司空曙）

峡口花飞欲尽春，天涯去住泪沾巾。

来时万里同为客，今日翻成送故人。

送蜀客

剑南风景腊前春，山鸟江风得雨新。

莫怪送君行较远，自缘身是忆归人。

①. 有人认为"峡口送友人"采用了正面烘托的手法，"送蜀客"采用了反面烘托的手法，你是否同意，请说明理由。

解析：同意：第一首写的是暮春花飞之伤春哀景，正面烘托离别之情；第二首用写的是山鸟江风清新之景反衬离别之情，以乐写哀。

2. 景与情的和谐。即乐景写乐情，哀景写哀情，也就是情景陪衬。前者如王维《山居秋暝》，通过空山新雨，松间明月，石上清泉等景描写了秋夜山林的寂静空旷，表达了诗人对山中生活的迷恋之情，同时也暗寓了作者隐逸之心。乐景乐情，水乳交融。后者如周邦彦《关河令》"来时阴晴渐向暝，变一庭凄冷。伫听寒声，云深无雁影。更深人去寂静，但照壁孤灯相映。酒已都醒，如何消夜永！"本词以哀景写哀情，上片先写薄暮凄凉之景，孤独的旅客默立馆中，雁鸣声声却不见雁影，营造了一种凄凉的氛围。下片孤灯与之相呼应，孤寂凄凉之情自然流露于词的字里行间。哀景哀情，情景交融。又如2010年高考题（江苏）

《送魏二》

王昌龄

醉别江楼橘柚香，江风引雨入舟凉。

忆君遥在潇湘月，愁听清猿梦里长。"

①. 一、二两句诗中"醉别""江风引雨"表达了惜别深情，请作简要说明。

解析：一个"醉"、"别"写出愁情。"江风引雨"是景语，写出秋风飒然，凉雨入舟，用凄凄风雨烘托悲凉的心情。

练习题：

一、阅读下面一首诗，按要求答题

淮上与友人别

郑 谷

扬子江头杨柳春，杨花愁杀渡江人。

数声风笛离亭晚，君向潇湘我向秦。

①. 简析一、二句表现手法及情感？

参考答案：一、二句即景抒情，点醒别离。扬子江头依依袅袅的柳丝和飘飞的杨花惹动着双方缭乱不宁的离绪，勾起天涯羁旅的漂泊之感。抒写了诗人与友人握别时的满怀愁绪。

二、阅读下面一首诗，按要求答题

题玉泉溪

红树醉秋色，碧溪弹夜弦。

佳期不可再，风雨杳如年。

①. 这首诗整体上用了什么表现手法，表现了什么情感？

参考答案：乐景哀情，第一句重彩抹出枫叶烂漫、秋色正浓的画面。第二句写出了碧溪边、清月下琴声轻轻流出。末两句陡然一转，佳期不再，风雨如晦，未来悲凉、凄楚。表现了一位失去幸福爱情生活的少女心灵上的苦痛。

二、虚与实

虚与实是中国艺术传统中的重要表现手法。在古典诗歌中，虚，多指从字里行间体味出来的那些空灵超脱的境界或各种复杂情感或引人生发联想、补充的笔墨；实，则指真实具体的实象、实事、实境。一般地说来，具体事物是实，抽象情理是虚，虚实结合，可以让诗歌产生"此时无声胜有声"的艺术魅力。如2010年高考题（广东）

望江东

黄庭坚

江水西头隔烟树，望不见、江东路。

思量只有梦来去。更不怕、江阑住。

灯前写了书无数，算没个、人传与。直饶寻得雁分付，又还是、秋将暮。

① 请从虚实关系的角度分析这首词的上片或下片。

解析：上片词人触景生情，实写江边目光阻隔感受，虚写梦中回到江东。抒发不忍离去之愁。下片词人实写灯下写书信，虚写希望大雁捎带思念，却是节令已过。流露浓重的牵挂不舍愁绪及深深的无奈之情。

再如2010年高考题（江苏卷）

送魏二

王昌龄

"醉别江楼橘柚香，江风引雨入舟凉。

忆君遥在潇湘月，愁听清猿梦里长。"

① 三、四两句诗，明人陆时雍《诗镜总论》云："代为之思，其情更远。"请作具体分析。

解析：由眼前情景（实）转为设想对方抵达后的孤寂与愁苦（虚），通过想象拓展意境，使主客双方惜别深情表达得更为深远。

实与虚的关系主要表现在以下两个方面：

1. 化实为虚。即把抽象的情感与哲理赋予具体而生动的形象，也就是前人所说的化景物为情思。如《黄鹤楼送孟浩然之广陵》，此诗后两两句"孤帆远影碧空尽，惟见长江天际流"是千古传诵的名句，诗人没有明写伫立凝望送别亲友依依不舍之情，而是以"孤帆尽"所寓言外之意去表达。末句再以一江春水浩荡东去这一景物描绘让人生发故人远离，江水长流，离思无涯的联想。在这首诗中，孤帆远影、浩荡长江是实，情谊深厚、离思无穷是虚，化实为虚，化景物为情思，成就了一首韵味无穷的送别诗。

2. 化虚为实。化情思为景物，把抽象之情思化为具体可感的景物来表现。特别在刻画人物或描写景物时，当难以表达或着意追求一种委婉含蓄之美时，常采用化虚为实的手法。如李煜《望江南》"还似旧时游上苑，车如流水马如龙，花月正春风"三句极写往昔的繁华生活，与词人当时无限凄凉的处境形成了强烈的对比，以虚写实，虚实结合，突显梦醒后浓重的悲哀。这种通过写已逝之景、虚实结合来表达情感的诗不少，特别是借古讽今的怀古诗大多运用这种手法。2006年高考题（天津卷）就考查了虚实结合表现手法。

《凉州词》

边城暮雨雁飞低，芦笋初生渐欲齐。

无数铃声遥过碛，应驮白练到安西。

①. 本诗运用衬托对比与虚实相生的艺术手法，请简要分析。

解析：本诗前两句写的是现实景物，实写；后两句有实写，也有虚写。"无数铃声遥过碛"是实写，"应驮白练到安西"是想象之景，是虚写，这两句虚实相生，达到了绝妙的艺术效果。

练习题：阅读下面一首诗，按要求答题

杂诗

旧山虽在不关身，且向长安过暮春。

一树梨花一溪月，不知今夜属何人？

①. 这首诗整体上运用了什么表现手法，表现了什么情感？

解析：虚实结合。实写作者自己暮春时候羁旅长安，虚写记忆中、想象中的旧山故乡的美好景色，传达了一种羁旅长安、有家难回的思乡之情

三、静与动

中国古典诗歌擅长写景状物，手法多样，其中动静结合就是最常见的一种。正如王籍在《入若耶溪》中写道"蝉噪林逾静，鸟鸣山更幽"，用蝉噪鸟鸣写山林的幽静，以有声写无声，以动写静，使山林的幽静更加形象可感。

动静结合具体表现为二种意境：其一，是以动来表现其清幽恬静的意境。如王维《鸟鸣涧》"人闲桂花落，夜静春山空，月出惊山鸟，时鸣春涧中。"全诗由寂静的林中落花、空山、月出、鸟鸣、深涧几种意象连缀融合而创造出了一种宁静幽深的意境。三、四句是以动写静，以有声衬托无声。全诗绘声绘色，动静相生，情景结合，生动地表现了春夜空山的宁静。2005年高考题（海南、宁夏卷）就考查了这个方面的内容。

《雨后池上》

一雨池塘水面平，淡磨明镜照檐楹。

东风忽起垂杨舞，更作荷心万点声。

①. 试从"静"与"动"的角度对这首诗进行赏析。

解析：一、二两句以"水面平"、"明镜照檐楹"等写出了荷花池塘雨后幽美迷人的静态。三、四句"忽起垂杨舞"及垂杨叶上的雨滴被风吹到了荷叶上发出的万点声响等，表现了雨后池塘上的一种动态之美，诗既写出了静态，又写出了动态，以静显动，以动衬静，动静结合，组成了一幅雨后池塘春景图。

其二，是以动来表现其寂冷凄清的意境。如张继《枫桥夜泊》"月落乌啼霜满天，

江枫渔火对愁眠。姑苏城外寒山寺,夜半钟声到客船。"秋天的夜晚,一艘远道而来的客船停泊在苏州城外的枫桥边。残月落下,寒霜满天,江边枫树,点点渔火,加上几声乌鸦的啼叫在这清冷的水乡秋夜,陪伴着舟中的游子,让他感到是多么凄凉。此景有动有静,绘出了一幅凄清的秋夜羁旅图。但此诗更具神韵的却是后两句,那寒山寺的夜半钟声,不但衬托出夜的冷落、凄静,更在重重地撞击着诗人那颗孤寂的心灵,让人感到时空的永恒和寂寞,产生出有关人生和历史的无边遐想。

练习题:

一、阅读下面一首诗,按要求答题

桂州腊夜

戎昱

坐到三更尽,归仍万里赊。

雪声偏傍竹,寒梦不离家。

晓角分残漏,孤灯落碎花。

二年随骠骑,辛苦向天涯。

①. 本首诗颔联在写法上有何独到之处?

参考答案:颔联写了深夜时分雪落在屋旁竹子上的凄清音响,诗人回归故里的断续寒梦。这里的"雪声"以动衬静,表现夜的寂静凄冷,衬出了诗人孤独寂寞。

二、阅读下面一首诗,按要求答题

深院

韩偓(1)

鹅儿唼喋(2)栀黄觜,

凤子轻盈腻粉腰。

深院下帘人昼寝,

红蔷薇架碧芭蕉。

注:(1)韩偓,唐末人,以不肯附"逆"而遭忌。(2)唼shà shà:呷水嬉戏

①. 请从动与静的角度说说这样写的妙处。

参考答案:黄鹅,飞蝶,蔷薇,芭蕉等等这些构成了热闹的景物,浓烈的色彩。但恰恰反衬出庭院的幽静冷漠,同时也反衬出作者自己内心的孤寂。

四、物与志

古典诗词中,有许多是咏物诗,往往是诗人用来托物咏志的,诗人通过描写的

"物"来表明心迹,婉示人生的态度和对人生的感悟。这里的"物"常常是一些具有象征意味的客观事物,诗人借助于此物的一些特性来表明自己的"志"。这里的"志"可以指感情、志向、情操、爱好、愿望、要求等,"物"的特性总是与"志"有着许多的相同之处。如2010年高考题(山东卷)

咏怀八十二首(其七十九)
阮籍

林中有奇鸟,自言是凤凰。清朝饮醴泉,

日夕栖山冈。高鸣彻九州,延颈望八荒。

适逢商风起,羽翼自摧藏。

一去昆仑西,何时复回翔。

但恨处非位,怆恨使心伤。

①. 诗中"清朝饮醴泉,日夕栖山冈。高鸣彻九州,延颈望八荒"四句体现了"凤凰"怎样的品性?

②. 这首诗整体上运用了什么表现手法,表达了怎样的情感?请作简要分析。

解析:第一问主要是从"物"的特性上理解:品行高洁,志向远大,才能出众。第二问主要从手法上来回答"物"与"志"的关系:托物言志(或比兴、象征)。以凤凰自喻,抒发了诗人孤独无奈的苦闷心情和怀才不遇、壮志难酬的悲伤。

再如2010年高考题(全国卷Ⅰ)

咏素蝶诗
刘孝绰

随蜂绕绿蕙,避雀隐青薇。

映日忽争起,因风乍共归。

出没花中见,参差叶际飞。

芳华幸勿谢,嘉树欲相依。

{注}刘孝绰(481-539):南朝梁文学家,彭城*(今江苏徐州)人。文名颇盛,因恃才傲物,而为人所忌恨,仕途数起数伏。

①. 这首诗有什么含意?采用了什么表现手法?

解析:托物言志,写自己徒负才华,只能追随他人,仕途起起伏伏,不能为人赏识,施展才能。

练习题：阅读下面一首诗，按要求答题。

《菊》

郑谷

王孙莫把比蓬蒿，九日枝枝近鬓毛。

露湿秋香满池岸，由来不羡瓦松高。

①. 三、四句写了菊什么品性？采用了什么表现手法？

参考答案：这首咏菊诗采用托物言志和对比手法（以池岸边的菊花与高屋上的瓦松作对比），集中地写了菊的高洁、清幽，毫不吝惜地把它的芳香献给人们的高洁品格。也是作者不求高位、不慕荣利的思想品质的象征。

赏词炼字，有法可看

思想内容、表达技巧和诗歌语言是高考诗歌鉴赏拟制题目优先考虑的因素，其中对诗歌语言的考查颇受命题者的青睐。古人写诗很注重词语的锤炼，刻苦求工，因此诗歌鉴赏也注重对词语妙用的欣赏。综观近些年的高考试题，赏词炼字主要体现在动词、副词的选用上，主要结合语境考查字词或生动传神，或细致传情，或创设佳境，或凸现人物性格，或比较探究等。

一、看字词是否传神。

所谓"传神"就是要分析词语在诗歌中所表现出来的凝练形象、鲜明生动的特点。特别要注重动词、形容词、副词的咀嚼。在鉴字赏词中要学会结合语境去揣摩词语的生动形象、凝练传神，进而体会词语在全句或整篇中的表达效果。

如（2006年广东卷）：

粤秀峰晚望同黄香石诸子二首（其一）
谭敬昭
江上青山山外红，远帆片片点归艘①。
横空老鹤南飞去，带得钟声到海幢②。

注：①艘:小船。②海幢，即海幢寺。

题（1）：简析诗中"带"字的妙处。

析：为了求得空灵的效果和流动的韵致，诗人选取蓦然呈现在眼前的一个画面："横空老鹤南飞去"，这个场景有动感，与上句静景相映成趣。"带"采用了拟人手法，赋予"老鹤"人的动作，不说钟声远播，而说老鹤带钟声到海幢，使画面具有动感，生动传神，造成一种出人意外、耐人寻味的效果。

再如（2009年四川高考卷）：

秋夜将晓出篱门迎凉有感
陆 游
三万里河东入海，五千仞岳上摩天。
遗民泪尽胡尘里，南望王师又一年。

题（1）：请谈谈这首诗前两句中"入"字和"摩"字的表达效果。

析："三万里河"指黄河，"五千仞岳"指华山，两者都在金人占领区内。"入"字表现出河的生气，"摩"字突出了山的高峻。写出了祖国山河的雄阔壮丽，饱含热爱之情，并为进一步抒情做了铺垫。

二、看字词是否表情。所谓"表情"就是要分析词语传达出来的情感意愿。诗歌语言既注重凝练生动、形象传神，更注重借助动词、副词来表情达意。要善于结合全诗来揣摩作者所要表达的情感意愿。

如（2009广东高考卷）：

月

杜甫

万里瞿唐①月，春来六上弦②。
时时开暗室，故故③满青天。
爽和风襟静，高当泪满悬。
南飞有乌鹊，夜久落江边。

注：①瞿唐：瞿塘峡，位于长江三峡奉节至巫山段，安史之乱后，杜甫曾困居于此。

②弦：上弦月，农历每月初七、初八的弓形月亮。③故故：常常，频频。

题（1）：分别简析"万里"、"夜久"在表情达意方面的作用

析：全诗以明月兴思情，同一轮明月寄予着两地彼此的相思。"万里"一词，突出空间范围之广，表现了广阔地天地笼罩于清淡月色中的情景，反衬了诗人的个体的渺小孤独寂寞之情。②"夜久"一词，强调时间之长，写出了南飞的乌鹊在深夜经长时间飞奔后只能落在江边暂时栖息的情景，含蓄地表现了诗人长时间在外奔波、身心俱疲的艰难处境。

如（2009山东高考卷）：

寄 远

杜 牧

南陵水面漫悠悠，风紧云轻欲变秋。
正是客心孤回处，谁家红袖凭江楼？

题①：首句中"悠悠"在诗中有何作用？

析："悠悠"一方面描绘水流的悠长、江面的清寂，也暗透出他一丝羁旅的孤寂。

另一方面以景写情，烘托出客子思归的孤寂心情。

三、看字词是否造境。所谓"造境"就是利用词语凝练与含蓄来营造诗歌的意境。古人写诗很讲究意境，而词的妙用就能给全诗创造美好的意境。

如（2010广东高考卷）：

望江东
黄庭坚

江水西头隔烟树，望不见、江东路。思量只有梦来去。更不怕、江阑①住。

灯前写了书无数，算没个、人传与。直饶寻得雁分付②。又还是、秋将暮。

注：①阑：阻隔；阻拦。②直饶：纵使。分付：交付。

题（1）：简析"隔"字的双重意蕴。

析："隔"，隔断、阻隔之意。诗人身处江西，目光被树阻隔而难望见江东。同时，也是自身被阻隔，而回不到江东。一语双关，把在遥望一片浩渺江水、迷蒙远树时的失望惆怅的情境呈现出来了，传达出作者对江东留恋之情。

如（09年山西运城模拟试题）：

离亭燕
张昪

一带江山如画，风物向秋潇洒。水浸碧天何处断？霁色冷光相射。

蓼屿荻花洲，掩映竹篱茅舍。

云际客帆高挂，烟外酒旗低亚。多少六朝兴废事，尽入渔樵闲话。

怅望倚层楼，寒日无言西下。

张昪：南宋初人，作者经历了宋由盛到衰的时代转变。此词为作者退居期间所作。

题（1）：赏析上阕"水浸碧天何处断"一句中"浸"字的妙处。

析："浸"有浸染之意，一个"浸"字描绘出天幕低垂，天空仿佛被江水渗透的景象，表现出天水相连、浑然一色的宏大开阔的意境。

四、看字词是否显性。所谓"显性"就是词语里能凸现人物性格特征。

如（2007年广东高考卷）：

溪亭林　景熙

清秋有馀思，日暮尚溪亭。

高树月初白，微风酒半醒。

独行穿落叶，闲坐数流萤。

何处渔歌起？孤灯隔远汀。

题(1)：请结合全诗，评析第三联中"穿"、"数"二字的艺术效果。

析："独行穿落叶，闲坐数流萤"句中"穿"字写出了主人公在萧萧落叶中穿行，而无人相伴的孤独。一人独坐而无聊，一个"数"字表现了主人公的动作神态，更表现出闲极无聊的寂寞情感。这两句诗把其复杂的矛盾心情注入形象鲜明的画面，不难看出，其中隐现着诗人对生活的感受和时代乱离的影子

如（09四川模拟试题）：

东　坡
苏　轼

雨洗东坡月色清，市人行尽野人行。

莫嫌荦确坡头路，自爱铿然曳杖声。

题（1）：请结合全诗赏析"铿然"一词的妙用。

析："铿然"一词传神地描绘出手杖碰撞在石头上发出的响亮有力的声音，与月下东坡的宁静清幽形成鲜明对比；联系前文对道路坎坷的交代，可使读者体味到作者坚守信念，乐观旷达的情怀。那以险为乐、视险如夷的豪迈精神。

五、看字词是否比照：所谓"比照"就是结合语境对词语进行选择、比较、探究，答案丰富多样，重在言之成理。如下面两首诗：

江宁夹口三首
王安石

落帆江口月黄昏，小店无灯欲闭门。

侧出岸沙枫半死，系船应有去年痕。

舟下建溪
方惟深

客航收浦月黄昏，野店无灯欲闭门。

倒出岸沙枫半死，系舟犹有去年痕。

题（1）：两首诗的末句，一用"应有"，一用"犹有"，哪个更好？为什么？请简要分析。

析：1."应有"更好。"应有"二字蕴含丰富，传达出了诗人在孤寂中力寻旧影时的复杂心情，其中既有希冀与自信，也有失意与惆怅，更有寻而未见的不甘心，可谓传神之笔；"犹有"二字则无此意趣。

2. "犹有"二字，自然道出，却出人意料，去年系舟的痕迹还保存到现在，说明在此停留的旅客不多，进一步传达出诗人那种孤寂怅惘的心绪。而"应有"二字却不能道出此意。

3. 两种说法各有其妙，理由见上。

赏词炼字往往是几方面的内容交错互现，只要你耐心细"看"，小心咀嚼，定能"看"出赏词炼字的门道，品出词语的精妙味道来。

附：练习（一）

题玉泉溪

湘驿女子

红树醉秋色，碧溪弹夜弦。

佳期不可再，风雨杳如年。

1. 从景与情的角度赏析这首诗
2. 简析"弹"字的妙处

参考赏析：

1. 前写景。枫叶烂漫、秋色正浓。碧蓝澄澈的溪水，潺潺流动，好像有人在轻轻拨动着琴弦。前两句秋景优美动人绘色摹声。后写情。写多情女子佳期不再，未来的日子渺茫痛苦。乐景哀情，凄切动人。

2. "弹"字不仅写出溪流富有音乐般的诗韵，而且以动衬静，把一个万籁俱寂的夜色，烘托得更加幽深。

练习（二）

题龙阳县青草湖

唐温如

西风吹老洞庭波，一夜湘君白发多。

醉后不知天在水，满船清梦压星河。

1. 简析"西风吹老洞庭波"中"老"字的妙处
2. 第四句中有一字用得十分传神，请结合三、四句说说这样写的好处

参考赏析：

1。秋风飒飒而起，广袤无垠的洞庭湖水，泛起层层白波，渺渺茫茫，诗人悲秋之情隐隐而出。此时萧瑟之秋景，竟使美丽的湘君一夜间愁成满头银发。新奇的构想中，诗人自己的迟暮之感、衰颓之意，尽在不言中了。一个"老"字，融情入景。

2. 醉后梦境中，作者仿佛觉得自己不是在洞庭湖中泊舟，而是在银河之上荡桨，船舷周围见到的是一片星光灿烂的世界。船在天上与天在水中正相关合，显得真实可信；梦无形体，却说清梦满船，梦无重量，却用"压"字来表现，把幻觉写得如此真切。对梦境的留恋，正从反面流露出他在现实中的失意与失望。

赏诗鉴词重"四抓"

赏诗鉴词是我们对诗词的内容、形象、思想和情感进行感受、理解和评判的过程。我们可以从标题、注解、意象和关键词句四个方面入口，感受轻松鉴诗赏词的乐趣。

一、抓标题

标题是文章的眼睛。有的标题概括了作品的重要内容，有的标题提示了作品的类别，有的标题奠定了作者的感情基调等，抓住标题就像把握住了鉴赏前行的方向。

例诗：（2010年江西卷）阅读下面这首诗，然后回答问题。(6分)

送人归京师①

陈与义②

门外子规啼未休，山村落日梦悠悠。

故园便是无兵马，犹有归时一段愁。

【注】①京师：指北宋都城汴梁。②陈与义：南宋初年爱国诗人，河南洛阳人。

(1)指出诗中"子规"意象的含义。(2分)

(2)诗中"故园便是无兵马"与"犹有归时一段愁"是否矛盾？为什么？(4分)

标题"送友人归京师"就表明这是一首送别诗，送别诗多是描写被迫背井离乡，思乡、思亲情结郁积不解，便感发而为的诗，以此寄托乡思或羁旅行役之情，表达诗人的离情别绪、依依难舍之情。送别诗往往写得格调悠扬、音韵婉美、含义隽永，情感往往是思乡怀人念国。

二、抓注解

鉴赏诗歌时，一定要重视注解的作用。注解能帮助阅读者更快地理解诗歌。注解一般有这样四个方面的介绍：一是介绍诗歌产生的时代背景，帮助读者体会诗歌的主旨；二是交代作者的情况，帮助读者理解诗歌的主旨和风格；三是对诗句进行注解，帮助读者理解难懂的诗句；四是介绍典故，帮助读者很好地把握诗句。可以帮助我们了解作者、作品的有关情况，以便更准确地理解作者的情感及作品的内容。

如例诗《送人归京师》，诗中有两个注解，①京师，帮助考生理解写作的背景；②是介绍作者陈与义，读懂作者就是要知人论世，有助于把握诗作的风格。陈与义还有不少寓忧国忧民于写景咏物之中的诗。这些诗往往语言隽永秀丽，形象鲜明，多为体物写志，爱国怀乡之作，诗往往充满感慨和伤离、讽寓和寄托之情，是属于清新丽质的作品，迸发出对现实强烈不满的呼声，了解了背景和作者的风格等也有助于我们便捷地理解诗歌。

三、抓意象

意象，就是客观物象经过创作主体独特的情感活动而创造出来的一种艺术形象。简单地说，意象就是寓"意"之"象"，就是用来寄托主观情思的客观物象，简单地说就是借物抒情。

无论花草景物通常按照心情分成两大类：一类是暖色调体现的积极向上，二类是冷色调体现的凄凉悲怆。根据我们传统的审美习惯，对古典诗歌的常见意象常用梅、兰、荷、菊、冰雪、松、竹等表示高洁，常用"托物言志"来表达心志的忠贞、品格的高尚；用长天、高山、雄关、大江、沧海、大漠等意象常联系着豪情壮志；用古道、落日、寒风、冷雨、子规、梧桐等，抒发凄凉悲怆的思绪和孤独惆怅的感情……

我们鉴赏时就要留心诗词中出现的意象，调动积累，揣摩意象的含义，从而理解作品的内容。如例诗《送人归京师》，诗中借"子规"与"落日"意象表达思念故土，有家难归的悲伤之情。因为子规又名杜宇、子鹃、杜鹃，就是布谷鸟，如果生活在乡村，在春夏时分，能听到杜鹃彻夜啼鸣，如歌如吟，如泣如诉，引人遐想。杜鹃的啼鸣，总有悲凉凄厉之感，"落日"是国运衰微的象征。可见，在鉴赏诗歌时，抓住了意象的理解与分析，也基本把握住了感情与主旨。

四、抓关键词句

古人写诗词，尤其注重炼字炼句，力求一字传神，一句传神。有时如能捕捉到诗词中那些最能显现诗人感情的字眼，便找到了鉴赏该诗词的钥匙。这些含有诗眼的句子往往最能体现作品的内蕴及表达技巧。如："羌笛何须怨杨柳，春风不度玉门关"。"怨"字使用拟人手法，既是羌笛所吹曲中之情，又是吹笛人的心境，写出了边塞将士生活艰苦及对朝廷不关心的不满。"怨"就是这首诗歌的关键词。

又如例诗《送人归京师》，诗里面有一个"愁"字，也是理解全诗的一个重要提示。开头两句写景，触景生情，三四句写出即便故园没有战火，但国土沦丧，南北分裂，所以送友人归京时，心中难免生出一段忧国之愁，情感毕现。诗中有寄托、感慨、讽喻之意，有伤离感乱之情，同时对于现实表现了强烈的不满。

以广东高考题为例作一分析。

春日登楼怀归① 寇准
高楼聊引望，杳杳一川平。

野水无人渡，孤舟尽日横。

荒村生断霭，古寺语流莺。

旧业遥清渭，沉思忽自惊。

注：①此诗约作于980年，诗人时年十九，进士及第，初任巴东知县。

1. 从首句的"聊"到末句的"惊"，反映了诗人怎样的感情变化？请联系全诗进行分析。

要解答好这题就须抓住题目、作者、注释、意象，才能准确把握诗人的情感，感受尾联写诗人怀念故乡的情感。标题上点明"登楼"，"怀"，"归"，明确诗人的用意；从注释可以知道这首诗的时间、背景和状态，作者寇准出身于书香门第，曾在一个贵族府第做秘书一类的小官。少年时的寇准，聪明好学，从书本上学得许多知识和道理。从意象上看，写了河流、渡船、轻烟、断霭之景，耳边所闻的"流莺"之声，引发了诗人对故乡的思念之情。四野空旷无人，不见渡者，也不知船家何往，尽日只有那条孤零零的渡船横躺在水里飘荡。从关键词首句一个"聊"字，表明其并非因怀归而登楼，能感受诗人思想感情的变化看，而后由登楼见闻引发怀归之情，进而进入沉思遐想，末句一个"惊"字，生动地揭示了诗人由遐思默想到突然惊觉的心理变化过程，蕴含着游子对故乡的依恋之情。

可见，赏诗鉴词先从标题、注解、意象和关键字词这些角度入手，再结合诗人的写法和技巧的分析，更能体验学习的快乐。

附练习：阅读下面诗歌，完成下面题目

南浦别　白居易

南浦凄凄别，西风袅袅秋。

一看一肠断，好去莫回头。

(1). 诗中前两句写了哪些意象？表现了作者怎样的情感？

(2). 前人认为，"看"字看似平常，实则传神，它能真切透露主人公形象，你同意这种说法吗？为什么？

参考答案：从标题、意象、关键词"别"等入手进行赏析。(1)写了"南浦"、"西风"、"秋"这些意象，"南浦"是分手之地的代名词。"西风袅袅秋"给人以秋日的凄凉与惨淡之感，表现了作者依恋、不忍与友分别的感伤之情。(2)同意。"看"在句中指"回望"。离人孤独地走了，还频频回望，每一次回望都令自己肝肠寸断。一个"看"字让我们仿佛看到主人公泪眼朦胧，想看又不敢看的形象。

鉴赏古诗，从题入手

古诗词赏析是教学和高考考查的重点与难点，如何读懂诗词是摆在学生面前一道难题，笔者以为从题目入手是一种很容易掌握的方法，因为标题一般可以交代时间、地点、人物、情感倾向，可以提示思想内容，可以让人明了是哪一类诗，进而明了诗的结构及表现手法等，便于快速理解古诗。因此，标题其实是阅读古诗进而鉴赏古诗的一个切入点。正所谓万诗题入手，抓题作文章。

一、看题目推测内容走向。标题是古诗的眼睛。有的标题提示了作品内容的走向，如2010年天津卷《峡口送友人》、《送蜀客》两首诗的比较鉴赏，我们从题目当中就可以看出，两首诗都是送别诗，进而推测它可能是表达对朋友的思念之情，也可能传达思乡之情。又如2010年江西卷《送人归京师》，看题目就是送别诗，送友人回归京师，作者可能借此事或传达故园之思，或表现对友人之情，或抒悲苦哀怨之情。有的题目直接反映出诗歌的主要内容。比如2010年福建高考题《访隐者》，一看题目就是去拜访一位隐者，通过拜访时所见所闻，写出隐者生活，表现隐者避世脱俗，随性自然的情怀。

由此看来，观察标题推测古诗内容，再结合古诗中所写的内容加以印证，这样鉴赏古诗就容易多了。

二、看题目明确类别结构。古诗有的偏重写景，有的偏重叙事，有的是写送别，有的是在咏物，有的又在咏史等，于是便有了写景诗、叙事诗、送别诗、咏物诗、咏史诗等。不同类别的诗歌有自己的独特结构和思路。如写景诗的结构一般是前面先写景或通篇是景，后面是情或理；叙事诗前面往往是写景叙事，后面往往是抒情言志；送别诗前面往往是写景或叙事，后面是抒情；咏物诗的结构前面往往是写物，后面是言志；咏史诗前面往往是先写登临时所见所闻，后面抒发自己的感慨……从古诗类别入手，然后遵循上面的结构，顺着思路去分析，就可以正确把握诗歌内容。如：全国卷1《咏素蝶》："随蜂绕绿蕙，避雀隐青薇。映日忽争起，因风乍共归。出没花中见，参差叶际飞。芳华幸勿谢，嘉树欲相依。"（{注}刘孝绰(481-539)：南朝梁文学家，彭城（今江苏徐州）人。文名颇盛，因恃才傲物，而为人所忌恨，仕途数起数伏）。从题目可以看出，这是咏物诗。这类诗前面写的是所咏之物，后面是托物言志。加上有了注释，我们就更清楚明白这是咏物诗了。再联系诗的内容看,诗的前面描写了素蝶有时追随着蜜蜂绕着绿色的蕙兰飞,有时为了躲避黄雀而藏在绿叶之中。有时在太阳的映照之下忽然争着飞起,有时趁着轻风一起归去。在花中出没,在绿叶间飞翔。后面两句托物言志,写自己徒负才华,只能追随他人,仕途起起伏伏,不能为人赏识,施展才能。

像这样有了阅读前对诗歌类别、结构前瞻性把握,让学生对诗歌的结构流向有了一定的掌握,那么阅读诗歌就简单多了。

三、看题目推断表现手法。其实从题目中能分辨出诗歌的类别后,便会相应了解此类诗歌的常用表现手法。如写景诗,叙事诗,前面或全篇是写景,(写景有时用各种修辞手法来写,有时用各种表现手法,如动静结合,虚实相生,乐景哀情,不一而足),后面往往是叙事或抒情(有时是直接抒情,有时是借景抒情,有时是融情于景),表现手法上就有借景抒情或融情于景,或乐景哀情等。如2010年广东卷《望江东》"江水西头隔烟树,望不见、江东路。思量只有梦来去。更不怕、江阑①住。 灯前写了书无数,算没个、人传与。直饶寻得雁分付②,又还是、秋将暮。"(【注】①阑:阻隔;阻拦。②直饶:纵使。分付:交付)。从题目上看,一个"望"字,流露出了作者对江东牵挂不舍的情愁。从结构上看,前面一句是写景("江水西头隔烟树,望不见、江东路"),中间在叙事,后面一句寓情于景("直饶寻得雁分付,又还是、秋将暮。")。结合全诗,我们可以看出,作者运用虚实结合。词的上片词人触景生情,实写江边目光阻隔感受,虚写梦中回到江东,抒发不忍离去之愁。下片实写灯下写书信,虚写希望大雁捎带思念,却是节令已过,流露浓重的牵挂不舍愁绪及深深的无奈之情。这正是今年广东卷古诗鉴赏题的一个考点。再如咏史诗前面往往写当时景或事,后面往往是抒发怀古伤今之感或个人情怀;咏物诗前面先描写所咏之物,后面寄托自己的个人情怀,表现手法通常是托物言志,如陆游的《卜算子·咏梅》、于谦的《石灰吟》、王安石的《孤桐》,还有上面所引的全国卷1《咏素蝶》等,都是以物为题,很容易让人想到是托物言志的方法,理解起来也会简单的多。

四、看题目猜想情感流向。诗歌是诗人缘情而发的产物,有时如能捕捉到题目中那些最能显现诗人感情的字眼,便找到了鉴赏古诗的钥匙。如2010年江苏卷《送魏二》"醉别江楼橘柚香,江风引雨入舟凉。忆君遥在潇湘月,愁听清猿梦里长。"一个"送"字就可推断出是送别诗,猜测其感情流向是表达惜别深情。结合诗歌中的"醉别"、"江风引雨"就可以看出,前面写眼前之景,烘托悲凉之情。后两句通过设想对方抵达后的孤寂与愁苦,"代为之思,其情更远",写出双方惜别深情。2010年江西卷《送人归京师》同样也能推断出作者的情感。又如2010年山东卷《咏怀·林中有奇鸟》"林中有奇鸟,自言是凤凰。

清朝饮醴泉,日夕栖山冈。高鸣彻九州,延颈望八荒。适逢商风①起,羽翼自摧藏。一去昆仑西,何时复回翔。但恨处非位,怆㤽②使心伤。"([注]①商风:秋风。 ②怆㤽(liàng):悲伤。)这是阮籍"咏怀"诗系列中的一首,寓有作者情怀。"林中有奇鸟"可以看出,作者是在借鸟言志,即托物言志,以凤凰自喻,抒发了诗人孤独无奈的苦闷心情和怀才不遇、壮志难酬的悲伤。再如2004年全国卷张籍的《秋思》、2005年湖南卷柳宗元《与浩初上人同看山寄京华亲故》、广东卷寇准的《春日登楼怀归》,题目里出现的"秋思"、"寄京华亲故"、"怀归",我们都便可先理解为作者思念家乡、思念亲人的情感,再根据诗歌内容加以印证。再如《征人怨》、《春夜喜雨》、《望月怀远》、《九月九日忆山东兄弟》等诗题中的"怨"、"喜"、"怀"、"忆",很容易让人捕捉到诗歌表达的情感意向,有利于学生对诗歌整体把握。

古诗题虽小,内涵却丰富。鉴赏古诗,请从题入手。

鉴赏古诗，从题入手

诗词鉴赏一直是高考考查的重点和难点，如何品评诗词的表现形式是其中考查的一个重要方面。从历年各省高考题考查内容中，笔者认为，把握好以下几个关系有利于学生赏鉴诗词。

一、景与情的关系

中国古典诗歌的重要特点，讲究情景交融。诗人对某种景象或某种客观事物有所感触时，便会把自身所要抒发的情感，表达的思想，通过描写此景此物而抒发出来。诗中的景物明显地带有诗人的主观色彩，融入了诗人情感。写景是手段，抒情是目的。即使是句句写景，也是字字关情。因此，在古典诗歌鉴赏中，理清景和清的关系便显得极为重要。

1，景与情的反衬。即乐景写哀情，哀景写乐情（这种情况比较少见）。如杜甫《绝句》"江碧鸟逾白，山青花欲燃。今春看又过，何日是归年。"漫江碧波荡漾，显露出白翎的水鸟掠翅江面，好一派怡人的风光！满山青翠欲滴，朵朵鲜花红艳无比，简直就象燃烧着一团旺火，多么绮靡，多么灿烂！以江碧衬鸟翎的白，碧白相映生辉；以山青衬花葩的红，青红互为竞丽。两句诗状江、山、花、鸟四景，并分别呈碧绿、青葱、火红、洁白四色，景象清新绚丽，令人赏心悦目。"今春看又过，何日是归年"，春末夏初景色不可谓不美，然而可惜岁月荏苒，归期遥遥，非但引不起游玩的兴致，却反而勾起了漂泊的感伤。全诗以乐景写哀情，唯其极言春光融洽，才能对照出诗人归心殷切。此诗并没有让思归的感伤从景象中直接透露出来，而是以客观景物与主观感受的不同来反衬诗人乡思之深厚，别具韵致。2005年（全国卷一）就考查了这个内容：阅读下面这首唐诗，然后回答问题。

《春行即兴》

宜阳城下草萋萋，涧水东流复向西。

芳树无人花自落，春山一路鸟空啼。

（1）、古人在谈到诗歌创作时曾说"作诗不过情、景两端。"请从景与情的角度来赏析这首诗。

解析：这首诗写了作者春行时的所见所闻：有草有水，有树有山，有花有鸟，可谓一句一景，且每个画面均有特色。但诗又不是纯粹写景，而是景中含情，情景交融，诗中"花自落"、"鸟空啼"之景都显出了山中的宁静,但这种景中更透出了一丝伤春、凄凉之情。

2,景与情的和谐。即乐景写乐情,哀景写哀情,也就是情景陪衬。前者如王维《山居秋暝》,通过空山新雨,松间明月,石上清泉等景描写了秋夜山林的寂静空旷,表达了诗人对山中生活的迷恋之情,同时也暗寓了作者的隐逸之心。乐景乐情,水乳交融。后者如周邦彦《关河令》"来时阴晴渐向暝,变一庭凄冷。伫听寒声,云深无雁影。更深人去寂静,但照壁孤灯相映。酒已都醒,如何消夜永!"本词是以哀景写哀情,上片先写薄暮凄凉之景,孤独的旅客默立馆中,雁鸣声声却不见雁影,营造了一种凄凉的氛围。下片的孤灯与之相呼应,孤寂凄凉之情自然流露于词的字里行间。哀景哀情,情景交融。2006年高考题(福建)考查了这个方面内容:阅读下面一首唐诗,按要求答题。

《端居》

远书归梦两悠悠,只有空床敌素秋。

阶下青苔与红树,雨中寥落月中愁。

(1)、这首诗的三、四句在艺术手法上有什么特点?

解析:在艺术手法上,第三、四句的最大特点是借景抒情,诗人借助对青苔、红树以及雨景月色的描写,赋予客观景物以浓厚的主观色彩,营造出了冷寂凄清的氛围,表达了悲愁孤寂和思亲的情感。

二、虚与实的关系

虚与实是中国艺术传统中的重要表现手法。在古典诗歌中,虚,多指从字里行间体味出来的那些空灵超脱的境界或引人生发联想、补充的笔墨;实,则指真实具体的实象、实事、实境。一般地说来,具体事物是实,抽象情理是虚,虚实结合,可以让诗歌产生"此时无声胜有声"的艺术魅力。

1,化实为虚。即把抽象的情感与哲理赋予具体而生动的形象,也就是前人所说的化景物为情思。如《黄鹤楼送孟浩然之广陵》,此诗后两两句"孤帆远影碧空尽,惟见长江天际流"是千古传诵的名句,诗人没有明写伫立凝望送别亲友依依不舍之情,而是以"孤帆尽"所寓言外之意去表达。末句再以一江春水浩荡东去这一景物描绘让人生发故人远离,江水长流,离思无涯的联想。在这首诗中,孤帆远影、浩荡长江是实,情谊深厚、离思无穷是虚,化实为虚,化景物为情思,成就了一首韵味无穷的送别诗。

2,化虚为实。化情思为景物,把抽象之情思化为具体可感的景物来表现。特别在刻画人物或描写景物时,当难以表达或着意追求一种委婉含蓄之美时,常采用化虚为实的手法。如李煜《望江南》"还似旧时游上苑,车如流水马如龙,花月正春风"三句极写往昔的繁华生活,与词人当时无限凄凉的处境形成了强烈的对比,以虚写实,虚实结合,突显梦醒后浓重的悲哀。这种通过写已逝之景、虚实结合来表达情感的诗不少,特别是借古讽今的怀古诗大多运用这种手法。2006年高考题(天津卷)就考查了虚实结合表现手法:阅读下面一首诗,按要求答题。

《凉州词》

边城暮雨雁飞低,芦笋初生渐欲齐。

无数铃声遥过碛,应驮白练到安西。

(1)、本诗运用衬托对比与虚实相生的艺术手法,请简要分析。

解析:本诗前两句写的是现实景物,实写;后两句有实写,也有虚写。"无数铃声遥过碛"是实写,"应驮白练到安西"是想象之景,是虚写,这两句虚实相生,达到了绝妙的艺术效果。

三、静与动的关系

中国古典诗歌擅长写景状物,手法多样,其中动静结合就是最常见的一种。正如王籍在《入若耶溪》中写道"蝉噪林逾静,鸟鸣山更幽",用蝉噪鸟鸣写山林的幽静,以有声写无声,以动写静,使山林的幽静更加形象可感。

动静结合具体表现为二种意境:其一是以动来表现其清幽恬静的意境。如王维《鸟鸣涧》"人闲桂花落,夜静春山空,月出惊山鸟,时鸣春涧中。"全诗由寂静的林中落花、空山、月出、鸟鸣、深涧几种意象连缀融合而创造出了一种宁静幽深的意境。三、四句是以动写静,以有声衬托无声。全诗绘声绘色,动静相生,情景结合,生动地表现了春夜空山的宁静。2005年高考题(海南、宁夏卷)就考查了这个方面的内容:读下面一首宋诗,然后回答问题。

《雨后池上》

一雨池塘水面平,淡磨明镜照檐楹。

东风忽起垂杨舞,更作荷心万点声。

(1)、试从"静"与"动"的角度对这首诗进行赏析。

解析:一、二两句以"水面平"、"明镜照檐楹"等写出了荷花池塘雨后幽美迷人的静态。三、四句"忽起垂杨舞"及垂杨叶上的雨滴被风吹到了荷叶上发出的万点声响等,表现了雨后池塘上的一种动态之美,诗既写出了静态,又写出了动态,以静显动,以动衬静,动静结合,组成了一幅雨后池塘春景图。

其二是以动来表现其寂冷凄清的意境。如张继《枫桥夜泊》"月落乌啼霜满天,江枫渔火对愁眠。姑苏城外寒山寺,夜半钟声到客船。" 秋天的夜晚,一艘远道而来的客船停泊在苏州城外的枫桥边。残月落下，寒霜满天，江边枫树，点点渔火，加上几声乌鸦的啼叫在这清冷的水乡秋夜，陪伴着舟中的游子，让他感到是多么凄凉。此景有动有静，绘出了一幅凄清的秋夜羁旅图。但此诗更具神韵的却是后两句，那寒山寺的夜半钟声，不但衬托出夜的冷落、凄静，更在重重地撞击着诗人那颗孤寂的心灵，让人感到时空的永恒和寂寞，产生出有关人生和历史的无边遐想。

四、物与志的关系

古典诗词中，有许多是咏物诗，往往是诗人用来托物咏志的，诗人通过描写的"物"来表明心迹，婉示人生的态度和对人生的感悟。这里的"物"常常是一些具有象征意味的客观事物，诗人借助于此物的一些特性来表明自己的"志"。这里的"志"可以指感情、志向、情操、爱好、愿望、要求等，"物"的特性总是与"志"有着许多的相同之处。如陆游《卜算子·咏梅》"零落成泥碾作尘，只有香如故"，诗人着力咏写"梅花"，突出"梅花"的不同凡俗的高洁与清香，目的就是言志，表现自己的高洁情操。再如杜荀鹤《小松》"自小刺头深草里，而今渐觉出蓬蒿。 时人不识凌云木，直待凌云始道高。"小松刚出土，的确小得可怜，路边野草都比它高，以至被掩没在"深草里"。但它虽小而并不弱，在"深草"的包围中，它不低头，而是"刺头"——那长满松针的头，又直又硬，一个劲地向上冲刺，锐不可当。那些弱不禁风的小草是不能和它相匹敌的。小松原先被百草踩在脚底下，可现在它已超出蓬蒿的高度；小松尚幼小，和小草一样貌不惊人，如能识别出它就是"凌云木"，而加以爱护、培养，那才是有识见，才有意义。然而时俗之人所缺少的正是这个"识"字，故诗人感叹道：眼光短浅的"时人"，是不会把小松看成是栋梁之材的，有多少小松，由于"时人不识"，而被摧残、被砍杀啊！读到这里，我们会发现这首诗名义上写不为人识"小松"，实际上在写人，写"小松"初长时不为人注意而最终长成凌云大树，反映出作者对人才出身轻微而终成大业的思考，批判了世人以身世取人的浅陋目光。诗人杜荀鹤出身寒微，虽然年青时就才华毕露，但由于"帝里无相识"（《辞九江李郎中入关》），以至屡试不中，报国无门，一生潦倒。这埋没深草里的"小松"，不正是诗人的自我写照吗？这种写法就是托物言志。

2000年春季高考诗歌鉴赏题就虞世南《蝉》就考过一道选择题。对下面这首唐诗的赏析，不恰当的一项是（D）

蝉

垂绥饮清露，流响出疏桐。

居高声自远，非是藉秋风。

A、首句写蝉的形状与食性,含有象征意义。古代常以"冠缨"指代贵宦,诗人将"贵"与"清"统一在"垂绥饮清露"的形象中。

B、次句写蝉声之远传。"流响"状蝉声长鸣不已,悦耳动听。一个"出"字,使人感受到蝉场的响度与力度。

C、三四句蕴含深意,表明立身品格高洁的人,不需要某种外在的凭藉,自能声名远播,表达出对高尚品格的热情赞美。

D. 这首诗,事、景、情、议融为一体,显示出诗人寓情于景的艺术才能。

从这四个选项中,我们发现C项就是考托物言志的内容。

古诗调序为哪般

诗歌鉴赏是高考的一个必考点，考查诗歌调序是其中的一项重要内容。如92年上海高考试题就要求考生将"香稻啄余鹦鹉粒，碧梧栖老凤凰枝"按一般语法加以调整。后来命题发展到赏析诗句调序的作用考查，加大了难度。一些考生在解答这方面题目时，由于缺乏对调序句子的了解，所以失分较重。古人对诗句调序究竟是为什么呢？

其实古诗调序在古代诗歌中极为常见，调序主要是词与词的调序和上句与下句的调动。由于诗歌的体裁特点，要求讲究韵律，并容易受字数和句式限制，这是造成古诗语序颠倒的重要因素。如王维《山居秋暝》中"竹喧归浣女，莲动下渔舟"，此句的平仄格式为平平平仄仄，仄仄仄平平。若恢复正常语序就是"竹喧浣女归，莲动渔舟下"，则不合平仄而且也不押韵。再如杜甫《对雪》中的"乱云低薄暮"，此句平仄格式为（平）平平仄仄，若恢复正常语序"乱云薄暮低"，平仄格式变成"平平仄仄平"，显然与格律相违。古诗多是为了平仄押韵而调整语序的。

为了强化诗歌里的表现对象或者是为了增强诗歌的弹性因素、扩大诗歌的容量而有意调序。如崔颢《黄鹤楼》中的颈联："晴川历历汉阳树，芳草萋萋鹦鹉洲"。这是"汉阳树晴川历历，鹦鹉洲芳草萋萋"的倒装变形，若按常规语序表达，将主语置于句首，则读起来会有别扭之感，既不能与首联之"楼"、颔联之"悠"，尾联之"愁"押韵，也不易形成二二三的节奏，再者，"晴川历历""芳草萋萋"的视觉意象也得不到突出强调，很难逗引出尾联的渺渺茫茫的乡愁。再如汪敢《寒食访北江里第》中的"寒食连番雨，桃花到处村"，这句诗的语序调整就增强了语言的非确定性因素，扩展了诗歌的容量。如果还原成正常顺序"到处桃花村"，那么就只有确定的一解，即到处是桃花村。而"桃花到处村"既可理解为"在桃花开处就有村庄"，"桃花开遍了村前村后"，又可理解为"凡桃花到处，就有村舍"。在这里，调序无疑增强了诗歌的弹性与张力。

调序有时是为了取新求奇，别致地传达某种独特的情感，追求一种曲折、奇峭境界。如杜甫《月夜》中"香雾云鬟湿，清辉玉臂寒"，诗人怀想美丽温柔的妻子正雾湿云鬟，月寒玉臂，引颈望月，思念自己。此情此境，意境凄美，形象感人，语丽情悲。若按通常语序表达，则为"香雾湿云鬟，清辉寒玉臂"。如此一来，"湿"、"寒"二字，就显得平弱不堪了,妻子望月时间之久,忆念情感之深的痴情形象,则难以凸现;另外,节奏和韵律亦多有不谐。再如王维《观猎》"风劲角弓鸣,将军猎渭城",按通常写法,应该先写"将军猎渭城",这才符合思维习惯,诗人却一反常规,把"风劲"与"弓鸣"提到开头的突出地位,使人想象到"马作的卢飞快,弓如霹雳弦惊"的射猎场面。劲风中射猎,该是具备何等手眼!这又唤起读者对猎手的悬念。待声势俱足,才推出射猎主角来,"将军猎渭城",可谓末见其人,先闻其声,笔法曲折奇峭,摇曳生姿,渲染了将军射猎时勇武豪壮的浓烈气氛。

理解了古诗调序的这几点理由,就能很好地引导学生进入诗歌的意境,从而提高鉴赏诗歌的能力。

北方的梧桐与南方的芭蕉

北方的梧桐与南方的芭蕉实在是中国古代文人的爱宠,这两者无论是飘还是落、无论是舒还是卷,都能牵出他们的满怀心绪。尽管古人栽种梧桐、芭蕉未必全在窗前。但大约因为房舍均较低矮,临窗观景,风吹梧桐、雨滴芭蕉,听来格外真切。那风是秋风,那雨显然是暮雨或夜雨,淅淅沥沥地洒落在梧桐与芭蕉叶上,由于梧桐、芭蕉满身是叶,至秋已是叶阔色浓,秋雨冷瑟,打在梧桐与芭蕉叶上,淅沥成声,故诗词中,雨与梧桐、芭蕉关联颇多。如"梧桐树,三更雨,不道离情正苦","窗外芭蕉窗里人,分明叶上心上滴"等。梧桐、芭蕉的主要特征是叶大且长,雨点滴在梧桐、芭蕉叶上,等于把雨声放大了,这便惹动无数词人的无限愁绪。"正忆玉郎游荡去,无寻处。更闻帘外雨潇潇,滴芭蕉,""滴芭蕉"一句使人产生不少联想,留下回味。雨打芭蕉和雨打梧桐相同的,因此,"更闻帘外雨潇潇,滴芭蕉"与李清照的"梧桐更兼细雨,到黄昏,点点滴滴"相比,实在是有异曲同工之妙。梧桐与芭蕉在古代诗词中总是跟凄凉感伤的愁绪有关。因为梧桐一个的特征是秋天叶黄,秋风一吹纷纷飘落,因而引发羁旅它乡的游子与闺中妇人的思绪,便想起自己的年华流逝,便想起自己飘泊的个人际遇,便想起自己挥之不去的愁思。"古屋寒窗底,听几片、井桐飞坠",表现了一个愁绪满怀、无可排遣的客子情怀。"金井梧桐秋叶黄,珠帘不卷夜来霜。"这里的梧桐黄叶既点染了当时凄冷的氛围,也喻指宫中女人"暮去朝来颜色故",宫怨愁思油然而生。而芭蕉的一个特征是叶大且长,因而常常卷曲,于是具有了愁眉不展的象征意义。如李商隐诗:"芭蕉不展丁香结,同向春风各自愁。" 芳心未舒的芭蕉叶,缄结不开的丁香花蕾,蕴含了主人公孤寂无依、愁绪满腹的落寞。由此看来,无论是北方的梧桐还是南方的芭蕉,其意象都有惊人相似之处,其蕴含的丰富内涵也有相同的地方。

一、借梧桐、芭蕉渲染一种凄凉感伤的氛围。文人诗词中常常以景寓情,用深秋、暮色、西风外加梧桐或芭蕉来营造一种感伤凄凉的氛围。暮色四合,秋风四起,本身就牵出多少悠远绵长的思绪,再加上一树梧叶或几颗芭蕉,凄凉寂寞的氛围扑面而来。这一点在描写梧桐的诗词里表现的更为充分。如晏殊《清平乐》"金风细细,叶叶梧桐坠。绿酒初尝人易醉。"庭院深深,秋风细细,梧桐叶落,片片飘飞,想到昨夜酒醉后原是一个人独宿,一种凄凉的意绪、淡漠的愁情,无可奈何的感伤,不禁流于言外。当然,暮色中的芭蕉同样也能表现一种凄冷。芭蕉有青冷之色,于是成了愁绪的意象了。如耿玉真《菩萨蛮》"眉黛远山攒,芭蕉生暮寒",以暮色中的芭蕉的青冷之色之景收束,凄冷之意又真切,又朦胧,那寒气直沁人人的心里,那那愁绪尽在暮色芭蕉里了。

　　古代的文人们更喜欢将深秋冷雨与梧桐、芭蕉结合在一起。深秋冷雨总是跟愁苦之情相伴相生,加上夜雨打梧桐或芭蕉,便产生一种静中有动,动而更静的效果。雨点滴在梧桐或芭蕉叶上,等于把雨声放大了,这对于辗转反侧,不能入眠的人来说,顿添了一番愁绪。晏殊的《踏莎行》:"绮席凝尘,香闺掩雾。红笺小字凭谁附?高楼目尽欲黄昏,梧桐叶上萧萧雨。"当初轻易别离,现在人去室空,尘凝雾掩,遗迹凄清,音讯难通。登上高楼痴望远,暮色掩断不归路。最后以"梧桐叶上萧萧雨"作结,景中有情,情景浑涵,意味深长。雨打芭蕉也如雨打梧桐,同样惹动无数词人的无限愁绪。如李煜《长相思》"秋风多,雨如和。帘外芭蕉三两窠。夜长人奈何"。秋天的雨夜,秋风瑟瑟,秋雨潇潇,雨杂风声,风助雨势,听来恰似彼此相和,奏出了一支萧瑟凄清的秋窗夜雨曲,搅动得帘内的人心绪骚屑不宁,长夜难寐,增添了内心的幽凄冷寂。而这雨打芭蕉的凄清之声,又好象没有停歇的趋势,不免让人感到长夜漫漫,那雨滴芭蕉之声仿佛是女主人公心底无可奈何的深长叹息。不禁使人联想到,这位"淡淡衫儿薄薄罗"的深闺弱女,不仅生理上不堪秋风秋雨的侵袭,而且在心理上更难以禁受这凄冷气氛的包围。可谓情景相生,愁绪无限。

　　二、借梧桐、芭蕉表现一种怀乡离人愁绪。文人在诗词中写游子飘零他乡时常常把他们的羁旅之地有意无意地安排在有梧桐或芭蕉的地方。夜深人静,风吹梧桐,雨打芭蕉,让游子思妇辗转反侧,夜不成寐,于是触景生情,怀乡离人、身世飘零的浮沉之感油然而生。这种梧桐秋雨、夜滴芭蕉的意境往往是通过以动衬静,以瑟瑟之雨打梧桐、萧萧之雨滴芭蕉声来衬环境之寂冷、心境之凄凉。在深夜,滴滴嗒嗒的雨点,敲击出的正是"一点芭蕉一点愁" 听到的正是"梧桐疏雨秋风颤"。独在异乡,故乡亲人远隔万水千山,归程又遥遥无期,那淅淅的蕉雨,那萧萧的梧叶,又怎么能不把缠绵的思念,悠悠的乡情以及不可名状的羁旅忧愁一起兜上心来?对梧桐、芭蕉雨最敏感的,恐怕要算那些长年累月辗转在人生旅途中的天涯游子和闺中思妇了。如李清照的《声声慢》:"守著窗儿,独自怎生得黑!梧桐更兼细雨,到黄昏点点滴滴,这次第,怎一个愁字了得。"靖康之乱后,李清照怀着国破家亡夫死之痛南逃,孤独一身,辗转漂泊,大量书画、砚墨被盗,境况极其悲惨。"寻寻觅觅,冷冷清清,凄凄惨惨戚戚。"一连串的叠字折叠出一连串的悲凄,一连串的相思,一连串的凄苦和无奈。此时的她,独倚窗栏,借酒浇愁。望雁思夫,秋波黯然。思念和寂寥滴滴溶入词句中,点点化在雨丝里。那雨是秋雨,是萧瑟凄冷的淅沥,是凄楚哀婉的缠绵。雨水滴在梧桐叶上,也滴在心头。更进一步体味,雨水分明不是滴在叶上,而是滴在心头了,那种夫死家亡、身世飘零、孤苦无依的思绪弥漫全词,雨打芭蕉在李清照的眼里同样也是一种怀乡离人的愁绪。"窗前谁种芭蕉树?阴满中庭;阴满中庭,叶叶心心、舒卷有馀情"。在孤寂哀愁的日子里,听着窗外的冷雨,伤心难眠。下雨也罢,可偏巧窗下有芭蕉。"伤心枕上三更雨,点滴霖霪;点滴霖霪,愁损北人、不惯起来听!"有芭蕉也罢,偏偏秋雨点点滴滴,敲打着芭蕉叶,敲打着怀幽的心,她越思越悲,越想越愁,辗转反侧,无法成眠。如果窗前没有芭蕉,清照女士怎会在这凄冷的雨夜彻夜不眠呢?雨打芭蕉的天籁之音敲打着感伤的心灵,自然就演奏出悲寥的心声。

  三、借梧桐、芭蕉表现一种时光流逝的慨叹。梧桐叶到了秋天,总是枯黄的,随着秋风在纷纷飘飞。这使得古代文人常常有"一叶而知秋"的感觉,于是多情善感的旅人思妇便感叹时光飞逝、年华易逝。如柳永《玉蝴蝶》"水风轻,频花渐老,月露冷,梧叶飘黄。"秋风轻轻地吹拂着水面,白频花渐渐老了,秋天月寒露冷的时节,梧桐叶变黄了,正在一叶叶地轻轻飘下。这里飘飞的梧叶有声有色,有动有静,飘者有声,黄者有色,渲染了气氛,点缀了秋景,寄寓着词人寄迹江湖、华发渐增的感慨,为抒时光流逝及怀远之情作了充分的铺垫。而芭蕉的叶子由浅绿变为深绿这一特征也容易让人想起时光的流逝。蒋捷《一剪梅》"何日归家洗客袍?银字笙调,心字香烧。流光容易把人抛,红了樱桃,绿了芭蕉。"客子倦游思归,幻想可以享受家中生活的温暖,这是春愁的第一层含意。与此相关联的还有第二层,那就是对年华流逝的感叹。作者先用"流光容易把人抛",突出时光流逝之快,然后利用"红了樱桃,绿了芭蕉",写出眼前事目前景,沉淀着作者对故园樱桃红、芭蕉绿的美好回忆,而回忆的美好则复增添了对今后年复一年樱桃自红、芭蕉自绿、无家者客袍自湿的孤旅生活的惆怅。"红""绿"颜色的切换表现了流光暗换、岁月易老、飘流他乡这一事实,也像消逝的光阴轻轻易易把人抛闪一样,无可挽回,无法更改。对故园风物的怀念,对孤旅生涯的怅惘,对时光易逝的感叹,尽在一红一绿中。

  总之,无论是北方的梧桐还是南方的芭蕉,当它们一旦跟夜雨秋风相联系,便情生景中,通过风吹梧桐、雨打芭蕉,我们看到的是潮潮湿湿的凄冷氛围,听到的时光流逝的滴答感慨,引发的是无穷无尽的离愁别恨。

虚词不"虚"

鉴赏古诗词时，人们往往忽视诗词中虚词的作用。所谓虚词，就是不表示词汇意义，只表概念之间的各种语法关系和句子的语气。由于不表示词汇意义，所以有人认为虚词在句中可有可无。其实虚词往往不"虚"，诗人对似乎无足轻重的虚词往往情有独钟，经过精心锤炼，虚词反而耐人寻味。如"古墙犹竹色，虚阁自松声"（杜甫《滕王亭子》），其中"犹""自"为诗人精心雕琢的虚字，此句一写墙外，一写亭中，墙外旧景"犹"在，亭中松声"自"响，经过两个虚字的点染，将滕王阁见证的历史沧桑一笔唤醒。再如周邦彦咏蔷薇词："长条故惹行客，似牵衣待话，别情无极。"用了一个虚词"似"，便使蔷薇处于与人似和不似之间，显出无限情韵。有了这些虚词，诗词就显得韵味十足，情深意长了。

虚词在古诗词中往往起到一种舒缓音节的作用。古诗词讲究节奏的匀称，音节的和谐。虚词运用得当，文章气势旋转流畅，吟诵起来余音缭绕，余韵悠长。

王勃在《滕王阁序》中有"落霞与孤鹜齐飞，秋水共长天一色"的名句。有人挑剔说可删去"与"、"共"二个虚词，其实不然。从音韵节奏上看，原句为"落霞/与孤鹜/齐飞，秋水/共长天/一色"，改句成了"落霞孤鹜/齐飞，秋水长天/一色"。两相比较，原句节奏从容舒缓，音韵十足，吟诵时能唤起读者的形象思维；改句节奏紧迫，使人不暇思索。正是有了这两个字，才使句子音节和谐，脉络连贯。没有这两个字便会韵味全失。从意境上看，原句写仰视所见，重在写"落霞"，而以"孤鹜"为衬托；下句写俯视所见，重在写"秋水"，而以"长天"为衬托。两句合起来看，一上一下，一动一静，相映成趣，历历如画地表现了滕王阁的绮丽景色。如果删去"与"、"共"二字，文中的意境就不可能达到如此鲜明的程度。

虚词在古诗词中还能起到表情达意、深化意境的作用。清人袁仁林《虚字说》认为："当其言事言理，事理实处，自有本字写之。其随本字而运以长短疾徐，死活轻重之声，此无从以实字见也，则以虚字托之，而其声如阁，其意自见。故虚字者，所以传其声，声传而神见焉。"足见虚词是我们深刻理解、体会古人所传之深情、所达之真意、所表之意境的重要凭借。从虚词入手鉴赏，能收到牵一发而动全身的效果。

现以南唐后主李煜（公元937年——公元978年）在被俘一年以后（公元977年正月）填

写的一首脍炙人口的词《虞美人》为例：

"春花秋月何时了？往事知多少！小楼昨夜又东风，故国不堪回首月明中。　雕栏玉砌应犹在，只是朱颜改，问君能有几多愁，恰似一江春水向东流。"

从二个不起眼的虚词"又"、"应"着手，就能很好体会词人的写作意图和写作心境。"小楼昨夜又东风"，这个"又"字，简洁明了却又含蕴丰富，虚实相生。"又"至少有三层意思：一惊春来之早；二怨春来之繁；三恨东风迟迟不"了"。恰是词人被俘一年之际，东风"又"入小楼，阶下囚的生活又熬过了一年，后主还将在"垂泪对宫娥"的日子里苦度，这是写实。仅用一字就传神地刻画了词人厌春的悲慨，体现了词人对"东风"的无可奈何的心境。这种心境，是词人对故国怀念、对丧国悔悟的升华，浸透了词人历尽沧桑、不忍回忆却又不得不回忆"花月正春风"的心绪。这又是写虚。同为"春风"，昔日"临春谁更飘香屑？醉拍栏杆情味切"，而今日"小楼昨夜又东风，故国不堪回首月明中"。一个"又"字，对照今昔之变，使我们仿佛听到了词人那"人生愁恨何能免"的哀肠欲绝、缠绵悱恻的哽咽之声。"雕栏玉砌应犹在"，这个"应"字，力透纸背，用得也是极有功夫。"雕栏玉砌"是作者早年寻欢作乐的地方，"别殿遥闻萧鼓奏"，词人对此十分谙熟并有着特殊的感情。而现在却因居深院小楼"垂泪对宫娥"，二者不堪对比，因此，"应"是词人心中的向往和希望，但此时，词人身陷汴京，而"雕栏玉砌"却远在金陵，遥遥几千里，"无限江山，别时容易见时难"，虽向往而不能亲睹，只能用"应"字来揣测。一方面，"故国不堪回首"，另一方面，"雕栏玉砌应犹在"，其间痛苦不可言状，仅一"应"字就传神地写尽了画笔所不能及的深哀巨痛，此所谓"状难状之景，达难达之情"。

由此可见，"文必虚字备而后神态出"（《论文偶记》）。虚词虽虚，但它在音韵节奏、表情达意、营造意境方面的作用，却实在不能忽视。

一枝一叶总关情

——理解诗歌的意象

举凡古典诗歌，都会有一些意象，诗人为了更好地表情达意，总是撷起自然界中一些物象来抒发情怀，甚至将自己的情感寄托在一些特定的意象上，久而久之这些物象就积淀了特定的、人所共识的内涵。这些典型的意象的运用，不仅使诗歌表达简洁，且意味深长，真正达到了言约而意丰、语简而境生的效果。

所谓意象，就是寓"意"之"象"，就是用来寄托主观情思的客观物象。古典诗歌意象呈现有如下几种方式：

一、**纯自然色彩的意象**。此层面的意象包括浅层的物象。一般来说，一首诗词意象取自客观自然，如果意象色彩明丽斑斓，表现的往往是一种轻快悠闲的情绪。如2010高考湖南卷陆游《好事近》"湓口放船归，薄暮散花洲宿。两岸白蘋红蓼，映一蓑新绿。有沽酒处便为家，菱芡四时足。明日又乘风去，任江南江北。"作者借助"白蘋"、"红蓼"、"一蓑新绿"等自然之景之意象，描写出舟行途中所见。色彩明丽的"白苹"和"红蓼"与绿草相映衬，构成一幅深浅相映、冷暖交融、色彩丰富的美景，构成色彩斑斓的画面，引人入胜，抒发了诗人旷达自适的情感。

如果撷取的意象是衰败凋落凄冷的，表现的是往往是伤感悲凉的氛围。比如2010年江苏卷王昌龄《送魏二》"醉别江楼橘柚香，江风引雨入舟凉。忆君遥在潇湘月，愁听清猿梦里长。"作者借写"江风"、凉"雨"之意象，用凄凄风雨烘托出悲凉的心情。

当然，诗词里的意象也有乐景传哀情，涉及到的是诗歌的一种表现手法，这里不赘述。

二、**带情感色彩的意象**。此层面的意象寄寓了作者特定的情感，比如意象里带"欢"、"乐"、"喜"、"闹"等，往往表现喜悦的。如宋祁《玉楼春》中"绿杨烟外晓寒轻，红杏枝头春意闹"，借助"绿杨烟外"、"红杏枝头"的意象，描绘出了绿杨翠柳，茂密如烟，红杏枝头，蜂飞蝶舞的美景意境，传达出作者的喜悦心情。再比如"残"、"冷"、"寒"、"病"等是表现愁苦伤感一类的。如柳永的《雨霖铃》，以"寒蝉"、"长亭"、"聚雨"意象起头，以"扬柳"、"晓风"、"残月"这三个最能触动人离情别绪的意象结尾，情寓景中，意象凄冷，构成了一幅多情自古伤离别的凄清画面。

三、进行意象叠加，由此形成典型的意境。 如周德清《浔阳即景》"长江万里白如练，淮山数点清如淀，江帆几片疾如箭，山泉千尺飞如电。晚云都变露，新月初学扇，塞鸿一字来如线。"这首散曲是作者傍晚登浔阳城楼的写景即兴之作。作者把江水、青山、江帆、山泉、晚云、新月、鸿雁七种意象进行叠加，用生动、贴切的比喻，描写七个风景镜头，千姿百态，各放异彩，组成了一幅秀美河山的秋光图，表达了作者的喜爱之情。

四、文化积淀的特定意象。 有些物象经过历代文人情感的浸染，积淀了特定的、人所共识的内涵，这些物象成了特定的意象，可以表意传情。于是，月代思乡、星可传恨、水能寄愁、花堪解语、柳引离愁、红豆相思、梧桐凄苦、芭蕉寄恨、梅兰竹菊性高洁、晓风残月最离情。真可谓一花一世界，意象有乾坤。借助这些特定的意象，就可触摸到诗人情感的脉搏。如2010年江西卷高考题，陈与义《送人归京师》："门外子规啼未休，山村落日梦悠悠。故园便是无兵马，犹有归时一段愁。"就要求考生指出本诗中"子规"意象的含义，如果我们明白了"子规"的这个意象特定含义，那么就能知道这里表达了作者思念故土，有家难归的悲伤。

诗歌鉴赏非常注重意象与情感的考查，如果把握了古典诗歌意象呈现的方式，我们就能借助诗歌里的意象来鉴赏。如2007年广东卷《溪亭》："清秋有馀思，日暮尚溪亭。高树月初白，微风酒半醒。独行穿落叶，闲坐数流萤。何处渔歌起？孤灯隔远汀。"诗人运用了哪些反映时间变化的意象来表现其情感？本诗用的意象比较多，根据试题要求是要选择反映时间的意象，说明它的作用。经过筛选，可以这样作答：本诗用"清秋""日暮""月初白""落叶""流萤""孤灯"的意象，表现了诗人孤独寂寞的感情。

附练习：阅读下面这首诗歌，回答问题

《余干旅舍》

刘长卿

摇落暮天迥，青枫霜叶稀。

孤城向水闭，独鸟背人飞。

渡口月初上，邻家渔未归。

乡心正欲绝，何处捣寒衣？

(1). 本首诗描写了哪些意象？表现了诗人怎样的情感？有什么作用？

参考答案：本诗写了暮天、清枫、霜叶、孤城、独鸟、渡口、月初上、砧声等意象，表现了诗人凄清悲愁离情乡思。这些意象的描写，起到交代时令景象、烘托渲染郁郁离情的作用。

《皇帝的新装》的艺术魅力探微

《皇帝的新装》是19世纪丹麦著名的童话大师安徒生初期创作的童话作品，童话通过一个昏庸无能而又穷奢极欲的皇帝受骗上当的故事，揭露和讽刺了皇帝和大臣们的虚伪、愚蠢和自欺欺人的丑行。诙谐幽默，引人入胜。

一、**虚与实**。《皇帝的新装》似乎是一个荒诞幻想，但恰是一个极好的发散点，作者正是巧借新装，以虚写实，尽情地驰骋想像，让我们看到了一幅幅富有喜剧色彩的有趣图画。骗子行骗时赋予实际上并不存在的美丽的新装一个奇怪的特性：任何不称职的或者愚蠢得不可救药的人，都看不见这衣服。这种奇怪的特性是贯穿故事始终的主线，作者展开情节，安排材料，刻画人物，都是围绕这个主线运用夸张和想像来完成。开头一段，写皇帝酷爱穿着打扮，竟然到了每一天，每一点钟都要换一衣服的地步，几乎每时每刻都消磨在更衣室里，他甚至从不关心他的军队，只关心自己的新衣服，这个本性让骗子有了可趁之机。中间部分大臣随员虽然都没有看到所谓的新装，但为了不让别人说他们不称职或愚蠢，都不住地夸赞所谓的布料美极了，高贵的骑士们、街上成百上千的百姓都在异口同声、自欺欺人地称赞皇帝的新装。最后皇帝居然穿上所谓的"新装"昂首挺胸地参加游行大典。这些想像与夸张显得荒唐可笑却又真实可信，在专制制度的淫威之下，从朝廷大臣到普通百姓为了自身的安全而不得不说假话，面对这个骗局，他们那样的心理，那样的言行，固然荒唐可笑，却又是十分自然，作者的想像既丰富又合理。课文具体描述的是实际上根本不存在的美丽新装和围绕这个新装的各色人的表演，深刻发掘的则是皇帝及大臣的丑恶灵魂，揭露了封建统治阶级虚伪、愚蠢、腐朽的本质。正因有了这假设的虚的荒诞，才有了封建统治阶级的丑恶灵魂的实的曝光。

二、**纵与擒**。为了达到作者所要擒的目的，作者围绕这件新装极尽纵之能事。首先不惜笔墨刻画皇帝心理的波折："不过，想起凡是愚蠢的或不称职的人就看不见这布，心里的确感到不大自然。"皇帝自己的心理是很虚的，他很怕自己看不见，是一个不称职的皇帝，而且对自己是否聪明也不敢自信。这是第一次波折。接着是第二次波折，"他相信自己是无须害怕的。"从"不太自然"到"无须害怕"，这其实是自己给自己壮胆，强作镇静。虽然如此，但他"仍然深得先派一个人去看看工作的进展情形比较妥当。"说明他心里还是害怕自己看不见那块布,因而证明自己是不称职或愚蠢的,所以心生一计,还是派人去看看比较妥当,这是第三次波折。通过这些纵情笔墨,刻画了皇帝自相矛盾的心理活动,"擒"住了皇帝自信而又心虚,愚蠢而又狡猾的性格特点。其次,浓墨重彩地刻画大臣、随从、皇帝和他的亲信三次察看骗子织布的场景。三个场景似有雷同,但作者不厌笔墨,写得类而不同。老大臣是"把眼睛睁得特别大",然后一边称赞,"一边从他的眼镜里仔细地看",最后则"注意地听着,以便回到皇帝那儿可以照样背出来"。而那个官员只是"看了又看",最终为了保护自己只得对皇帝说新装非常漂亮。最后皇帝及大批随从去看,详尽地写了皇帝的心理,结果自然是骗成一团了。作者放纵笔墨对两位大臣的描述是让他们处于陪衬、烘托的地位,大臣的以讹传讹,实质上给皇帝更增添了一层虚荣心:大臣们尚且能看见,我怎能视而不见。皇帝不但上了骗子的当,而且还受了大臣们的骗。最后上演了一出赤身裸体的游行大典,可谓纵到极至。但这些纵都是为了擒住皇帝、大臣、随员等相互欺骗的种种荒诞无稽的可笑行径,深化了故事的主题,加强了艺术感染力。

三、谐与庄。安徒生的这篇童话在诙谐幽默中,痛下针砭,揭幽显隐,启人心智。作者凭借自己天才的想象,通过两个骗子设的骗局,对皇帝、大臣等尽情戏弄,让他们丑态百出,丧尽尊严。从朝廷大臣到普通百姓,有职位的怕丢职位,没有职位的怕人家嘲笑自己太愚蠢,为了自身的安全而不得不说假话,面对这个骗局,他们那样的心理,那样的言行极其荒唐可笑。作者没有让大家只是停留在笑声的表面上,而是通过小孩天真的声音剥去了伪饰,讲出了谁也不敢说的真相,使得新装顿时失去了神奇,皇帝失去了尊严。这位可笑的皇帝在大典之时虽然意识到自己出了丑,又生怕国人说他不称职,说他太愚蠢,所以"他心里却这样想:'我必须把这游行大典举行完毕。'因此他摆出一副更骄傲的神气。他的内臣们跟在他后面走,手中托着一条并不存在的后裙。"一出皇帝赤身裸体举行的游行大典竟然仍在"闪亮"进行。看到此处,封建统治者的尊严在孩童纯真的声音里剥得一干二净了,一个严肃的主题寓于诙谐的故事之中,忍俊不禁之余,令人深思,启人心智。

别让模式化杀死花木兰

听老师教《木兰诗》多次了，几乎都是动画片花木兰导入，先读两遍，然后正音正字。然后把它当文言文来教，把全诗意思翻译后，归纳分析文章的情节、文章的详略安排，最后归纳木兰形象，告诉学生木兰是一个勤劳勇敢、深明大义、热爱生活的巾帼英雄。整个教学流程有音画导语、有常识介绍、有认字释词、有品析鉴赏、有人物分析，可谓环节到位，一应俱全，表面热热闹闹，实则浅薄浅陋，我不禁长叹，有"乐府双璧"之称的《木兰诗》竟沦为一种套路，在这种套路里，学生断然品不出《木兰诗》千古流传的韵味。

一、课堂教学要有文体意识

不同的文体有不同的特点，不同的文体决定了不同的教法。有些教师在解读文本、设计课时目标和选择教学内容时，会在有意无意中缺失基本的文体意识，对一个个独特的文体所承载的知识鲜有教学思考，无论何种文体都采用一样的教学策略，上成"千篇一律"的模式。结果本该认知和理解的文本特点和相关知识淹没在无尽的人文概念的追寻中，消弭在繁琐的内容分析里。

《木兰诗》是中国南北朝时期的一首北朝民歌，选自宋代郭茂倩编的《乐府诗集》，它与南朝的《孔雀东南飞》合称为"乐府双璧"，一般教师都习惯地抛出这些知识，但对其中的"民歌"、"乐府双璧"这些文体特点却走马观花，一滑而过。好在课后练习要求学生背诵本诗，于是在教学设计中多少还有人会以读贯穿全课。可是，尽管本堂课书声琅琅，但依旧是在文字表面滑行。学生在读中没有很好地体会到北朝民歌独有的味道，没有更深地体悟到诗的美感，更难以领悟人物之美。

《木兰诗》具有乐府民歌独特风格，大多是五言、穿插了少数的7言和9言。交替的长短句，隔几句换一个韵。问答、铺排、互文等形式的运用，使整篇文章有明快的节奏，有摇曳变化的韵律，有丰盈隽永的情味。语言生动质朴，极少雕饰斧凿。教学时就得抓住这个特点重在朗读，要读出全诗的音韵之美，读出骈句的整齐之美，读出句式变化参差之美。进而更深一步读出问答背后生动细致的人物心理，读出铺陈、排比背后神气跃然的行为情态，读出以草根式的风趣比喻来突凸显木兰调皮、可爱的性格，而决不能仅仅停留在会翻译了几个诸如运用了互文修辞的句子，停留在对木兰这个英雄的讴歌上。这样强化本诗的文体意识，才能教出独特的"民歌情味"，才能让学生感受到作品强烈的艺术感染力。

二、课堂教学要有目标意识

"教什么远比怎么教更重要。"这是上海师范大学教授、博士生导师王荣生提出来的。"教什么"其实就是确定教学目标。"教什么"都没有弄明白，如何奢谈"怎么教"？

《木兰诗》是一篇"事奇诗奇"之文，这就决定要从两个方面设定教学目标：一是品味诗歌的民歌情味，二是欣赏花木兰的巾帼英雄形象。两个目标都要落实在品读而不是分析上，落实在语言而不是空说上。在品读中体会民歌语言的音韵和谐之美，体会长短句式参差错落之美，体会互文见义，体会排比、重叠之气势。同样要通过品读理解"巾帼英雄"四个字的含义。中国历史上英雄辈出，如果只从"英雄"的角度去品读课文，这一课堂目标就出现了偏差。文中只有短短的几句话在描写花木兰的英雄事迹——"万里赴戎机，关山度若飞。朔气传金柝，寒光照铁衣。将军百战死，壮士十年归。"文本简单地写了征战之艰苦，留给读者一个广阔的想象空间。但这里只是木兰与其他英雄的共性所在。读木兰，更多的是要在"巾帼"二字上做文章，要读出花木兰的女儿心。在创作者看来，木兰首先是一个人，一个女人，一个思亲想家、并非天生顽强的女人，然后才是英雄。课文也用了大量篇幅来突出她女儿心的一面。明代谭元春评价道："尤妙在语带香奁，无男子征戍气。""香奁"，即梳妆用的镜盒。"无男子征戍气"，正是作者的高明之处。这才是《木兰诗》赢得"乐府双璧"美誉的关键处。如果没能从形式与内容两方面通过赏读去领略《木兰诗》的音韵美和人物的英雄气与女儿情，那实在是一种奢华的浪费。

三、课堂教学要有语言意识

"语言是语文课的DNA，教学缺乏语言性，那就绝对不是语文课。"语文课堂在教学生文本写了什么、是怎么写的、为什么要这样写的过程中，都要以语言为本。而大多数老师的课堂只关注写了什么，至于怎样写、为什么这样写总是不提或者是提了但没有落到文本的语言上。即使是落到了语言上又把语言赏析仅仅定格在修辞格的分析上，缺少多角度赏析语言的能力，于是，诗中很多朴素精妙的语言没有挖掘出来。

如"旦辞爷娘去，暮宿黄河边，不闻爷娘唤女声，但闻黄河流水鸣溅溅。旦辞黄河去，暮至黑山头，不闻爷娘唤女声，但闻燕山胡骑鸣啾啾。"因为里面没有什么明显的修辞，很多教师无从下手，自然无法理解木兰既想报国又在思乡的复杂的情感。稍加诵读，我们就会发现这一段用相同的句式，相似的内容，反复铺排渲染紧张染气氛和离情别绪。前两个五言分句，简明整齐，铿锵有力，凸显军情紧急，刻不容缓，木兰马不停蹄，日行夜宿。后两个分句突然由五言变成七言，由七言变成九言，句式变长，节奏变缓，"不闻"的背后是木兰的多么"想闻"，这让我们想到初次离家、露宿在空寂旷野中的木兰，耳边没有父母唤女的温馨，内心涌起了对家人强烈的思念。一方面奔赴战场，渴望杀敌，另一方面孤独寂寞，思念亲人。既有柔弱的一面，又有刚健的一面；既有思乡的一面，又有报国的一面。再如"开我东阁门，坐我西阁床，脱我战时袍，著我旧时裳，当窗理云鬓，对镜帖花黄。"四个"我"脱口而出，"开"、"坐"、"脱"、"著"、"理"、"帖"六个动词一气呵成，一个爱美的木兰、一个急于回归女儿身追求心灵自由的木兰形象跃然纸上。再如课文最后一句"双兔傍地走，安能辨我是雄雌"如果改成"双兔傍地走，安能辨雄雌"，一经去掉"我"，形式上固然统一了，但是那种飒爽英姿、手持五尺枪的自豪感和木兰那种眨吧眨吧眼睛的俏皮、纯真劲就不在了。只有立足这些语言的品味，"女儿心"、"女儿情"的木兰才能立体地站在学生面前。

　　语文课堂固然需要一定的模式，但决不能邯郸学步。面对个性独特的选文，语文课堂只有抓住文体特征，落实目标意识，强化语言品味，课堂才可能亮点纷呈。

假如教材可以这样编

——以《紫藤萝瀑布》为例

李平生　刘小华

一、在备《紫藤萝瀑布》这一课的时候，咱们会碰到一个问题："托物言志"和"联想思维"是不是初中语文教学的基本内容之一？

如果是，为何在人教版初中语文教材中找不到对这两项内容的教学要求和指导？

如果不是，仅仅人教版七年级上册语文教材就有《紫藤萝瀑布》、《蝉》、《贝壳》、《行道树》、《金色花》、《荷叶母亲》等课文，该如何向学生解释它们的文体特点和阅读方法？

《紫藤萝瀑布》是人教版初中语文教材所选的一篇典型的托物言志类散文，它的课前提示语如下：

一树盛开的紫藤萝花吸引我驻足观赏，使我浮想联翩，原先关于生死谜、手足情的焦虑和悲痛化为精神的宁静和生的喜悦。面对紫藤萝花的勃勃生机，"我"感悟到了什么？朗读时，要注意体会作者的思想感情并品味优美的语言。

在这里，编者的意图很明确：教学《紫藤萝瀑布》的基本内容有两个：一是体会作者的思想感情，二是品味优美的语言。

基于这个编写意图，课后"研讨与练习"设计了三道练习题：

（一）朗读全文。试用你的经历或见闻印证"花和人都会遇到各种各样的不幸，但是生命的长河是无止境的"这句话。

教参提示：本题除练习朗读外，意在联系生活经验进一步体会课文的主要哲理。

基于阅读，连通生活，拓展学生的精神视野，应该是阅读教学的基本内容之一。但是，课后练习一见面就直接要求学生将课文的主旨句同化到自己十二、三岁的人生经验里去，是不是过于突兀，且有脱离文本之嫌？如果前面能有一个铺垫性问题：面对紫藤萝花的勃勃生机，我感悟到了什么？然后再让学生联系生活经验来理解本文主题，效果应该会好些

（二）揣摩下列语句，体会写景的妙处。

1.从未见过开得这样盛的藤萝，只见一片辉煌的淡紫色，像一条瀑布，从空中垂下，不见其发端，也不见其终极。

2.紫色的大条幅上，泛着点点银光，就像迸溅的水花。仔细看时，才知道那是每一朵紫花中的最浅淡的部分，在和阳光互相挑逗。

3.每一朵盛开的花就像一个小小的张满了的白帆，帆下带着尖底的舱，船舱鼓鼓的；又像一个忍俊不禁的笑容，就要绽开似的。

4.紫色的瀑布遮住了粗壮的盘虬卧龙般的枝干，不断地流着，流着，流向人的心底。

教参提示：本题揣摩景物描写，实质上，主要是揣摩比喻、拟人等修辞手法的效果，以达到增强语感、领悟写景技巧的目的。答好这些题目不很容易，应该让学生在把握句意的基础上，细心地感受比喻、拟人的表达效果。

《紫藤萝瀑布》中"赏花"部分的景物描写，角度多变，语言精妙，确实值得赏析，应该成为本文的教学内容之一；同时，从整体上看，《紫藤萝瀑布》这个语言作品包含了从"赏花"到"忆花"到"悟花"的完整过程，除了每一个局部的语言特点应该品味之外，这个"完整的过程"所体现出来的东西是不是也应该成为语文教学的内容之一？

那么，《紫藤萝瀑布》这个语言作品从"赏花"到"忆花"到"悟花"的完整过程所体现出来的东西是什么？

我以为，就是作者运用联想思维，托物言志。作者运用"联想思维"构思《紫藤萝瀑布》，"联想思维"就流淌在《紫藤萝瀑布》里，阅读《紫藤萝瀑布》就像泛舟在联想思维的河里来领略作者精心营筑的世界。不仅《紫藤萝瀑布》是如此，托物言志类散文皆是如此。

（三）人们往往赋予一些花木以某种象征意义，试搜集几种说法（有兴趣的同学，还可以搜集一些吟咏花木的诗句），与同学交流一下。

教参提示：本题要求搜集，简便的办法是各就所知交流一下，你一个，我一个，大家说，做好记录，然后整理，这也可以说是搜集。要找书搜集，就要告诉学生哪些书有这样的材料。

这道练习题已经不是"课前提示"所强调的教学内容了，它应该是在指导学生学习如何运用《紫藤萝瀑布》写作手法。但是，我很怀疑学生是不是能够很顺利地完成这个练习。

首先，题干中的"象征"一词是整个人教版初中语文教材第一次出现，教材在此却没有做任何说明,七年级的学生能明白"人们往往赋予一些花木以某种象征意义"是什么意思吗?

其次,《紫藤萝瀑布》的写作手法是什么?教材并没有作分析和归纳,学生该如何去运用?

最后,《紫藤萝瀑布》是运用"象征"的手法吗?或者说,宗璞写作《紫藤萝瀑布》,与张晓风的《行道树》、鲁迅的《雪》、高尔基的《海燕》、甚至杨朔的《荔枝蜜》茅盾的《白杨礼赞》,都是同样运用象征的方法来托物言志吗?

综上所述,通过人教版教材所编《紫藤萝瀑布》,学生或深或浅能理解这个作品的主题,或多或少能学到如何"体味"景物描写语言的方法;至于能否让学生了解《紫藤萝瀑布》的文体特点,能否让学生学习这类文体的阅读方法和写作方法,那就有待老师们"八仙造海",各显神通了。

二、假如"托物言志"和"联想思维"被列为初中语文教学的基本内容之一

假如"托物言志"和"联想思维"被列为初中语文教学的基本内容之一,那么,学生就有可能在课文前面读到一段名叫"文学聚焦"的提示(以下两段文字摘自百度百科,略有改动):

托物言志　托物言志就是通对物品的描写和叙述,表现自己的志向和意愿。采用托物言志法写的文章的特点是用某一物品来比拟或象征某种精神、品格、思想、感情等。托物言志有借物喻人、借物抒情、借物喻理三大类。托物言志的写作方法,最常用的有比喻、拟人、象征等,写托物言志散文,要掌握好"物品"与"志向","物品"与"感情"的内在联系,这就要运用"联想思维"。

联想思维　联想思维有四种类型:1.接近联想。是指时间上或空间上的接近都可能引起不同事物之间的联想。比如,当你看到一棵春天的树时,就可能联想到它在冬天的情景。2.相似联想。是指由外形、性质、意义上的相似引起的联想。如由松树联想到像松树一样的人等。3.对比联想。是由事物间完全对立或存在某种差异而引起的联想。如由一朵花盛开的情形想到它衰败的情形。4.因果联想。是指由于两个事物存在因果关系而引起的联想。这种联想往往是双向的,既可以由起因想到结果,也可以由结果想到起因,如由早晨的绿肥红　想到昨夜的雨疏风聚。

学生就有可能在课后练习中,自己去解释"文学聚焦"在本文中的具体运用:

托物言志　阅读《紫藤萝瀑布》时,你会发现作者描写眼前所见的紫藤萝是有另有目的的,从作者描写紫藤萝的目的看,你认为本文属于"托物言志"的哪一种类型?解释说

明。

联想思维　　阅读《紫藤萝瀑布》时，你会发现作者的思维经历了从"赏花"到"忆花"到"悟花"的过程，这个过程作者运用了哪些类型的联想思维？解释说明。

学生就有可能参与基于课文阅读学习、向现实生活领域广泛延伸的应用活动：

1.公益广告　　模仿本文的主旨句或其他你搜集到的有关生命哲理的警句，创作一句包含生命哲理的语句；然后以此为主题，绘制一幅图画，并向你心目中的读者口头解释你的作品。

2.游戏　　利用一种或几种联想类型，设计一个四人轮流叙说游戏。

3.写作　　到自然中去，仔细观察一样被你的目光捕捉到的事物，同时要留意自己在观察时内心的细微变化，然后用托物言志的写法写一篇文章。写作技巧重点：运用多角度描写与联想思维来托物言志。范例：《紫藤萝瀑布》的多角度描写与相似联想。提纲：可以在草稿上拟出你将要描写的几个角度，你运用的联想类型和联想过程。写稿：开头描述背景创造气氛，引人入胜；然后对观察对象要进行多角度描写，为突出主题做铺垫；最后用精妙的语言揭示主题。修改：考虑能增强描写表现力的修辞方法，注意联想过程是否完整，自然。

当然，学生还会发现《紫藤萝瀑布》只是"托物言志类散文"单元中一篇，在这个单元里他们还会学习其他托物言志的作品，了解到每个作品独特的"文学聚焦"，参与基于每个作品的学习、向现实生活广泛领域延伸的应用活动。

当然，在每个作品的学习中，他们也会得到词汇句式的练习与积累、作品理解与赏析等方面的训练，但这些方面的训练不再成为阅读教学的全部，阅读教学包括了词汇句式、理解赏析、文学聚焦、延伸应用等一系列活动。

于是，学生们在初中三年的语文学习中就有可能获得一个内容统一、表述规范、层次清晰、结构完整的基本的语文知识能力体系，学生在语文课堂上的精神成长就有可能得到有力保障。

至于教师，他不再为"教什么"而焦头烂额，不再陷入盲目编造五花八门的教学内容而不可自拔；如果他爱这份事业，他就有可能把全部的精力和热情投入到"怎么教"，怎么去陪伴一群孩子走过三载宝贵的语文时光，他就有可能从"教语文"转向教育人了。

三、上述文字为什么要依照《美国语文》（中国妇女出版社，马浩岚编译）的教材编制思想来如法炮制？

非常感谢你能耐心读到这里。我在想，假如一千个美国语文老师翻开《美国语文》

这本教材的一篇课文,他们面对的,是教材提供的统一的共同的教学内容;他们要做的,是将教材提供的统一的共同的教学内容,用一千种不同的教学方法呈现给学生。而咱们这里,教材里的一篇课文,一千个语文老师将可能"创造"出一千种教学内容,当然也会有一千种教学方法。在基础教育领域,这两种教材所带来的效应,哪一种更加科学?

作为一个有着20年教龄的语文老师,受过了多少回"不会教语文"的教训,见识过多少"这样教语文"的模式,可是每回打开教材,想想该教给学生一些什么东西的时候,居然依旧像个新手,一样茫然一样惶恐一样歉疚一样忐忑不安。

只是,亲,这能全怪我吗?

路瓦栽夫人为什么会勇敢起来？

莫泊桑的著名短篇小说《项链》集中笔墨反映了小资产阶级妇女玛蒂尔德向往、迷恋、追求浮华奢侈生活的人生遭遇，情节一波三折，结尾既在意料之外，又在情理之中。不过，小说在描写玛蒂尔德落难时突然变得勇敢起来，这就让我们有点迷惑，即使你把《项链》认真读完，你都很难从玛蒂尔德身上找到性格的突变原因？那么她的性格突变是不是作家的一个败笔呢？是什么让颇具小资情调的玛蒂尔德一下子就勇于直面惨淡的人生，过上穷人的那种艰难生活呢？

我们还是从她的家庭婚姻着手，来看看玛蒂尔德背后的这个男人。路瓦栽是教育部的一个小书记，有幸娶到了一个妩媚动人的妻子。偏偏他的妻子一心想过得人欢心、被人艳羡、具有诱惑力而被人追求的生活，不满足目前这种贫穷的日子，心里非常痛苦。为了让妻子玛蒂尔德高兴，她的丈夫路瓦栽先生费了很大的力气弄到了教育部长及夫人的请柬，想让自己的妻子开心。当玛蒂尔德说没有像样的衣服去参加宴会时，他把自己存下的预备买一杆猎枪的款子四百法郎给了妻子，好让她能做件新的合适好看的长衣裙。在路瓦栽心里，妻子的需要远比自己的重要，他选择了让步与放弃。宴会的日子近了，细心的路瓦栽又发现妻子的情绪不好，他说"这三天来你非常奇怪"，妻子回答是因为没有珠宝所以忧愁，于是他立刻给妻子出主意，说戴几朵玫瑰也是很时兴的。他的妻子还是不依，说在阔太太中露穷酸，再难堪不过了。他又出主意让妻子向她的朋友佛来思节夫人借珠宝，并且帮妻子分析凭着交情一定可以借到，这个愿望总算实现了。宴会上玛蒂尔德狂热地跳着，沉迷在欢乐里，而路瓦栽则心甘情愿地睡在一间冷落的小客室里，或许他的心里知道自己和妻子同时出现在舞会上，会给妻子蒙羞的。早晨四点钟他们离开时，他还不忘把带来的衣服替她加上以免她着凉。不仅如此，还急着去叫来一辆马车。当玛蒂尔德发现项链不见惊惶失措时，还是她的丈夫镇定：我去沿着我们刚才走过的路再走一遍，看看会不会找着。七点钟光景，路瓦栽回来了，什么也没有找着。后来，他到警察厅去，到各报馆去，悬赏招寻，又到所在的车行去找，总之，凡有一线希望的地方，他都去过了。晚上，他带着瘦削苍白的脸回来了，一无所得。于是他出谋画策，"给你的朋友写信，"他说，"这样我们才有周转的时间。"过了一个星期，他们所有的希望都断绝了，他好像老了五年，他决然说："只好想法买一件赔偿她了。"凭着记忆他们到珠宝店里去找了一挂同样的项链，要三万六千法郎。路瓦栽有父亲遗留下来的一万八千法郎，其余的，都得借。一万八千法郎是个什么概念呢？法郎是法国旧制货币的基本单位，一法郎等于一百生丁（铜子），二十个苏。路瓦栽每夜抄写一页商人的帐目才挣五个铜子，二十页才换一法郎。所以一万八千法郎的债务对一对小书记员夫妇来说，足以使家庭彻底崩溃，但他毅然地帮她撑了起来。偿还这笔巨额债务路栽夫妇用了整整十年时间，是一个铜子一个铜子艰难地节省出来积攒起来的。他签了好些债券，跟许多放高利贷的人打交道，他顾不得后半世的生活了，未来的苦恼，压在身上残酷的贫困，肉体的苦楚，精神的折磨，所有的威胁都未能使他放弃婚姻，放弃玛蒂尔德，在项链风波中路瓦栽表现出了惊人的责任感。

玛蒂尔德应该是幸运的幸福的，她有那样一个好丈夫，如果没有她丈夫的挺身而出，她自己是无力也无法偿还那笔可怕的债务的，她那勇敢承担债务的英雄气概，打算过艰难生活的信心恐怕都将消失殆尽。在这个小书记员身上，我们看到了一种患难与共的品质，正是他的极大付出支撑着玛蒂尔德爱情婚姻家庭的天空，成为玛蒂尔德勇敢坚强的精神支柱。

反复地思索玩味和审视玛蒂尔德的爱情婚姻生活，我们可以看到：一个女人之所以突然坚强，背后一定有一个爱着她的男人。

宁静与安祥——《我与地坛》的主旋律

散文《我与地坛》，凝聚了史铁生双腿残废后十五年生活中最重要的复杂难言的感受。作者借助地坛，把他用全部生命感悟到的宝贵东西传达给读者，用自己的思考方式来引发人们对生命的认识，弥漫着沉郁的人生况味，闪烁着澄明的智慧之光，体现出一种劫难之后的宁静与安祥。

一、从作者叙述的语气看

"我在好几篇小说中都提到过一座废弃的古园，实际就是地坛。许多年前旅游业还没有开展，园子荒芜冷落得如同一片野地，很少被人记起。"开篇第一段史铁生就用一种近乎淡淡地叙事语气诉说着与他生命相关联的地坛。

写此文时，史铁生已经从狂躁的绝望中突围出来了。他的叙述语调既非乐观主义者的轻快，亦非悲观主义者的凝重，而是在舒缓中散发出一个命运思索者的淡远气息。下面以文章的第二自然段为例，这段似乎只能浓缩为这样一句话：地坛在等我。而深入文字的丛林，我们却呼吸到了某种超越文字意义本身的情感气息，不由得使人产生关于命运的无边冥想。为了方便涵泳，我们不妨把该段的语句分成行：地坛离我家很近／或者说我家离地坛很近／总之，只好认为／这是缘分／　　我常觉得／这中间有着宿命的味道／这古园仿佛就是为了／等我／而历尽沧桑在那儿／等了四百多年。

如此读来，这完全是一首诗，其中透出一种淡然的禅味。如果我们用平常的眼光去审视它，只会感到滑稽可笑，因为它似乎只是费劲而又累赘地说了一个"等"字；从理性的角度分析，更有故弄玄虚之感。然而，作品的文学性因素有时不在于文字意义集合体本身，而蕴藏于缭绕在字里行间的那股语气中。不妨试着和着语词的节奏静静地素读一番，感受一下：我们的身体有没有被那股疏淡玄远的气息所提升？我们的耳朵有没有被某种神秘的律令所召唤？我们的心灵有没有被"等了四百多年"的庄严所震慑？

"十五年前的一个下午，我摇着轮椅进入园中，它为一个失魂落魄的人把一切都准备好了……在满园弥漫的沉静光芒中，一个人更容易看到时间，并看见自己的身影。

十五年了，我还是总得到那古园里去，去它的老树下或荒草边或颓墙旁，去默坐，去呆想，去推开耳边的嘈杂理一理纷乱的思绪，去窥看自己的心魂。"

在地坛的"沉静光芒中"作者默坐，呆想，"推开耳边的嘈杂理一理纷乱的思绪，去窥看自己的心魂"，冷静的笔法后面，透出一种生命的宁静与安详，这种生命的宁静与安详，是自然界的雨雪风暴过去之后的宁静与安详，也是人生的雨雪风暴过去之后的宁静与安详，更是一种在自然的召唤之下的安静和谐。透过这种宁静与祥地叙述，我们就可以看出史铁生走出了人生的沼泽，走向了面对厄运的淡然从容。

二、从文中描写的景物中看

地坛虽是荒芜但不衰败，地坛中触目可及的景物给了他对人生的深入思考，作者坐在轮椅上与地坛进行了长期的物我交流，走完了一段艰辛的心路历程，解读这些景物便是解读他如何绝望、挣扎、涅磐最后宁静与安详的心路历程。

"园墙在金晃晃的空气中斜切下一溜阴凉，我把轮椅开进去，把椅背放倒，坐着或是躺着，看书或者是想事，撅一杈树枝左右拍打，驱赶那些和我一样不明白为什么要来这世上的小昆虫。蜂儿如一朵小雾稳稳地停在半空；蚂蚁摇头晃脑捋着胡须，猛然间想透了什么，转身疾行而去；瓢虫爬得不耐烦了，累了祈祷一回便支开翅膀，忽悠一下升空了；树干上留着一只蝉蜕，寂寞如一间空屋；露水在草叶上滚动、聚集，压弯了草叶轰然坠地摔开万道金光。""满园子都是草木竞相生长弄出的响动。"

应该说他刚进园子的心绪仍旧很坏，"几乎什么都找不到了，""有时他真的不明白，那么小的昆虫为什么要来到世上，自己这样残疾，何以还要活着？然而当他静坐时，他惊奇地发现，也许并不需要明白自己为什么要来到世上的昆虫，照样活得有滋有味，无论是天天处于忙碌的蜂儿，还是边行动边思考的蚂蚁，无论是或爬行或飞翔的瓢虫，还是平凡的生命孕育出精彩的露水，地坛的草木昆虫等生命体虽然平凡卑微且处在荒芜之中，但它们都按自己的方式生存着、活跃着，向人们展示着缤纷的生命世界，无声地诉说着生命的美丽。这种生生不息的生命意识给了作者以深深的启迪，作者在园子里发现了生命的原生状态，感受到了生命的律动，从中体验到生命的意义就在于应该按它的本真状态来活。于是他突然明白"死是一件不必急于求成的事，死是一个必然会降临的节日"。作者从"荒芜但并不衰败"的园子原始生命中，得到了生命的感悟，把死的日子当成是一种"节日"，他开始走出了人生的阴霾，并且获得了生命的律动。生命已然涅磐。我们从哪里来，便再回到哪里去。即使是面临死亡。

"譬如祭坛石门中的落日，寂静的光辉平铺的一刻，地上的每一个坎坷都被映照得灿烂；譬如在园中最为落寞的时间，一群雨燕便出来高歌，把天地都叫喊得苍凉；譬如冬天雪地上孩子的脚印，总让人猜想他们是谁，曾在哪儿做过些什么，然后又都到哪儿去了；譬如那些苍黑的古柏，你忧郁的时候它们镇静地站在那儿，你欣喜的时候它们依然镇静地站在那儿，它们没日没夜地站在那儿，从你没有出生一直站到这个世界上又没了你的时候；譬如暴雨骤临园中，激起一阵阵灼烈而清纯的草木和泥土的气味，让人想起无数个夏天的事件；譬如秋风忽至，再有一场早霜，落叶或飘摇歌舞或坦然安卧，满园中播散着熨帖而微苦的味道。"

如果单从语词着手，我们大概会抓住这样一些关键词：映照得灿烂、叫喊得苍凉、没日没夜、灼烈而清纯、熨帖而微苦、暴雨骤临、秋风忽至等等。由此造成的印象是命运与生命之间的尖锐对立。如果抛弃教参与权威的标签，素读上述引文，体味字里行间的感情，园子的"不衰败"实际上并不在于生命对命运的顽强抗争，而恰恰在于生命对各自命运的主动顺应。就是在这个意义上，史铁生充分体验到了生命的坦然和安祥。总之，命运"播散着熨帖而微苦的味道"，已与生命融为一体，它无须反抗，只需咀嚼。

三、从自身对命运的思考看

史铁生在生命最灿烂的时候忽地"残废了双腿"，一个原本活蹦乱跳的年轻人一下子失去了行走的能力，这是一个多么大的打击啊，美好的青春才开始不久，仿佛就走到了尽头，这又是多么大的悲哀啊，双腿残废后，史铁生的脾气变得暴躁无常，"望着天上北归的雁阵，我会突然把面前的玻璃砸碎；听着李谷一甜美的歌声，我会猛地把手边的东西甩向四周的墙壁。"活着还是死去？在一座名为"地坛"的废园里，这个坐在轮椅上自感被命运抛弃的21岁的年轻人成年累月想着的就是这样的问题。宿命之中注定他要走进地坛。

浮夸的琉璃剥蚀了，炫耀的朱红淡褪了，高墙坍圮了，玉砌雕栏散落了，岁月使得地坛失去了往昔的金碧辉煌，失去了张扬耀目的资本。它只能静静地独自在黄昏里落寞地回味着、感伤着，感慨以往的繁盛与辉煌，感叹今天的衰败与荒芜。古园的命运成了作者命运的宿影与写照了。于是看似沉寂、荒凉、萧瑟、幽深的地坛就成了作者一位同病相怜的难友，这像是上帝的苦心安排，给了作者在心已死去时一个宁静的去处，让他彻底拥有这个宁静的去处，在他彻底死去后，慢慢被唤醒，思考，重生。

"一个人，出生了，这就不再是一个可以辩论的问题，而只是上帝交给他的一个事实；上帝在交给我们这件事实的时候，已经顺便保证了它的结果，所以死是一件不必急于求成的事，死是一个必然会降临的节日。"在第一部分第六自然段，脱胎换骨的史铁生宁静而安详地谈论着生与死的问题：生，不可辩论；死，不必急求。如此看来我们得到了什么呢？什么也没有。最终，依然是弥漫在字里行间的那一份淡远之情向我们诉说着一种生命的从容。经历了那么多苦难以后，史铁生不但顽强地走了过来，而且还达到了一种十分超然的生命境界。这种生命境界使得而今的他面对人生，不但是那么坦然，那么从容和幽默，更是那么宁静与安详。禁锢着的一切悄然退却，轻松自然而来。而这种战胜厄运、求得宁静与安详的理念对我们极富启迪意义。

走进地坛的史铁生是人生的叩问者，走出地坛的史铁生是人生的胜者、圣者。读《我与地坛》，每每让人心酸落泪，就因为我们读到的不只是文字，而是在倾听一位生命的智者、勇者、达观者在叙述心声。它让我们明了：人的一生可以伟大，当然也可以平凡；飞翔是一种生活状态，爬行也是一种生活状态；无论是飞翔还是爬行，有一点是共同的：面对厄运，宁静与安祥的活着。

"樯橹"与"强虏"的较量

《念奴娇·赤壁怀古》版本自古便有"樯橹"与"强虏"之争，现在人教版是用"樯橹"，苏教版是用"强虏"，本来"樯橹"和"强虏"无所谓正误，但笔者以为，在特定的文学作品中，如果能从多角度品赏，肯定还是有高下之分。

一、从词意含义看：所谓"樯橹，物也"。樯，挂帆的桅杆。橹，一种摇船的桨。指代曹操水军；所谓"强虏，人也"。强虏，劲敌，指曹军（苏教版的解释）。从这里的解释可知，在某种意义上"强虏"不可能有"樯橹"之意，而"樯橹"却可以包容"强虏"。它既指战船，又借代指曹军，形象含蓄，含意更加丰富，给人以丰富的想象余地。

二、从历史史实看："樯橹"显然抓住了火攻水战的特点，集中概括了赤壁之战的精彩过程。当时周瑜指挥吴军用轻便战舰，装满燥荻枯柴，驶向曹军，诈称请降，一时间火烈风猛，烧尽北船。"樯橹灰飞烟灭"几个字就形象地将火烧赤壁、曹军惨败的情景逼真传神，而"强虏灰飞烟灭"让读者看到的是曹军在火中惨叫烟灭，颇有点残忍气息，跟文中周瑜儒将形象不和谐。

三、从情境语境看：情境上，"樯橹"比"强虏"更有画面感，有想象的张力。我们可以设想一下当时战争发生时的情境：遥望江北对岸，曹军战舰如云，樯帆林立。近观吴军船营，周瑜"羽扇纶巾"，气定神闲坐于旗舰之上，举重若轻。从上下文语境勾联上看，"谈笑间""灰飞烟灭"，意思是周瑜谈笑间之间挥扇一指，数千蒙瞳斗舰火借风势直冲曹军，倾刻间烟炎张天，耳边是毕毕剥剥的帆倒船烧之声，继而才是曹军的哭喊声，最后船与曹军"灰飞烟灭"。从这点看"灰飞烟灭"最能搭配的也是"樯橹"。

四、从全篇情感看：苏轼借怀古怀人来抒发个人感慨，从全词看，作者在词中传达出的情感十分复杂，儒、道、佛思想交织，既激荡着一腔追慕英雄、渴望建功立业的豪迈之情，又有"早生华发"、"人生如梦"的伤感，更有把自己放在历史的洪流中加以审视，从而最终达到一种超然物外的豁达。从这点看，作者传达的情感是丰富的、隐含的。而"强虏"是贬义词，直接指敌人，显得直露，远没有"樯橹"来得委婉丰富，并且它还符合传统诗词贵在含蓄的特点。

其实，是"樯橹"还是"强虏"，都不重要，重要的是通过这一比较分析探究，强化了对诗歌的理解与感受，这恐怕才是我们所要的。

巧"借"细品，美不胜收

——《记承天寺夜游》赏析

苏东坡的诗词文赋多因其丰富的内涵、真挚的情感和深远的意境，为广大师生所喜爱。仅有85字的《记承天寺夜游》许多师生却颇有异议。不少人认为此文"太浅显"、"太一般"。其实只要认真细读就会发现，区区85个字，有情节，有悬念，有美景，有情思……个中滋味，颇有深意。只要巧借细品，便能美不胜收。

一、巧借变形，品出结构层次之美

《记承天寺夜游》全文只有一段，篇幅虽短，但内容丰厚。余映潮老师在执教时将文本三次变形，让我们体会到文本的结构层次之美。第一次变形是二分法，将课文划为二段，一事一情，有叙有议，先叙后议，景情相生；第二次变形是根据表达方式记叙、描写、抒情进行三分法，文章脉络清晰，思路明朗；第三次变形是根据起承转合将文本进行四分：

"元丰六年十月十二日夜，解衣欲睡，月色入户，欣然起行。（起）

念无与为乐者，遂至承天寺寻张怀民。怀民亦未寝，相与步于中庭。（承）

庭下如积水空明，水中藻、荇交横，盖竹柏影也。（转）

何夜无月？何处无竹柏？但少闲人如吾两人者耳。（合）"

如果前两次是从表达方式入手的话，第三次则更多注重古诗文创作的笔法。起，写事件的背景；承，写寻友的情景；转，写韵致的月景；合，写复杂的心境。通过三次文本变形，原本形式单调的文本顿时充满趣味，层次的丰富之美、行文的跌宕之美立现，令人赞叹。

二、巧借比喻，品出意境空灵之美

东坡写庭下景色，惜墨如金，"庭下如积水空明，水中藻、荇交横，盖竹柏影也。"18个字就营造出一个月光澄碧、竹影斑驳、幽静迷人的空灵之境。最妙的是比喻句，作者将静谧的庭院、银色的月光、疏朗有致的竹柏写得虚幻缥缈，相映幻化成一个空旷澄澈的世界。是物境，也是心境。在这个世界里作者获得了精神上的慰藉与解脱，浑然忘了现实，忘了自我。仿佛我即自然，自然即我，自然与自我融为一体，这正是"天人合一"思想的体现。

三、巧借"闲人"，品出情感微杂之美

《记承天寺夜游》表达的感情是微妙而复杂的，赏月的欣喜，漫步的悠闲，贬谪的悲凉，人生的感慨，都包含其中。作者"解衣欲睡"的时候"月色入户"，于是"欣然起行"，月光难得，不免让人欣喜。可是没有人和自己共同赏月，只好去找同样被贬的张怀民，这里面有多少贬谪的悲凉与人生的感慨呀！两人相与漫步中庭，悠闲自适。可惜一个"盖"字拉回现实。特别是"闲人"一词，情感丰富。表面上是自嘲说自己和张怀民是清闲之人，闲来无事才出来赏月的，实际上却为自己的行为自洁自傲。清风明月，翠竹松柏，本常见之物，但是能在月夜，与相得之友人，以此平淡闲静之心共赏，又能有几人呢？其次，"闲人"包含了作者郁郁不得志的悲凉心境，作者在政治上有远大抱负，但是一贬再贬，流落黄州，内心深处，他又何尝愿做一个"闲人"呢？赏月"闲人"的自得只不过是被贬"闲人"的自慰罢了。透过"闲人"一词，可以看出作者既有无奈感伤，又能随缘自适，既有自我排遣，又能旷达乐观，"闲"字不闲，意味丰瞻。

通过以上的巧借细品，我们看出《记承天寺夜游》行文上跌宕起伏，层次清朗；写景上妙用比喻，空灵澄澈；抒情上似闲还愁，微妙复杂。堪称"神品"。

别让模式化杀死花木兰

新区组织初中语文教师优质课竞赛，授课内容为七年级下学期经典篇目——《木兰诗》，经过层层选拔来参加决赛的四位教师基本功扎实，经验老到，是我区初中语文界公认的中坚力量，但听完四位老师的竞赛，我不禁长叹，可恶的模式化，四位老师四节课，听一节就足够了，《木兰诗》能这样教，其它的任何一篇文章都能这样教。

先让我简单介绍一下四位老师共同的教学模式：

第一步，导入，介绍作者和文学常识，介绍本诗的地位——"乐府双璧"；

第二步，导读，学生通读全文，正音正字，疏通句读，然后老师范读，学生齐读；

第三步，导学，理解全文，梳理情节，落实互文和句式两个知识点；

第四步，导思，归纳木兰的人物形象。

四位老师高下的区分，就在于组织学生的水平上了，有的老师是自己讲，有的老师是让学生来讲，以此来体现教师主导、学生主体。可这样教学《木兰诗》，学生能真正品出"乐府双璧"千古流传的韵味吗？语文，是最灵动鲜活的一门学科，语文教师，应该是最青春飞扬的一个群体，语文课堂，就应该个性张扬。模式化，实为语文教学之大忌。

一、语文课堂的个性意识。

语文课堂的个性，包括文本的个性、老师的个性、学生的个性。

叶圣陶老先生说"课文是例子"应该引起我们的思考，例子就应该有典型性、代表性，不同的例子应该落实不同的知识点。《木兰诗》是一首文言古体诗，但这只是它的表象，不是它的个性，它的个性是"乐府双璧"，流传下来的乐府诗不计其数，为什么只有《木兰诗》和《孔雀东南飞》两篇被称为"双璧"呢？课文提示有一句话非常重要："全诗明朗刚健、质朴生动，具有浓郁的民歌情味。"所以，我们在课堂中应该时时把握住"民歌情味"。

老师的个性是提得较少的一个概念，我们提倡向名师学习，可名师的形象好像都是一样的——爱岗敬业、学识渊博、课堂灵活、成绩突出。于是我们在学习名师的过程中渐渐地忘记了自己，渐渐地模式化（学其形而忘其质）。学习名师，我们应该学习他们如何调动学生的兴趣，如何落实知识点，是学习他们贯串教学全过程的学生为本的教育理念，而不是模仿他们的方法。每一个语文老师都应该把自己的个性和"以学生为本"的理念结合起来，创造课堂的个性。比如有的老师擅长诵读，他就应该带着学生吟咏叹赏；有的老师擅长书法，他就应该多板书。每个老师都是有个性的，所以即使是同一篇课文、同一个班级，不同的老师也应该上出不同的精彩。

学生的个性近年提得较多，但实际上，单看上面四节优质课，我们就能体会到，学生的个性就是老师手中的橡皮泥，那是捏给别人看的。老师要摸清学生个性才能对症下药。我听过一位特级教师的展示课，他是异地借班上课，教学内容是高二的古典戏剧——《长亭送别》，从内容上看这本是整个高中阶段的一个难点，他借的又是学校的一个美术特长班，学生文化课基础薄弱。但特级教师就是善于化不利因素为有利因素，他让学生用简笔画把剧情的四个环节展示出来，全新的课堂形式让学生兴趣大增，他们纷纷上台展示自己的作品并介绍作品的意义。学生对文本的理解非常到位，效果比我们平时的常规方式高出了不少。看来，个性化课堂是高效课堂的基础。

二、知识落实的目标意识。

课堂时间是有限的，而一篇课文的内涵外延是无限的，如果我们想面面俱到，其结果只能是走马观花面面俱失。课堂上我们要始终强化目标意识，要课有所得，即使是一课一得，只要抓得牢，就是有课堂效益。

《木兰诗》的教学，我们就要从"乐府双璧"上去落实目标：一是品味诗歌的民歌情味，二是欣赏花木兰的巾帼英雄形象。两个目标都要落实于品读而不是分析，在品读中体会民歌语言的音韵和谐之美，体会长短句式参差错落之美，体会互文见义，体会排比、重复之气势。同样要通过品读理解"巾帼英雄"四个字的含义：中国历史上英雄辈出，我们如果从"英雄"的角度去品读课文，这一课堂目标就无法落实了，文中只有短短的几句话在介绍木兰的英雄事迹——"万里赴戎机，关山度若飞。朔气传金柝，寒光照铁衣。将军百战死，壮士十年归。"文本概述征战之艰苦，留给读者一个广阔的想象空间，但这里只是木兰与其他英雄的共性所在，读木兰，重在"巾帼"二字，要读出花木兰的女儿心态，如"开我东阁门，坐我西阁床，脱我战时袍，著我旧时裳，当窗理云鬓，对镜帖花黄"，这分明是一个爱美的小姑娘，她边打扮边有一丝得意，因为"同行十二年，不知木兰是女郎"。"木兰自鸣得意的，竟然不是自己立下的功劳和应该接受的赏赐，却是对自己女性性别长期成功地掩盖。"（孙绍振《文本细读》）又如文本开篇"唧唧复唧唧，木兰当户织。不闻机杼声，惟闻女叹息"，一个勤劳善良、替父分忧、情感细腻的女孩形象已跃然纸上。

三、课堂结构的设计意识

每一节课，老师都要落实两个问题——教什么，怎么教。但在教学过程中，老师们"教什么"明确了，"怎么教"又没有下功夫。比如上面四位教师，在导入这一环节中都推出了"乐府双璧"这一概念，但也仅仅只在导入时向学生介绍了这么一个名词，但"怎么教"却显得蜻蜓点水了。

课堂知识的呈现，我们反对"请君入瓮"式的预设，也就是说，课堂的主动权在学生，教师不应牵着学生的鼻子按部就班地走完课堂全程，但是，对知识呈现的时机、呈现的方法，教师是应该有精心的设计的，一个精致的课堂结构，应该是环环相扣的，每一个知识点，都应该有呈现的前因后果。当老师要推出"乐府双璧"这一概念时，就必须设计好在什么时机推出，推出以后又怎么解决这个知识点。《木兰诗》安排在人教版七年级下学期，对于初一的学生而言，他们对"诗"的概念认识有限，对"乐府诗"就更加陌生了，这其实就是我们推出"乐府双璧"的最佳时机——"与你心目中的诗相比，这首诗有些什么不同？"学生可能会拿小学阶段最熟悉的《静夜思》《望庐山瀑布》等来做比较，他们会找出"这首诗比较长""大多是五个字一句，但有几句字数较多"等表象的东西，而我们正好从这些表象入手，介绍"乐府"的变迁，引导学生去体会民歌的特点，层层深入地推出"句式灵活""声韵和谐""语言平实"和"互文、重复、排比等修辞手法的运用"的知识点，这样才能让学生在读中很好地体会到北朝民歌独有的味道，更深地体悟到诗的美感，进而领悟人物之美。

四、难点突破的创新意识

当老师容易产生职业倦怠，特别是像《木兰诗》这类经典篇目，当年我们读书时就有，现在我们教了十多年了还在，我们是不是把当年老师教我们的内容再拿来年复一年地教给学生？肯定是不行的，简单的复制只会让语文课堂暮气沉沉，让语文老师声名狼藉。语文教师应该让自己的课与众不同，下一节课与上一节课不同，不同的班上同一篇课文也要有所不同，也就是说课堂要创新。

前边已分析过了，《木兰诗》的教学，最终要落实到两个目标：诗歌的民歌情味和木兰的巾帼形象。这也是本诗学习的重难点，只有在这两点的突破上有所创新，才能让你的课堂与众不同。在上文的论述中，我立足乐府诗和格律诗的区别突破了第一个重点，从木兰的女孩情态入手，分析了这位巾帼英雄的女性特质。如果哪位老师擅长诵读，我们也可以引导学生立足于对诗歌的吟哦体悟，体会文本的叙事之完美抒情之细腻。如开篇四句，语气可缓慢低徊，读出木兰的叹婉与苦闷；"问女何所思，问女何所忆"两句，以旁观者关切的口吻读来，让读者与木兰产生交流，"昨夜见军帖"到"从此替爷征"要读出女儿临危的急切与无助，又要读出木兰的果断与坚强；又如征途中的那几句，"旦辞爷娘去，暮宿黄河边""旦辞黄河去，暮至黑山头"要读得缓慢缠绵，读出木兰对亲人的不舍，而"不闻"两句，则要读出英雄奔赴战场的毅然决绝，对敌人的蔑视、不屑。实际上，只要适当的指导，调动学生的诵读热情，学生在不断吟咏中的体会，远比老师的分析来得深刻。

　　最后说一点，作为一名语文老师，在我们刚站上讲台的那一刻，我们需要模仿，需要一个成熟的模式供我们借鉴，但是，在成长的过程中，我们要学会抛开拐杖，探索出一条适合自己的教学之路，"我就是我，我要与众不同！"

如何品出《木兰诗》中的"味"

听老师教《木兰诗》多次了,几乎都是动画片花木兰导入,先读两遍,然后正音正字。然后把它当文言文来教,把全诗意思翻译后,归纳分析文章的情节、文章的详略安排,最后归纳木兰形象,告诉学生木兰是一个勤劳勇敢、深明大义、热爱生活的巾帼英雄。整个教学流程有音画导语、有常识介绍、有认字释词、有品析鉴赏、有人物分析,可谓环节到位,一应俱全,表面热热闹闹,实则浅薄浅陋。《木兰诗》有"乐府双璧"之称,它肯定体现了乐府的某些特性,在这种套路里,学生断然品不出《木兰诗》千古流传的韵味。要想识其味,诵读加删换。

一、通过诵读,感受乐府的韵味

"书读百遍,其义自见"。只有反复诵读,才能感受北朝民歌独有的味道,更深地体悟到乐府诗的韵味之美。在教《木兰诗》时一些教师对其中的"民歌"、"乐府双璧"这些关键知识熟视无睹,一滑而过,好在课后练习要求学生背诵本诗,于是在教学设计中多少还有人会以读贯穿全课。可是由于为读而读,尽管课堂书声琅琅,但依旧是在文字表面滑行,乐府的韵味难以领悟。

《木兰诗》具有乐府民歌独特风格,大多是五言、穿插了少数的七言和九言。交替的长短句,隔几句换一个韵。问答、铺排、互文、叠词等形式的运用,使整诗有明快的节奏,有摇曳变化的韵律,有丰盈隽永的情味。教学时就得抓住这些特点引导学生通过朗读品味,要读出全诗的音韵之美,读出骈句的整齐之美,读出句式参差变化之美。如"爷娘闻女来,出郭相扶将;阿姊闻妹来,当户理红妆。小弟闻姊来,磨刀霍霍向猪羊"一句,初读,读出"将""妆""羊"音韵之美;再读,读出句子的整齐与变化之美;再赏读,读出叠词"霍霍"传递出来的心情之美;最后结合全句边读边想象爷娘、阿姊、小弟听闻木兰归家时喜悦之情状。再如读"开我东阁门,坐我西阁床,脱我战时袍,著我旧时裳"二句,要读出互文铺陈之美音韵之美。要读出木兰一别十年回家后迫不及待地到这里坐坐,到那里看看,心中既充满亲切之感,又有说不清的滋味。要读出"我"这个词语传递出来的亲切感、喜悦感、归属感。这样才能感受到乐府看似平淡的语言背后作者的巧妙用心。

二、通过删减，感受句子的妙味

《木兰诗》具有浓郁的民歌特色，五言为主，易诵易懂。令人不解的是诗句里偶尔也有七言、九言，为什么作者不精简成五言呢？这就给教学提供了破解之迷。在教学中可通过删减词语来压缩句子，然后与原诗句比较，去感受句子变化的奇妙之味。

如"旦辞爷娘去，暮宿黄河边，不闻爷娘唤女声，但闻黄河流水鸣溅溅。旦辞黄河去，暮至黑山头，不闻爷娘唤女声，但闻燕山胡骑鸣啾啾"一句，大意是说木兰出征时想家。诗句五言为主，整散结合。由于诗句里面也没有什么明显的修辞，赏析起来无从下手，学生自然无法理解木兰既想报国又在思乡的复杂的情感。如果把它删减一下，变成"旦辞爷娘去，暮宿黄河边，不闻唤女声，但闻水溅溅。旦辞黄河去，暮至黑山头，不闻唤女声，但闻骑啾啾"，意思没有变，句式也整齐了，也有音韵感，但读来为什么就少了原诗的美妙呢。我们稍加比较，就会发现原诗句整体是用相同的句式，来叙写相似的内容，反复铺排渲染紧张气氛和离情别绪。前两个五言分句，简明整齐，铿锵有力，凸显军情紧急，刻不容缓，木兰马不停蹄，日行夜宿。后两个分句突然由五言变成七言，由七言变成九言，句式变长，节奏变缓，"不闻"的背后是木兰的多么"想闻"，这让我们想到初次离家、露宿在空寂旷野中的木兰，耳边没有父母唤女的温馨，内心涌起了对家人强烈的思念。这样，一方面写出木兰奔赴战场，渴望杀敌，另一方面又写出其孤独寂寞，思念亲人。人物形象既有柔弱的一面，又有刚健的一面；既有思乡的一面，又有报国的一面。原诗的高妙在于利用时空转换，融情于事，以动衬静，以境传情，句式的拉长其实就是思念的拉长。经过这样的删较，细腻的心理，形象的立体，妙味的丰富就出来了。

三、通过替换，品出词语的情味

"字词知冷暖，语言有温度。"阅读教学中,教师要引导学生细读文本,通过替换来触摸语言，慢慢品味，细细体会，就能感受文字背后的声音、形象、画面等营造的情味。

如"出门看火伴，火伴皆惊忙"一句，为什么用"惊忙"而不用"惊慌"呢？通过替换比较后，就可看出，这里"惊"有"惊讶"、"惊慌"、"惊奇"、"惊叹"等丰富含义，"惊讶"于木兰居然是一个女儿身，"惊奇"她居然能乔装男儿多年，"惊叹"她居然象男儿般奋勇且多年未被识破，"惊惶"于当初可能在军营中开过过份的玩笑或 事等。而"忙"字把伙伴当时慌乱、惶恐、尴尬、急不迭地想知道答案等情态传达的淋漓尽致。

再如上文举的"开我东阁门，坐我西阁床，脱我战时袍，著我旧时裳，当窗理云鬓，对镜帖花黄"一句，很多师生认为平淡无味，一掠而过。殊不知，在这句中四个"我"脱口而出，归属感强烈。"开"、"坐"、"脱"、"著"、"理"、"帖"六个动词一气呵成，画面感极强。一个爱美的木兰、一个急于回归女儿身、追求心灵自由的木兰形象跃然纸上。为了更好地理解人称代词四个"我"，我们还可结合课文最后一句"双兔傍地走，安能辨我是雄雌"来一起品味。如果把原诗改成"双兔傍地走，安能辨雄雌"，一经去掉"我"，形式上固然统一了，但是那种飒爽英姿、手持五尺枪的自豪感和木兰那种眨吧、眨吧眼睛的俏皮、纯真劲就不在了。

一句话，要想识"味"，就得走实诵读之路，删减之路，替换之路。只有在诵读的基础上对关键语句删减换较，"女儿心"、"英雄情"的木兰才能立体地站在学生面前。

弱水两瓢，我取哪瓢饮

李平生　刘小华

爱因斯坦说："教育，就是忘记了在学校所学的一切之后，剩下的东西。"

这次去西安学习已过了一个半月，当初的紧张忙碌大都化作红红绿绿的影子，如同那几天古都的天空，热烘烘，雾蒙蒙，不再清新澄澈。忘了。多数都忘了。

只有两堂课，还在心里，从西安一直想到深圳。想弄清楚。

一堂是《列夫·托尔斯泰》，记得是一位很潇洒的小伙上的，课的具体环节和内容模糊了，但记得小伙很响亮地宣布：

"同学们，让我们跟随作者一起踏上拜访大师的旅途。"

拜访成功了吗？我记得好像旅途很漫长，师生很努力，大师却在灯火阑珊处。

这篇课文很长，同学没有预习，要在45分钟内让学生得到一点东西，简直不可能！如果非得创造奇迹，只有一种可能，就是老师吃透作品，对作品的精妙之处了然于心，胸有成竹。当那位勇敢的小伙在进行45分钟跋涉的时候，我在想：课文《列夫·托尔斯泰》的精妙之处是什么？或者说，这篇课文值得学生去学的东西是什么？

一部作品的要素，无外乎内容和形式。写一部好作品（特指文学作品，下同），就是将自己最精妙的智慧隐藏在内容和形式中，像创制一个谜：或者将人所共知的思想情感编入陌生的形式中，或者将陌生的思想情感编入人所共知的形式中，最厉害的是将陌生的内容编入陌生的形式；读一部作品，其实是与作者的斗智斗勇，是一场识破机关，破解密码，终于豁然开朗，可以指点文字、臧否作家的游戏。

弱水三千？其实，就文学作品而言，"弱水"只有两瓢：内容和形式。"弱水"两瓢一鉴开，天光云影共徘徊。问渠精妙在何许？我取哪瓢活水来？

回到课文《列夫·托尔斯泰》，大师形象、作家情感是内容，外貌描写、抑扬对照是形式。本文的精妙之处在哪里？

大师形象作家情感，对一个没有读过托尔斯泰作品的人，对于一个没有读过茨威格有关"托尔斯泰"全部文字的人，能指望他在45分钟内通过课文《列夫·托尔斯泰》"进入他那深邃而又丰富的内心世界"吗？即便努力去字里行间寻访大师，这样得到的映像对学生的心灵能有怎样的影响？

反观这篇课文在形式上，却有伟大的精妙。你读过不写一件事，单凭外貌描写来刻画人物的作品吗？几千文字，汪洋恣肆，全是外貌描写，这算不算一种胆大妄为的写法？几千汪洋恣肆的文字，全凭外貌描写，却让一个用极普通的躯壳承载极伟大灵魂的大师呼之欲出，这算不算一个奇迹？茨威格是怎样巧设角度、层层深入、抑扬结合，将一种极普通的写作技法运到如此绝妙的境界？

这些东西算不算是课文《列夫 托尔斯泰》的精妙之处？我和学生应取饮的该不该是这一瓢？

另一堂是《云南的歌会》，是南京一位美丽的女教师上的。

《云南的歌会》在形式上，有经典的"点面结合"写场景的手法，但美女老师没有选择从写法入手，她抓住了原文中被删去了的一节：

"从马背上研究老问题，不免近于卖呆，远不如从活人中听听生命的颂歌为有意思了。"

她要带领学生去倾听沈从文听到的来自"活人"的"生命的颂歌"。

比较一下，对学生而言，学习"点面结合"的写法与倾听"生命的颂歌"，孰轻孰重？

美女老师巧设问题，引导学生去领略"歌美"，寻找"人美"，感悟"生命美"，三个层次，层层深入，将沈从文笔下平民身上流淌的生命智慧、尊严和人性中最本真的光华挖掘出来，让学生从沈从文最朴实的文字中去发现：在艰难的生存状态，只要心中有爱，生命可以怎样简简单单却有声有色，平平凡凡却又高贵而美丽。

或许，用极朴实的文字来表达极高贵的情感，就是这部作品的精妙之处。

美女老师甚至联系写作背景更进一层来揭示作者的创作意图，引导学生去体会这部作品在沈从文生命中的地位，有悟性的学生便能领悟到创作的最高境界是隐藏，在最朴实的文字中隐藏最激越的感情。

至少，听了这堂课，我有醍醐灌顶之感，想起以前我居然轻视这篇文章，真是有眼无珠，无地自容。

能否发现一部真正的好作品的精妙之处，这或许是一个语文老师是否合格的基本标志。而这种发现能力，其实就是与作者斗智斗勇的能力。

西安之行，忘记的太多。这绝非值得记住的太少，其实是我智术浅陋；这两堂课我之所以还能记住些轮廓，是因为它们从正反两个方面触痛了我的伤口：十多年语文教学，我居然还不知道该教啥！于是，我一直想，从西安想到深圳，想弄清楚。

可是，弄清楚了吗？

项羽决计杀不了刘邦

很多史料都认为"鸿门宴"是项羽在新丰鸿门举行的一个暗藏杀机的宴会，是楚汉争霸的真正开端。鸿门宴上刘邦得以逃脱，是由于项羽的刚愎自用和妇人之仁。不过深究《鸿门宴》，我以为项羽当时是不想杀刘邦，也决计杀不了刘邦的。

理

从当时约定而言，项羽于"理"上自知理亏，不能杀。

楚汉集团在灭秦之前都从属于以楚怀王为盟主的反秦义军。公元前208年9月，楚怀王召集各股反秦力量结成反秦同盟，命令主力军刘邦、项羽兵分南北两路，合力西击秦军，并约定"先破秦入咸阳者王之"。刘邦棋高一着，先入咸阳，他没有马上称王，而是牢记楚怀王与诸侯的约定，退驻霸上，"待诸侯至而定约束"，抢先占得'理'上先机。而项羽自恃力量强大，一路与秦军主力血战，虽击破秦军主力，但错失进关日期。他之所以"旦日飨士卒，为击破沛公军"，只是因为听信了曹无伤的传言，认为刘邦有南面称王的野心。当然进攻的举动只是项羽一时之气罢了，一旦证实刘邦没有称王之意，他马上就平息了怒气。项羽内心其实抹不开那本应该遵守的既定的约定，在"理"方面做不出理亏之事，加上刘邦又谦卑地想跑来道谢，给足了项羽自大的面子，这才有了"鸿门宴"一出。这次宴会从当初项羽设想而言，本来就不具有刀光剑影的味道。因此，他其实不想杀、也不能杀刘邦。

力

就当时形势而言，项羽于"力"上刚愎自大，不屑杀。

就史料记载而言，项羽天生神力，"力拔山兮气盖世"，可谓豪气盖世。特别是在反秦的作战中表现了他无坚不摧的能力，曾让各路诸侯莫敢仰视，这也助长了他日后的骄横之气。约定之后，10月刘邦率军破咸阳，"欲王关中"。11月项羽率军西来，闻讯震怒，屯军新丰鸿门马上要同刘邦开战，"当是时，项羽兵四十万，在新丰鸿门；沛公兵十万，在霸上"，在这样的一种军事力量对比上，项羽只是想以兵势来威压，而不是真的想杀刘邦，也不屑杀刘邦。如果真要杀刘邦，项羽大可以正大光明地带兵攻打就胜握在手，那里还用得着摆什么鸿门宴了。

礼

就出身个性而言，项羽于"礼"上固守迂见，不愿杀。

项羽出身贵族，身上不可避免地带有贵族的骄纵之气，对实力低于自己的对手自然是不放在眼里的，但同时他又有讲礼节的一面。其实，项羽这种出身和个性养成的大将风度，说到底是一种战将态度，什么事都喜欢光明正大一决雌雄。对先破咸阳、有约不王的刘邦无疑是不好意思下手的；对仅带百余骑来谢罪的刘邦也是下不了手的；对来时道谢、去时留人送礼的刘邦肯定是抹不开面子下手的；在樽俎之间而非战阵之间且不合礼仪地让"项庄舞剑，意在沛公"，违背了他做人处世的准则，所以项羽断断是下不了手的。说到底，项羽不想在世人面前做一个不讲礼义的英雄，这种固守使得他不愿杀刘邦。

离

就下属作为而言，项羽于"离"上毫无觉察，不会杀。

在某种程度上讲，《鸿门宴》中想杀刘邦的人是项羽的下属。在处置刘邦问题上，项羽其实没有想杀，但他的部下却各有各的算盘，最终形成将士离心，沟通不足，于是围绕"鸿门宴"演出了一幕幕离心的闹剧。谋士范增欲置刘邦于死地，开始只是煽风点火，劝项羽"急击勿失"，其它计谋都没有同项羽进行认真地谋划。在宴席上范增也没有跟项羽取得沟通，没有周密的安排，所以才导致中途临时找人杀刘邦。重要领军人物项伯为小义而置楚军利益不顾，"夜驰之沛公军"，将项羽攻打之事告知，而后又叮嘱刘邦前来谢罪并在回营后劝项羽从大局出发，"因善遇之"，进而在酒宴上竟然还"以身翼蔽沛公"，将士之间离心可见一斑。再加上刘邦那边文武齐心，谋士张良忠心耿耿，针对项羽本性，实施谢罪之计，宴席期间又很好地安排刘邦出逃。武士樊哙闯帐救主，智勇双全，护主回营。两相一比，刘邦自然有惊无险。

所以，于理于力于礼于离，项羽是决计杀不了刘邦的。

质朴的数字，伟岸的人格

——对《一夜的工作》中"一"字的解读

《一夜的工作》课文里"一"这个数字出现频率奇高，达25次，是作者无意之为，还是有意之作？耐人寻味。现试从"一"字入手解读背后潜藏的丰富意蕴。

一、"一"显摆设之简

照理说，"一间高大的宫殿式的房子"，再作为国家总理办公室，里面的摆设与办公用品即便再豪华一些、全面一些、丰富一些、高档一些，也无可厚非，毕竟它代表的是一个国家的形象与面貌。可是在总理办公室我们见不到皇家器皿，见不到古玩字画，见不到镶金嵌玉，见不到红毯铺地……有的只是"一张不大的写字台，两把小转椅，一盏台灯，如此而已"，"室内陈设极其简单"。很显然，这里"一"间高大的宫殿式的房子与"一张不大的写字台，两把小转椅，一盏台灯"之间形成强烈反差，显赫的主人地位与简单的办公摆设不匹配形成映照，在"一张"、"两把"、"一盏"这些平淡数字的叙述下是不平凡的内涵，旨在突出作为一国总理办公条件之简朴，侧面烘托出总理的俭朴。

二、"一"显工作之辛

文章主体部分主要是叙写总理一夜的工作。一个平常的晚上，一个如此简单的办公室内，"一张不大的写字台"上却堆有"一尺来高的一叠文件"，足见工作量之大；为处理好这些文件，他"工作了整整一夜"，到天亮才休息，下午又要"参加活动"，足见工作时间之长，休息时间之少；处理文件过程中，"他一句一句地审阅，看完一句就用笔在那一句后面画上一个小圆圈。他不是浏览一遍就算了，而且一边看一边思索，有时停笔想一想，有时问我一两句。"何其芳在这里运用了电影里的特写镜头，对总理批阅文件进行了精细描写。先是整体上用"一尺来高的一叠文件"与"看"、"画"、"想"、"问"形成鲜明对照，文件之多，批阅之细，态度之认真让人肃然。其次细化批阅过程，连用十个"一"，把总理批阅文件的反复斟酌、一丝不苟的认真态度呈现在读者面前，一位日理万机、殚精竭虑、虚怀若谷、鞠躬尽瘁的总理形象跃然纸上。难怪作者情不自禁地发出了"他是多么劳苦！多么简朴"的感叹。

三、"一"显生活之俭

总理工作繁重，饮食却简单，一杯清茶、一小碟的花生米，实在简单到极点。哪怕是多了一个人，花生米的量仍是少到"数得清颗数"，以致作者怀疑是否有所增加，因此在句中加了"好像"一词。周总理的生活简朴通过"一杯"、"一小碟"这两个"一"具体地表现出来了。这就是我们的总理，工作上不辞劳苦，生活上却俭朴异常，伟岸人格可见一斑。

四、"一"显一生之劳

通过何其芳的视角，我们走进了总理的一夜，了解了总理一夜的工作，对于我们来说这是不普通不平常的一夜，对何其芳来说更是不平常的一夜，总理自己要工作一夜却让我"到隔壁值班室去睡一觉"，让作者倍感总理的和蔼可亲、体贴关心。而对周总理来说这却是普普通通的一夜，从课文后附录"资料袋"中可以看出这一夜只是总理无数个夜晚的缩影，是总理一生本真自然的工作面貌和行为品性的真实呈现，这"一夜的工作"让我们触摸到周总理的精神境界。

细微之处显品格，"一"字之中见伟岸。正是由于"一"字表面上简简单单的日日夜夜的朴素，也正是由于这"一"字背后丝毫不简单的日日夜夜的劳苦，我们从中看到了共和国总理品格的伟岸。"一"字表面很朴素，"一"字背后不简单！

虚词入手 美不胜收

——小思《蝉》的赏析

《蝉》是香港作家小思写的一篇短小精致的哲理散文，他从一只小小病蝉的知知不休引发对生命的感悟。全文280多字，但笔法摇曳，情感抑扬，立意深远，虚词起了很大的作用。

一、借助虚词，凸显形象反差美。

作者开篇切题，"今年，蝉鸣得早。杜鹃花还没有零落，就听见断续的蝉声。近月来，窗外的蝉更知知不休的，使事忙的人听了很烦。"未见蝉形，先闻蝉声，而且这蝉声还不同凡响，作者借助"还"、"就"、"更"几个虚字点出今年的蝉叫得早、鸣声大，知知不休的让人厌烦。当作者在树下拾得一病蝉，看到它透明的翅收敛了，身躯微微颤抖且没有声响时，惊讶"那么小，声音却那么的响，竟响彻一个夏天"，透过两个"那么"、一个"竟"，作者似乎在说，"你这么小，有什么好叫的？你叫就叫算了，干嘛叫的这么响？你响就响了，干嘛响得这么久，还让人不得安宁，'那只不过是一个夏天罢了！'" 寥寥几个虚词，一只令人厌烦的被人鄙视的病蝉形象在读者的脑海里定型。

接着作者笔锋一转，借朋友之口道出蝉"等了17年，才等到一个夏天"，"等秋风一吹，它的生命就完结了"，"它为了生命的延续，必须好好的活着。哪管是90年，90天，都不过要好好的活过。"17年漫长的等待煎熬，只有一个夏天"聒聒"，数字的对比让人震撼，一个"才"字表明时光来之不易，一个"就"字透出怜悯惋惜，一个"都不过"表明了蝉的执着，作者的敬佩之情油然而生。一只执着地努力生活的蝉借助这几个虚词高大地立在读者面前，蝉的形象反差之美凸显。

二、借助虚词，写出情感抑扬美

情感是散文的生命，这篇短文在情感心路历程上很有特点，它借助虚词让情感表达抑扬生姿，意脉相连。短文起笔用"还……就……更"写出蝉的聒噪声让人心烦，然后用一"很"字与这组虚词串成一个情感递进链，将作者对蝉鸣之声的厌恶情绪展现得淋漓尽致。当朋友说蝉"它等了17年，才等到一个夏天。就只有这个夏天，它从泥土中出来，从幼虫成长过来。等秋风一吹,它的生命就完结了"时,作者的情感开始波折。两个"就"、一个"只有",尽显其对蝉生命短暂的惋惜之情,特别是"才"字的嵌入,让我们读到了蝉坚韧、执着的一面,感叹、惋惜之情融在一起。当最后朋友说到蝉为了延续生命,必须好好活着,作者对于蝉的印象已经从烦人、怜惜高扬到赞美蝉、敬佩蝉。作者就是这样借助几个小小的虚词把情感写得抑扬起伏,跌宕生姿。

三、借助虚词,表现主旨深沉美

一只小小的病蝉,知知不休地响彻一个夏天,本来是一件司空见惯的事。但作者独具慧眼,小中见大,平中见深。他借助朋友之口,道出了蝉的坚韧、执着。17年的漫长的等待,"才"赢得一个夏天的纵情"聒聒","它为了生命的延续,必须好好的活着。哪管是90年,90天,都不过要好好的活过。"蝉不光想着活,更想着要好好活着。"哪管……都不过"既道出蝉的生活态度,又流露了作者敬佩之情。而后,一个意味深长的"哦",让读者明白,唯一能证明蝉活着的方式就是鸣叫,对蝉而言,这是生命的歌唱。这让我们不禁想起泰戈尔说过的一句话:上帝以痛吻我,我要回报以歌。蝉正是用自己的实际行动告诉我们:珍惜生命,哪怕生命如此短暂;珍惜所有,哪怕所有那么稀少。为了种族繁衍,为了生命延续,蝉甘愿以漫长的等待来换取短暂的生存,我们能有什么理由责怪它一个夏天的鸣叫,能有什么理由不敬佩它的坚韧执着?

由此看来,貌似微不足道的虚词,恰恰是作者的用心之笔。病蝉形象的立起、作者情感的张力、主题意蕴的深刻都得益于虚词的精心运用。虚词入手,果然美不胜收。

有时，只有一个哈姆雷特

——兼议《教师教学用书》中关于《咏雪》的两个比喻解读

《咏雪》一文出自《世说新语》中"言语"一门，讲的是晋朝著名文学世家谢氏家族中谢家子弟咏雪的事情。全文71字，语言简练，词意隽永。这篇课文的精彩点在于谢朗、谢道韫对"白雪纷纷何所似"的不同诠释。全文只作客观的叙述，未加评论，给读者留下了诸多可供议论的内容。"人教版"语文七年级（上）《教师教学用书》在"问题研究"中同时列出两种相反意见，不作首肯。对"练习说明"第三问也认为"无须定论"。对此，笔者不敢苟同，只要稍加分析，无疑是"未若柳絮因风起"妙极！

从当时情境看，文章里谈到"俄而雪骤"，"俄而"是"不久"之意，暗示当时下雪了而且是小雪，"雪骤"说明不久之后雪下得又大又急，谢安提问中的"大雪纷纷"其实间接地回应了"骤"的意思，就是大雪纷纷扬扬。而谢朗的"撒盐空中"只能是细小颗粒，与此时情景断然不同。而谢道韫的咏雪则写出了大雪飘扬之态。这里顺带说上一笔：《教师教学用书》上说"它（柳絮因风起）给人以春天到来的感觉，正如英国大诗人雪莱所说：'冬天来了，春天还会远吗？'（《西风颂》），有深刻的意蕴"，似乎有拔高之嫌。谢道韫的咏雪当时把着眼点放在了柳絮与骤雪的飘逸、雪片的形状上，而绝不会想到此喻给人以春天到来的感觉。

从考题本身看，考题是一个"雪喻"题，判断比喻高下，就必然牵涉到本体、喻体和两者之间的相似点问题。首先明确"本体"即被比喻的对象。从原文看，本体应是"白雪纷纷"，而非"纷纷白雪"。所喻的重心是富有动感的"纷纷"之态，而非只指"白雪"。反观《教师教学用书》中"白雪纷纷何所似"译为"这纷纷扬扬的大雪像什么呢"？显然，这里把"白雪纷纷"视为"纷纷白雪"了，这与原文相悖。其次要明确"喻体"是什么，从文中谢朗"撒盐空中"和谢道韫的"柳絮因风起"来看，其喻体是"撒盐"和"絮起"，两者倒都与白雪"纷纷"之态相吻合。其三是本体与喻体的相似点，课文重在"白雪纷纷"即白雪纷纷扬扬。谢道韫的"柳絮因风起"写出了雪轻如絮，絮白似雪，随风飞扬之态，有意蕴，符合中国在绘画、诗词、文章等方面讲求神似引人遐思的审美要求。而谢朗的"撒盐空中"只有物象而无意蕴。

从关键词句看，谢朗说"撒盐空中差可拟"，"差可拟"的语气至少说明谢朗是率尔以对，自己都认为这个比喻有点勉强，体现出分明的不自信。而谢道韫"未若柳絮因风起"的"未若"就是"不如"之意，说明她经过片刻沉思、比较，语气坚决，充满自信，既否定谢朗的说法，又有她自己更恰当形象的描述。

从提问的对象看，"公大笑乐"为什么不是"公大笑"或"公大乐"？"公大笑乐"出现在谢道韫话后，按逻辑分析"大笑"应该是为家庭氛围温馨而笑，为谢朗率尔、简单、纯真而笑，为两人的才华而笑。而"乐"更多的是"大笑"之后对谢道韫比喻及才华的肯定、欣赏。如果此时谢安要说什么，当是类似这样的话："你们俩说得好极了，但道韫比喻最恰当，神形毕肖！很有意蕴！"

从作者立场看，文章只将谢家子弟咏雪一事的始末客观地写出，未加任何评论，但作者的意图是明显的。谁的"言语"好，谁的不好，一望而知，这正是本书叙事的优点。结尾一句"即公大兄无奕女，左将军王凝之妻也"可谓神来之笔，交待了谢道韫的身份却没说明谢朗的身份，用意颇深。这一后人追书之词只要你读出节奏（"即　公大兄　无奕女，左将军王凝之　妻也"），就可看出作者是在击节赞叹，溢美之情流于言外。

从后世影响看，"咏絮"一事当为谢道韫一生中最为人所称美的轶事。《晋书·列女传》里介绍谢道韫时也专门介绍了她的"咏絮"一事。今天广为流传的"咏絮之才"这个成语就是称赞女子有才华，它的出现也源于谢道韫这个咏雪故事，真可谓是一句名扬天下，流芳千古。宋代诗人蒲寿　曾这样评价谢道韫的这句"未若柳絮因风起"："当时咏雪句，谁能出其右。雅人有深致，锦心而绣口。此事难效颦，画虎恐类狗。"由此可见，此佳句在历代文人墨客心目中的地位，可谓钟爱至极！

综上所述，"两个比喻哪个更好？"答案不容置疑，根本就没有争论的必要。《教师教学用书》也没必要列举出来所谓多种说法来混淆视听，你不说我还明白，你越说我越糊涂了。虽说有一千个读者就有一千个哈姆雷特。但有时，答案就是唯一。

元芳，这课你怎么看

——从如何确定《敬业与乐业》的教学内容谈起

李平生　刘小华

咱们来备《敬业与乐业》的课。

（一）

首先要弄清楚教材编辑的意图。

《敬业与乐业》是人教版义务教育课程标准实验教科书《语文》九年级上册第二单元的开篇课文。从选文的体式来看，这个单元四篇课文：《敬业与乐业》、《纪念伏尔泰逝世一百周年的演说》、《傅雷家书》、《致女儿的信》，前两篇是演讲词，后两篇是书信。编者这样编排的意图莫非是想让学生学习演讲稿和书信？

于是去读"单元提示"，得出的结论是——有两个学习目标：一、感受人类精英活跃的思维、丰富的情感、闪光的思想；二、体会口语和书面语的差异，品味不同场合、不同背景下口语运用的技巧。

细细揣摩这两个目标，你会发现，第一个目标是个放之四海而皆准的东西，因而不应该是这个单元特定的学习目标；第二个目标倒是有针对性，因为演讲和书信，通常情况下，确实是两种特殊的语体，确实是属于"不同场合、不同背景下"的语言运用，确实有不同的技巧。那么，编者的意图是不是要让师生来学习演讲和书信的语言呢？

于是去读每篇课文的导语。你找到编者提示学习这两种语体的要求和方法了吗？反正我没有。

于是去读课后练习题。你只在《纪念伏尔泰逝世一百周年的演说》找到"研讨与练习"一：要求通过朗读法去体会雨果的演讲风格。其余所有练习都与这个目标无关。

咱们再去看教师用书吧？你会反对：难道课本不是学生学习的权威依据吗？凭什么咱们老师要多一本？

于是咱们可以得出结论：在编者这里，这个单元对学生的学习是没有明确要求的。

编者似乎在说：学习目标？这个，必须有，但需要教师自己去确定。

（二）

咱们是语文教师，注定无处可逃。

所以必须搞清楚：咱们究竟要教什么？

这个单元有两篇演讲词，两篇书信，同时，这四篇课文都属于"论说文"。换句话说，这个单元的编排也可以这样理解：这个单元要求学习论说文的两种特殊体式。如果是这样，那么，从知识与能力的层级而言，就应该先让学生了解一般论说文，然后再来学习论说文的特殊体式。因此，咱们就得把这四篇课文首先看作是论说文，要通过这四篇课文的学习，让学生了解阅读论说文的目的、方法，从而学会读写论说文；然后再去学习演讲和书信特殊的语言技巧。

于是，咱们得出了学习这个单元的目标：了解阅读论说文的目的与方法，学会阅读和写作论说文。

但是咱们马上又遇到一个难题：这个单元四篇课文，除了《敬业与乐业》是典型的论说文，其余三篇个性太强了：《纪念伏尔泰逝世一百周年的演说》原文是经典演说，进入教材的却是一个经过大量删节的拼凑版，你也许从中还能感受些许雨果辉煌的情感魅力，但已经不可能体会到原文令人信服的逻辑力量了；《傅雷家书》主要探讨如何对待人生的逆境与顺境，但毕竟是家书，一封家书里要叮咛的东西可以很多，不一定只探讨一个主题；《致女儿的信》探讨什么是爱情，苏霍姆林斯基用一个神话故事来阐释爱情，解读此文的难点不仅在于认识这个神话故事寓意，更在于让学生认识神话故事不可思议的想象后面所包含的真实深刻的民间信仰。

如果咱们的目标是让学生学习论说文，而第一次用的例文却是如此复杂如此非典型，结果可想而知。

因此咱们要么改变目标，要么重组教材单元。

稳当的办法是：将《敬业与乐业》与第四单元放在一起，先完成这个目标。

为什么一定要保留这个目标？这个问题很大，咱先备课，备好课我将尽力回答。

（三）

确定好了单元教学目标，现在来确定《敬业与乐业》的教学目标。

还是看看《教师用书》吧。咱们在《教师用书》的"教学建议"里看到：建议本课的教学目标确定为：(1)理解"敬业与乐业"的主旨；(2)大量经典语句、格言的积累；(3)"举例子"和"讲道理"两种论证方法的初步学习；(4)演讲和口语特色的体会。

如果咱们将这四个目标抄在黑板上,学生能读懂并知道该做什么吗?

目标(2)和(3)应该没有问题。可是目标(1)?咱们要不要把"引号"理解成"书名号"?是不是要求学生先找出《敬业与乐业》的主要观点,然后解释它的含义?目标(4)应该包括"体会演讲"和"体会口语特色"两个目标吧?如何"体会演讲"?最好去听几场经典演讲,再学习写演讲稿,再举行演讲活动,但这一篇课文的学习可以做到这些吗?"体会口语特色"?目的是让学生体会本文口语特色的表达效果呢,还是让学生通过体会本文的口语特色来学习运用一种演讲技巧?而且如何"体会"?正如前文所述,这个目标在课文导语和课后练习里都找不到任何方法指导。

所以,咱们得自己确定《敬业与乐业》的教学目标。

咱们已经决定在九年级上学期教学生读写论说文了。

《敬业与乐业》是承担这个任务的开篇课文。

咱们得让学生通过学习《敬业与乐业》明白论说文的本质特征:论说文是作者针对某个特定问题或现象,发表自己的观点。

咱们得让学生通过学习《敬业与乐业》知道论说文的专门概念:知道论点、论据、典型的论证结构、常用的论证方法的含义。

咱们得让学生通过学习《敬业与乐业》明白阅读论说文的目的:关注作者所探讨的问题的意义,了解作者就这个问题发表的观点和论证过程,学习作者独到的论证方法,提高自己分析问题和表达见解的能力。

咱们得让学生通过学习《敬业与乐业》熟悉阅读论说文的方法:在通读的基础上判断文章针对的问题与发表的中心论点,分析文章的论证思路和论证结构,分析文章的论点与论据之间的联系并不断质疑,运用从文章中学到的论证技巧发表自己的见解。

上述任务名目繁多,概括起来,就是一句话:培养学生的问题意识,发展学生的理性思维,这是论说文教学的立足点。

基于此,咱们确定《敬业与乐业》的教学目标如下:

(1)学生在通读作品后能指出作者是针对什么问题发表看法,作者的看法是什么;能区分问题和论点,中心论点和分论点。

(2)学生能分析本文的论证思路和论证结构,并知道运用有关专门术语来描述。

(3)学生能分析本文的论点和所用材料之间的关系,并知道运用有关专门术语来描述。

(4)学生能就作者的观点和论证提出疑问,并能联系自己的见闻形成自己的看法,借鉴本文"总分总"式的论证结构和"举例论证"、"道理论证"的方法,写成文章,与同学交流。

教学过程对教学目标的细化如下:

一、布置课前预习:整理有关论说文知识,朗读课文并积累词语和警句。

二、目标一:

(1)默读文章,说明作者是针对什么问题发表看法,作者的看法是什么。

(2)学生可能会把分论点误判为中心论点。咱们可以这样引导:作者就如何对待职业问题,为什么要提出"有业之必要"、"要敬业"、"要乐业"这三个观点?请在文中找出能概括回答这个问题的句子。

(3)明确"问题"和"观(论)点"的区分,明确"中心论点"和"分论点"的区分。

三、目标二:

(1)作者就如何对待职业问题提出:我确信"敬业乐业"四个字,是人类生活的不二法门。他是如何论述的?请简要说明。

(2)主体部分三个分论点顺序能否调换?

(3)明确论证思路和论证结构。

四、目标三:

(1)作者为什么要断定"有业之必要"?

(2)你认为他的理由充分吗?

(3)作者在这一部分的论述你都赞成吗?请联系你对身边失业现象的观察来思考。

(4)明确论点与论据的关系,明确论据的特点。鼓励学生用质疑的眼光来读论说文。

(5)用同样的步骤完成对其他分论点的分析。

五、目标四:

就当今社会的职业问题,做一个社会调查,搜集资料,思考并形成自己的看法,借鉴本文的论证结构和论证方法,一篇文章,同学之间交流。

(四)

咱们再回到那个大问题:为什么一定要在九年级上学期让学生了解阅读论说文的目的与方法,学习阅读和写作论说文?

因为我们已经在八年级把《桥之美》、《阿西莫夫短文两篇》、《敬畏自然》等等作品误读为"说明文"。因为误读,我们的教学纠缠于"事物特征"、"说明方法"、"说明顺序"等概念,陷入削足适履的尴尬处境,错失了在八年级让学生认识论说文的特点、了解阅读论说文的目的和方法的机会。

因为形象思维和逻辑思维（理性思维）对学生的终身发展都很重要，就现状而言，语文既要能仰望星空，更要能脚踏实地；不仅要让学生能够诗意地栖居，更要让学生敢于理性地探寻。

因为咱们的传统文化轻视科学思想和科学思维，而科学思想和科学思维是人类和我们民族获得智慧的正确门道，语文有责任重建咱们得精神世界。

（五）

谢谢你能陪我备课。你知道，作为一个普通的语文老师，使用这样的教材教学，备课真的很重要，很辛苦，很危险。元芳啊，这课你怎么看？

跌倒者的风采

人们都怕跌，但生活中又难免跌倒。跌倒了可以爬起来，可是总免不了出一点洋相，这时便有许多人在跌倒的关键时候妙语如珠般跌出，反而更赢得了人们的满场喝采。

英国首相兼陆军司令丘吉尔去一个部队视察。天刚下过雨，他在临时搭起的台子上演讲完毕下台的时候，由于路滑不小心摔了一个跟头，士兵们从未见过自己的司令摔过跟头，都哈哈大笑起来，陪同的军官惊惶失措，不知如何是好。丘吉尔微微一笑说："这比刚才的一番演说更能鼓舞士兵的斗志。"此话一出，士兵们掌声如雷，士气高昂。为总司令的亲切感、认同感。

美国大律师赫尔有次为当事人辩护，不小心摔倒在台沿角，衣服撕开了口，帽子也掉了。庭里听众笑声、掌声和口哨声此起彼伏。这时，赫尔很镇静地走到中间微笑着向着听众："对不起，各位，此时此刻，我太激动了。一是为我的当事人，二是为了大家，激动得使我手足无措。衣服破了不要紧，帽子掉了不要紧，只要真理在心中。"话一出口，台下掌声乍响，为他的宽宏与智慧。

1952年，最佳女主角雪莉布丝莱听到自己获得奥斯卡奖之后，喜出望外。由于跑得太急，在上奖台的时候绊了一下，差点摔倒，想不到这个差点摔倒的动作却成了全了她当天的答谢词："我经历了漫长的艰苦跋涉，才到达这事业的高峰。"一语双关，妙语惊人。

1963年，为表彰美国著名航空学家冯·卡门在火箭、航天等技术上作出的巨大贡献，美国政府决定在白宫举行盛大的授奖仪式，授予他国家科学奖章。当时的冯·卡门已经82岁了，并患有严重的关节炎。当他气喘吁吁地登上领奖台的最后一级台阶时，跟跄了一下，差点摔倒。给他颁奖的肯尼迪总统慌忙跑过去扶住他。冯·卡门却对肯尼迪总统说："谢谢总统先生，物体下跌时并不需要推力，只有上升时需要。"众人无不钦佩他机智的反应。

一次里根总统在白宫钢琴演奏会上讲话时，夫人南希不小心连人带椅跌落在台下的地毯上。正在讲话的里根看到夫人并没受伤，风趣地说："亲爱的，我告诉过你，只有在我没有获得掌声的时候，你才应这样表演。"想不到严肃的政客也有平常人的幽默。

有一次"大学生是思考的一代"议题演讲比赛正在进行，一位女选手上台，没有想到拌上了话筒线跌了一个跟跄，下面哄堂大笑。女选手轻盈地爬起来，环视听众微笑地说："你看，我真的为大家倾倒，一来是为大家的热情，二来是我边走边思考问题。谁要我们是热情、活泼、思考的一代呢？"巧引话题，幽默自嘲。

想不到一个无心的跌倒也能跌出如此之多的妙语，跌出了名人的风采。

多一点"气功",多一份机会

职者面试时都希望给招聘单位一个好印象,想让用人单位慧眼相中。过去一张文凭打遍职场,现在可还得身兼数门"气功",身上有了这些底气撑腰,面试时亮点毕现,那么你的前程就会一片光明。

一、多一点和气。面试好象就是在相亲,谁的眼球都不会拒绝美丽的风景,但谁的眼光也都异常地挑剔。初次相见,对方首先看重的是你的穿着打扮。穿着大方得体,首先就给人一种愉悦感,亲近感。其次看重的是亲和力。素不相识的一群人初次见面在心理上难免有隔膜,这时,微笑的表情与谦逊的语言就能传递着自己的亲和,无形中拉近了自己与其他人的距离,大大提升自己在别人心中的形象,人气自然高涨。如果不注意自己的形象,穿得奇形怪状,那是对人家的不尊重,如果再一本正经地板着脸说,恐怕就会被人拒之千里了。

刚毕业的王芸来到一个社区应聘办公室文员,面试的当天特意穿上了一套职业裙装,当领考员将其领到面试门前时,她在向领考员微笑致谢后,轻轻地敲了下门,听到考官一声"请进",她轻轻推开门,微笑着面对场内所有的人员,同时背靠着门用左手把门带上,主考一声"请坐",她又不失礼貌地说声"谢谢"。接下来面试过程总是面带微笑,彬彬有礼。每次答题完毕不忘致谢。当主考官问到她如何做好办公室里的文员工作,她微笑地说:"作为社区办公室里的文员,要微笑地接待每一个主户,细心地做好本职工作,真诚地与同事协作互助。概括起来就是要:眼勤多看,看来客来函;口勤多说,说冷暖问候;耳勤多听,听意见呼声;手勤多做,做份内工作;脚勤多跑,跑事务联络;脑勤多想,想计划得失。"这一番话赢得了在场人员的赞许。

王芸面试成功,关键的一点就是做好"和气"文章。首先进场前穿着用心而得体,体现了女性的端庄淡雅,赢得了第一印象。其次话未讲,笑先到,礼先行。凡事征得考官同意才进入考场,并及时对领考员说"谢谢",显得亲和有涵养。回答问题时紧扣职业特点,微笑作答,流利简洁,顺耳顺心,所以她自然就成了不二人选。

二、多一点锐气。锐气就是锐意进取、愈挫愈勇之气。现在的社会竞争激烈,一家有岗百家求,于是在寻找工作的路途中难免会遭受种种挫折,这就要学会坦然面对,愈挫愈勇。坚信天生我才必有用，坚信行行都能出状元，少埋怨环境，多磨砺自己，决不听天由命，不做怨气奴隶。

一家通讯公司的人事主管每年都要到人才市场去招聘，他发现有一个求职者每年都来投简历，态度非常谦恭，总是说"我一直希望加盟你们公司"，可是每次都没有录取的机会，因为他的学历每次总是比招聘单位要低一级。这样连续投了六次，人事主管都劝他不要投，因为公司招聘对象学历要求已经提高到硕士了，可是他还是把简历一放，执意地说"我一直希望加盟你们公司"。在一次公司中层以上干部例会上，人事主管偶尔谈起这个应聘者，在座的总经理听了很感兴趣，便问道："他一共到了我公司应聘几次了？"人事主管把此人历次应聘简历拿了出来，总经理仔细翻阅了一下他的简历，用人一向严格的总经理马上宣布破例录用这名求职者。他对疑惑的与会中层说："你看，这个人第一份简历上写的学历是中专，在机械厂当操作工，第二份写的是自考计算机专业在读，第三份多了在计算机公司当推销员的经历，第四份填写的是计算机本科在读，第五份是多了电脑维修工作经验，而最后一份简历说明了取得计算机专业本科文凭。这说明他一直把进入本公司作为自己的目标，一直在努力学习专业知识，并且一直在进步，对于这样一个善于学习不断努力又如此执著的人，我们却对他如此漠然，这对公司来说是一种损失。"

这个求职者的成功告诉我们，学历起点低不是问题，求职遭挫不是问题，关键是要有锐气。有了锐气就能直面惨淡的人生，正视生活的挫折，执著追求自己目标，从而到达成功的彼岸。这也正是公司录取他的关键原因。

三、多一点才气。每人都要有自己的风格和魅力，这种风格与魅力来自于才气。"腹有诗书气自华，"要想才气过人，就要博览群书，培养自己广泛的兴趣爱好，摆脱身上的俗气，在面试中抓住一切机会，展露自己的才华，被录用的机率就会大增。

身高只有一米六零的小张有幸去一个学校面试，应聘者中还有许多是有过教学经验的教师。相比之下，无论是形象优势还是经验优势他几近于零。考官一看他的个头也不甚满意，于是故意出了一个问题来为难他："你跟他们相比，你的优势在哪里呢？"小张微微一笑，镇定自若地说："的确，相比他们，我有很多不足。但每个人都有自己的长处，我身材不高，可浓缩的是精华；我经验不够，但我勤奋刻苦。再说了，学校选的是人才，而不是选形象大使，应该不惟资历看能力，不惟文凭看水平，不惟职称看称职，不惟既往看发展。"小张的话刚一完，大家无不为他的口才赞不绝口，当场就签定好聘任意向书。

这次面试，小张的回答既张扬又不失谦虚，通俗又不失雅致。语言简洁但才气飞动。先是引了一句小品语，缓和了双方尴尬气氛。然后连续铺排的句式，最大程度表现出自己作为一个教师扎实的语言功底的优点，引起对方的共鸣，当下刮目相看，可以这样说，是小张的才气征服了考官。

四、多一点灵气。光是肚里有才还不行，在实际的场合中，还要抓住适当时机灵机一动，想方设法来推销自己，这样既显才气，更显灵气。

学美术的王浩毕业于名不见经传的普通高校，求职时四处碰壁。一家广告公司主考官看了他的简历之后就问："你这个学校，我怎么没有听说过呀。"王浩笑着说："的确，我的毕业院校不是重点。但好学校也有学得不太好的学生。俗话说：师傅领进门，修行在个人。学生的能力主要还是个人努力的结果。尽管我不是名牌学校毕业，但四年的努力学到的知识不比那些好学校的学生差。请给我一个尝试的平台，我定会还你一个精彩。"说完就趁机拿出自己精心设计的简历和作品出来。一周之后公司通知前来上班，报到时，总经理微笑着指向几十份应聘材料说："你知道在众多高学历求职当中我们为什么选中了你吗？一是你当时认真找寻工作永不放弃的决心和你的机智的应答。二是你在简历上用心作"文章"，你的那份32开简历比一般人的A4纸要小很多，招聘方一般会把它放在最上面，这会让我们不知不觉地最先看到你的简历，创意非常巧妙，这符合了我们广告的创意理念。这是你灵气过人的地方。"

王浩成功，并非侥幸，在整个应聘过程中，从投简历的执着，应该答的得体和制作简历方面体现了灵气过人，创意让招聘者眼前一亮。广告公司的竞争主要是灵气的竞争，谁拥有新的创意，谁就拥有了无限的财富。象这样头脑灵气，创新意识强的人才，哪一个有眼光的招聘单位会无动于衷呢？

总之，在面试中真正做到和气、锐气、才气、灵气相结合，才能真正驰骋职场，盛气一世。

拉近距离，讲出风采

"距离产生美"可谓至理名言，可这句名言到了演讲中就不对了。在演讲中，无论是空间距离还是心理距离，不是越有距离越好。相反演讲就是为了缩短距离，达到沟通的目的。很多初次上场的演讲者总是不自觉地把自己摆到了"演讲者"的位置，而把听众放在了"听众"的位置，言语行动各方面表现出高高在上的姿态，"我演讲你们听"，这样距离出现了，自己与听众也对立起来了，听众与演讲者之间有一道不可逾越的鸿沟，结果可想而知。1865年，美国内战结束后，有两位军人竞选国会议员。一位是曾任过二、三次国会议员的陶克将军，一位是他当年手下的一名士兵，名叫约翰·海伦。一位是功勋卓著的将军，一位是普普通通的士兵，几乎所有的人都认为，胜利一定属于陶克将军。竞选演讲开始了。陶克将军的演讲慷慨激昂，他说："诸位同胞，还记得17年前那个激战的夜晚吗？我率领士兵到茶座山狙击敌人。那是多么艰苦的战斗呀！但我从没想过退却，因为我知道，为了我们的国家，为了正义和自由，我愿意付出所有，包括生命。我三天三夜没合眼，血战之后，我竟躺在树林里睡着了，如果大家没有忘记那次艰苦卓绝的战斗，请在选举中，也不要忘记那位吃尽苦头、餐风露宿的、造就伟大战功的人。" 比起陶克将军的演讲，约翰·海伦的演讲要朴实得多，他说："亲爱的同胞们，陶克将军说得不错，他确实在那次战斗中立下了汗马功劳。我当时只不过是他手下的一名普通士兵，和他一起出生入死。那次，他在树林里入睡时，我就站在他的身旁守护他。当时我携带着武器，饱尝寒冷的滋味。还时刻准备着用我的身躯为他挡着随时会射来的子弹。我在心中说，我是一名士兵，我要保护将军的安全"。约翰·海伦的演讲赢得了民众热烈的掌声，他出人意料地赢得了选票和最终的胜利。约翰·海伦之所以能在竞选演讲中获胜，原因在于他在演讲中虚心地承认自己是一名普通的士兵，这样就拉近了与广大民众之间的距离；作为一名普通士兵，在恶劣的战争环境中他仍能坚守自己的岗位，兢兢业业、尽忠职守，让人觉得他更值得信赖。陶克将军在竞选演讲中，列举了自己的赫赫战功，言辞慷慨激昂，但是他的演讲始终保持着对民众的一种高姿态，无形当中有一种高不可攀的感觉，距离拉开了，不能给人以亲切、真诚的感受。因此，失利也在情理之中。由此可见，拉近距离多么重要呀。

一、在称呼上拉近。一句恰当的称呼实际上就是对人的一种情感的认同与归属，称呼如果适时适度，发自内心，就能表达出演讲者的感情。恰当的称呼能融洽气氛，拉近距离。李燕杰曾到一个监狱给罪犯作报告。他在演讲开始的称呼上大作文章。他知道犯了罪的人最讨厌"罪犯"这个词，就像偷东西的人最讨厌"贼"这个词一样。因此他考虑到不能用"罪犯们"。经过苦心思考，用了"触犯了国家法律的年轻朋友们"，回避了罪犯这个词。犯人们热烈鼓掌，有些人一听，眼泪就掉了下来。因为从来就没有人称他们朋友，这个称呼表现了一种真诚与友好，犯人们自然就感到了尊重与温暖。演讲的效果可想而知了。

二、在空间上拉近。拉近空间距离是为了更好地缩短心理情感的距离，感染听众，达到更好地打动听众的目的。演讲者可以适时适地地走下讲台，跟听众在一起，缩短演讲者与听众之间的距离，加强与听众的直接交流。印尼总统苏加诺有次应邀到北大演讲，言语不通、年龄悬殊、地位迥异、阅历不同以及民族、信仰、生活习惯诸多方面的不同决定了他与听众之间的距离的遥远，因此缩短与听众之间的心理距离，取得听众的情感认同是演讲成功的根本点。苏加诺不愧为经验丰富的社会活动家与演讲家，他是这样开始他的演讲的："同学们，请大家往前挪几步，我想挨大家近一点，好吗？"亲切的话语，含笑的表情得到了学生的认可，学生心里为之一热，向前走了几步。"请大家脸带微笑，因为我们面对的是一个光辉灿烂的明天。"带有哲理的调侃不仅缩短了与听众的交往距离，更是拉近了心理距离，学生报以热烈的掌声。李大钊有次到一所大学里演讲，大学生们早已正襟危坐等在下面，本来主持人为他准备了桌子、椅子与热茶，他要主持人把这些搬走，说："同学们这样热情来听我的演讲，我希望我的演讲一开口就能走进大家的心田，我们之间不能有任何阻隔。大家说对吗？"台下响起了热烈的掌声。李大钊走向学生，与他们站在一起，抚摸前排一位同学的肩膀，热情洋溢地开始了他的正题，一场精彩的演讲就这样拉开了序幕。

三、在情感上拉近。感人心者莫关乎情。演讲者首先要能引起听众的共鸣，让心与心近距离地交流，然后在此基础上教育人，感化人。这就要求演讲者运用各种方法沟通与听众之间的情感通道，感情既要发自内心，又要做到适度。有次一个演讲家为一个残废团体演讲，残废人一般都自卑，这就决定了他们与讲演者之间的心理距离相当远，为了缩短这种距离，这位讲演家是这样演讲："在座的各位朋友，大家好，在这里我首先跟大家说说我的爷爷，我的爷爷是一位聋哑人，他年过七旬，行动不便，但是我很尊敬他，孝顺他。这不仅因为他是我的爷爷，更重要的是他也有血有肉有丰富的情感的人，是我们社会的一份子。他与在座的各位朋友一样，身残志不残，理应得到社会的理解与爱护。"短短的几句话，引起了残疾朋友们心灵的震动，他们对讲演者报以热烈的掌声。这掌声是回报，是理解，是感激。1860年，林肯作为美国共和党候选人参加总统竞选，他的对手是民主党人、大富翁道格拉斯。道格拉斯租用了一辆豪华富丽的竞选列车，车后安放一尊大炮，每到一站，就鸣炮30响，加上乐队奏乐，其声势之大，史无前例。道格拉斯洋洋得意地说："我要让林肯这个乡巴佬闻闻我的贵族气息。"面对此情景，林肯毫不畏缩，他照样买票乘车，每到一站，就登上朋友们为他准备的耕田用的马拉车，发表竞选演说。他说："有人写信问我有多少财产。我有一个妻子和三个儿子，都是无价之宝。此外，还租用一间办公室，室内有办公桌一张，椅子三把，墙角还有一个大书架，架上的书值得每人一读。我本人既穷又瘦，脸还很长，不会发福。我实在没有什么可依靠的，惟一可依靠的就是你们。"选举的结果是林肯获胜，当选为美国的总统。道格拉斯炫耀财富，盛气凌人，在情感上恰恰使他脱离了人民，人为地扩大了富豪与人民之间的距离。林肯运用贴近平民情感战略，巧妙地借助道格拉斯的盛气凌人的形象，来反衬自己与人民群众的贴近。林肯不讲排场，不自我炫耀，在演讲中树立了富有人情味、好学上进的良好形象，迎合了选民的心理需求，获得了选民的认同，最终登上了总统的宝座。

总之，谁能把距离拉近，谁就能讲出风采。

纵横论天下，妙语显风采

——评李肇星答中外记者问之妙语艺术

十届全国人大四次会议三月七日下午在人民大会堂举行记者招待会，外交部长李肇星就中国的外交工作及国际和地区问题回答中外记者的提问。他的义正辞锋、机智幽默、从容不迫的应对艺术赢得了在场人的阵阵掌声。

一、刚柔结合，辞锋义正。针对台湾中天电视台的记者提问"有人呼吁两岸在国际上'外交休兵'，您对此有何评价？台湾最近宣布终止'国统会'运作和'国统纲领'适用，您怎么看这对两岸关系的影响？"李肇星部长坚持一个中国的原则毫不含糊，严正地说："世界上只有一个中国，台湾是中国的一部分，这是国际社会普遍坚持的重要原则……世界上包括联合国在内的138个政府间国际组织都承认世界上只有一个中国，台湾是中国的一部分。中国的主权不容分割，中国领土完整不容破坏，台湾当局领导人挑衅一个中国原则，挑战国际公理和人类正义，妄图把台湾从中国分裂出去，理所当然遭到两岸同胞的强烈反对和国际社会的谴责和蔑视。台湾当局领导人的台独分裂活动必将遭到可耻的失败。"李部长的话铮铮有声，鲜明有力，在维护国家主权与尊严方面刚性十足。当然这个台湾记者也有别于别有用心和恶意蛮横的人，所以李部长话锋转为温情十足，用柔和深情的语调对这个记者和在场的人说道："非常高兴有机会同一位台湾同胞讨论这个问题。我不由想起不久前逝世的全国政协副主席巴金先生的一段话。这位活了101岁的老人深情地说：我爱家乡的泥土，我祖国的土地，我永远同你们在一起，我们每个人都只有一位母亲，只有一个祖国，让我们共同努力，捍卫自己祖国的主权、领土完整和尊严，坚决反对任何形势的台独。"这席话既是心灵的沟通，又是情感的交流，借巴金老人的话，倾吐了炎黄子孙对祖国的一片诚挚之心。有刚有柔，理情相融。

二、庄谐结合，幽默得体。李部长在答记者问，既义正辞严，更不乏幽默。针对韩国联合通讯社记者提问，"台湾问题最近成为非常重要的问题，中国与美国在台湾问题上有时有一致意见，也有不同意见，台湾问题可能会影响六方会谈吗？"面对这种问题，李部长举重若轻，巧妙幽默地说："你说得很对，中美两个大国，在有些问题上意见一致，有些问题上不一致；有时候一致，有的时候又不一致。我看你说出了一个普遍适用的道理：大概对于任何两个大国之间的关系，这样说都不会太错。如果两个国家，特别是两个大国，什么都完全一样，这个世界也就太单调了，我看有好多记者可能就失业了。"幽默轻松的话语让在场的中外人士笑声四起，掌声雷动。李部长转而又庄严地说："台湾问题是影响中美关系的最重要因素。我们希望美方坚持一个中国政策，遵守中美三个联合公报，认清'台独'分裂势力及其活动的危险性，切实反对'台独'分裂活动，不向'台独'势力发出任何错误信号，共同维护台海和平稳定和中美关系大局。我们愿与美方共同努力，增进了解，扩大共识，加深互信，发展合作，妥善处理分歧，推动中美关系健康发展。"李部长正面阐明了中国政府在中美关系和对台关系的严正立场。在回答日本广播协会记者提问的时候说"日本领导人不应该再做伤害中国人民和其他侵略战争受害国人民感情的事情了，这是一个非常严肃的问题。不仅中国人民不能接受日本现任领导人至今还参拜甲级战犯亡灵，其他许多国家的人民也不能接受。日本的领导人怎么能干这种事，这种傻事，这种不道德的事。中方发展与日本睦邻友好合作的基本方针没有改变。中国将继续按照胡锦涛主席去年4月23日在雅加达提出的五点主张，为改善中日关系积极努力。"李部长幽默嘲讽"日本领导人在干这种傻事"之后，转而庄严指出中国的一向外交主张，庄谐有度，幽默得体。

三、据理结合，从容不迫。美国彭博新闻社记者问道：中国"今年增加了军费14.7%，增幅好象是最近四五年来最高的，很多国家担心中国虽说要和平崛起，却不停地增加军费。请问外长对此有何反应？其他国家是不是不应该这样担心？如果不用担心，请问军费为什么要增加这么多？""中国威胁论"近来经过西方一些别有用心的人渲染以来，许多国家也受其影响，时时担忧中国的和平崛起。李肇星部长巧妙地用数据和事理来说明问题，"我认为看事情要看最基本的事实，不能光看一个数字，一个百分比，而忘记这个百分比后面，前年的底数、去年的底数是多少。如果你不知道的话，我可以建议你看一看新华社刚发的对中国人民解放军锡龙将军的专访，发表在今天的《北京日报》上。增加之后的中国军事预算，也比你所来自的那个国家的军事算少得多。中国人均军费是你所来自的那个国家的1/77，更重要的是，中国国防政策是透明的，那就是中国的国防完全是防御性的。"李部长巧妙把中国与记者所来自的那个国家的军费数据作了一个对比，向与会人士传达了这样一个信息：真正要担心的是别国，中国的国防是用来防御的。接着，李部长再次明确而庄重地告诉全世界，"1964年10月16日，中国首次核试验成功当天，就向全世界明示：中国在任何时候、任何情况下都不首先使用核武器，此后又无条件承诺不对无核国家和无核武器地区使用或威胁使用核武器。"最后李部长一语双关地对记者说："你注意到了中国的军费,好象研究的很仔细,我不知道你是否研究过其他有核国家有没有像中国这样就核武器总是向全世界作出如此透明而诚恳的承诺。"有理有据,话中有话,绵里藏针。既表明中国的承诺,又让大家透过数据看到某个国家真正在贼喊捉贼,国际社会究竟应该担心的是哪个国家。

四、进退结合,挥洒自如。在回答英国路透社记者提问:"现在华盛顿有一些人,包括美国国防部一些人,说中国是将来美国主要的潜在敌手。您怎么看待中国将来的发展。再过十年、二十年,中美关系会怎么样?如果处理不好的话会怎么样?"李肇星说:"中国的发展不对任何国家构成威胁。相反,中国的发展,为世界其他国家的发展创造了越来越多的机遇。譬如说,中美去年双边贸易额已高达2116亿美元,同比增长24,8%。这样的经贸合作,给两国人民带来了实在利益。中国已经成为美国增长最快的出口市场。有人估计,中美贸易带动的美国国内就业人数大概在400万至800万之间,物美价廉的中国商品使广大美国消费者得到了好处,也有利于降低美国的通货膨胀压力。中国还是美国大豆、棉花的最大进口国。2004年,中国进口美国大豆1020万吨,占美国大豆出口的43%,进口106万吨美国棉花,同比增长一倍多。去年,中国还购买了70架波音飞机。"李部长先是强调中国的发展不构成威胁,重在摆事实和颜悦色地说明中国的发展有利于其他国家的发展。接着,李部长在温柔的言词中开始反击,"的确,美国朋友也有一些抱怨,说他们同中国的贸易赤字太大。但是赤字的产生,原因很复杂,其中包括美国除了波音飞机之外,只愿意卖给中国刚才说到的大豆、棉花,还有加利福尼亚葡萄酒、佛罗里达柑橘等。有一些更值钱的东西,他们不卖,他们说那是高技术含量的,甚至是军民两用的。实际上很难说得清楚什么叫军用,什么叫民用。比如说这杯茶,我和姜恩柱主任委员喝了就是民用了,要是当兵的喝了就是军用,说得清楚吗?所以不要把什么问题政治化,还是要按照世贸组织的规则办事才好。中方并不追求贸易顺差,我们愿意继续采取积极措施,来逐步解决贸易不平衡问题。"李部长话锋一转,矛头直指美国,巧妙批评美国的贸易政策,动不动就把问题政治化。"退"中求"进","退"不是逃避,而是有理有据地展示中国经济对世界经济的推动,"进"是巧妙指出造成美国赤字太大的正是他们的某些做法,进退自如的言语艺术发挥的淋漓尽致。

一场记者招待会,李肇星部长集义正、智睿、思敏、辞锋于一身,从容镇定,谈笑自若,真可谓纵横论天下,妙语显风采。

"孟爷爷"靠什么走近你的心里

《非诚勿扰》是江苏电视台推出的是一档适应现代生活节奏的大型婚恋交友节目，除台上仪态万方的24位女嘉宾及每期5个风格迥异的男嘉宾外，主持人孟非绝对是节目的亮点！实事求是地说，孟非跟美男子画不上等号。他光头，讲话时略有歪嘴，语速和语感也不很好，主持的质感也不是让专业者认可，但这一切丝毫不影响他带给我们的美好感受。孟非靠什么走近我们的心里呢。

一、在称呼上走近。一句恰当的称呼实际上是对人的一种情感的认同与归属，称呼如果适时适度，发自内心，就能传达出交流双方的感情，营造一种融洽的氛围。孟非在主持《非诚勿扰》时，女嘉宾喜欢称他为"孟爷爷"，随之男嘉宾也加入了进来，时不时还摸下他的光头。孟非姓孟不假，但肯定称不上爷爷，论年龄不大，论辈份不够，论什么也称不到爷爷的份儿上，但嘉宾乐意叫，公众乐意听，孟非也乐意接受。对于"孟爷爷"的称呼孟非自己曾这样解释，一是场上女嘉宾们都对我比较信任，希望我以过来人的身份给她们一些建议，叫孟爷爷也比较亲切。二是因为通常情况下比我小的同事会喊我"孟老师"，但我个人不是很喜欢"老师"这个称谓，无德无能，无以为师，所以我慢慢接受了"孟爷爷"这个称呼。于是只要"孟爷爷"一叫，孟非与嘉宾之间的交流就变得有声有色，妙语纷呈。孟非之所以跑火，跟这称呼确有很大的关联。这一称呼里既包含了孟非待人的态度、丰富的人生感悟以及对嘉宾的由衷喜欢与欣赏，更包含了大龄男女希冀真心交流、放心倾诉、开心碰撞的期待与信任。这档被时下大龄男女青年热捧的节目，如今更是吸引不少大妈、大叔级中老年观众。"爷爷"称呼功不可没。

二、在空间上走近。空间距离的拉近是为了更好地缩短心理情感的距离，便于互吐心声。太近容易有压迫感，太远又觉得隔膜。只关顾台上女嘉宾，就会冷落上台的男士；只注意两位点评主持，就会忽略台下观众的呼应。这就需要主持人拿捏好自己的站位，从而形成一个高质量的对话碰撞场。《非诚勿扰》节目制作方摒弃了传统主持人高高在上的做法，在舞台空间主体设计上大做文章，精心构架一个"T"形台，上边的一条弧线站着的是24位女嘉宾，"1"字直线两头联着女嘉宾与男嘉宾，两边坐着的是观众。主持人孟非就站在"1"上（观众中间）根据对话需要变动自己的站位，把各方位投来的目光、话语接住，巧联妙解，润滑气氛，搭建起沟通的桥梁。在节目进行中，孟非有时近身跟男嘉宾比试头型、身高，消除他们的紧张感；有时上前延请女嘉宾下台互动，活跃场上的氛围；有时主动挑衅黄菡等点评嘉宾，激起交锋的火花。孟非把主持人的空间优势发挥得淋漓尽致。面对女嘉宾攀附高枝迷失自己的择偶观，孟爷爷在"T"型台上缓缓环视，谆谆告诫，"姑娘们不要总想着如何嫁给一个国王，而是把自己弄得好好的，好到什么程度呢，就是我嫁给谁，谁就是国王！"话语既指台上又告台下，情面留足，意味深长。对个别嘉宾的建议，他则视线聚焦，言辞恳切，鼓励其完善自我，亮出自己。"要舍得为自己投资，爱自己。人都是视觉动物，别相信那些什么他只喜欢我这样的，如果你没有给他第一次的惊艳，哪来的深入了解！"为了更好地和舞台左侧的嘉宾互动聊天，追求精彩的碰撞，孟非还曾从大概半米多高的舞台上跌落。

三、在情感上走近。感人心者莫关乎情。一则婚恋交友节目能得到大龄青年男女及众多大叔大妈的追捧，得益于"孟爷爷"发自内心的真挚。他没有爷爷的辈分却具有爷爷式的实实在在暖融融的沟通交流。他善于自嘲，利用糗事打开交流通道。当打着石膏、吊着膀子的孟非回归录制现场时，他自嘲加卖萌说自己是"铁臂阿童木"，想追求"一种造型艺术"，"本来想收拾得好一点再和法国的美女们见面，没有想到就这么出来了，有点寒碜，向大家表示歉意。"短短几句，笑声迭出，既对观众的关心作了回应，活跃了场上氛围，又对主持人以这种形象上台作了解释，以示对观众的尊重。他更善于倾听，长期看这个节目的人会发现，当嘉宾在讨论话题的时候，他极少打断，只是偶尔煽把风点把火，把话题往"青草更深处漫溯"。他不刻意说教，只在关键处扔出点睛之语，惊醒梦中之人。在2012年6月法国专场会上，当五音不全的蒲顺菲专为"冰美人"邢星唱《可惜不是你》时，声调跑偏，歌声"诡异"，孟爷爷用自嘲来安慰他，"不会唱歌的人很多，（你）一点也不要自卑。只要我到KTV唱歌，他们集体去洗手间"，并且不失时机地添了把火，"你刚才这一段确实感人，歌唱得好不好一点都不重要，你愿不愿意在现场对邢星唱刚才那首歌。"蒲顺菲说，"我是一个五音不全的人，从小就害怕唱歌。但为了你，就算在全世界面前丢一次脸又怎样？"一番感人的告白、一曲感人的歌唱让邢星泪如雨下："我等这天等了好久，我把时间、精力、幸福都赌上了，只为遇见一个合适的人。"在暖暖的情歌声中，她与蒲顺菲浪漫牵手。两人离开舞台后，孟非不禁感慨："为邢星而来的男嘉宾很多，这个小伙子未必是我们标准意义上最优秀的。每个人都在等待一个合适的人。"孟非言语的情感温度传递、拿捏让人叹为观止。

孟非曾言："主持并非一种舞台上的表演，而是一种人生的真实，"这话说得好，他把《非诚勿扰》里的嘉宾当成自己的儿女，把场下的观众当成亲朋，拉近了距离，演绎出许多平民津津乐道的生活精彩。

名人善作"顶上文章"

做人难，做名人更难，尤其是做一个谢顶的名人。谢顶的名人出名以后，一切都暴露在公众的目光之下，于是名人的谢顶变成了公众瞩目的"焦点"，许多人有意无意地借此大做文章。针对别人善意的"眷顾"，谢顶者往往采用幽默自嘲的方式，巧妙化解各种尴尬。

我国著名笑星葛优的头经常在小品中被别人提及，招来观众善意的笑声，于是有人问葛优如何看待他的秃头，葛优自我解嘲说："热闹的马路不长草，聪明的脑袋不长毛！"谢顶本是件令人尴尬的事，但葛优没有回避，一番类比推理地回答，说得妙趣横生，听众忍俊不禁，于是葛优的秃头更是深入人心。

美国著名演说家罗伯特头上不长一发，却从不戴帽子，有人提醒他光着头容易着凉受热，罗伯特回答："那是你们不晓得光着头的好处，我可既是第一个知道下雨的人，又是第一个感知太阳温暖的人。"罗伯特反映机敏，逆向思维，在别人的眼中明明是生理缺陷在他的眼中却变成了得天独厚的优点，情趣十足。

艾森豪威尔总统是个秃头，他所提拔的财政部长乔治也是一个秃头。他们第一次会面时，艾森豪威尔和乔治亲切握手并且说："乔治，我注意到你梳头的方式完全和我一样。"艾森豪威尔可以说是最能利用自己的谢顶缺陷的了，他巧妙地借秃头来拉近两人之间的距离，让乔治觉得总统非常亲切。后来，乔治常说他永远不会忘记艾森豪威尔那次独特的对话，因为他从中感受到了总统那种随和而平易近人的作风。

德国空军将领乌戴特也是一个秃顶，在一次宴会上，一位年轻的士兵不慎将酒泼到将军的头上，全场鸦雀无声，士兵悚然而立。这时将军拍了拍士兵的肩膀说："老弟，你以为这种治疗会有用吗？"此话一出，全场掌声雷动。这位将军可谓智慧超人，幽默感十足，一句巧妙的调侃化解了士兵的尴尬，活跃了全场的气氛，博得了满场的喝采之声，赢得了全所未有的人格魅力。

当然，对那些别有用心故意刁难的人，那些谢顶的名人也各有自己幽默的对付招式。或尖锐而不刻薄，或俏皮而不油滑，或委婉而不直露，或机灵而不失力度。

戴维斯是一位环保专家，同时也是一个谢顶者，时刻帽不离头，有好事者讥笑他"欲盖弥彰"，戴维斯回应道："要知道这里（指头顶）绝对是一片净土，我必须提防外界对它的污染。"戴维斯的回答一语双关，既表明了自己职业的相关性，又巧妙地反击了好事者，态度不卑不亢。

苏联领导人赫鲁晓夫天生秃头，年轻时当过矿工。矿主嘲笑他的秃头大概是出生时营养不良所致，赫鲁晓夫当即否认："不，这是我母亲的伟大的杰作。因为她看到当今世界黑暗面太多，特意让我给大家送来一点光明。"赫鲁晓夫反应机敏，故意曲解生新，讥讽了矿主的心黑，讽刺意味十足。

美国剧作家康奈利最突出的特征是他那难寻一毛的秃头，有人认为是智慧的象征，也有人拿它取笑。一天下午，在阿尔贡金饭店，一位油里油气的中年人用手摸了摸康奈利的秃顶，讨他的便宜说："我觉得，你的头顶摸上去就像我老婆的臀部一样光滑。"听完他的话，康奈利满脸狐疑地看了看他，然后也用手摸了摸自己的头，回答说："你说的一点都不错，摸上去确实像摸你老婆的臀部一样。"康奈利巧妙变换了句序，回答可谓绵里藏针，那位流气的中年人本来想讥讽剧作家，没想到反被作家讥笑，只得自己种的苦果往肚子里吞了。

令人尴尬的秃头在名人的眼里竟然成了先天的优点，敬而远之的生理缺陷在名人的口中竟然变得妙趣横生，看来，名人确实会作"顶上文章"。

"难"题也能巧回

战国期间，楚国名门贵族伍子胥避祸亡命于吴，途中，在边境被守备人员捕获，危急关头，伍子胥急中生智地说："其实，国王追捕我，是想得到我们家传的美珠。但是，在逃亡途中，我已经将它遗失了。如果将我押送国都，我就说是你把它拿走吞到肚里去了。那么你将被剖腹搜查。"守备人员一听恐惧不安，于是不得不将伍子胥释放。伍子胥的机敏之处在于给对方出了一道难题：你要么是放我走，要么你就被剖腹。结果，对方只得将伍子胥放走。在交际活动中，有时对方提出一个选择性的问题，不管你选择哪一方面作答，都觉得为难，此即所谓"二难"，此时，你若能抓住这种"难"题的要领，采用恰当的技巧，就可以巧妙地回答这类的问题。

避实就虚法。在思维的过程中，我们常常被非此即彼的思维模式所限，弄得不好就会掉进人家的圈套。这个时候就需要你冷静分析，沉着应对，避实就虚。民国年间，主持外交事务的王宠惠，出席1933年的国际联盟大会。会上，一个日本代表十分狡猾地问："你是代表南京中央政府呢，还是代表东北满洲国政府？"这是一个典型的二难题：说前者吧，无疑暗隐着中国有两个政府，无意中分裂了国家，说后者吧，它是日本帝国主义扶植起来的伪政府，怎能代表它？王宠惠沉着冷静地说道："我代表贵国承认的那个中国政府。"这里，王宠惠的聪明在于看清了此问题的实质——对方把中国政府分为南京和东北两个，由你选择哪一个都不行，王宠惠来了个变通，把政府分为承认的和不承认的两个，然后采取避实就虚法，从虚处（贵国承认的那个中国政府）入手，从而机智巧妙地落实到实处（南京中央政府），巧妙回答了问题。

模糊应答法。有时二难题不一定有选择性，但却有两面性，由于某种因素的制约，回答哪一面都为难，此时可采用模糊应答法，表面没有回答，实际答案就在其中，以表面的模糊来表达无以言传的准确。明朝开国重臣刘伯温，智慧超人，民间有"前朝军师诸葛亮，后朝军师刘伯温"之说，一次，朱元璋问他："我大明江山能坐多少年？"这是个颇为棘手的二难题：说万万年无穷尽吧，人家不信，说你欺君；说三百年吧，人家嫌太短，说你别有用心。可见，由你如何说都有人头落地的危险。此时只听得刘伯温道：我皇万子万孙，何须多问。好一个妙答，亦虚亦实，言辞悦耳，无懈可击，恰到好处。如此模糊的妙用，足见他的聪明才智。

　　类比推理法。对于一些不好回答的二难问题，可以巧妙地运用类比推理法，巧打"太极"，提一个类似的问题询问对方，表面不回实际已回，正面不答侧面已答。陈元方十一岁时访袁公，袁公问他："你父亲在太丘，远近闻名，是怎么做的？"元方回答道："我父亲在太丘县，强悍的人用德行安抚，弱小的人用仁厚安抚，任凭他们过安定的日子，时间久了越发尊敬了。"袁公就故意逗他说："我从前做邺地县令时，正是这样做的，不知是你父亲学我，还是我学你父亲？"元方回答说："周公和孔子并不是同时代出生的，但他们的做法一样。周公没效法孔子，孔子也没效法周公。"十一岁的元方回答袁公的二难问题，显现出超过常人的机智。袁公称自己在邺地的做法与元方父亲的做法一样，到底是谁效法谁？若一般思维要么自己的父亲超过外人，要么外人超过自己的父亲，可前者就显得不谦逊，不宽容人，而后者又显得太没有脸面。在这种情况下，元方运用类比类推法，避实就虚，说周公与圣人孔子在不同的时代出生，处事游刃有余，天下太平，周公不以孔子为师，孔子也不以周公为师，这种类推法的灵活应对是元方回答的高明之处，好象没有回答，可是答案不言自明。

　　比喻明理法。二难问题难就难在选什么都不是最好的回答方式。这个时候可以恰当地运用比喻来回答，把深奥难懂化为浅显易明，把许多难以言说的问题化为更为形象化的说理，让对方去理解、去体会。1920年，加里宁在一次会议上作报告，当时有些农民对工农联盟的重要性不理解，向加里宁提出了这样的疑问："什么对苏维埃政权来说更珍贵，是工人还是农民？……"对此加里宁提高嗓音反问道："那么对一个人来说什么更珍贵，是左脚还是右脚？"农民听后欢呼起来，掌声经久不息。 加里宁以左右脚的同等重要比喻工农联盟，确切地反映了工农联盟的本质，又不易让别有用心地人钻空子。试想：如果加里宁在这里强调工人或农民珍贵，那么工人农民都觉得太偏心，反而会分裂人心；如果讲都重要，那么人们就会认为他是虚伪的哲中主义者，从而对苏维埃政权产生疑问。但他用一个精彩的比喻，阐述了一个深奥的道理，解决了棘手的问题，让人叹服。

随机应变，妙趣横生

在平常的交际演讲中，灵机一动地捕捉眼前身边的人、事、物、景等，巧妙地与自己交际演讲场合中的某些内容相结合，因景生发，因事生发，因物生发，因境生发，因人生发，因识生发，往往使交际演讲平添一种机智和情趣，给听众留下更深的印象，会收到了意想不到的效果。

一、因景生发。也就是触景生情。人们在交际场合看到眼前之景，突然灵机应变，借景表达自己的情感与观点。江泽民主席访美期间，在哈佛大学演讲，他接受了现场提问，有人问他对所遇到的示威活动有何感想，江泽民说："我到美国以来，从夏威夷开始，就对美国的民主有具体的体会，比过去在书本上学到的要具体得多。"此时，全体哄堂大笑，并抱以热烈掌声。接着，江泽民辞锋一变，他说："虽然我已经71岁，但是我的耳朵还是很敏锐，刚才我演讲时听到外面高音喇叭的声音，但是，我想唯一的办法就是，我的声音比他们还要大。"说到这儿，全场又爆起热烈的掌声。江泽民主席触景生智，联想到美国抓住中国所谓的人权问题，说出了上述一番话，既委婉地批评了美国的民主，又用正义的声音压倒了不和谐的声调，体现了伟人的机智与风采。某校正在开欢送干部班的学生毕业典礼，外面忽然响起了雷声，接着暴雨顿至，正在演讲的教师灵机一动，临时加进了几句话："你们听，外面的雷声隆隆，这是欢送你们毕业的礼炮！"用外面响起的雷声比喻欢送的礼炮声，不仅增添了送别的气氛，在自然景物中揉进了人的感情，而且避免了因外界打雷可能使听众情绪分散的情况，巧妙之至。

二、因事生发。在演讲过程中，可能出现出乎意料的事，如果对阐述自己某种观点有利，说话人也可即兴把它作为类比的生发点。1993年年底，香港宝莲禅寺天坛举行开光典礼，新华社香港分社社长周南和港督彭定康都被邀作嘉宾，仪式完后，彭定康即指责我港澳办关于香港问题的声明"并不是一份有特别吸引力的圣诞节礼物"，记者就此要周南发表意见，很明显，在这种场合直接展开外交争论是不适宜的，于是周南应时应景地说了两句耐人寻味的佛教语："谁搞三违背定会苦海无边，罪过，罪过！谁搞三符合定是功德无量，善哉，善哉！"说完又加上了一句"阿弥陀佛"，引得在场的人忍俊不禁。周南借在宝禅寺开光之事，以巧妙的艺术语言智斗彭定康，使其谰言归于破产。英国文学家兰姆在一次演讲中,有人故意发出"嘘嘘"的怪叫声捣乱,兰姆说:"据我所知,只有三种东西会发出"嘘嘘"的声音——蚣、鹅鸟和傻子,你们几位能到台前来,让我认识一下吗?"台下顿时一片安静。奥斯卡获奖者精彩绝妙的致词中也有因事生发的佳例。1952年,最佳女主角雪莉布莱丝由于跑得太急,在上奖台时绊了一下,差点摔倒,想不到这个差点摔倒的动作成了她今天答谢词的生发点。她在致词时巧妙地借题发挥:"我经历了漫长的艰苦跋涉,才到达这事业的高峰。"在场的人都能领悟到,她的话看起来是指自己演艺时的刻苦探索,但又包含了刚才差点摔倒的难堪。

三、因物生发。借助身边的物来作类比联想,更好地传达所要表达的情感与观点。美国政治家雷布斯在伦敦作"关于劳工问题"的演讲,为了使大家对劳工的工作有所了解,中途突然停了下来,取下怀表站在那里一动不动,眼望听众足足有一分零二十秒,听众觉得奇怪,用惊奇的眼光看着他,这到底是怎么一回事呢?难道他忘了演讲词了?这时雷布斯开始说了:"诸位,刚才大家感到局促不安的七十二秒钟的时间,正好是一个普通工人砌一块砖头所要的时间"。人们沉默片刻,随即爆发出炸雷般的掌声。雷布斯通过一块怀表婉曲地强调每砌一砖所需要的时间,透示了出了普通劳工的辛苦,从而达到此时无声胜有声的效果。某学院学生文学社团改建时,本来想叫做"五色土"文学社,并且通知前来参加成立大会的老师。但在开会之前却又改名为"流萤"文学社。一位教授在祝贺演讲中风趣地说:"我本来的腹稿是按照"五色土"打的,可进了这个大门,才知道你们的社团的名字改为"流萤",这一来,把我事先腹稿的"五色土"全冲掉了!"他一抬头,看见教室里的日光灯亮着,幽默而又自谦地说:"刚才几位领导同志的发言如果比作明晃晃的日光灯的话,那我下面的发言不过是夜空中偶尔一闪的流萤之光。"这位教授巧妙地把眼前之物日光灯与黑板上的"流萤文学社"联系起来,加以发挥,既表示了自己的谦虚,也创造了良好的氛围。

四、因境生发。不同的交际演讲场所有特殊的环境和特殊的公众,处在特定的环境当中,由于各人的年龄、知识结构、见解等有不同,同时又要考虑当时场面、事物、情境等特殊性,这就需要灵活机智地加以处理,根据临场的情况,机智应对。原民主德国柏林空军俱乐部举行盛大的宴会招待空军英雄,一位年轻的士兵斟酒时不慎把酒洒在乌戴特将军的秃头上。顿时,士兵悚然,全场寂静。倒是这位将军却悠悠然,他轻抚士兵的肩头,说:"老弟,你以为这种治疗有用吗?"话音刚落,全场立即爆发出响亮的笑声,人们为将军的宽容、幽默与机智而欢呼。在通常情况下,身体有缺陷的人往往不能容忍别人触及自己的"痛"处,这位士兵在斟酒时的失手不仅是失礼的行为,而且是触及了将军的痛处了,将军在庆功会上如果大骂士兵,不仅让士兵无地自容,也降低了自己的人格。这位将军能根据会场这个特定情境自我调侃,把洒在头上的酒说成是治疗秃头的药物,引来了全场的笑声,打破了沉闷的气氛,为士兵解脱了窘境。在一个"振兴中华"演讲会上,轮到方婷婷演讲,只见她不慌不忙地走上讲台,她说:"我给大家讲的题目是:论坚守岗位。"讲演员方婷婷嗓音甜美,吐字清晰。突然,她径直向会场外走去。台下的观众面面相觑。先是小声议论,彼此猜测,继而怨声四起,怒不可遏。难堪的五分钟过去了,方婷婷回到了讲台上,面对被激怒的听众,充满激情地说:"如果我在演讲时离开是不能容忍的话,那么,工作时间擅离生产或工作岗位的行为难道不应该谴责吗?!——我的演讲完了,谢谢"人们深思片刻,随即报以热烈地掌声。这位演讲者的成功在于利用了当时特殊的情境。

五、因人生发。在交际演讲场合中看到眼前某些具体的人产生即兴类比联想,用以说明某种观点。具体讲,可以因眼前人的性别、年龄、外貌、性格、职业、爱好、以至在场人数的多少等各种信息,作为类比联想的端点。一个教师在给学生们讲作文修改的重要性时,这样说:大家常常写文章,可什么叫文章呢?旧版《辞海》上说:"绘图之事,青与赤谓之文,赤与白谓文章。"人的脸皮有青有赤也有白,可见,每个人的脸皮就是一篇天生的文章。(笑声)古今中外,许多女同胞(包括我们的女同学)都是非常讲究修改"文章"的。(大笑)你看吧,她们每天晨起梳妆,对着镜子,用奥琪增白蜜反复"揣摩"(涂抹),再用高级胭脂、唇膏精心"润色"(大笑),还要用特别的眉笔仔细地修改"眉题"。甚至连标点符号也毫不含糊——非要用手术刀将"单括号"(单眼皮)改为"双括号"(双眼皮)不可!(笑声、掌声)你们看,这是何等严肃认真、高度负责的态度呀?我们每个人都有自己的文章。要使自己的"文章"出类拔萃,成为"真由美"(真优美),不在"修"上下番苦功夫行吗"(笑声)何其芳同志说:"修改是写作的一个重要部分,"由此看来,这真是一条至理名言哪。这位教师借助生活中及眼前的女同胞,以此作类比联想,把修改文章的重要性通过女性化装时的情态来表达,生动形象,忍俊不禁。二战时期,丘吉尔来到华盛顿会见当时美国总统罗斯福,要求美国共同抗击德国法西斯,并给予物资援助。但罗斯福迟迟没有表态。一天早晨,丘吉尔洗完澡,在白宫的浴室里正光着身子在那里踱步时,有人敲浴室的门。"进来吧,"丘吉尔大声喊道。门一打开,出现在门口的是美国总统罗斯福,他看到丘吉尔一丝不挂,便转身想退出去。"进来吧,总统先生,"丘吉尔伸出手臂,大声呼唤:"大不列颠首相没有什么东西需要对美国总统隐瞒的。"说完,两人哈哈大笑。这次谈判很成功,英国得到了美国的援助。罗斯福看见光溜溜的丘吉尔本来是一件尴尬的事,但丘吉尔能从自己身上无遮掩巧妙联想到英国的坦诚,并作了一番发挥,那一语双关的话语表达了英国政府的诚意。可以这样说，丘吉尔的这句话对谈判的成功不无作用。

六、因识生发。"长期积累，偶尔得之。"其实任何一次交际演讲场合都需要人们有丰富的知识底蕴作基础，在特定场合要求应变的时候才能泉思如涌，如果平常"存款"不多，靠临时抱佛脚是生发不出智慧来的。著名语文教育家谢曙东应邀参加某市春节团拜会，事先没有准备发言，可主持人在会上请他讲几句，他看到桌上一改过去摆设丰盛糖果、高级糕点的习惯，仅清茶一杯，于是灵机一动，以"一"字引发，即兴赋诗："欢聚一堂迎佳节，清茶一杯显精神，团结一心创伟业，步调一致向前进。"大家报以热烈掌声，欢迎他再来一个，他急中生智，顺着刚才的"一"进行下去，卖了一个关子，"别喊，还有一个横批：说一不二。"得体的发挥得到了与会者的称赞。四川农学院博士李华制出葡萄酒，打入法国市场，根据法国的条律规定，葡萄酒是外国的专利，中国须完税百分之三百，李华毕竟是一个博学多才的人，他脱口而出一句诗"葡萄美酒夜光杯，欲饮琵琶马上催"，笑着说：我们中国在唐朝就有葡萄美酒了，是我们当时没有申请专利了。法国人为他的才学所倾倒，一句诗硬是让税减了下来。至于那个故意提问"孔雀为何东南飞"不是"西北飞"的怪题，有一博士巧妙戏答"西北有高楼，上与浮云齐"，让人不得不叹服他渊博的才识与应变的机智。

由此看来，在交际场合中人们要根据时、地、事、境等情况随机应变，随境而发，巧妙利用自己的知识与机智，结合生活实际，创造出一个内涵深刻形式丰富的语言天地，使自己的交际演讲具有更动人的魅力。

用精彩的开头来靓丽你的演讲

俗话说：万事开头难，演讲是一门语言艺术，要使你的演讲先声夺人、引人入胜，就要有个好的开头，有经验的演讲家在长期的实践中得出一个结论：如在最初的十分钟内吸引了听众，后面的演讲将会变得很容易。很多名人演讲都很注意开篇的演讲技巧，他们明白：好的开头是演讲成功的一半。

一、开门见山，点题明义。演讲者开始演讲便表明自己的观点或态度，直截了当入题，然后进行阐述。当年美国威尔逊总统在国会演讲，就潜水艇战争发出最后通牒的事件，发表他的意见，他开头两句是："我国的对外关系已到了关键时刻，我的责任唯有极坦白地把状况报告给各位。"一句话，把问题明确摆出，听众的注意力为之高度集中。1918年8月4日列宁在莫斯科举行演讲："战争拖到了第五个年头，现在任何人都清楚地知道谁需要战争。谁是富人，谁就更富；谁是穷人，谁就被资本主义压得实在喘不过气来。这个战争要贫苦的人民流血牺牲，而他们得到的报酬只是饥饿、失业和勒得更紧的绞索。"列宁这篇《世界大屠杀的第五年》的演讲一开始就开宗明义，点明了战争背景，以不容质疑的肯定语气带出演讲主题。"谁是富人……"一段，以简短的句式、紧凑的结构、形象的比喻、鲜明的对照，层层递进，铺陈主题，最后引出誓言，表明要将俄国革命进行到底的决心。

二、故事导入，妙趣横生。这里的故事可以是现实生活中的趣闻，可以是浩如烟海的书本中的故事，也可以是中外历史上有影响的大事。《谁为形象工程埋单？》这篇演讲就是用故事切入："《聊斋志异》中有这样一则故事：张某是一个医术高明、闻名乡里的老郎中。一天，他的老母病重，配药时，有一剂药对治疗老人的病非常有效，但由于这味药毒性较大，始终举棋不定。无奈之下，便去请教邻村的杜郎中，杜郎中二话没说，一拍脑门：下，这味药一定要下。事后，她的夫人问道：'相公，你为什么要坚持下这味药呢？'杜郎中说：'你别小看了这味药，要是救活了张郎中的老母，我就会借此名扬四海；一旦治死的话，反正是他妈又不是我妈。'这则故事，令我们浮想联翩、回味无穷，故事虽说荒唐，可在现实生活中，类似这样不负责的'杜郎中'确实大有人在的。他们，就是那些大搞形象工程而让老百姓埋单的人；他们就是那些由于"拍脑门决策"而给人民群众造成损害的人；他们就是那些让每一位有良知的党员干部痛心的人啊！"演讲者由《聊斋志异》中的"杜郎中"故事引入，然后从中启发性地提出问题，进而亮出自己的观点，生动有趣，易为大家接受，从而对这种类似"杜郎中"的人有了更深的认识。

三、场景切入，心感情应。以典型场景开头，既渲染气氛，又融情入景，让听众有身临其境之感，在情感上拉近与听众距离，又能紧扣演讲的中心。美国前国务卿埃弗雷特一次在葛底斯堡国家烈士公墓揭幕式上发表演讲，远处的群山、眼前的田野、伫立的人群、肃穆的气氛，激起了他心底的情感波澜："站在明静的长天之下，从这片经过人们终年耕耘而现在还安静憩息的广阔原野放眼望去，那雄伟的阿勒格尼山脉隐约地耸立在我们的前方，弟兄们的坟墓就在我们脚下，我真不敢用我这微不足道的声音来打破上帝和大自然所安排下的这意味无穷的寂静……"。这个开场白相当精彩，埃弗雷特巧妙地利用眼前场景开头，既表明对先烈的尊敬，又有对后人的激励，字字句句震撼听众的心。

四、疑问悬念，引人思考。吸引读者的好奇心和兴趣，使他们急于往下听，最有效的方法莫过于以设悬念，提疑问开头，至于答案就在演讲正文中，读者听完自然明了。《不辱使命，当好送信人》的演讲是这样开头的："朋友们，大家好！您读过这样一本书吗？它创作于100多年前，到今天却仍然脍炙人口，俄罗斯、日本等政府曾要求本国公职人员人手一册，美国现任总统布什也把它赠送给自己的部属，还有很多国家为培养公职人员的职业操守，已将它到入必读书目！这本书，就是《致加西亚的信》"。对于"忠于职守，无私奉献"这样的老主题，演讲者没有因循老路，而是从《致加西亚的信》这本畅销书巧妙切入，极富新意和时代感。文章以问开篇，引起读者注意。在吊足了听众的胃口之后，才把书名托出，然后从故事中逐步引出了诚信的重要性这个主题。1940年6月18日戴高乐将军在伦敦通过广播演讲，这篇广播演说的开头非同寻常，极具震撼力："事情已经有定局了吗？希望已经没有了吗？失败已经确定了吗？没有！"三个设问，步步逼进，一个比一个强烈，一个比一个尖锐，不容听者喘息。"没有！"斩钉截铁的回答不容丝毫疑问，显示出不可战胜的勇气和锐不可挡的力量，重新燃起了法国人希望斗争的火焰，鼓起了对敌斗争的勇气和信心。此次演讲的成功也使得戴高乐将军被世人称为"六·一八英雄"，恐怕与这个开头不无关系。

五、修辞开头，文采斐然。修辞开头的方式有多种，但以排比、对比最为常见，排比使读者在开篇领略到一种强劲语势，感受到作者在文章中所要抒发的强烈感情。马丁。路德。金在《我有一个梦想》中这样开头："今天，我们在一位伟人身影的庇护下，在这里举行集会。100年前，这位伟大的美国人签署颁发了黑奴解放宣言。这一举世瞩目的法令犹如灯塔，给在凶猛的、不公的火焰炙灼下枯萎衰亡的数百万黑奴带来了光芒，使深陷囹笼的黑奴欣喜地见到了长夜将尽的黎明曙光。但是，100年后的今天，我们却不得不面对这一悲惨的现实：黑人远没有获得自由；100年后的今天，黑人依然在种族隔离和种族歧视的双重人格下挣扎谋生；100年后的今天，黑人依然栖身于贫困竭绝的孤苦之岛，四周却是物质丰盈的浩渺之地；100年后的今天，黑人依然蜷缩在美国社会的角落里，苟延残喘，身居祖国如同沦落异乡。因此，我们今天在此集会，将这一幕惨不忍睹的情景昭示于众……"《我有一个梦想》在修辞手法的运用上刻意追求，极尽渲染铺陈之能事，起首的"一百年前"令人联想到林肯签发的黑奴解放宣言，这一宣言使数百万黑人奴隶摆脱了被奴役的命运。紧接着用了排比、对比的句子揭示了黑人的悲惨现状，句句铺陈，重重对比，层层推进，对正在参加游行的大部分黑人来说，他们对金博士的描述感同身受，引起了他们强烈情感共鸣。如果采用对比的手法开头，则会对比分明，引人深思。2004年"东山学校杯"全国演讲大赛《谁给诚信标个价》就采用了对比列举的方法："2001年广东省某地高考大规模作弊案曝光，具有讽刺意味的是，当年的考题正是那个关于抛弃诚信的故事；2002年北大社会学系年轻教授王铭铭的专著《想象的异邦》约有十万多字的内容抄袭自他和别人参与翻译的《当代人类学》；2003年河南省的高校结成了科技诚信联盟，抵制泛滥成灾的学术腐败；2004年宁波大学毕业生在他们的毕业论文上郑重申明：本论文纯属个人研究成果，如发现有剽窃现象，愿承担一切后果。说到这，我不禁想问一个问题：诚信价值值多少？"这里将两组例子进行对比，使人认识到诚信危的机的严重性，向人们呼吁要将诚信进行到底。

六、名言俗语，巧妙点染。文章开头引用名言警句、诗词歌赋、俗语谚语等，继而顺势引出演讲的主体内容。这种开头既能点明文章的主旨，又能增强语言的文采，流露出丰厚的文化底蕴。同时一般人都崇拜名人，名人的话都有一种吸引听者的磁力。引用这些名言警句等，使得文章更有感染力和说服力。《事业是怎样成功的》是这样开头的："著名的心理学家郝巴德说：全世界都愿意把金钱和名誉的最优奖品，只赠给一件事，这就是创造力。创造力是什么？简单来说，就是不必人家指示，而能够做出别人没做过的事……"这段演讲的开头很值得称道。它一开头就引用了名人名言，引起了听众的好奇心，使听众愿意听下去。而在说完"只赠给一件事"之后停顿，听众就会迫不及待地要问：最优等的奖品赠给了谁？接着第二句把大家引入了"创造力"这个中心话题，第三句是问话，可以引起听众思索，使听众愿意参与共同讨论。《生男生女都一样》中却巧妙地引用了一则手机短信开头："我对漫天飞舞的手机短信已不再感到新鲜，但是最近收到的一个段子却让我思绪万千，我先给大家念念：有一对夫妇，第一胎生了个女孩，取名招弟；第二胎又是生了一个女孩，取名又招；第三胎还是一个女孩，取名再招；

第四胎仍旧是个女孩,父亲火了,取了个名字叫绝招……当然,现在很少有人取'招弟'作名字了,但是人们希望生男孩的思想还是那么根深蒂固。"引用一则短信,幽默风趣,真可谓别开生面。语言表达又精练、生动,具有启发性和感染力,一下了便吸引住了听众,并让听众进入到了听讲的话题中去。

七、反弹琵琶,标新立异。当人们的思维有了一定的定势之后,突然能从另一个角度翻出新意,能让听众耳目一新,从而达到了吸引人的效果。台湾高震东是台湾忠信高级工商学校校长、著名演讲家。他在对大学生讲自身的责任时做了一个《天下兴亡,我的责任》的演讲:"同学们,你们说'天下兴亡'的下一句是什么?(台下声音:匹夫有责)------不,是'我的责任'!如果今年高考每个人都额外加10分,那不等于没加吗?'天下兴亡,匹夫有责'等于大家无责,'匹夫有责'要改成'我的责任',我是这样教我的学生的,唯有这个思想,我们的国家才有希望。如果人人都说:学校秩序不好,是我的责任,教育办不好,是我的责任,国家不强盛,是我的责任,人人都能主动负责,天下哪有不兴盛的国家?"针对"天下兴亡,匹夫有责"这句话许多人已经对它有点麻木不仁,仿佛觉得:天下兴亡的事是芸芸众生的事,与我个人何干?高先生打破某些人的心理惯性,一开头便大声疾呼:国家兴亡,我的责任。从"我"上切入,落实到"责任"上,展开"爱国,从我做起,从小事做起"的话题。反弹琵琶,出奇制胜,颇具新意。

八、情感切入,亲密接触。演讲就是为了拉近距离,让人家接受你的观点。所以演讲时,要尽快确定自己与听众之间有某种直接的情感联系,要选择与听众信息息息相关或最能为听众所接受的话题,利用情感的作为沟通的桥梁,从而引起听众与自己在感情上的强烈共鸣。请看下面一则演讲:"同志们,我虽不是本地人,可是我对这块土地的感情却很深厚。前几年我在这里工作了一年零三个月,可就在这短暂的时间里,博白县的领导却给了我留下了深刻的印象。在我病重的时候,是你们及时送我到医院救治,我的身体里流着你们的血;当我的孩子上学有困难时,又是你们帮我度过了难关。我是个知恩图报的人,我永远忘不了你们对我的恩情,我一直盼望着能有机会报答这里的人民。今天,我毅然放弃在容县比这个职位要优厚的多的工资待遇、工作要轻松得多的岗位来这里竞聘,就是想创造更多的财富,来还我这个末了的心愿。"在竞聘博白县烟草专卖局副局长一职时,一个来自外地的干部讲了这样一段话,在竞聘中用自身的切身经历讲出了自己的真情实感,打动了在座的听众,最后他这个"外乡人"获得了成功。

要想做一个成功的演讲,精彩的开头是一个必不可少的要素。除了掌握一些必要的技巧外,还应在平时的学习中善于总结,勇于尝试。请相信"好的开头就是成功的一半"。

演讲稿要做到"盛气凌人"

演讲最讲究气，气出而情露，气盛而势出，气生而情升。那么好的演讲稿究竟要有哪些气，怎样为之充气呢，又怎样做到"盛气凌人"呢？

一、巧拟标题显灵气。

题好文一半。一个好的题目可以概括演讲的内容，可以体现演讲的思路，可以蕴涵全文的主旨，可以表现全文的特色。题目拟得好，一方面吸引了听众的眼球，一方面勾起了听众听讲的情趣，凸显了演讲者的灵气。所以题目要扣准演讲话题，力求简洁醒目；要紧扣演讲内容，力求生动雅致，给人诗意的想象空间。如《不要让铜臭腐蚀了我们的手术刀》，标题醒目形象，一针见血，指向了某些医生医德的失落、良知的泯灭，唤起白衣天使们对自身道德的反思和对灵魂的拷问，如警钟长鸣。再如丘吉尔的演讲《热血、辛劳、眼泪与汗水》，题目体现了演讲者的思路，旗帜鲜明地表现了他勇担大义的忠心，敢于牺牲的雄心，务求必胜的信心，题目一经说出，就能起到稳定民心，鼓舞士气，激励斗志的作用。无怪乎丘吉尔被民众誉为"反法西斯斗士"，"英国人抵抗的灵魂"，恐怕跟他注重演讲题目不无关联。

二、贴近生活有人气。

打动人心的演讲没有不是贴近生活的。只有关注生活，沉入生活，那些情深意重的事件就总会在不经意间打动你，触碰到你最柔软的心底。有了生活气息的事件，加上情感的参与，流畅的思维、飞扬的语言，便能使文章情味十足，展现出无穷的魅力。如《没有听我叫过一声"爸爸"》，这是一位女大学生所作的演讲，在这一演讲中，没有为赋新词强说愁的矫情，有的只是演讲者和其继父之间真实生活细节的展示："继父养育了我和弟弟十几年。可在这十几年里，也许就因为他是瘸了一只腿的残疾人，弟弟从没有喊过一声爸爸，甚至没有好好地和他说过一句话。有事找他的话，我和弟弟就会冲他'喂'上一声。妈妈让我和弟弟喊他爸爸，而我和弟弟却指着他大声地喊道：'他不是我们的爸爸，我们没有他这样的瘸腿爸爸。'妈妈闻言，愤怒地将巴掌打了过来，但巴掌最终却落在了继父的身上。"这篇演讲之所以人气暴棚，关键是贴近了生活，传达了真情。一句"在这十几年里，我和弟弟从没有喊过他一声爸爸，甚至没有好好和他说过一句话"道出了演讲者对继父的愧疚之情；一句"妈妈闻言愤怒地将巴掌打了过来，但巴掌最终却落在了继父的身上"道出继父的宽容和关爱之情；特别是当获悉继父为了救落水的弟弟长眠不醒时，我才泪如滂沱，撕心裂肺地喊出了第一声"爸爸"，道出了演讲者那份"子欲养而亲不在"的悔恨之情，这些真情实感，引发了听众的亲情联想，点燃了他们的亲情火焰，营造了一种浓浓的亲情氛围，最终实现了以自己的忏悔去净化听众心灵，达到了与听众情感的共鸣的目的。其亲情真，其人气足。

三、温言暖语露情气

"动人心者，莫先乎情，情动于中而行于言。"演讲的语言要有真情实感，对待所讲之事该冷则冷，该热则热，褒贬分明。俄国大文豪托尔斯泰有一句非常精辟的忠告："一个人只有在他每次蘸墨水时都在墨水瓶里留下自己的血肉，才应该进行写作"。换言之，就是要用心血情感去浇铸语言，去写好演讲稿。真情实感是演讲价值之所在，所以要写自己亲身经历体验过的生活，用充满温情的笔墨去描写典型动人的细节，让充满情感的语言传递出作者的细腻真挚的情感温度，恰如上面所举的《没有听我叫过一声"爸爸"》，这样才真实感人。

四、立意高远呈大气。

演讲从本质上来讲，就是要弘扬真善美，鞭策假丑恶，激起听众的豪情，振奋听众的斗志。如果我们一味沉溺个人的哀怨情仇，热衷于个人的浅吟低唱，文章就会显得"小气"。大气的演讲，应该从人的道德观和价值观入手，心中有正义和公理，笔下写民族与国家，探讨人生及民生，关注现实和热点，展望美好未来，熏陶心灵情操，叙述动人情谊，这样才能大气十足。如巩朝纲《面子与粽子》：作者从个人好面子说起，再谈到什么才是真正的面子，从更宏观的角度来阐释"面子"的真正内涵："面子是'不破楼兰终不还'，是'苟得国家生死以'，面子是壮士烽火狼牙山，是开国大典上那一声湖南口音的呐喊，面子是刘翔以12秒88扬威于洛桑，面子是中国数学家完全解开的庞加莱猜想，面子是郑洁、晏紫温网夺冠后那个甜甜的微笑，面子是洪战辉既当爹又当娘那个卖书的小小地摊。面子是一种自信，是一种自律，是一种自立，是一种自强，只有真正懂得面子内涵的人，才能在逆境中爆发，才能功在国家，利在大众，才能赢来有口皆碑，才能博得万古流芳。"演讲者没有停留在小我的面子圈里，而是把它放在民族、国家这个大背景上去体味什么才是真正的面子，纠正了一些人的浅见陋识，立意高远，大气逼人。

五，博引巧饰展才气。

博引是指在演讲中能引经据典，旁征博引，既体现演讲者文化底蕴与文学素养，又能提升演讲的效果，让人惊叹你的底蕴，折服于你的底气，演讲自然动人。如《留给明天》："'大江东去，浪淘尽，千古风流人物，'苏轼的词旷达豪放，指引我们在挫折中也应豪情不灭；'杨柳岸晓风残月，'柳永的词含蓄婉约，给人别样的唯美浪漫的风情；'满纸荒唐言，一把辛酸泪，'曹雪芹举家食粥著《红楼》的故事流传至今；琴瑟琵琶，管弦丝竹，现今中国民乐已然在世界的台上大放异彩；吴道子的工笔，齐白石的水墨更在百年长河的画卷中比翼齐飞。"在这段演讲词中，演讲者旁征博引，笔下既有古今令人心仪的志士仁人，又有斑斓的历史气息，也有脍炙人口的诗句，充分显示了演讲者浑厚的文化底蕴，腹有诗书气自华，自然让听众为之折服。而巧饰则是指善用各种修辞，强化演讲效果。排比句就是其中最常用的一种修辞。由于它讲究句式整齐，气势贯通，很适宜运用于演讲。如程少堂先生《人生的第一个美梦》，作者在结尾充满激情地说："书籍给了我们天空一样的胸怀，大地一样的良心，星星一样的智慧，月亮一样的品格。人生如登山，因数有书做伴，我们一路攀登，但觉满眼风光，云霞绚烂，不知不觉中，双足凌绝顶，一览众山小"。作者巧用了排比、比喻，把读书的重要性淋漓尽致地表现出来，在学生面前树起了巍然挺立的书籍丰碑，让听众有一种拥有书书籍、饱读诗书的冲动。而"双足凌绝顶，一览众山小"又是仿拟"会当凌绝顶，一览众山小"，一方面显示程老师饱读诗书，顺手拈来，点铁成金的功底，一方面对听讲的学生又是一种巧妙的示范与鞭策，增强演讲的说服力，同时也使演讲词文采斐然。

　　总之演讲就得注重气，气顺则理顺、情顺，从而达到以气载文，文气贯通，这样的演讲才能盛气凌人，才能打动人心。

给素材披上一件美丽的新装

"人靠衣裳马靠鞍,"议论文要想出彩,就得用好素材这个外衣。同一块面料有人能加工出精致的时装,有人却只能弄成擦桌布。这就要求能对这块面料进行多层面、多角度加工,才能有"横看成岭侧成峰,远近高低各不同"的效果。

现以"屈原"为例,谈如何让这个素材"横看成岭侧成峰"。先看常见的写法:

"'世人皆醉而我独醒,举世浑浊而我独清。'屈原,有如白玉一般纯洁心灵,命运注定他与黑暗腐朽的现实格格不入。面对郑袖、子兰等人的诬陷,他选择了保持自身高尚的节操,纵身跃入滚滚的汨罗江中。"《无悔的选择》

应该说,该考生对屈原这个素材的处理是不错的:第三人称叙写,有名诗引用,语言也比较美。但是,这个例子最大的不足就是写法不新,震撼力不强,有隔靴搔痒之感,这种现象在中学生作文中比比皆是。那如何才能让同一素材在不同的笔下能生辉呢?

一、神态描绘

对素材所涉及的人物,要重点抓住其特征,通过外貌、神情、动作的描绘去凸现人物的性格,去展示人物内在的精神风貌。

"屈原行吟泽畔,面容憔悴,但他步履坚定,目光如炬。国事的颓败,昏庸的楚王听信奸佞的谗言疏远、贬谪了自己。现在,楚国的大权落入靳尚和子兰手中,他们将把国家引向何方?善良而淳朴的百姓,还蒙在鼓里,而亡国的灾难随时都可能降到他们的头上。屈原的内心充满了焦灼,充满了痛苦和愤懑,如地下的岩浆,在奔流,寻找一个发泄口。

是自己错了吗?是自己对国家不够忠诚了吗?是自己错怪了楚王吗?不,都不是,屈原坚定地摇了摇头。自己可以逃避吗?可以听之任之吗?或者,可以随波逐流吗?不,更不能,屈原同样坚定地摇了摇头。"《问》

该文作者抓住了屈原憔悴的面容、焦灼的神态,传神地表现出他为国为民心神憔悴及为自己的不幸遭遇而痛苦的情状,而坚定的步履、如炬的目光又映现出他的坚定信念,"上下求索"的执着在神态描绘中得到了淋漓尽致地再现,为他内心的挣扎、灵魂的拷问提供了一个坚实铺垫，同时下文的议论也就自然生发了。

二、环境渲染

素材要想鲜活，有时也得对环境氛围进行简洁生动的点染，通过这种点染来突出人物的情态及思想品格。

"汨罗江畔，黄叶飘飞，落日染江。你'芰荷为衣，芙蓉为裳'，披发行吟于江畔。支离破碎的江水一如你宁乱的内心，你将手插进清冽的江水，最后一次感受江水的清净。望着天边苍茫的落日，你长叹一声。明天，你就将带着一颗挚爱之心跳进楚国的江中，去追寻你的眷国之梦。你的泪顺着憔悴的脸颊滚下，滑过枯槁的手背，滴进湖心，荡起一圈涟漪。

我想摇一叶扁舟，驶向你身边，握住你的手，给你冰凉的手心注入丝丝温暖。不需要语言的安慰。只要手心对手心的轻轻一触。"《我想握住你的手》

"汨罗江畔，黄叶飘飞，落日染江"，开头的四字句简洁而又诗意地勾勒了冷风萧瑟的寥落环境，映衬了屈原悲凉的内心，暗示了屈原与楚国的最终命运。哀景哀情，屈原的爱国情怀、坎坷的国命人运让人顿生悲愤，就想握住他的手，给他冰凉的内心注入丝丝温暖，抒情自然真挚。

三、情景再现

在尊重史实的基础上，进行合乎情理的虚构，细致地再现事件发生、发展时的情景，这样写能使人物形象，事件鲜活，从而达到打动人的目的。余秋雨的《道士塔》与卞毓芳《留取丹心照汗青》中就运用了这种写法，真实与虚构相结合，情景描写是在大致符合史实的情况下构想的，它符合历史本质的真实。

"'长太息以掩涕兮，哀民生之多艰。'凄冷的夜空下，滔滔的汨罗江边，身穿芰荷、腰佩香袋的屈原独自踯躅着，吟诵着。举世皆浊，众人皆醉，为什么不随其流而扬其波？望着疑惑质疑的渔父，屈原脑海里似乎也有点迷惘。是呀，为何还要如此坚持？你大可以拂袖而去，从此隐居山林，与造化同游，何等逍遥自由。你还那么死心干吗？

望着天上的星斗，望着眼前的滔滔江水，屈原清醒过来：'余固知謇謇之为患兮，忍而不能舍也。'于是脚下的脚步更加坚实了，'路漫漫其修远兮，吾将上下而求索'，三闾大夫的低声吟唱又一次穿透历史迷雾在寂静的夜里响起。"《决择》

凄冷的夜空，滔滔的江水，身穿芰荷、腰佩香袋的屈原独自踯躅着，争斗着，这一切如特写镜头真实细致地还原了当时的情景。这种真实的虚构不知要胜过普通的叙述多少倍。正是有了这些情景再现，屈原的决择才显得真实可信，他的人格真正在人们面前高大起来。

四、角度变换：

同一个的事例，通过变换文体或变换角度，就会产生不同效果。在利用素材时，可以与事例中的人物直接对话，在对话中展现人物的品格；也可以是人称转换的叙述，或直接或间接或婉曲地展露人物的心声和品格。由于恰到好处的角度变换，事例顿时鲜活起来。以《谏屈原书》为例，这篇作文吸引人的眼球首先是独特的书信体结构，耳目一新；其次作者没有沿用传统的第三人称来写，而是采用第二人称，用一个世俗人的眼光、调侃的笔墨去与对屈原进行劝告：或弃官从文，名满天下；或半官半隐，享受生活；或以"油"润官，博得赏识。借此去探寻、去追问屈原的精神世界，从侧面解读屈原高尚执著的人生，读懂屈原无悔的追求。角度新颖，似贬实褒，慧眼独具。

五、排例造势

除了对单个例子进行上面几种改换之外，还可以将它与其它事例并列铺排在一起，直接引用或间接化用一些名诗佳句进去，构成由几个排偶句组成的段或几个并列的事例排比段，这样写使得事例有典雅之美、气势之美、音韵之美，层次井然，段落分明。

"站在历史的河畔，漫瞅那一道道鸿梁，翻阅素养的楷模：楚大夫沉吟泽畔，九死而不悔；霸王泪洒江东岸，一瞬成鬼雄；虞姬心随项王去，化作矛尖花；张骞伴着驼铃走，一心向天山；卫将军旌旗飞舞，奔向大沙漠；魏武帝扬鞭东指，壮心不已；陶渊明悠然南山，饮酒与采菊；唐太宗载舟为民，创贞观之治；南唐后主伴寂寥，佳作不间断；康熙帝英明神武，亘古永铭记……回眸历史沧桑，掩卷长思，荡气回肠。三分啸成剑气，无处不散发着素养的光芒。"《上帝的账单》

本文列举了历史上许多人物，以整齐的句式、鲜明的节奏、和谐的音韵、贯通的语势、丰厚的积淀、排偶的句式写出，加重了语意，突出变化之大，以引起世人的警觉，犹如黄钟大吕，久久回响在世人的耳边，气势之美跃然纸上。

综观近几年的高考优秀作文，考生都会把目光投向历史上那些震撼我们、激励我们的经典人物——李白、苏轼、屈原、司马迁、杜甫、李清照等。这就需要我们考生掌握以上处理素材的方法，写出"人人心中有，个个笔下无"的事例来。

写话题作文力求"五味俱全"

话题作文的最大特点就是开放性、灵活性，即使是相同的话题也会有不同的立意、不同的选材、不同的情节、不同的语言、不同的手法等，学生思考的余地大了，个性得到了自由的张扬，才情得到了充分的展示，想象得到了尽情的驰骋，思维得到了极大的锻炼。但是，大量题材雷同的的情形也随之而来，总给人似曾相识的感觉。那么如何使这类话题作文写的有滋有味呢？

一、标题要有"韵味"

标题是一篇文章的眼睛和灵魂。一个好的题目，可以概括全文的内容，可以体现全文的思路，可以蕴涵全文的主旨，可以显现全文的特色，从而达到眉目传神的韵味。标题的韵味首先来自准确，要扣准话题，不能偏题离题；其次来自醒目，要紧扣文章内容，一目了然，让人耳目一新；再次来自生动，妙用修辞，给人留下深刻的印象；最后来自雅致，给人诗意的想象空间。如深圳市中考作文话题是"守望"，考生就拟出下列韵味别致的题目：《守望我的夜空》、《拨动寂寞的琴弦》、《守望历史的痕迹》、《守望人生的标点》、《麦田里的守望者》、《在外婆的守望中行走》、《灵魂的守望》、《祈祷天长，守望地久》、《如枫的守望》等，这些标题既有心灵独语式的倾诉，又有诗情画意般地描述，既有各种修辞手法的交错使用，还有哲人沉思时的顿悟。角度新颖，意蕴含蓄，真可谓标题一出，韵增三分。

二、选材要有"新味"

"横看成岭侧成峰，远近高低各不同。"同一个话题，同一个相似的题材，由于作者思维的多向性，才使得文章构思异彩纷呈。这就要求我们善于从"人人心中有"的素材中，发掘出"个个笔下无"的题材来，做到言人之所欲言，言人之所未言，真正成为标新立异的"二月花"。如在写"亲情"这个话题时，很多考生的取材仅局限于父母在我生病时对我怎样无微不至关心和照顾，甚至是在风雨之夜背我上医院，或是在雨中让伞、衣服给我，自己淋病或冻病了等。这些"人人心中有"的素材怎会获得老师的青睐？但如果独辟蹊径，另选角度，那写出的文章就不可同日而语了。如《放些蚊子进来》说的是放暑假回来的儿子在父母的房间里临时搭了一个床铺，晚上由于蚊子叮咬翻来覆去睡不着，睡在蚊帐里的母亲看在眼里痛在心里，于是拉开蚊帐，父亲不解地问为什么，母亲轻轻地说，放些蚊子进来，好让蚊帐外的儿子睡得安稳些。听了父母的对话，儿子不禁泪流满面。这样的挚爱真情怎能不令人动容，这样不落俗套的选材怎能不令人耳目一新。

三、立意要有"深味"

立意对文章写作的成败至关重要。一个话题可能涉及多个角度。因此，立意往往也呈多样性、层进性，所以应该在准确、深刻、新颖、独到上下工夫，最好能体现出创新意识，也就是指要有"深味"。这就需要有见地、有胆识，善于避开人云亦云的观点，跳出陈陈相因的窠臼，透过平凡的生活琐事，以小见大，挖掘其蕴涵的哲理，表现自己对社会、对人生的真实感受和认识。所以要引导学生加强阅读，关注社会，思考人生，作多角度思考，想人所未想，发人所未发，才能在常人的观点或说法上再进一个层次。如：上海市中考话题作文"生活中的发现"，有的考生从平凡的生活中感悟出许多真知："我发现生活不会相信眼泪，只有勇敢面对困难，奇迹才会在厄运中诞生"、"我发现生活在于过程，而不在于时间，一个有意义的生命，才是最完美的生命"等，考生对生活的感悟如此之新颖，对生活的体验如此之真切，对生活的意蕴理解如此之深刻，问卷老师想不给高分都难了。

四、内容要有"情味"

列夫托尔斯泰说："艺术起于至微"，这里的"至微"就是指那些显示人情美、人性美，具有永久艺术价值的细节。成功的细节描写往往能达到"一瞬传情，一目传神"的艺术境界。所谓情味就是要以细小见情意，以"物""点"传真情，起到"尺水兴波"的效果。人的喜怒哀乐等情感大多与一定的人、事、物相关，特别是某种强烈的情感的爆发，往往有其特定"触发点"，用"慧眼"去捕捉这些触发情感波澜的动情物和动情点，它可能是一串风中的风铃、一张精致的书签；抑或可能只是一片枫叶、一张旧照片，只要能引发情感波澜，都可以以之为媒，从而以小见大，于细微处揭示人物的内心世界和性格特征，达到细节传神，以情动人的目的，掀起文章的情感波涛。如深圳市中考满分作文《木樨留香》中的一小段："小文，快看！"奶奶一大清早将我从暖暖的被窝中拉起，把我领到饭桌前。"这是什么？"望着眼前一杯平淡无奇的茶，我脸上写满疑惑。奶奶抿了抿嘴，挑了挑眉头，爬满皱纹的脸犹如一朵盛开的野菊花。她拿起那杯茶，将鼻子慢慢凑近，大力地深呼吸，一脸陶醉——"这是奶奶特地为你泡制，沁人心脾的超级爱心樨茶……""奶奶，我跟您说过，我最讨厌这木樨的香味。以后您要是喜欢，就给自己泡制，我那份就免了！"我丢下这一句冰冷的话就走了，奶奶孤零零地站在那，热情被冷水浇灭了。小作者抓住泡制木樨茶这个"点"，奶奶的满腔热情与"我"的冰冷话语形成鲜明的对比，似一个特写镜头，定格在读者心中。因为描写的细致，才显得真实，因为真实，所以感人，有情味。

五、语言要有"诗味"

这里所说的"诗味",指的是"文采"。具体地说就是指语言要生动、形象,句式要灵活多变,用词要丰富准确,还要善于使用多种修辞,此外,还可以活用伟人名言、古人名句来美化语言,充实内容,使文句生动丰满、含蓄深邃。如《我喜欢童年的竹林》是荆州市的优秀中考作文,它的成功就在于文章语言有诗味,句式活泼。如:伸出手,扶住竹竿使劲一摇,"哗啦"一声,雪花"簌簌"地如天女散花般地飘落下来,洒到我的脖子里,凉丝丝的,滋润我"咯咯"的笑声。文章运用了比喻的修辞手法,灵活运用了许多拟声词,仔细体味,浓浓的情感就在这些词语中飘散开来,醉了读者的心。如"哗哗"形容摇竹的声音;用"簌簌"形容雪花飘落的声音;用"咯咯"表示我们童年快乐时的笑声。拟声词的后面是浓浓的故乡之情,读后自然让人就觉得诗味拂面,思乡之情油然而生。

驾轻就熟选论据，标新立异求鲜活

议论文以事实说话，如果缺少论据，定会逊色不少。这就需要我们在筛选论据中学会驾轻就熟，选取那些耳熟能详事例充实到作文中。稍加留心，这一点比较容易做到。但如何使选择的论据鲜活起来，这就大有文章可作。这里的鲜活不光是指例子新颖，更主要的是让旧例也鲜明生动起来。

一、神态描绘

对论据所涉及的人物，要重点抓住其特征，通过外貌、神情、动作的描绘去突现人物的性格，去展示人物内在的精神风貌。

"一千多年前。罗马宗教裁判所监狱里，布鲁诺衣衫褴褛，蓬头垢面，披枷戴锁，被拘于一间阴暗潮湿的小房子里。

明天就是他的刑期。宗教裁判长告诉他，他现在反悔还来得及，只要他承认日心说的错误就成。'人的生命啊，是多么宝贵！'宗教裁判长临走时自言自语地说。布鲁诺知道，那是说给他听的。

是日心还是地心？他的脑海中急速地盘旋着这个困扰了他好久的问题。这个问题像两颗燃烧的恒星，在旋转，在燃烧，让他有些晕眩。

地心吗？日心吗？他在心里不停地自问。地心，不，不，这是自己早就下定了的错误结论。日心，对，对，这是经过验证的，是自己苦苦求索后所信服的结论。

布鲁诺看着宗教裁判所送来的悔过书，慢慢地拿起来，撕成了碎片。他笑了，这是轻蔑的笑，这是胜利的笑。"《无悔的决择》

褴褛的衣衫，沉重的枷锁，蓬垢的颜面，这些外貌描写突现了教会对布鲁诺的残酷迫害以及他的不屈；而慢慢拿起悔过书，撕成碎片以及他的笑声等描写又细腻地刻画出布鲁诺经受住了心灵的拷问，毅然作出了无悔的决择，一个斗士的形象在面前巍然竖立。

二、场面凸显

事例中肯定有最能打动人的场景，这就需要把这个场面定格，浓墨重彩地立体地加以描绘。凸现人物刹那间的人格与精神世界，给人以强烈的震撼。

"抢救人员发现她的时候，她已经死了，是被垮塌下来的房子压死的，透过那一堆废墟的间隙可以看到她死亡的姿势,双膝跪着,整个上身向前匍匐着,双手扶地支撑着身体,有些象古人行跪拜礼。抢救人员小心地把挡着她的废墟清理开,发现在她的身体下面居然躺着她的孩子,因为母亲身体庇护,抱出来的时候,他还安静地睡着,旁边的手机屏幕上是一条已经写好的短信:"亲爱的宝贝,如果你能活着,一定要记住我爱你。"看惯了生离死别的抢救人员在这一刻落泪了,手机传递着,每个看到短信的人都落泪了。也许婴儿不会记得那夜的黑暗与恐惧,但长大后他定会明白,他的妈妈将她的爱化作阳光,温暖他的一生。"

汶川地震出现的事例很多,但要写得感人就很难。《太阳照常升起》中这则事例之所以感人,就在于对场面进行了定格凸显:跨塌的房子,跪着的双膝,匍匐向前支撑的身子,身下熟睡的婴儿,一条没有发出的短信。一切就如定格了的胶片,在人们脑海中烙下了深深的印迹,拳拳的母爱,真挚的情感透过这个场景淋漓尽致地表现出来,有力地论证了中心。

三、环境映衬

论据要想鲜活,有时也得对环境氛围进行简洁生动的点染,通过这种点染来突出人物的情态及思想品格。

"出塞路上,黄沙漫道,驼铃叮当,胡杨肃立,泪眼婆娑,家乡渐行渐远,边塞孤城将是你后半生的家。没有花香鸟语,莺歌燕舞,只有大漠孤烟,长河落日。你拨动琴瑟的双手将摇起手鼓,华美霓裳代之以厚重皮袄,细嫩肌肤将承受风沙侵袭。生活的苦难已使你痛苦不堪,心中的孤苦更如无边的戈壁,望不到尽头。听着归雁的阵阵哀鸣,你的如花容颜在春夏秋冬的轮回中凋零。

我想骑一匹快马,追到你身边,握住你的手,聆听你手心细密掌纹的倾诉,陪你站在高高的城墙,望着家乡的方向。"《我想握住你的手》

"出塞路上,黄沙漫道,驼铃叮当,胡杨肃立",开头的四字句简洁而又诗意地勾勒出了边塞大漠寂寥凄冷的环境,映衬了王昭君内心的落寞、惆怅与凄苦。昔日也算华美的生活而今将要成为历史,代之的是茫茫风沙,悠悠乡思。哀景衬哀情,红颜哀怨、命运坎坷,让人顿生怜惜,就想握住她的手,聆听她的倾诉,陪她一起深情望乡,抒情水到渠成。

四、情景再现

在尊重史实的基础上,进行合乎情理的虚构,细致地再现事件发生、发展时的情景,这样写能使人物形象,事件鲜活,从而达到打动人的目的。余秋雨的《道士塔》与卞毓芳《留取丹心照汗青》中就运用了这种写法,真实与虚构相结合,情景描写是在大致符合史实的情况下构想的,它符合历史本质的真实。

"夜沉沉。司马迁拖动着脚镣,走回几块砖堆成的床。金属的撞击声在死一般静夜里，带着几分鬼魅的气息。床上那盏油灯跳动着昏黄的火焰，拖下长长的抖动的影子，似乎加重了黑暗。然而挂着的一纸官文仍然可见，金色的字，朱红的印，一切都那么清晰。是的，这就是司马迁的命运。日出之前，他必须做出选择。是死，用一腔热血去控诉昏君的无道，用高贵的头颅去证明自己的清白，还是活着——当然是有条件地活着，从此他将成为不完全的男人。"《心灵的选择》

死寂的黑夜，昏黄的火焰，长长的影子；拖动着的脚镣，撞击的声响；牢狱之中司马迁在艰难地做出选择；还有那金色的字，朱红的印。这一切如特写镜头真实细致地还原了当时的情景。正是有了这些真实的虚构情景再现，司马迁的决择才显得真实可信，他的人格在人们面前真正高大起来，有力地证明了论点。

五、角度变换：

同一个的事例，变个角度叙述，就会产生不同效果。在叙写论据时，可以与事例中的人物直接对话，在对话中展现人物的品格；也可以是人称转换的叙述，或直接或间接或婉曲地展露人物的心声和品格。由于恰到好处的角度变换，事例一经改头换面，顿时鲜活起来。

"六月，阳光灿烂。在初夏浅蓝色的天空下，我默念着你的诗，忽然觉得温情洋溢。'海子，你在天堂还好吗？'

他们说你太自负，太狂妄，他们说你太自不量力，企图以一个诗歌青年微薄的力量改变诗坛。他们说你妄图超过但丁，超过哥德，却忘记了自己叫什么名字。

海子，一定有很多人对你说过：'别飞了，太累了。你永远也飞不到你梦想的地方，你会摔得很惨。'海子，你一定飞得很苦，很孤独。为了那个梦想的地方，你甚至献出了自己的夏花般灿烂的生命。

可是，当我试图从你的诗中寻找孤独与痛苦时，看到的，却是如此温情动人的诗句，你说，'春天，十个海子全部复活'。你说，'面朝大海，春暖花开。'

于是我渐渐明白，你真的从未后悔，我从你流畅而铿锵的语言中看到了你的执著、你的勇敢、你的可爱。"《无悔的飞翔》

海子，一个为诗而生的脱俗精灵，很多作文中都会运用到这个事例，如何让这个例子鲜活起来，小作者没有沿用第三人称来写，而是采用第二人称并以优美的包含深情地笔墨与海子进行心灵的对话，在不停地阅读海子的诗时去探寻、去追问海子的精神世界，从而解读海子执著的人生，读懂海子无悔的追求。角度可谓新颖，慧眼真的独具。

驾轻就熟选论据，标新立异求鲜活。只要在写作中经常注意使用这些方法，作文定能让人耳目一新。

论文例举事例三注意

"文章字不够，就用例子凑"。这话至少说明了几个问题：一是学生为了凑足字数，拼命叠加例子；二是学生错误认为，例子越多越有说服力；三是学生占有的材料比较多，但对例子运用如何出彩的招式一无所知。对于前者，稍加说明学生就能消除错误见解。对于后两者如何运用例子却值得我们来研究。例子用得好，会直接帮助立意深刻；例子表达得好，能体现语言优美，例子运用平时训练得好，就能使作文更上一个台阶。看来举例方面学生还真要讲究一点招式。

一、单例求新求透

只用一则事例，事例不是言必称古人，而是选取人很少触及的有代表性的新鲜材料来举例论证，然后围绕论点从多个角度来分析事例，把事例所包含的信息说深说透，达到以少胜多的效果。如重庆卷高考作文：

他不停地走着，寻找着理解与光明，他的心为自由与幸福而停驻。

在别人眼里，他是个疯子，他的周围满是不解与厌恶，他走在了黑暗中，孤独让他无法呼吸，圣洁的心无法忍受周围的肮脏与不堪。他渴望着"喂马、劈柴、周游世界"的生活，他想要"在七月，回到荒凉，赶上最后一次聚会"。他决定停留，他选择了超脱，选择了自由。

他有了一所房子，面朝大海，在春暖花开时，他站在天堂的门口，向尘世做了最后一瞥，十个海子全部复活。他得到了尚未得到的。

漂泊在尘世的心总是会累的，不停地走着终会让海子的心更痛，别样的自由与解脱是他的停驻。停下脚步的他，在春暖花开时，找到了一片心灵的永久的栖居地，凄美而又决绝地停驻。——《永恒的停驻》

在茫茫人生中，如何寻找心灵的归属，从而让心灵永恒地停驻，这是很多名人志士一直上下求索的，这样的事例学生知之颇多。作者没有言必称诸如"屈原"、"陶渊明"、"李白"、"苏东坡"等古人如何在人生路上不停的"走与停"，而是选取了诗人海子作例子，首先取材上就有了新颖感。然后作者用散文化的笔法，通过解读海子"不停地走着，寻找着理解与光明"的人生之路，最后"在春暖花开时，找到了一片心灵的永久的栖居地，凄美而又决绝地停驻",诠释"走与停"的人生命题,角度独特,说理透彻,求新求透,颇具慧眼。

经过上述例文的分析,可以看出,单例应该求新,才能吸引人的眼球。单例更要求透,一方面事例要叙述透,另一方面要变换角度分析透,不能就事论事,要做到分析与说理相结合。

二、双例求比求衬

一文中列举两例,两例之间既可以正反对比,也可以同类相衬。例子一般是一古一今,或一中一外。有时是一正一反,形成对比;有时是两正或两反,相映相衬。两例之间既有联系又有区别,角度绝不雷同,通过比衬把相关道理阐述透彻。

先看正反对比的事例

《梦想在现实中起舞》:仰望星空,那似乎没有纤瑕的星辰在银河中闪耀,它带给我们无限的遐想,那不染纤尘的星空里,放飞了多少人美丽的梦想!飞上星星的人知道,那里像地球一样,有灰尘也有石渣,于是他们失去了对幻想的渴望。我们虽不能一味沉溺于自己的幻想之中,却也不能让自由飞翔的思想湮没在无情的现实里。

阮籍目睹世间的浑噩不堪和好友的身首异处,借醉酒逃避现实,他的一生一直在逃避、逃避、逃避,却终因一篇《为郑冲对晋王笺》被人唾弃。嵇康则完全生活在现实之中,不肯向生活做出任何妥协,最终以一曲《广陵散》而成为绝响。其实人生由阮籍的醉酒向前一步便是嵇康的《广陵散》,人生有嵇康的《广陵散》向后退一步便是阮籍的醉酒,殊途同归者的境遇竟是如此迥异。若是两人各向中间迈出一步,将幻想与现实稍加中和,也许就不会落得生者隐入迷幻,死者融入苍穹,只留给后人无尽的怅惘。

我们如何才能让仰望星空的人了解现实,又如何才能让飞上星星的人保留梦想呢?

在那个人人埋怨的时代,沈从文先生目睹现实的残酷,却依然将那个江南小城写成了山美、水美、人美的世外桃源,现实没有湮没他对人生的希望,他用一份最原始的情感和一颗赤子之心看待这个社会,看待自己的人生。他没有沉醉于自己的幻想,亦没有让现实麻木自己的心灵。

正视现实,但不委身于现实,保持幻想,但不沉溺于幻想。让梦想在现实中去跳一曲酣畅淋漓的舞蹈!

这是山东高考卷中的一篇优秀作文样卷。这篇作文在论证"梦想"与"现实"的辩证关系时,特别是选取了"竹林七贤"中阮籍、嵇康作反面的例子。在处理梦想与现实的关系上,阮籍借酒幻想逃避现实,却最终没能成就名节,结局令人叹惋;嵇康不为现实所屈,最后以一曲《广陵散》离世而去,结局让人惆怅。最后用一个"若是"作一假设,对两人对待现实与梦想进行了辩证论证,对他们的做法进行了否定,从而印证了开头"不能一味沉溺于自己的幻想之中,却也不能让自由飞翔的思想湮没在无情的现实里。"

接着,作者更进一步提出问题:"我们如何才能让仰望星空的人了解现实,又如何才能让飞上星星的人保留梦想呢?"列举了沈从文在现实的残酷里没有湮没人生的希望,以赤子之心看待人生,从正面进行论证了观点。文章举例一反一正,一古一今,相比相衬,层层递进,逻辑思维严谨,最后谈到如何处理这两者的关系:"正视现实,但不委身于现实,保持幻想,但不沉溺于幻想。让梦想在现实中去跳一曲酣畅淋漓的舞蹈!"立意深刻。

再看两例互衬的文章。

《谈意气》:充满意气的人是坚韧不屈的,他们不畏风霜,不畏冷雨。还记得鲁尔·玛道夫吗?有谁能想象一个曾经身患小儿麻痹症、连走路都很艰难的小女孩如今却站在辉煌的奥运颁奖台上,享受着王者的荣光?然而她的确做到了,她用一次次的跌倒与一次次的努力艰辛地铺下了自己走向成功的路,这路上的障碍与荆棘,也许多到无法想象,可是,充满着意气的她,也向世人宣告,坚韧的生命是如此的伟大。

充满意气的人是勇敢不惧的,他们不怕牺牲,勇往直前,在生命中奏出了壮烈,奏出了辉煌。人人都无法忘记那个风雨如晦的年代,当日寇的铁蹄在神州大地上踩躏,到处都是悲伤,遍地都是苦难,然后就在一个叫蕴藻滨的不起眼的小村庄,八百抗日勇士身绑炸药,全身浇满油冲入了敌营。随着一声声巨响,战士们的碧血染红了养育他们的土地。那一场战役没有一人生还,然而他们走得如此轰轰烈烈。历史不会把他们遗忘,因此这场战役被世界称为中外战争史上的奇迹。我们不会将他们遗忘,因此当我们追忆他们时仍会热泪盈眶。这群充满意气的可敬英雄,勇敢地唱响了生命的华章。

这篇作文围绕"意气"这个话题列举了两个正面的例子:一个是鲁尔·玛道夫的例子,一个是八百抗战勇士的例子。每个例子先以一个分论点来引领开头,然后分别举例并对例子进行分析,一个侧重于坚韧不屈。一个侧重于勇敢不惧,从不同角度诠释了"意气"的含义,两个例子相映相衬,类而不同,深化了主题。

运用双例互衬法,最关键是两例相同之中要有显而易见的不同,否则就是堆砌材料,除了相互映衬和正反对照关系外,两例之间关系还可以有前后转折,纵向推进,点面结合。

三、排例求势求美。

所谓排例,即是用三个或三个以上的例子,用排偶句式或段与段的并列来列举。前者事例简明扼要，采用句与句铺陈，呈现一种句式整齐美；后者事例高度概括，采用段与段之间、板块与板块之间的铺排，呈现一种结构层次美。排例的效果是举例充分，句式整齐，气势强烈，论证有力。

2006年高考满作分作文《肩膀》一文就采用了段与段的排例法，文章利用三则历史故事来论证自己的观点，它们分别是"鞠躬尽瘁，死而后已——忠哉诸葛亮"、"苟利国家生死以，岂因祸福避趋之——壮哉林则徐"、"爱是我们共同的语言——美哉邰丽华"，三个故事用诗句总领下文，概括该段中心，并分别用"忠"、"壮"、"美"来赞颂他们。故事内容类而不同，评论同而有异，显示了作者宽广的视野、严密的思维，论证充分有力。

如果用排偶句式来举例，事例一般不展开，力求简明扼要，一句一例，整齐有势。如湖南一考生的优秀作文《谈意气》：

人有意气，才能千古留名，流芳百世，才能在国家危难之时挺身而出。几千年的风风雨雨，早已涤荡了风波亭的点点残血；几千年的潮起潮落，早已淹没了零丁洋里的声声叹息；几千年的猎猎西风，早已拂走了牧羊的老者；几千年的漫漫黄沙，早已淹没了西域路上的声声驼铃……然而，岳武穆的满腔热血，文天祥的一颗丹心，苏武的一根竹杖，张骞的十几年牢狱之苦，早已载入史册，成为民族的精神瑰宝。若无意气，他们怎会有如此壮行？

本段先用一个中心句统帅全段，然后简练概括列举四个例子，一例一句，全部采用"几千年的……，早已……"这种相同句式来铺排，构成整体排比，局部对照，既有句式的整齐美又有强烈的气势美，最后假设论证来收束，结构严谨，语言凝练，论证有势。

无论是段与段的事例排例还是句与句的事例排例，都要求事例典型，否则容易堕入堆砌。述例时也有很强的技巧性，为了形成气势，结构形式与句式的选择显得十分重要，要尽量做到段与段、句与句的结构相似，这样才有排比的整齐美和气势美。

论据最须坚持四"性"

举例是学生作文中最常用的一招，但往往不是最擅长的一招，具体表现在例子的选择与使用上缺乏多样性、深刻性、靓丽性与新颖性。

一、坚持论据的多样性。

所谓论据的多样性就是指论据数量要多（一般二至三个），涉猎的范围要广，论证的角度要有所不同。"事实胜于雄辩"，议论文既要讲道理，更要以事实说话。一篇考场议论文涉猎的详细论据往往是二至三个（如果是排例则可以更多），太少则不深不透，太多则流于繁复。在选择运用论据时还要考虑涉猎的范围，或自然心灵，或社会人文；或正反对比，或相互映衬；或古今交替，或中外例举。过去学生习惯于以古今中外的思维方向取材，习惯于从语文、历史、政治等中学课本中取材，习惯于从名家名言中取材，也写出了不少文质兼美的好文章。可是有的同学往往执其一端，要么只谈文学，要么只谈科技，要么只谈政治，难免拘于一隅，流于平面化或大众化。相反，如果举例时把目光投向社会生活，把视野投向更为广阔的自然，文章思想内容就会变得立体而深刻。如《残缺中的完美》：

"生活始终以其可能的残酷，雕塑着一个个'完美'的人生：它使张海迪坐在轮椅上不能站起，却给了她一双灵巧的手治愈了无数的病人；它让朱彦夫失去了四肢和一只眼睛，却给了他一个不屈的灵魂去挑战'极限人生'；它让《红楼梦》'红'遍世界，却让它的作者卖画度日，举家食粥；它让《史记》成为'史家之绝唱，无韵之离骚'，却让它的作者遭受酷刑；它夺去了贝多芬的听觉，却让他在钢琴上演奏生命乐章；它让放射性元素透视居里夫人那俊美的脸庞，使她很快衰老，却让她把诺贝尔奖的桂冠两次戴起；它让迫害和疾病夺走马克思的两双儿女，使他浪迹天涯，却让他把'全世界的无产者联合起来'。"

身体的残缺，行为的缺点、不足，甚至人生的不幸等等，不但不会阻碍人走向完美，恰好相反，它是我们到达完美彼岸的必经之桥、必由之路。此文的作者可谓吃透了这点，极老道地列举古今中外名人事例多角度来阐释，论据视野开阔，语言大气练达而又极其精彩，无可辩驳地、逻辑地阐述出'完美蕴于残缺，残缺催生完美'的辩证关系，让人叹服论据的广博与气势。

二、坚持论据的深刻性。

写议论文，如同掘井，掘得越深，泉水越甜；如同登高，登至峰顶，美景愈美。即使是同一个论据材料，不同的人有不同的写法，表现的效果也不一样。这里不仅仅是一个语言表述与技巧的问题，更多的取决于强烈的责任意识及宽广的视野。很多考生在运用论据时，很少在深度上做文章。主要表现形式为论据加观点，就事论事，缺乏分析，缺乏挖掘，很难达到震撼人心的艺术效果。相反，如果视野广阔，精心选材，细心加工，用厚重的责任意识和时代意识去挖掘论据材料背后的深层涵义，定能写出脱俗大气、酣畅淋漓的文章来。如《镜中日本》：

"昨天，贴着膏药旗的军舰驶进了我们的海港，大力丸的广告贴在了整个中华的伤疤上，六朝古都被鲜血浸透。我们奋起反抗，高唱着'大刀向鬼子们的头上砍去'，保卫自己的家乡。当我们憎恨他们的时候，却发现这群禽兽有钢铁一般的意志，有难以想象的团结和纪律。于是一盘散沙的我们震惊了，想到挽起手臂组成血肉长城，顽强地与其对抗。终于，在这面镜子的反衬下，我们找到了自己并最终取得了胜利。

今天，国门敞开了，华夏民族昂首阔步于世界之林。可是我们却发现常常以一步之差落后于人。陶瓷是中华瑰宝，却无法走向世界；日本人在茶杯上作了一个小小的改进，让它更适合高鼻子的白种人，就使他们的茶杯远销各地。动漫，不是日本人的首创，却成为其国民经济增长的第二大热点，中国少年的钞票源源不断地输入，这又让中国震惊不已。日本人并不比我们聪明，但他们的精明和细致，却往往在最后成为胜利的筹码。面对这样的镜子，不免让人感慨良多。

中国，不是一个名词。日本，却是一个惊叹号，让泱泱中华从这面镜子上重新审视自己。我们不妨以日本为镜。也许有人不齿，也许有人怨恨，但是，在竞争如此惨烈的今天，我们应当为有这样一面镜子而庆幸。昨天，我们已经为这面镜子付出了高昂的代价；今天，我们理应提早预防。"

这篇文章写日本是我们国家发展的镜子，从历史与社会发展的角度来举例，并在每例的后面进行分析，从确凿的事实中挖掘出这面镜子的作用："让泱泱中华从这面镜子（日本）上重新审视自己"，提出"在竞争如此惨烈的今天，我们应当为有这样一面镜子而庆幸"，表现出强烈的忧患意识和责任感，文章也因此有了厚重感和深刻度。

三、坚持论据的靓丽性

材料是粗胚，语言是刻刀，没有经过语言的精雕细琢，就不可能给人耳目一新的感觉；没有经过情感的融入，就不可能达到打动人心的效果。这就要求学生围绕论据讲究句式的选择，讲究修辞的妙用，讲究语言的锤炼，讲究文化底蕴的丰赡等，要尽可能写出文章的"闪光点"。它可以是一个精彩的比喻，可以是一个叫得响的警句或题记，可以是一个精巧的语段，也可以是名诗名句的巧妙引用等。如2005高考满分作文《足下，光彩夺目》中，作者围绕自己的观点，列举出了李白、鲁迅、爱因斯坦的事例，古今中外，信手拈来。而诗句的引用，又彰显出考生深厚的文学功底。"天生我材必有用，千金散尽还复来。""俱情逸兴壮思飞，欲上青天揽明月。""心事浩渺连广宇，于无声处听惊雷。""千淘万漉虽辛苦，吹尽狂沙始到金。"这些诗词警句的旁征博引，增添了文章的文化底蕴，成为文章中闪烁的亮点。

除讲究语言形式，还要融注深情去写。用情去写，就可以医治语言无味，像个"瘪三"的老毛病；用情去写，就可以写在简明生动的论述中写出爱憎分明、动人心魄的文章来。如《把爱唤醒》：

"春寒料峭，垂柳刚刚睁开了睡眼，四个孩子高高兴兴走在放学的路上。一失脚，其中的一个孩子滑入了水库。揪着岸边的一棵小树，岸上的三个孩子与水里拚命挣扎的小伙伴玩起了'接龙'的游戏。小树的根起来了，四个孩子再没有回来。

还记得1998年的那场洪水吗？狂风肆虐，浊浪滔天。有一位母亲与儿子同时抓住了一棵小树。小树怎经得起恶浪的撕咬，那位无名的母亲毅然放开了手……"

小作者摄起生活中的两个事例，寥寥几笔，饱含深情，小伙伴们的爱心接力，母亲的撒手救儿，无不昭示着爱的伟大与永恒，论据情真意切，催人泪下。

四、坚持论据的新颖性

社会发展日新月异，时代进步一日千里，国际风云日生变幻，科技创新精彩无限。作文也应该与时俱进，紧跟时代步伐，紧扣社会热点，选用最新材料，避免千篇一律，人云亦云。即使是陈旧的材料也要另寻角度，翻出新意，化腐朽为神奇。构思时巧妙赋予时代新气息，努力挖掘材料新内涵，提炼出富有新意的主题。例如2005年山东考生写的《双赢——千古传唱一首歌》："因为双赢，连战来了，带来了国民党的友好与问候；因为双赢，宋楚瑜来了带来了台湾民众对祖国大陆的殷殷期盼。然而陈水扁之流却违背台湾民意，背逆世界阻挠双赢潮流，最终会遭到国人的唾弃。"这样的材料，紧扣时代脉搏，道出了海峡两岸人民的共同心声，令人精神振奋，耳目一新。前段时间，奥运圣火在世界各地激情传递；几天前，5·12汶川地震的爆发，无数感人的事例定将会成为众多学生捕捉的新颖题材。只有贴近现实，贴近生活，论据才会吸引人们的眼球，才能打动人们善感的心灵。

综上所述，要把议论文写好，除了讲究语言的技巧外，尤其要在论据的选择和运用上下苦功夫，力求论据多样、深刻、靓丽与新颖。

让作文的语言多一些亮色

近年来，高考作文评分设立了发展等级，其中一条就是"有文采，用词贴切，句式灵活，善于运用修辞方法，"目的是鼓励考生发挥特长，张扬个性，写出句式灵动、文采飞扬的文章来。语言是文章的外衣，用生动优美的语言创造作文个性化的境界，已成为高考作文成功的秘诀。古语云："言之无文，行而不远。"又云："义虽深，理虽当，词不工者不成文。"这些话都说明了语言文采的重要性。语言上广采博学，遣词造句力求神韵，文笔飞扬力求多姿，文章就会文采洋溢，精彩耀人。因此要让作文闪亮登场，可以巧引诗句，增添典雅之美；运用比喻，增添形象之美；整散交错，增添参差之美；利用排比，增添气势之美。

一、巧引诗句，增添典雅之美。新课标强调，高中语文课程必须充分发挥自身的优势，弘扬和培育民族精神，使学生受到优秀文化的熏陶，塑造热爱祖国和中华文明、献身人类进步事业的精神品格。作文是对考生语文综合素养的考查，作文能否具有浑厚的文化底蕴，取决于考生对民族文化借鉴、吸收的多少。名诗名句就是文化底蕴最集中最丰富的地方之一，如果你能在文中恰到好处地引用诗句，一则让文章显得典雅丰赡，二则让人惊叹于你的底蕴，折服于你的才气。如一考生作文《用心感悟》："看见'雁排长空，鱼翔浅底'，也许你会感悟到生命的多姿态多彩；诵读'大漠孤烟直，长河落日圆'，也许你会感悟到大漠的宽广无垠；读到'大雪压青松，青松挺且直'，你也许会感悟到生命的坚韧。其实一切的哲理都寄寓于我们周围的事物中，这时只需我们共同怀有一颗细腻的心来感悟人生的真谛。"在文章中，该考生引用了许多名诗名句，让人不得不承认他知识的广博与巧妙的迁引。诗句的引用及结构相似句子的串联，又使文章文采飞扬，先声夺人，令人耳目一新。此文给了我们一个很重要的启示，作文引经据典非常重要，这种腹有诗书气自华能够震撼阅卷者。

二、运用比喻，增添形象之美。无论是情思十足的记叙文还是偏于理性的议论文，都离不开比喻。比喻能使叙事、议论生动形象，情趣充沛，理趣十足。如朱自清《荷塘月色》描写月光："月光如流水一般，静静地泻在这一片叶子和花上。"一个比喻准确生动地写出了月光既像流水一般地倾泻，又无声响，这种似有声而又无响的幽静优美的意境，宛如一幅优美的图画，引起读者无限的遐思。再比如《临渊羡鱼，不如退而结网》："'鱼'是大树上迷人的果实,只有爬上去,才能摘到,爬得越高,摘到的越甜;'鱼'是大海中诱人的珍珠,只有潜到海底,才能采到,潜得越深,采到的越珍贵;'鱼'是沙里闪亮的碎金,只有淘洗沙子才能淘到,而且淘的沙子越多,得到的越多越纯。"为了说明"结网"的重要性,文章没有停留在空洞的说教上,而是运用三个比喻句,把人们艳羡的目标(鱼)分别比作"迷人的果实"、"诱人的珍珠"以及"闪亮的沙金",告诉人们只有付出艰巨的行动,才能收获自己的目标。只"羡"而不"结"将望"鱼"兴叹,一事无成。这种比喻说理化抽象为形象,融情趣于说理,富有形象之美。

三、整散交错,增添参差之美。整句结构工整,以成语或四字句为主,言简意赅,呼应鲜明。如果连用还可以增强气势,形成整体和谐之美。如《自知者明》中的一段举例:"没有自知之明,其害无穷;有了自知之明,则能走向胜利。蒋干自作聪明,刘禅妄自菲薄,不都害己误国,遗人笑柄吗?孔子不耻下问,刘备三顾茅庐,不都建功立业,名垂千古吗?"显然这段举例句子工整简练,对比鲜明,说理丰赡。恰到好处的成语点缀其中,有理有据,有声有势,读来有悦耳荡心之效。如果在讲究整句的同时能加入散句,做到整散结合,便能形成一种整齐而又错落有致的美。如《小议"潇洒"》:"珠光宝气,浓妆艳抹不是潇洒;盲目从众,追逐时髦不是潇洒;自命不凡,炫耀自我不是潇洒;逞强好胜,哗众取宠不是潇洒。真正的潇洒是不计他人之过,以大局为重的谦让宽容的生活态度;是不为外物所役,执著于自己内心追求的精神享受,是为了民族大业临危不惧,勇于献身的人格境界,是经过长期磨砺掌握规律之后获得的心灵自由。这段文字先从反面用一系列的成语和四字语来谈走入"潇洒"误区的种种现象,然后再说出自己对"潇洒"的正确理解。全段以整句为主,间以散句,开阖自如,大气优美,这种表达效果显然要比单一的整句或散句好得多。

四、利用排比,增添气势之美。排比句运用得当,既可增强文章的说理力度,又可增强文章的语势文采。它可以放在开头引进话题,也可以用于论证部分使论据厚重有力,也可以用于结尾,给人掷地有声之感。无论放在哪,这种铺排的气势之美都能吸引读者的眼球。如《回味生活之路》:"林中通幽的曲径,因为那些曲曲折折的转弯才更富浪漫与诗意;扣人心弦的电影,往往是情节的一波三折令人无穷回味。我们的生活中,许多东西都因转折而显得愈发美丽。"作者运用排比,从林中通幽的曲径、一波三折的电影情节说起,引入生活中因转折而美丽的话题,用富有"浪漫与诗意"、"令人无穷回味"烘托着因转折而愈发美丽的论点,既有韵味之境,又兼气势之美。

拨云见日析事例，小题大做立意深

李凤姣　刘小华

教学目标：

1、训练学生的思维，能够透过现象看本质，学会用联系的、发展的眼光看问题，并具有一点的辩证思维能力。

2、培养学生的表达能力，快速作文的能力。

3、引导学生树立见义勇为，乐于助人的思想，做一个有公德心有责任感高素质高品位的公民。

教学重点：思维训练

教学难点：方法的总结及运用

教学方法：讨论法

教学过程：

一、图片导入，思维预热

1、PPT展示漫画

2、概括及点评漫画的内容

3、抛出问题，学生讨论

如果你在路上碰到了摔倒的老人，你会扶起他吗？

二、方法指导，思维训练

1、PPT展示作文材料：

10月5日上午，75岁的宋奶奶回家时不慎摔倒，整个人都趴倒在地，手里的东西摔了出去，许久站不起来。过往的行人很多，不少人在围观，却没人肯帮忙，甚至还有人说："谁敢扶你这老太太啊！"就在这时，两名中学生模样的姑娘跑了过来，扶起了她，还帮她把东西都捡了回来，随后便转身离去。

2、学生用一句话概括材料：

75岁老奶奶不慎摔倒，行人围观，2个学生扶起了老人

3、分析材料,指导方法

问题一:材料中的关键字是"围观"和"扶起",路人为什么围观而不扶?

明确:怕被讹诈被冤枉,怕利益受损

问题二:怕利益受损就可以见死不救吗?利益受损的背后是什么?

明确:对生命的漠视,不尊重别人的生命。

问题三:有些人是不愿意扶,可也有人不想扶,这两者有区别吗?

明确:不愿意扶的人,已经泯灭了起码的公德心。

问题四:不愿意扶的人毕竟是个别,更多的人还是不敢扶,不敢扶的背后隐藏的是什么危机?

明确:信任危机。

这几个问题的设置,是要学生学会寻因探果,透过现象看本质。

请看PPT:

2003年,南京男子彭宇扶摔倒老太反被告为肇事者被判赔4万

2009年,天津许云鹤扶起一位老太太被法院判决赔偿10万元

2010年,初二学生万鑫扶起摔倒老人反成被告,多名证人洗清白

2011年,某部战士扶昏倒老人被迫赔3千,目击证人作证找回公道

问题五:在这么多事实面前,你看到老人还敢扶吗?

明确:用一分为二的观点看问题,不是所有的老人都会讹诈你。

问题六:在老师出示的材料里,大家一开始就关注了围观的行人,却忘了有两个人,他们主动扶起了老人。为什么我们看不到这温情的一面?

明确:正面舆论太少,媒体成为了冷漠的帮凶。

问题七:列举一些见义勇为的事迹。

明确:学会正向联系,以联系发展的眼光看问题。

问题八:今天我们讨论的社会冷漠是从什么时候开始的?

明确:学会纵向联系。

问题九:如果今天我们都选择不扶,我们可以预见的未来会是怎样?

明确:顺着事物发展的方向思考,使观点更具启发性,前瞻性。

三、动脑动笔,现场练兵

学生利用学习的三种分析方法,选其中一种方法就所给的材料写一段文字,200字左右,要求观点鲜明,议论深刻,时间8分钟。

四、佳作展示，下水示范

1、学生佳作展示3篇，作精要点评。

2、教师下水文示范。

老人摔倒了不扶，失去的可能不只是一个生命，更是一个美好的未来。因为，有一天我们都会要变老。当那一天到来的时候，你还可以选择冷漠，拒绝用自己的举手之劳对处于困难中的人施以援手，但你无法保证自己不会成为困境中的主角。当你躺在地上，看着一双双脚从身边冷漠地走开时，不要忘了，你也是这种冷漠的一个制造者。

我们扶起一个摔倒的老人，一个受伤的孩子，更是扶起自己的良知，扶起社会的正气，扶起一个民族的美好未来。把温情传递，才能碾碎这冷漠，让悲剧不再重演。

结束语：

扶还是不扶，这是个问题。但是，经过我们深入的思考与体验，我相信每一个同学的心里都已经有了答案。得立意者得作文，在平时的生活中，我们也要常常用这些方法去思考人生，关注社会，洞察他人，这样，我们才能获得深刻的思想，写出成熟而深邃的文字。

《拨云见日析事例，小题大做立意深》
课 例 实 录

深圳市光明新区高级中学　李凤姣

一、图片导入，思维预热

师：同学们，这是一幅漫画，它表达了一个什么主题？

PPT1：漫画。

生：老人摔倒了，一群人围观，没有人扶。

师：腾讯网对老人摔倒扶不扶作了一个调查，现在我也做一个现场的调查。看到老人摔倒在地上，会主动去扶的请举手。

我们班有48人，有33人选择了扶，占了七成，而腾讯网调查的结果有六成的人选择了不扶。我想请问不扶的同学，你为什么做出这样的选择？

生：我怕做了好事却被人反咬一口，诬陷我是肇事者怎么办？

生：我觉得要扶，尊老爱幼是一种起码的美德。

（从一幅漫画开始，激发学生的兴趣，现场调查，使问题尖锐化，更具争议性，从而诱发学生的讨论。）

师：同学们，如果拿这样一则新闻作材料，要你写一篇时评你会怎么写？

PPT2：10月5日上午，75岁的宋奶奶回家时不慎摔倒，整个人都趴倒在地，手里的东西摔了出去，许久站不起来。过往的行人很多，不少人在围观，却没人肯帮忙，甚至还有人说："谁敢扶你这老太太啊！"就在这时，两名中学生模样的姑娘跑了过来，扶起了她，还帮她把东西都捡了回来，随后便转身离去。

师：看到老人摔倒在地，我们当然应该扶他起来，这本来不是个问题。可是，时至今日，却有越来越多的人在"扶"还是"不扶"中纠结，把一个不是问题的问题演变成了一个全国性的难题。这是为什么？请就你的感受和体验来写一篇议论文。

二、方法指导，思维训练

师：如何使立意更深刻，就是要透过现象看本质，揭示问题的根源，多问几个为什么。刚才同学们纠结的原因是什么？

生：利益。怕讹诈其实就是怕自己的利益受损，这是一种自私的行为。

师：不错。怕利益受损，所以不敢扶，那么有没有不愿意扶的？

生：当然有。

师：不愿扶和不敢扶有区别吗？

生：有，不敢扶至少还想去扶，只是没有行动，不愿扶则完全是没道德没素质的表现。

师：没道德没素质，这是我们首先想到的。但同学们再多问几个为什么看看，没道德没素质的背后潜藏的是什么？

生：对生命的蔑视，漠然。

师：对别人生命的不尊重，其实就是对自己生命的轻视。若能从这一点去议论说理，一定会比写道德滑坡之类深刻得多。道德滑坡只是表象，透过这个表象看到本质的东西，这就是立意深刻的第一步：寻因探果，小题大做。

板书：寻因探果，小题大做

（学生们在议论中常常流于表面，挖掘不深，针对这一现象，首先掌握的就是寻因探果，多问几个为什么，才能透过现象看到问题的本质。）

师：大家说不敢扶是因为怕讹诈，这种欺诈的背后是否又可以揭示出一个更深刻的问题？

生：信任危机。人与人之间缺乏起码的信任，大家都互相怀疑，猜忌。

师：是啊，物质在飞速膨胀，我们的精神世界却越来越苍白。

PPT3：南通汽运集团驾驶员殷红彬将一名摔倒的老太太扶起，竟被指认为肇事者，后调出车内有监控录像，看到他整个救人的记录，才还了自己一个清白。老人对自己的一时糊涂深表歉意，还让儿子专程向助人为乐的司机和乘务员送来锦旗致谢。

如果没有摄像头，殷红彬可能又要成为一个冤大头了。难怪时下有人说："老人摔倒扶不扶，要看腰包鼓不鼓。"这样的例子还有很多。

PPT4：

2003年，南京男子彭宇扶摔倒老太反被告为肇事者被判赔4万

2009年，天津许云鹤扶起一位老太太被法院判决赔偿10万元

2010年，初二学生万鑫扶起摔倒老人反成被告，多名证人洗清白

2011年，某部战士扶昏倒老人被迫赔3千，目击证人作证找回公道

看到这么多做好事反而被冤枉的，大家是不是都在心里说，以后见到老人摔倒可

千万别去扶了?

生：老师，我觉得可能这些老人本来并不坏，想讹别人或许是逼不得已。

师：你思考得很深，并且懂得一分为二的去看问题，这就是我们常常说的要作点辩证分析。

板书：一分为二，辩证分析

（学生们在分析问题时常常犯以偏概全的毛病，观点绝对化，反而漏洞百出，论述不严密，懂得了辩证分析，一分为二矛盾统一论，议论才能更加理性客观。）

老人为什么会逼不得已？

生：医疗费太贵了，保命要紧，反正能扶起他的肯定是好人，就让他好人做到底。

师：看来这还能牵扯出民生问题啊！能在这样一个小题上如此大做文章，了不起！我也想到一个问题，我们常常去指责谁不扶，甚至要求立法对见死不救者施以处罚，可是对于那些想要讹诈的老人应该怎么办？

生：也要处罚。

师：这在很多西方国家确实是要处罚的，而且是重罚。这样就可以杀一警百，使那些想要发"横财"的人自觉放弃。如此看来，老人摔倒不扶，不仅是因为我们对人缺乏信任，对生命的冷漠，还和什么有关？

生：与政府的执法有关，既要用法律约束人们见死必救，见义必为，也要保证救人者的利益不受损害。

师：这位同学能从法制的角度去思考今日社会如此冷漠的根源，挖掘得很深，最可贵的是运用了辩证分析法，使观点更加理性客观。同学们再想想看，还可以从哪些方面找原因？

（学生们陷入沉思，我把材料展示出来再次分析。）

同学们，在这则材料里我们大家关注的目光都在围观的路人身上，却忘了两个重要的人物。

生：两个女学生。

师：是的，她们扶起了老人，这说明什么？

生：社会上还是有很多温情的一面。

师："我们说："人之初，性本善。"其实，这个世界上，还是善良的人多。

PPT5：

新疆乌鲁木齐市一老人摔倒车前，在医院为司机澄清是自己摔倒的与司机无关

八旬老人雨中摔倒，五个女孩立马扶起，老人通过媒体致谢

女孩们立马扶起了摔倒的老人，没有想会不会被讹，她们是善良的；老人们自己摔倒了主动澄清不讹人，他们也是善良的。我们承认，这个社会存在着一些冷漠的人和事，但我们绝不能因为太阳上的一粒黑子就看不到它的光芒。那么，是什么挡住了太阳的光芒，让我们常常只看到黑暗？

生：正面的舆论太少，媒体的宣传误导了我们。

生：现在一打开电脑，我们看到的几乎都是负面的新闻，都是反映社会的阴暗面，这让大家都害怕了，不敢做好事。

师：看看，我们又找出了一个"帮凶"——媒体。为了新闻的卖点，媒体过分的炒作一些负面新闻，像刚才提到的"彭宇案"发生在2003年，至今已过去8年了，还是有媒体在不断的渲染。这些虽不是个例，但毕竟是少数，我们不能因为一个两个人被冤枉了就以为所有的人只要去扶老人都会被冤枉，要多作一些辩证分析才能避免作文的观点太偏，不能服人。

世界并不像我们见到的那么冷漠，这个社会其实还是处处温情，大家能不能举出一些实例？

生：我昨天看新闻，长春市有个青年男人在公园扶起了一个摔倒的老人，一直等到他家属起来才离开。

师：扶起老人是一种见义勇为的举动，我们能不能从扶起老人拓展开去，想想还有哪些见义勇为的英雄事迹？

生：感动中国里有一对翁婿，在火海里救起了四个孩子，最后年轻的老师却牺牲了。

师：对，谭良才，王茂华，在生死面前，他们用勇敢书写了一份大爱。

生：最美妈妈吴菊萍在危险面前毫不犹豫，救起了高空坠落的小女孩，自己骨折。

生：苏州一个女生为一个乞丐在雨中撑了一个小时的伞。

生：丛飞为了资助别人，自己的病也不治了。

生：还有雷锋，做了一辈子的好事。

师：同学们说得很好，其实这也是一种分析的方法，即用联系发展的眼光看问题。刚才大家是在横向联想，我们还可以纵向的想一想。中国人在过去是不是这样的冷漠？

生：古代的中国社会风气可好了，路不拾遗，夜不闭户。

生：孟子有句话："老吾老，以及人之老；幼吾幼，以及人之幼。"尊老爱幼是中国的传统美德。

师：当这个不成问题的问题纠结于我们内心时，我们这个民族的道德真的在滑坡啊！所以我们没有理由不扶，我们必须扶起这摔倒的道德。

往前看，我们惭愧；往后看，我们恐慌。为什么？

生：因为如果我们继续冷漠下去，等我们老的这一天，就可能没人敢扶，只能躺在冰冷的地板上等死了。

师：武汉有一个88岁的老人摔倒后无人敢扶1小时后窒息而亡。2岁的小悦悦被车碾过两次却无人施救，前天已经永远的离开了我们。不帮，失去的可能是一个鲜活的生命。如果你是路人，你会怎样？

生：自责，后悔。

师：扶起的是别人，也是在扶起自己，扶起你的良知。正如汪洋书记说的，要用良知的尖刀解剖我们的灵魂。

那么，如果你是那个老人呢？

生：悲哀，怨愤，无助。

师：当有一天我们老了，你希望会是怎样？

生：美好，和谐，互帮互爱。

师：所以现在我们的每一个善举都很重要。学会以一种联系的发展的眼光看问题，才能站得更高看得更远，使你的观点具有前瞻性和启发性，所以我们要学会"由此及彼，瞻前顾后"。

板书：由此及彼，瞻前顾后

（就事论事，点到即止，也是学生们作文中常常出现的问题。指导学生用联系的发展的眼光看问题，横向联想，纵向联想，才能站得更高看得更远，使观点更具启发性。）

三、动脑动笔，现场练兵

缘事析理的方法还有很多，我们今天用六个成语来总结。寻因探果，小题大做；一分为二，辩证分析；由此及彼，瞻前顾后。这其实就是我们哲学上常讲的透过现象看本质，一分为二矛盾分析论和用发展的联系的眼光看问题。下面，大家就用这其中的一种方法，根据我们今天讨论的这则材料写一段话（200字左右），表达你的观点。

学生练笔8分分钟

（光讲不练，学生印象不深刻，择其一种，降低了难度，也使议论的角度更集中。）

四、佳作点评，教师下水

5分钟时间展示学生作品，老师作简要点评

学生习作一：

为什么人们站在摔倒的老人面前会铁石心肠,做冷漠的看客?是人们的公德心在泯灭,也是媒体的公德心在泯灭。为了夺人眼球,赚取新闻卖点,他们把"彭宇案""许云鹤案"这样的个例反复的渲染,让老百姓见"扶"色变,热心助人未必善有善报,见义勇为反遭诬陷的结局深入人心。打开电脑,我们看到的就是黑暗,再难寻觅社会的温情。媒体,在人与人之间建起一座坚固的壁垒,把一颗颗充满爱的心冻结成冰冷。

学生习作二：

韩非子认为,人性是恶的,必须依靠法律来使人从善。于是,美国有了"见危不救"罪,意大利规定对危急的人疏于必要求助需处罚金,德国更是规定对在自己危险时而不进行施救的人处一年以下刑期。我们相信,有一些人是把道德当成一种责任去做的,扶不需要理由;但更多的人还是需要法律为他的善举撑腰,才敢毫不顾虑地扶起跌倒的老人。在道德到了危险的时候,更需要法律来搀扶起国民的信心。

学生习作三：

大胆去做,别让恐惧麻痹了你的良心。我坚信,"人之初,性本善",每个人生来都怀有一颗慈悲之心。也许,我们在电视上、网络上看到了几个好人被冤枉了,就固执的认为这个社会充满黑暗,处处污浊?就开始人人自危了?大可不必。五个女学生看到老人摔倒了立马跑过去扶,她们没有去想什么南京的"彭宇案"天津的"许云鹤案",谭良华、王茂才两翁婿面对大火的吞噬以坚定勇敢之心写出了人间的大爱。世界依然美好,人性依然善良,我们要做的,是把助人为乐这份美德传承。

老师下水文展示：

PPT6：老人摔倒了不扶,失去的可能不只是一个生命,更是一个美好的未来。因为,有一天我们都会要变老。当那一天到来的时候,你还可以选择冷漠,拒绝用自己的举手之劳对处于困难中的人施以援手,但你无法保证自己不会成为困境中的主角。当你躺在地上,看着一双双脚从身边冷漠地走开时,不要忘了,你也是这种冷漠的一个制造者。

我们扶起一个摔倒的老人,一个受伤的孩子,更是扶起自己的良知,扶起社会的正气,扶起一个民族的美好未来。把温情传递,才能碾碎这冷漠,让悲剧不再重演。

（教师下水,就是一种无声的指导。）

结束语：

扶还是不扶,这是个问题。但是,经过我们深入的思考与体验,我相信每一个同学的心里都已经有了答案。得立意者得作文,在平时的生活中,我们也要常常用这些方法去思考人生，关注社会，洞察他人，这样，我们才能获得深刻的思想，写出成熟而深邃的文字。

执教感言：

我选择了必修四前的语文活动内容：关注社会，时评写作。教学的重点是思维训练，教学的主题是本色常态。

作文教学的本质是什么，我以为是思维的训练。不需要花哨的形式，而是要教给学生实用的方法，引导学生在讨论中思维发散和聚合，学会透过现象看本质，一分为二地对材料进行辩证分析，用发展的，联系的眼光看问题。因此，我选取了一个社会关注的学生有话可说的热点问题，让学生在思考中获得感悟，找到自己最想表达的观点，从千文一面的套作中跳出来，写出有个性有灵魂的文字。在教学中，我与学生共建和谐课堂，学生们发言踊跃，思维发散，不再是简单的就事论事，而是深入挖掘，理性辨别，吹尽浮尘始见金，一语既出惊四座。

得立意者方能得作文之真味，针对学生流于表面，就事论事，浅尝辄止，不善挖掘的现象，这一堂课讲授的三种方法是行而有效的。要提高学生的作文能力，必须长期的坚持不懈的进行思维训练。

教研员点评：

这节作文课，是李老师在新区上的一堂观摩课，当时听完课，许多老师就表示赞叹不已，深受启发，我也是其中之一。

本堂课，最大的贡献在于思维教学的成功。作文教学必须回归原点，强化对学生的思维训练。因为写作不仅仅是对语言表达能力的考查，更重要的是对思维水平的考查。作文写得好不好主要是"想"的水平，而不是我们坚持的形式问题。李老师用一则热点的新闻材料来引发学生的思考，步步拓宽，层层深入，最后得出行之有效的几种方法：寻因探果，小题大做；一分为二，辩证分析；由此及彼，瞻前顾后。这些方法的获得又并非老师一味说教，而是通过几个问题的设计层层推进让学生自己体悟。几个问题之间具有严密的内在逻辑性，学生在这些问题的启发诱导下发言精彩，下笔有神，课堂气氛活跃，学生思维更为活跃。

其次，这节课的成功还在于将作文内容与生活实际紧密联系，让学生有话可说，有理可辩，从而突出了学生的主体性。老人摔倒扶不扶，这是一个最近常被媒体提起的热点问题，有人力主"扶"，也有人主张"不扶"，问题本身的争议性使辩论更加尖锐，反映的问题也包括了方方面面，有信任危机，有生命漠视，有道德沦丧，有法制落后，有民生问题，有媒体责任，学生们的思维放得开，讨论就越深入，立意就越深刻。并且，李老师对学生的宽容，认真的倾听和客观公正的态度也使得这节课更加灵动而有厚度。在课堂上，教师只是思维流程的引导者，而不是"是非定于一尊"的评判者，给了学生充分展示自己的空间和舞台。

再次，本堂课本色，自然，实用，具有很强的操作性。作文教学最忌"烦琐哲学"，把语文课上成政治课。虽然李教师介绍的几种分析问题的方法属哲学范畴，但她却用几个巧妙的问题使这些乏味的、抽象的甚至凌空蹈虚的理论变得鲜活而且可操作。理论学习之后，李老师又趁热打铁，让学生选择其中的一种方法写一段200字的短文，将理论与实践紧密的联系起来，使课堂更加高效。同时，教师的下水示范，使指导更具体更具实用价值，让学生在对比中反思，领会技巧，从而体悟更深，记得更牢。

最后，我认为这堂课也很好的展示了立人与立言的统一。文以载道，道欲深，须先立人方可立言。在讨论中，李老师将学生引向一种积极的、乐观的、温情的、美好的生活态度上去，使这堂课不仅成为一堂思维训练课，更是一堂教学生如何做人的课。

"史上最温暖图书馆"不拒乞丐入内读书

素材快线

2011-1-18,杭州图书馆成了热门话题:常常有乞丐和拾荒者到杭州图书馆阅览,图书馆对他们唯一的要求,就是把手洗干净再阅读。而图书馆却因此遭到一些读者的投诉。"我无权拒绝他们入内读书,但您有权选择离开。"就是杭州图书馆馆长褚树青对投诉者说的这句话,在新浪微博上被转发了数千次。

为求证,记者连线了褚馆长,然而,一向低调的他婉言谢绝了媒体的采访。几经辗转,记者找到杭图办公室主任:"这也算新闻吗?我们一直觉得,这是公共图书馆本来就应该承担的责任。"刘主任惊讶地说。

记者来到杭州图书馆,除了外面漫天飞雪,一切如常——自修室内几乎满座;白发的老人戴着耳机安适地窝在沙发上听音乐;阅览室里有民工模样的人静静翻书。着名作家博尔赫斯说:"如果有天堂,天堂应该是图书馆的模样。"据悉,目前的杭州图书馆,正在努力向这个方向迈进。

多向运用

众生平等,人所共知;作为公共图书馆,每个人都有权利阅读。但图书馆进去乞丐和拾荒者像个传说,几天红遍网络。对这则素材,考生可以从公共图书馆、投诉的读者、乞丐与拾荒者以及社会反响等多个角度切入:

一、从公共图书馆行为的角度,可立意或论证论题:①给予公平的社会环境 ②零门槛开放,向文明迈进 ③公益精神不动摇 ④做好服务,传递温暖 ⑤以人为本,熠熠生辉 ⑥用尊重赢得尊重 ⑦不是新闻的新闻

二、从一些读者投诉图书馆作为的角度,可立意或论证论题:①学会与所有人相处 ②尊重他人的权利 ③扔掉习惯性偏见 ④职业没有高低贵贱之分 ⑤等级观念依然根深蒂固 ⑥物质不富足并不代表精神贫穷

三、从乞丐与拓荒者的角度,可立意或论证论题:①懂得享受公共资源 ②边缘人也有文化需求 ③注意图书馆里,你是一个读者 ④人会被环境所改变

四、从社会反响的角度,可立意或论证论题:①媒体,你反思了吗? ②人人都需要有尊

严地生活着 ③将人格尊严回归进行到底 ④巨大反响背后的思考 ⑤加强享受公共资源意识 ⑥建设文明、成熟的社会任重道远

[失误论题]①我的地盘我做主；②人人奉献一点爱心。（解说：这则材料，如果关注点落在认为馆长不拒绝乞丐和拾荒者入馆阅读是充满爱心，不满意的读者是缺乏爱心，那就避重就轻，审偏了。）

论证示例

例1 给予公平的社会环境

公平的社会环境是人类社会不懈追求的理想，是衡量社会文明进步的重要尺度。给予公平的社会环境指的是每个人都拥有平等的生存、发展的权利和机会。营造公平的社会环境是实现社会和谐的前提。

"我无权拒绝他们入内读书，但您有权选择离开。"馆长表示，公共图书馆的精神就是要向所有人开放，特别是要给那些得不到教育机会的阶层提供学习机会。给予公平的社会环境，再穷的人也能成功，而图书馆就是成功的第一个台阶。苏格兰的穷孩子安德鲁·卡内基，就是到美国后通过免费的图书馆自学成才并经营钢铁工业成为巨富的，他一生捐建了2500多座图书馆。

著名作家博尔赫斯曾经说过这样一句话："如果有天堂，天堂应该是图书馆的模样。"杭州图书馆对乞丐和农民工开放是知识之暖，是文明之暖，是平等之暖，是公益之暖，期盼这样的暖闻能够有蝴蝶效应，激发起更多地方的暖闻诞生。"

例2 学会与所有人相处

图书馆向乞丐开放，无非是承担了应有的责任。但依然遭到了一些读者的投诉，引发了他们的不满。这说明在不少人的心中、社会上根深蒂固地存在着一种对贫弱者排斥的情绪。这种排斥情绪带来的社会表现，在不少城市的公共场合并不鲜见。不愿和拾荒者一起挤地铁，厌恶和农民工一起乘坐公交，乞丐在过街天桥上露宿，有的人捂着鼻子侧身而过。

表层的社会排斥可能是一个"白眼"，深层的社会排斥可就是交往、观念、教育、职业等等的排斥。"太阳不会因为乞丐和拾荒者的身份而拒绝给予他们阳光。"不要介意和贫弱者"共处一室"。

"学会与人共处"已成为全球化的一种基本学习需要。培养富有同情心和爱心、具有宽容和理解以及尊重精神。存在就是合理，别因为自己的成见与狭隘把合理消失掉，不要做一个所谓高高在上的人，这样是对自己修养的最大的损害。

例3 媒体,你反思了吗?

为何杭州图书馆向乞丐及附近农民工免费开放,会引起如此巨大的反响?为何会震撼无数网友让大家心中涌起阵阵感动?这说明,农民工、乞丐等弱势群体的人格尊严等被忽视到了何等程度!

通常,在很多人的眼里,诸如农民工、乞丐是不能和自己平起平坐,也没有和自己一起在图书馆、商场、娱乐场所的权利的。因为媒体中农民工形像是来自乡下,没有文化,干最累最脏最苦的活儿,经常挨老板打骂;乞丐则很脏,或多或少有身体上的缺陷,是被城管驱赶的对象。媒体从未展示过农民工、乞丐具有和常人一样享有公共资源的权利,某种程度上,正是媒体的选择性注意,造就了公众的刻板成见。

所以,大众传播媒体必须客观、公正的报道,呈现农民工等弱势群体生活积极的一面,只有偏见从媒体上消失,有关农民工、乞丐的刻板成见才会失去生存的土壤。

故事掘金

请你分析《救人的办法》这则寓言故事,谈谈运用其中的相关材料,可以论证哪些论题。

"救命哪!"呼救的声音惊动了正在附近做活的几个人,他们同时朝呼救的地方跑去。原来是一个小孩不小心掉进水井里去了。甲说:"应该马上去找一根绳子来。"乙说:"应该去找一根竹篙。"丙说:"应该去找个长梯子。"但他们都没有动。眼看井下的人已经不行了,三个人站在井台上焦急万分,但就是没有一个人移动脚步。这时又跑来一个人,他二话没说,连忙顺井壁下到井里,把那小孩救了上来。

十个知道怎样去做的人,不如一个去做的人。

①完美的办法有时比不上立即行动。在遇到问题时,当然需要像故事中的甲、乙、丙那样积极寻找解决的办法,但当我们做着自己认为的完美方案时,我们是不是也常常会不自觉地犯像甲、乙、丙那样的错误,常常忘记现实的需要,忘记时间的允不允许。

②该出手时,就出手。面对溺水中脆弱的生命,又能禁得起多少时间的等待?同理,面对生命里不常出现的机会,又能禁得起几番的踌躇?该出手时就出手,在特别的情形下,是为上策。

③好心未办成好事。闻声救人,焦急万分,这说明故事中的甲、乙、丙都有一颗乐于帮人的好心肠,但如果不是跑来一个人下到井里去,他们很可能就成了见死不救的人。生活中,好心若不付之行动,办不成好事。

④不做思想的巨人与行动的矮子。帕斯卡尔说"人是一根会思想的芦苇",思想形成

人的伟大，但思想的价值在于经世致用。现实中，我们常常发现很多时候人们的思想与行为不一致，让他们大多的时候都在扮演空想家的角色，善于谈论、想象、评价，甚至于设想去做大事情，事实上如果我们不努力去做一个行动者，不论如何我们都不可能让我们的想法变成现实的结果。

智思巧用

1. 枯萎散落的蒲公英，静静地藏在屋瓦的缝隙里，它坚强的芽根，等待着春天的到来，在我们眼里是看不见的，虽然我们看不见，但他们存在着。有些事物看不见，但存在着。（金子美铃《星星与蒲公英》）

适用范围：①用心去看，精神的萌芽；②视野决定你人生的高度；③莫为成见遮望眼。

2. 大自然就是以少许简单的要素来使我们超脱尘俗！只要我有健康之躯和自在的时间间，我就会使帝王的显赫权势成为荒谬可笑。（美国爱默生）

适用范围：①健康与时间高于一切；②大自然里有人生；③勇于挑战权势。

3. 茶需要水的滋润，才能显示出其味道和价值；水有了茶的融入，才会有更丰富的内涵和色彩。（吴淑平《商道门徒》）

适用范围：①相得益彰为精彩；②呼唤知音；③美丽人生的方程式；

4. 生命是一条奔流不息的河，我们都是那个过河的人。（席慕容《写给生命》）

适用范围：①生命的意义在于过程；②勇于乘风破浪；③永不放弃心中的岸

写作指导要随机应"变"

学生怕写作文，为完成任务，只好生搬硬套、死憋硬挤几百字交差了事。面对学生贫乏而空洞的作文，语文老师也常束手无策。写前无指导、写中少用"法"、写后泛批改，作文指导成了语文老师极大的工作负担。要想搬动横在师生面前的作文"大山"，语文教师除了要有愚公移山的坚持之外，还得在写作指导上随机应"变"，真正提高作文教学的实效。

一、作文训练变大为小

作文训练本来就是一个循序渐进的过程，低年级连词成句，中年级连句成段，高年级连段成篇。进入初中，这些基础性的训练基本上没有了，要求学生直接成文，对于写作能力较弱的学生来说是很难完成的任务，自然产生畏惧心理。平常不写，一写就是五六百字，学生怎能不怕作文？要消除学生的畏惧心理，应立足学生实际，不求全，不责备，放慢脚步，放低要求，变大为小，把"大作文"随机变成"短句子"、"小段落"、"微作文"，穿插在平时教学活动中来训练。

如学完《背影》马上就要写一篇颂扬父爱的大作文，那肯定惹学生嫌弃。但如果是课堂上写一句话倾诉父爱感受的拓展延伸，或是课外写一段献给父亲的小练笔，那学生肯定欣然提笔："爸爸，从我小的时候，您就很少在家，我眼中的您，是凌晨匆匆出门的背影，是深夜回来的摩托车。爸爸，为了这个家，您太辛苦了，谢谢您！"；"父亲，不知从何时起，您额头上有了深深的皱纹，你两鬓有了苍白的头发，您的双手变得那样粗糙，您的腰板不再笔直——我知道您是为了谁，我知道，您一定是为了谁！"这种变大为小的做法把很困难的"大作文"变成很容易的"微句段"，学生自然真情流露，叙事真切，自然情动辞发，一挥而就。

变大为小的训练关键是低要求，不停步，多赏识。"低要求"就是指字数不限，有话则长，无话则短。"不停步"就是指写作训练目标化、长期化。"低要求"让大多数不太爱写作的学生没有了写作的精神负担，而"不停步"写作训练经过大半个学期后，学生就能习惯地每周一写，再加上"多赏识"，学生写作的信心就树起来了。

二、作文指导变虚为实

在平时作文教学指导中，教师的作文指导招式往往虚空，诸如描写要细致、语言要生动、写人写景要抓住特征等，可谓放之四海而皆准。可到底怎样写才能细致生动、鲜明可感呢？，学生在实践中很茫然。这就要求教师在作文指导的方式上要变虚为实，通过实例揣摩、技法赏析、训练运用等环节做实作文指导。

首先要引导学生从书中找技法。中学阶段没有系统的作文教材，手头上可利用的最直接的材料就是课文。在学生写人不知如何体现个性、写景不知如何抓住特征、写事不知曲折起伏的时候，引导学生回到相应的同类题材、主题的课文，从中寻找写作方法。那些以往看着平常的文字段落，此时处处都能见出神奇魅力。例如写景的文章，可以参照《春》，写人的文章可以参照《背影》等。这些具体实在的例子接地气有生气，学生通过课例真正揣摩、体会技法的神奇效果。

其次要有意在对比训练中抓运用。要让作文指导更具体，对比教学方法很有效。例如学生在进行人物描写时往往平铺，缺少立体地描写，人物生动不起来。到底该怎样才能生动呢？这时可以拎出一段学生写人方面平铺的话语，引导学生揣摩哪些地方需要多角度描写，可以用哪些方法来描写。如《别样的礼物》中对"假小子"的描写：

原稿："我对她的第一印象就是假小子。头发短，眼睛大，衣着随便，校服扣子不扣是常有的事。脚穿运动鞋，身背单肩包，若不是穿着女生校服还真的挺难辨认。"

修改稿："假小子！这是我对她的第一印象。干净利落的短发，小燕子似的双眼，衣着随便，校服扣子敞开是常有的事。脚踏运动鞋，身背单肩包，若不是穿着女生校服还真的挺难辨认。"

通过两稿的比较就会发现，原稿是简单的叙述，人物平面化。修改稿句式灵活，活泼干脆，围绕"假小子"进行适当的肖像、细节描写，一个"假小子"的形象马上立体起来生动起来了。通过两个片断的写作比较，学生认识到人物描写要生动，不能仅是平铺，而应对人物进行适当地神态、动作等方面的描写，句式可以灵动变化。这样的作文指导就比直接告诉学生技巧来得鲜活实用。

当然，作文指导因人而异，但万变不离其宗的是必须要"具体"，不作教条式的"宣讲"，这样学生才能在教师的帮助下再进一步。

三、作文批改变批为改

传统的作文批改一直是语文老师的重负。批语多，改动少。批评多，表扬少。更糟糕的是，老师花费大量时间批改的作文、呕心沥血的"金玉良言"根本无法被学生消化吸收，收效甚微。因此，教师要转变教学观念，委婉批不足，真情赞亮点，变"批"为"改"，少"批"多"改"，少"批"多"赞"。

民国时期，南开的一位同学作文开头第一句写道："远远的东方，太阳正在升起。"这要是放到今天很多语文老师笔下，可能会批成"开篇太平，了无新意"，从此一个学生的写作兴趣就可能扼杀了。当时的国文老师陶光独具慧眼，没有乱批，只改动了一个标点，他在"的"字后面加了个逗号，变成了"远远的，东方，太阳正在升起"，有节奏、有趣味、有诗意。这种批改方式让该生获益，一生铭记。

变批为改时，不要面面俱到。只抓该次作文的主要要求对某一片断进行重点的"修改"即可；变批为改时，要因人施改。对作文能力较强的，对文中一两句话稍作修改作个示范即可，改得面目全非反而打击了学生的写作积极性。对作文能力差的同学，可采用面批的方式，手把手地教，细细地讲解修改；变批为改时，要以赞赏为主，不能一味横批漫评。优秀的语文教师，最让人欣赏的是他对学生的文字始终抱有一种敏感，能够对学生鲜活的文字作出及时的回应和真诚的赏识，哪怕只是一个闪光的词语，一个独特的句子，一个耳目一新的开头……

只要"变"化对路，把劲使对地方，我们的作文教学肯定会柳暗花明。

眼泪，从何而来

——《温暖的时刻》写后指导课堂实录

深圳市光明新区实验学校 游云云

【设计突破】

本次写后指导课为借班上课。学生先以"温暖的时刻"为题写作文。笔者批阅发现学生作文可谓"精致的苍白"。"精致"是指学生写作技巧运用熟练，好词佳句随处可见；"苍白"是指学生没有深入挖掘自己生活体验，作文流于虚假俗套，流了太多"眼泪"。深入诊断涉及"眼泪"的作文，发现存在"语言夸张、泪点过低、不合逻辑"等问题。笔者以"眼泪"为切入口进行写后指导课设计。析原因、给策略，品读名家范例，总结出"触媒的细描"、"情感的铺垫"、"联想的运用"等推动情感的写作方法。最后创设生活情境，让学生联系生活实际去想、去说、去表达。

【课堂实录】

教学活动一：自读文段，诊断问题

师：上周我们写了一篇作文——《温暖的时刻》。这节课我们就这篇作文上一次写后指导课。首先，我提一个问题，是关于审题的，"温暖的时刻"是什么意思？

生："温暖的时刻"，题目有两个关键词，一个是"温暖的"，一个是"时刻"。

"温暖"是一种情感，是一种内心的触碰。而"时刻"这个词限制了只能写一个瞬间，而不能写很长的一段时间。

师：太棒了，英雄所见略同！有没有同学补充？

生：温暖是因为感情的触动，只有触动了才能感觉到温暖。

师：非常好！"因为有了感情的触动，才感觉到内心的温暖"。第二个问题："温暖"和"眼泪"之间有什么联系？

生：如果是在那个温暖的时刻流下了眼泪，那么这个眼泪就会和温暖产生联系。它一定是因为内心极其温暖才流下来的。

师：对！暖极而泣，喜极而泣，感极而泣，请问"极"是什么意思？

生：极尽（齐声）。

师：（板书"极，顶点"）一定是到了情感顶点才流泪。这次作文我发现了一个秘密，什么秘密呢？那就是流泪的同学比较多。接下来自读文段，看看这些写眼泪的文段存在什么问题？

生：文段中有些眼泪是情不自禁流出来的。

师：你觉得这些眼泪都很真实吗？

生：对

师：有没有不同意见？（学生思考）

师：好，这位同学你来说。

生：描写眼泪其实不用特别华丽的辞藻，把内心想说的用最真挚最淳朴的语言说出来就可以感动读者。

师：能不能结合具体文段说一说？（学生思考）请坐下，一会儿想好了，再补充发言，好吗？

生：我们一起看第一个文段。那日为了完成老师的作业，我捧着一盆热乎乎的水，有点踉跄地走着。我叫醒了熟睡的母亲，十分诚实地说道："母亲，老师要我帮您洗脚。"母亲有些不好意思地笑了。任由我将她的双脚放入水盆，用完全不娴熟的手法搓洗。母亲似乎并没有在意，她笑得很甜伸出手来抚摸着我的双颊，雾气沾满了她的睫毛，惹得母亲不停地用手擦拭，当我转身准备离去时，分明瞧见一滴泪划过母亲苍白的脸，可她依然在笑，笑得那么温暖。这里写的是"我帮助母亲洗脚后，母亲感动得流泪"，我认为要着重写的是自己的感受，而不是母亲的感受。

师：应该怎么写？

生：应该写我帮母亲洗脚时，我自身感受到的温暖。

师：（问作者）请你说说自己当时的内心感受。（生沉默）有没有帮妈妈洗过脚？

生：没有。

师：有没有哪位同学帮妈妈洗过脚？（学生全体沉默）

师：这就是问题所在。因为我们没有这样的生活体验，只是设想给妈妈洗脚的时候她会哭，真实的生活场景是什么样的呢？我们一无所知，所以写出来的眼泪，读者会感觉很虚假。

【插评：虚假的"眼泪"，这是学生写作中的通病，教师面对问题不回避，引导由

浅入深，点拨切中要害，诊断一针见血。】

生：我看的是第三个文段。人们总是在为自己的目标而努力着，可并不是每种坚持都会有成效，因此有人选择了逃避。思考着一次次的失败和打击，眼窝有些潮热，我想尽力地控制住自己的眼泪，可我的眼眶最终没有囚住沸腾的泪水，一滴泪珠伴随着凉风重重地敲击着地面。这段写的是失败后的伤感，不是温暖，存在的问题是没有扣题。

师：你觉得流泪写得怎么样？

生：眼泪写得挺好的，因为他细节描写得很好。"眼泪重重地敲击着地面"，生动形象地写出泪珠给他的触动很大。

师：你想想，"重重地敲击着地面"的一般是什么？

生：东西。

师：什么东西？

生：砖块啊之类的。

师：砖块，质量很大，密度很大。

生：暴风骤雨。

师：你觉得这一滴眼泪怎么样？

生：太夸张了。

师：（板书）语言夸张。你认为应该怎么修改？

生：我想尽力地抑制住我的眼泪，可我的眼眶没有囚住沸腾的泪水，像是……（学生陷入思考）。

师：你的眼泪一般是从哪儿往下流呀？

生：从眼角。

师：可我的眼眶没有囚住沸腾的泪水……

生：泪水顺着眼角肆意地流淌。

师："我想尽力地抑制住我的眼泪，可我的眼眶最终没有囚住沸腾的泪水，泪水顺着眼角肆意地流淌。"和原句相比，感觉怎样？

生：很自然了。

师：知道要怎么写了吗？

生：就是按照我们平常的那种生活状态，那种记忆。

师：非常好！用平实的语言写出生活本真的状态。

生：我看的是第二个文段。一阵失望后，我又一度开始抱怨起来，什么事比我这个儿子还要重要呢?我开始哭泣了……打开门,在我眼前的是餐桌上热腾腾的饭菜,桌上还留了一张小字条,上面写着:"妈妈帮你炒了你最爱吃的菜,到家了赶快吃,你的外公出了点事,妈妈必须去一趟,所以没能来接你……别生妈妈的气。"顿时,我嚎啕大哭,丝丝温暖涌上心头。我开始为自己的抱怨感到惭愧,妈妈您是如此爱我,可我却这么不懂事,居然还抱怨您,我真笨。他的立意还算比较独特,但看到妈妈留下的字条后就开始嚎啕大哭,我觉得他哭得很突然,读起来感觉很奇怪。

师:(问作者)你当时嚎啕大哭了吗?

生:(尴尬地笑)没有。

师:没有,为什么要这样写呢?

生:我觉得这样写更能突出温暖。

师:我们把"我嚎啕大哭"去掉,读一读,有什么感觉?

生:真实了好多!

师:我们训练了太多作文的技巧,但千万不能忘记生活本真的状态,自然的状态。人为地降低泪点,会导致"虚假"。(板书:泪点过低)

【插评:虚情假意就算装点得再美丽,也缺乏感人的力量。由一滴"眼泪"的真实体验,到"嚎啕大哭"的虚情假意,诊断出"泪点过低"是导致文章"虚假"的原因,选点突破,指导精准。】

师:我们一起读第四个文段。上天不会让努力的人留一个悲惨的结局,而时间就是最好的见证。为了这一天,我们等的太久,努力终究得到了应有的回报。运动员摆动着他们的双手,大步且快速地奔跑,台上的人为他们递上解渴的水,为他们擦着那额头上一颗又一颗宛如黄豆的汗珠,也许其中也带着有激动的眼泪。这一段也提到了眼泪,你觉得写得怎么样?(学生沉默)有没有同学参加过运动会?(学生举手)

师:采访一下你,你参加运动会的时候有没有人帮你擦汗啦?

生:有。

师:是边跑边擦汗吗?

生:那肯定不是!是跑完之后,班上的同学接住我的时候,他们架着我的肩膀,边走边问我要不要喝水。这时我会感觉到温暖。

师:这是你真切的参赛体验。我们再一起看原文,"运动员摆动着他们的双手,大步且快速地奔跑,台上的人为他们递上解渴的水,为他们擦着那额头上一颗又一颗宛如黄豆的汗珠,也许其中也带着有激动的眼泪。"有没有发现问题?

生：语句有些错乱。

师：语句错乱、不合逻辑，怎么改？（板书：不合逻辑）

生：运动员摆动着他们的双手，大步且快速地奔跑。奔跑完之后，台上的人下来为他们递上解渴的水，为他们擦着那额头上一颗又一颗宛如黄豆的汗珠。

师：很好，句子之间有了衔接。同学们一般是在哪儿接你？

生：终点，跑到终点的时候。

师：应该怎样加衔接的句子？

生：当他们冲过终点的时候，早已守候在跑道两边的同学，送上解渴的水，为他们擦着那额头上一颗又一颗宛如黄豆的汗珠。

师：和以上四个文段一样，剩下的十二个语段，或多或少存在着"语言夸张"、"泪点过低"、"不合逻辑"的问题，这些问题导致"眼泪"的虚假。我们一起回顾刚才是怎么进行修改的？语言夸张（停顿）

生：把语言写平实。

师：泪点过低（停顿）

生：去掉眼泪。

师：不合逻辑（停顿）

生：添加衔接的句子。

师：总之，要写出生活本真的状态。

【插评：怎样才能写出生活的真实？不仅是选择真实的素材问题，还是一门技术活，教师由点到面的指导，水到渠成的诊断总结，手法朴素而实用。】

教学活动二：品读课文，总结写法

师：这次作文为什么有这么多同学写到"流泪"呢？是因为我们想用"流泪"的场景把温暖的情感推向顶点。我们要怎样才能把自己真实的情感推向顶点呢？接下来，我们重读两篇文章，一篇是梁晓声的《慈母情深》，小学学过；一篇，朱自清的《背影》，初二学过。（PPT呈现阅读要求）

篇目	泪点前写了什么	泪点/情感最高点写了什么	泪点后写了什么	写作启示
慈母情深				
背影				

师：我们先看第一篇《慈母情深》，文章在哪个地方有点想流泪的意思了？

生:"我鼻子一酸,攥着钱跑了出去"。

师:泪点前写了什么?

生:写他去找母亲要钱买书,然后正好看到母亲正在努力工作为他赚钱。

师:看原文,我鼻子一酸的原因是什么?

生:那一天我第一次发现,母亲原来是那么瘦小!

师:哪些地方写到母亲的瘦小?

生:第二段"我穿过一排排缝纫机,走到那个角落,看见一个极其瘦弱的脊背弯曲着,头和缝纫机挨得很近。"倒数第三段"母亲说完,立刻又坐下去,立刻又弯曲了背,立刻又将头俯在缝纫机板上了,立刻又陷入了忙碌……"

师:我们一起朗读这两段文字。(读完)大家要注意,这两处对"瘦小的身体"进行了……?

生:(齐答)细节描写!

师:对,细节描写。再看原文,我鼻子一酸的原因还有什么?

生:母亲却已将钱塞在我手心里了,大声对那个女人说:"我挺高兴他爱看书的!"

师:听到母亲说的话。接下来,看《背影》,作者为什么流泪?

生:这时,我看见他的背影,我的眼泪很快地流下来了。

师:非常好!这时我看见他的"背影"。文章哪些地方对"背影"进行了描写?

生:我看见他戴着黑布小帽,穿着黑布大马褂,深青布棉袍,蹒跚地走到铁道边,慢慢探身下去,尚不大难。可是他穿过铁道,要爬上那边月台,就不容易了。他用两手攀着上面,两脚再向上缩;他肥胖的身子向左微倾,显出努力的样子。

师:好!还有没有发现?

生:我北来后,他写了一信给我,信中说道,"我身体平安,惟膀子疼痛厉害,举箸提笔,诸多不便,大约大去之期不远矣。"我读到此处,在晶莹的泪光中,又看见那肥胖的、青布棉袍,黑布马褂的背影。哎!我不知何时再能与他相见!父亲信中的话让我流泪。

师:流泪之后,在"在晶莹的泪光中"作者在干什么?

生:回忆。

师:回忆!非常好。还有没有发现?

生:"等他的背影混入来来往往的人里,再找不着了,我便进来坐下,我的眼泪又来了"。

师:还是什么导致他流泪?

生：背影。

师：补写一笔！还有没有？

生：在徐州见着父亲，看见满院狼藉的东西，又想起祖母，不禁簌簌地流下眼泪。父亲说，"事已至此，不必难过，好在天无绝人之路！"

师：我们把这一段去掉行不行？

生：不行！如果把这两段去掉直接写背影，就显得太突然。

师：因为有了这两段，后面看到背影流泪就会显得很自然。这两段起什么作用？

生：这两段为后面做铺垫。

师：铺垫，什么铺垫？

生：情感的铺垫。

师：这两篇文章我们都已经学过，今天从写作的角度进行重读。下面老师对同学们的发言进行总结。"母亲瘦小的身体"、"父亲的背影"还有"父亲信中的话"导致作者"流泪"。我们把导致作者流泪的这个媒介叫做"触媒"（板书：触媒）。对它我们要细节描写（板书：细描）。文章开头有情感的铺垫（板书：情感铺垫），情感的顶点一般放在文章稍后。（指着板书，划出箭头）要把情感推向顶点，我们要注意三个问题：第一、准确选点。"选点"和生活本真的状态相关，在这个点我们内心真的很感动、很温暖。第二、细节描写。对引发自己情感的那个媒介如眼神、举止、语言等，要进行细节描写。第三、铺垫联想。前有情感铺垫，后有联想回忆。

【插评：范例指导，让学生切身感受到——细节描写比抒情达到的效果更浓烈。朱自清的《背影》，没有华丽的语言、没有浩荡的离愁，感人至深的是用细腻的笔触描写离别的细节。教师的将导致作者流泪的这个媒介叫做"触媒"，新颖而时尚。】

教学活动三：增删改写，升格文段

师：我们看第五个文段（PPT呈现文段）。这个文段是谁写的？

冷风从窗外吹进，将我冷醒，我便看了看手表，才凌晨五点，我想去客厅喝杯热水，回来继续睡，我爬起床，轻声地走进客厅，生怕将熟睡中的爷爷奶奶吵醒，喝水时，仰起头，突然发现院子里有蒸气在往天上飘，我将半个脑袋探到院子里，顿时，我的心里震惊了。只见爷爷奶奶正在用他们粗糙的双手包着饺子，一旁还有一个蒸笼，正往外飘着蒸气，爷爷看着我，用手臂擦了擦额头的汗，不好意思地说："吵着你了？我们小声点，回去睡吧！醒了吃点饺子，一路上没吃什么东西，肯定饿了。"说完便仔细地包饺子，那一刻，我的心中充满着温暖，任冷风怎么吹过，我的心依然温暖。

回到床上，我再也睡不着，泪珠在眼眶里打转，心中的温暖发散至全身……

七点时，我爬起床，洗完脸刷完牙，只见爷爷奶奶微笑着将一碗饺子递给我。我微笑着接过来，体验着心中的温暖，将一个饺子塞进嘴里，强忍着眼中的泪，不停地说好吃……

师：采访一下你，这个文段是真实的吗？

生：基本真实。

师：这话怎么说？

生：元旦假期短，本来我们是不准备回的，但是爷爷奶奶在湖南老家，岁数大了，爸爸说还是回去看看。为了不让爷爷奶奶提前准备这，准备那，我们就没有提前打电话，悄悄地回去。路上因为塞车，回去已是凌晨一、两点。这在爷爷奶奶意料之外，他们高兴得很，一大早就起来为我们包饺子。吃饺子的时候，虽然没有流泪，但内心真的很感动。

师：写出生活本真的状态最好！本来没有流泪，作文中就没必要硬挤出眼泪。读了这个文段，大家有什么感受？

生：五点钟开始蒸饺子，七点钟才吃，蒸饺子哪需要这么长时间？

师：元芳，你怎么看？（生大笑）凌晨五点，你真醒了？

生：醒了，老家晚上冷，我也很兴奋。

师：说一说你当时的所见所感吧？

生：奶奶在弄饺子馅，爷爷做什么，记不太清了。爷爷看到我，就跟我说他们在包饺子。我很感动，我喜欢吃饺子，但包饺子挺麻烦的，还要自己擀面皮。

师：记不太清也没关系！这种生活场景，大家应该都见过。接下来，请联系自己的生活体验，运用我们总结的方法，修改选段，帮助作者把自己的情感推向顶点。（学生修改选段，五分钟后）哪位同学第一次来分享？

生：第一段中"突然发现院子里有蒸气在往上飘"。五点钟，天还是黑的，应该看不到蒸气往上飘。我认为应该改成"我听到院子里有细微的声音，顺着声音走过去，发现微弱的灯光下，奶奶在用她的粗糙的双手包饺子"。

生：这么远怎么能看见是粗糙的双手呢？奶奶娴熟地包着饺子，爷爷在剁肉做饺子馅儿。

生：我觉得不好。剁肉的声音很大，会吵着我们睡觉。爷爷奶奶这么细心，会注意这些细节。再说奶奶已经在包饺子，爷爷还有必要剁馅儿吗？我改的是"爷爷蹲在地上，面前摆着一个大盆子，盆子里热水冒着雾气。爷爷拿着刷子，正用力地刷着竹蒸笼。"因为爷爷奶奶不知道我们回来，蒸笼需要清洗。

生：我改的是第三段，他说他夹了一个饺子塞进嘴巴里，还说好吃。但是一个饺子塞进嘴巴里是品尝不到味道的。所以要细细地品尝，慢慢地吃下去。我改的是：奶奶把一盘热气腾腾的饺子端上来，我迫不及待地夹起一个，放到嘴里，好烫呀！看到我张嘴闭眼的样子，奶奶赶紧笑眯眯地说："慢点吃、慢点吃、小心烫！"我又夹起一个，吹一吹，轻轻地咬下一口，是我最爱吃的白菜猪肉馅儿。还是奶奶懂我，我的心里暖洋洋的。

生：第一段写"爷爷看着我"可以改成爷爷回过头来看我，然后描写爷爷疲惫的神情。第二段就可以把"眼泪"改成"爷爷疲惫的容颜在我脑海中若隐若现，无法抹去。"这样就前后照应了。

师：同学们觉得怎么样？（生沉默）我认为写爷爷疲惫的眼神不好，为什么呢？不符合生活的本真状态，爷爷刚睡醒是不是，他怎么就疲惫了？

生：第三段我再补写一句，把情感再推一下："是我最爱吃的白菜猪肉馅儿。我抬头，发现爷爷奶奶正笑盈盈地看着我。还是爷爷奶奶懂我，我的心里暖洋洋的。"

生：我改爷爷说的那句话。爷爷说："醒了吃点饺子，一路上没吃什么东西，肯定饿了"，我已经睡了一觉，已经醒了。

师：应该怎么改呢？

生：他起来找水喝，爷爷一定认为他饿了。所以爷爷说："饿了吧，我和你奶奶正给你包饺子呢！"

生："回到床上，我再也睡不着"，可以改成他回想起爷爷奶奶早晨在做饺子的情景，然后心中的温暖涌至全身。

师：这个有点俗套！但可喜的是你找到了一个非常重要的点。当情感到达顶点时，我们可以回忆联想。你这个联想时空还不够远，能不能联想之前回家的情景啦？

有没有同学老家在市外、省外的，你回老家，爷爷奶奶是怎么待你们的？

生：我回老家的时候，爷爷奶奶就会对我们很热情。

师：举个例子。

生：比如说，赶紧从储物室里面拿出特别特别多的东西，马上到厨房忙碌起来，做一大桌子好菜。

生：我联系自己的实际，就想起去年回老家的时候，还没有到家门口，听到汽车的声音，爷爷奶奶就在家门口等，然后奶奶就领着我进了家门，她和我说知道我们要回来，就把我们的拖鞋啊睡衣呀还有毛巾呀都准备好了，包括茶都提前凉好了。

师：我忍不住要赞美你，为什么要赞美你，因为你知道要联系生活，这是写作文的关键。你能不能把它串成一句话，我想到上次回家时……。

生：我想到上次回家时奶奶在门前翘首祈盼的身影，想起她精心准备的拖鞋睡衣还有毛巾，想到她提前为我们凉好的茶。

生：我回老家的时候，奶奶就像小孩子一样，领着我到橱柜前告诉我，这一年她珍藏的东西。比如说我喜欢吃得地瓜干，她会帮我晾着。她会把那些东西一个一个摆在我面前。当时那种感觉特别温暖。

师：太有生活了！我想起了我快到家的时候奶奶在门前的翘首祈盼，想起了奶奶提前晾晒好的被褥、洗刷干净的拖鞋，想到了临行前奶奶为我准备的丝瓜干。爷爷啦？爷爷没准备吗？

生：爷爷张罗了一桌好菜。

师：湖南的，有没有腊肉啊？

生：有。

师：走的时候带了没？

生：带了。

师：临行前还要拉上满满一后备箱的腊肉。（学生笑）想到这里我心里怎么样？

生：其实我觉得这时候，眼泪应该顺其自然地就流下来了。

师：想呀想着，说呀说着，眼泪就不自觉地掉下来，这就叫真情实感。因为时间关系，我们的作文课要结束了。最后请齐读这段文字（PPT呈现课堂小结）

生：眼泪，从何而来？从真情实感中来，从真实的生活体验中来，从采用恰当的写作方法，推动情感，自然而然地流出来。

师：眼泪，不是挤出来的！下课！

【插评：好一个"眼泪，不是挤出来的！"，从真实的生活体验中，抒写真情实感，才是灵感的源泉。用别致的形式，让写作升格回归生活。】

【总评】

一堂可以复制的高效作文指导课

程小春　　刘小华

如何上出一节高效的作文讲评指导课？这几乎是语文教师的"奥数"难题，看游云云老师的作文讲评指导课，让人顿生"踏破铁鞋无觅处，得来全不费工夫"的惊喜感！教师均可复制、借鉴游老师的成功技法。

技法一：把脉，诊断问题

这一环节分两步走。

第一步，教师把脉作文，诊断问题，定训练点。游云云老师有一双"火眼金睛"，课前批阅学生作文时发现：为了表达"温暖的时刻"，学生没有深入挖掘自己生活体验，作文流于虚假俗套，流了太多"眼泪"，存在"语言夸张、泪点过低、不合逻辑"等问题。游老师定下了以"眼泪，从何而来"为训练点，进行写后指导，直取要害之处。

第二步，学生把脉文段，发现问题，分析原因。游老师课堂呈现的文段均摘自学生作文中的"病例"。学生作文中的问题，自察是很难的，唯有教师用心摘录，聚焦呈现，才会成为人人关注的"焦点问题"，才能引起学生特别的注意。自读文段就是意在让学生自己去发现写眼泪的文段存在什么问题？学生结合四个具体文段分析，依次诊断出的问题有：用特别华丽的辞藻描写眼泪，并不一定感人；没有生活体验而设想出的眼泪，读者会感觉很虚情；像"一滴泪珠敲击着地面"、"顿时，我嚎啕大哭"这样语言夸张、滥用技巧的写泪，虚假做作。

技法二：对症，良方妙药

怎样才能把自己真情推向顶点？游老师指导学生从写作的角度重读《慈母情深》和《背影》两篇课文中的片段，看看作家是如何写泪的。游老师匠心独运，设计了品读要求：泪点前写了什么？情感最高点写了什么？泪点后写了什么？通过具体的鉴赏活动，学生个个拿到了写好眼泪的良方：第一、准确选点。"选点"和生活本真的状态相关，在这个"点"我们内心真的很感动、很温暖。第二、细节描写。对引发自己情感的那个媒介如眼神、举止、语言等，要进行细节描写。第三、铺垫联想。前有情感铺垫，后有联想回忆。

利用课文范例让学生自我鉴赏、自我发现、自我提炼写作方法，学生易于接受，课内阅读与课外写作有机融合，潜移默化为学生的作文自觉，学生作文在具体经验的基础上，提升到一个新高度。

技法三：施救，妙手回春

成语"训练有素"早已告诉我们，素养、能力是训练出来的。纸上谈兵终觉浅，游老师设计的第三个环节升格文段，正是他丰富写作指导经验的又一次精彩演绎。增删改写，可以帮助学生在第一时间对所学技法进行消化巩固，把心动落实为行动，让写作能力的提升有依托。

游老师精心选择了一则学生习见习闻的节假日回老家看爷爷奶奶的生活场景的文段。因为学生懂得了要把自己真实的情感推向顶点，就要写出生活本真的状态，所以，文段的病生在什么地方，这回很快就觉察到了：天黑应该看不见蒸汽，远距离应该看不清手的粗糙，细心的爷爷奶奶应该会注意剁肉声等等……

如何修改，也不难了，方法已经学了，比如，"当情感到达顶点时，可以回忆可以联想"，于是"回到床上，我再也睡不着，泪珠在眼眶里打转"中生造的泪，升格到了自然而然的泪："我想到上次回家时奶奶在门前翘首祈盼的身影，想起她精心准备的拖鞋睡衣还有毛巾，想到她提前为我们凉好的茶……"

"想呀想着，说呀说着，眼泪就不自觉地掉下来，这就叫真情实感"，课堂教学可谓水到渠成。读呀读着，想呀想着，学生写作能力在节节生长。这就是本节课的感受。

"眼泪不是挤出来的"，游老师的讲评指导课"以学定教"，从学生中来，回学生生活中去。一节课解决一个问题，一节课提升一个效"点"。讲评过程中诊断问题、总结写法和升格训练形成一个有机的整体，螺旋上升。这，正是一种可借鉴、可复制的高效讲评。

一往情深绘"缺陷"
精雕细刻写"真人"

中国史传文学一向"不虚美"、"不隐恶",它有利于描写人物较为复杂的性格,避免将人物简单化、绝对化。这对我们在写真人、记实事的作文时有很好地启示:那就是要一往情深绘"缺陷",精雕细刻写"真人"。

人生是有缺陷的,"缺陷"是人生的常态。生活中的人也是有"缺陷"的,只有表现这种"缺陷"的人才具有生活的真实,作文才具有一种真实而感动的力量,才能咀嚼出人生的真味儿。有人担心描写这种"缺陷"是不是有损人物的形象,其实不然,这些"缺陷"并不能淹没人物的个性之美,甚至恰恰是因为这些"缺陷",才烘托反衬出真实的人性之美。

一、描"缺陷"让形象更丰满。 经典的文学作品总是喜欢描绘人物的"缺陷",并对这些"缺陷"作深情地精雕细刻,目的是挖掘"缺陷"的美丽,譬如外表"缺陷",则赋予缺陷的外表以美好的心灵;行为"缺陷",则赋予缺陷的行为以生存的解读等。这些"缺陷"描写得越细致,暴露得越充分,越能使人物性格丰满,形象鲜明突出,具有"这一个"的特点。鲁迅笔下的阿长,可以说是"缺陷"的集大成者。她身世有"缺陷",一个连名字都没有的下层农村妇女;形象有"缺陷",黄胖而矮,睡相特别难看;性格有"缺陷",喜欢切切察察搬弄是非,具有一些市侩中年妇女身上最让人讨厌的传播流言蜚语的习惯;作为保姆身份有"缺陷",她对我的管束与教育烦琐且愚昧到让人恨得咬牙的地步,在"我"童年的印记里几乎都找不到一点可以值得赞美的地方。朱自清笔下的父亲也是缺陷十足。他长相难看,穿着灰暗,身材臃肿,步伐蹒跚;缺乏应付困难的能力,面对着几乎家破人亡的惨淡光景他却无力回天;精神状态颓唐罗嗦,让人忧虑,和传统审美中所推崇的硬汉子形象完全不相吻合。至于杨绛笔下的老王更是缺陷迭出。年轻的时候他不老实过,一生的命运就像他住了一辈子的破屋子一样的塌败。近乎年老时像棺材里边倒出来的一具僵尸,面如死灰,行动滞笨,一生连蝼蚁都不如。对于这些缺陷,作家倾注了自己的情感,对人物的缺陷多角度作精细的描写,人物的个性在这种精细地描写中表现得血肉丰满,贴近现实。同时描得越狠，对人物"抑"得就越多，事后的反省就更加震撼，为后面的"扬"作了很好地铺垫。

二、亮"缺点"让内容更抢眼。为了突出表现人物的"缺陷"，作品总是围绕"缺陷"大做文章来吸引读者。有的在记叙中插入丰富生动的事件，有的在细节上作传神地刻画，有的对"缺陷"作多角度地叙写，目的是挖掘"缺陷"中的美丽，厌恶中的崇高。比如鲁迅的《阿长与山海经》：围绕长妈妈近乎烦琐的絮叨，选取了元旦的古怪仪式上的一件事，阿长开口便是"你牢牢记住"，交待过后，又说"记得么？你要记着"。且有告诫："不许说别的话！"而且反复说明事关一年运气，尤其特别传神的是第二天早晨的情景，在"我"没有说恭喜时，阿长也不好开口，结果阿长先是"一把将我按住"，再是"摇着我的肩"，神情"惶急地看着我"。这些内容的叙写形神兼备，可谓此时无声胜有声，阿长先前的惶急，后来的欢天喜地跃然纸上。朱自清的《背影》中重点写父亲买橘子时近乎笨拙的"缺陷"动作与背影："蹒跚地走到铁道边，慢慢探身下去"。"两手攀着上面，两脚再向上缩；他肥胖的身子向左微倾，显出努力的样子"。买回来"过铁道时，他先将橘子散放在地上，自己慢慢爬下，再抱起橘子走"。父亲的迂执与笨拙，困顿和挣扎，颓唐与慈爱，都凝聚在这并不漂亮的"缺陷"上，虽是"背影"却让读者千年不忘。杨绛《老王》中送油与鸡蛋时的肖像描写："他面如死灰，两只眼上都结着一层翳，分不清哪一只瞎，哪一只不瞎。说得可笑些，他简直像棺材里倒出来的，就像我想象里的僵尸，骷髅上绷着一层枯黄的干皮，打上一棍就会散成一堆白骨"。老王的相貌可谓丑陋，令人毛骨悚然。然而这段冷峻的"缺陷"描写却又能深深地震撼着每个有良知的人，让人对老王的命运有种揪心的疼痛

三、悟"缺点"让主题更深长。写人物的"缺陷"不是为"缺陷"而"缺陷"，而是要通过描写"缺陷"挖掘后面隐藏的价值。写人物的"缺陷"写作上有一个铺垫的过程，以便跟后面形成一种巨大的反差；悟人物的"缺陷"有一个对人物认识逐渐提升的过程，以便挖掘人物及主题的深层意味。这样，人物形象就有巨大的震撼力，主题就更意味深长。如鲁迅《阿长与山海经》：当"我"长大以后才知道，阿长为了帮"我"买书，居然说出"三哼经"、"有画儿的"这样可笑的话语，其实正是表现了阿长对我的善良、体贴与认真。阿长平常对我的讨厌絮叨正渗透着对我的最朴素的爱；有了愚昧无知的反衬，阿长满足一个被大人们忽略了感受的爱书的小孩子的爱心才会惊心动魄。朱自清《背影》：有了惨淡人生的映照和颓唐絮叨的描写，父亲对儿子的爱才会感天动地；有了好似慈母的父亲笨拙地爬过铁道为我买橘子的行动，"聪明过分"的我才能真正理解父亲对儿子别样的爱的丰富内心世界。杨绛《老王》：有了卑微如草芥，老王临死前亲自送来的那瓶香油和鸡蛋才成

为了人性的丰碑；有了已近死亡却仍关顾别人，老王的内心之美在外表丑陋的反衬下才显得更加动魄惊心。可以这样说，阿长、父亲、老王都是真实的"缺陷"人，但是他们人性中的光华却无法遮掩。伟大的作家受到了这光华的滋养更加深刻地反思自己的人生并用文字让这些反思定格为文章的灵魂，于是在悟读"缺陷"中我们看到了长妈妈质朴厚重的爱心，父亲在岁月风霜中没有褪色的舐犊之情，瞎了一只眼的老王清明澄澈的感恩之心。

因此，在写作中，我们不要"回避"缺陷，不要惧怕"缺陷"。相反应当一往情深绘"缺陷"，精雕细刻写"真人"，有了"缺陷"人才是活生生的人，有了"缺陷"生活才是真实的生活，这种"缺陷"的美才会更加真实动人，更加璀璨耀眼。

在"情境小作文"的背后

李平生　刘小华

2014年1月13日新华网转自中国网的消息：2014北京中考《考试说明》17个变化。其中作文部分的变化是：在原有命题、半命题50分作文的基础上，新增"根据情境，按要求写作"两道样题，分别为根据描述的生活情境写"一段表示感谢的话"或写"一则校园新闻"。调整后作文板块总分不变，"情境作文"分数为10分，命题、半命题作文分数为40分。这说明，作文已经开始倾向"应用化"。

看到这则消息的第一反应是：北京的孩子要更辛苦了！然后，脑袋里冒出几个问题，挥之不去。

一、为什么要增加情境小作文？

新华网的解读是：作文已经开始倾向"应用化"。这是不是意味着：很长时间以来被咱们语文教育忽略的应用文，开始以"情境小作文"面目在中考隆重登场？从这则消息来看，根据描述的生活情境写"一段表示感谢的话"或写"一则校园新闻"，校园新闻属于新闻体裁，是一种常见的应用文，但"一段表示感谢的话"是考查应用文吗？通常书面表示感谢，当用信函形式，上述样题莫非其实是考查常用信函的写法？那么，新闻和信函是两种要求初中学生必须掌握的应用文吗？

咱们的课程标准确实有"根据生活需要，写常见应用文"这一条，可是，初中阶段学生"根据生活需要"，究竟应该掌握哪几种"常见应用文"？这在课程标准里面没有找到，咱们的教材里（就人教版而言，下同）自然也没有相应的内容。

世界其他地区的语文界对初中生应用文写作能力是如何要求的呢？目力所限，这里举出中国台湾、香港地区和美国加州的有关情况——

台湾《纲要》"分段能力指标""写作能力" F-3-4 练习应用各种表达方式写作①：

3-4-4-1能配合各项学习活动，撰写演说稿、辩论稿或剧本。

3-4-4-2能培养写日记的习惯。

3-4-4-3能配合各学习领域，练习写作格式完整的读书报告。

3-4-5-4能集体合作，设计宣传海报或宣传文案，传递对环境及人群的人文关怀。

3-4-6-5能灵活运用文字，透过写作，介绍其他国家的风土人情。

3-4-7-6能撰写自己的工作计划或拟定各项计划。

香港启思出版社《中国语文》（牛津大学出版社版2009）中一上有教材一览表，中一至中三学习重点分布表规定写作12类87项，其中实用写作19项②：私人书信 启事 规章 专题介绍 宣传文字 通告 投诉信 建议书 采访工作 访问题目 会议记录 说明书 演讲词 时事评论 新闻稿 人物专访 问卷 专题研究报告 计划表。

美国《加利福尼亚公立学校阅读/英语语言艺术课程框架》"八年级写作内容标准·写作应用（类型和特征）"，要求学生③：1.写作人物传记、自传、短篇故事或记叙文，2.写文学评论，3.写研究报告，4.写劝说文，5.写与职业发展有关的文章，包括简单的商务信函和求职申请，6.写技术类文章。其中第5、6两项很像咱们所说的应用文。

看来，"根据生活需要，写常见应用文"是两岸四地、东西半球对学生的共同要求，不同的是，各个地区对"生活需要"的判断不同，要求掌握的应用文的种类也不同。而咱们对学生有何"生活需要"，因而应该掌握哪些应用文缺乏研究。

咱们的课程标准有写作应用文的要求，所以，初中学生应该掌握"常见应用文"的写法；但是，课程标准和教材并没有关于"常见应用文"的具体内容和要求，所以，这方面的教学要么无法开展，要么只能靠各位语文老师凭责任感和经验，"八仙过海，各显神通"了。面对这种状况，2014年中考应用文能力考查如何进行，今后教学又如何配合考查，就得看北京语文同仁的智慧了。

二、如果是考查应用文写作，为什么不直接称作"应用文写作"呢？

事实上，咱们的课程标准，要求学生写记叙性文章、简单的说明性文章、简单的议论性文章以及常见应用文，并没有"情境小作文"一说。

课程标准有"能根据需要，运用常见的表达方式写作，发展书面语言运用能力"，"写作时考虑不同的目的和对象"等要求。王荣生在《语文学科知识与教学能力》一书里为"写作"下的定义是："写作是在特定语境中，运用语言文字等手段，构建意义，构造语篇，进行书面表达和交流的活动。"这里的"在特定语境中"、"根据需要"、"考虑不同的目的和对象"，与"情境"是不是同一概念？

如果"特定语境中"、"根据需要"和"情境"其实都是指写作指向的"目的和对象"，那么，对初中生写作的目的和对象的具体要求是什么？课程标准教学建议关于写作教学中提到：写作是运用语言文字进行表达和交流的重要方式，是认识世界、认识自我、创造性表述的过程。这里提到了写作的目的，与王荣生的定义一致：进行表达和交流。除此以外，课程标准对初中生写作的目的和对象没有做进一步的具体说明。

"写作即交流"，这也是美国国家教育进展评估（NAEP）的写作框架所强调的写作目的。与咱们不同的是，2011 NAEP将交流的目的细分为三个方面④：劝说目的，解释目的，传达目的，相应的写作任务就分为：劝说性写作，解释性写作，传达性写作。这三项写作任务与咱们课程标准里的议论性文章，说明性文章（含应用文），记叙性文章表述略同而实质有异：美国基于不同的写作目的，规定了各个年级学生应该写作的文章类型和写作策略⑤；而咱们的课程标准只是对文章类型做了静态划分，没有揭示文章类型后面的决定性因素：写作目的。

课程标准对写作目的和文章类型的模糊处理，反映在教材里，便是教材没有提供各类文章写作教学的内容，于是教学和评价只能依赖语文老师的经验，"八仙过海，各显神通"了。而目前中考的命题作文大多要求"文体不限（诗歌除外）"，实际上是一种无可奈何的敷衍：咱们没有要求学生根据写作目的去选择文章类型，没有教给学生基于写作目的去选择写作策略，又如何能限制学生使用哪种文体呢？

到这里，咱们可以做出小小的结论：写作，就是基于特定目的和读者（语境、情境）的书面交流活动，或者说，"写作"就是"情境写作"；所谓"命题作文"则是要求学生按照设定的写作目的和读者（情境、语境），选择合适的文章类型和写作策略进行的写作活动。

于是，我们可以这样理解，情境小作文也许不仅仅是应用文，还可以是别的文章类型。它之所以出现，或许是为了弥补命题作文所测文章类型的不足。

三、在现有的中考语文试卷中，非增加"情境小作文"不可吗？

咱们的试题编制能不能做到既达到测试的目的，又不至于增加学生考试、老师评卷的负担，同时还有利于平时教学安排？仔细阅读现有的中考试题，咱们会发现：北京、上海、广州等省市2012、2013年中考文学作品阅读测试的最后一题，或者考查对作品内容、写法的评价，或者考查对作品提供的某个情境的想象，其实就是一次基于阅读的微型写作。现将2013年有关题目罗列如下：

	阅读题目（2013）	写作类型
北京	17. 这篇文章浸透着作者深挚的情感，富有感染力，作者是如何做到这一点的？请以第（7）段和（12）段两段为例作简要分析。（不超过150字）（7分）	文学评论
上海	26. 请你根据本文内容，展开合理想象，在下面文字后续写"百合"与外婆见面时的情景。（80字左右）（8分）	文学描写
广州	22.故事情节出人意料是本文的写作特点，请举一例简要分析。（4分）	文学评论

北京、广州的试题，在阅读能力的考查方面，是考查学生反思、评价能力（PISA阅读能力定义，见《三种国际阅读评价体系给我们的启示》付雪婷《中学语文教学》2007年第2期），同时也是写作能力考查；上海的试题则应该是比较单纯的描写能力考查。与一般旨在检测学生阅读理解能力的简答题不同，上述试题需用到段落来回答。而写作一个完整的段落，必然要求符合相应的文章类型的体裁特征。

于是咱们发现，在现代文阅读测试中，也可以完成特定文章类型的写作测试。而这种写作练习，在平时的阅读教学中，通过落实读写结合就可以做到。

这里的读写结合，咱们熟悉的是"阅读通过写作"途径，即写作的主要目的在于阅读，通过写作读后感、读书报告、文学评论等等来加深对文章的理解，同时也得到了写作的训练。

还有另一种读写结合途径——"写作通过阅读"，即阅读书面材料的目的不在于理解、欣赏、评价阅读材料本身，而是为了应用（包括写作）：通过阅读，应用阅读材料去解决生活、学习、工作等方面的实际问题，如针对文章类型的模仿写作，又如将作品改写成剧本，再如为作品写广告词等等。

可惜的是，咱们现在的课程理念和阅读教材对阅读目的的要求，还限于"理解、欣赏、评价"等方面。与咱们不同，在PISA阅读测试中，"阅读素养"被定义为"以开发知识、潜能和参与社会生活为目的，对书面材料或文本的理解、运用和反思的能力"⑥，美国的阅读教材在作业系统中既有对阅读材料的理解、欣赏、评价的练习，更有许多要求学生应用阅读材料去解决问题的活动，如《美国语文·美国著名中学课文精选》（中妇女出版社2008年7月出版）所示：在每一个单元的几乎每一篇作品前面，都有"日志写作"；作品后面的作业系统中，除了"阅读理解"、"思考"、"评价"等我们熟悉的栏目以外，还有"文学与生活"、"拓展"、"应用"、"文学聚焦"、"点子库"（含"写作"与"项目"）、"微型写作课"等等，其中"拓展"、"应用"又有"文学连线"、"社会研究连线"、"职业连线"等形式,"点子库"中的"项目"又有"艺术连线"、"媒体连线"、"技术连线"等形式。

可以想象,一旦阅读材料在课堂教学中不仅要求理解、欣赏、评价,而且可以拿来应用,将会为学生的发展开辟多少新鲜实用的课程活动,对学生成长产生多少积极的影响!

回到咱们的话题:基于读写结合的微型写作,不仅仅可以写作文学评论和文学描写,还可以将阅读材料应用到学生生活的方方面面,可以练习学生基于生活需要所应该掌握的写作不同类型文章的能力。

"情境小作文"即将登台。在它的背后,是命题者对写作目的、写作任务、文章类型以及阅读与写作关系的思考。如果咱们把这些问题放在更广阔的时空背景里探究,并在这些问题上取得共识,那么,咱们的写作教学和写作测评就有可能走出随意和茫然,走上足以让咱们自信的轨道。

注释:

①转引自江苏刘恩樵老师博文《台湾中小学语文课纲的特点与启示》

②转引自深圳唐建新老师博文《港台日美初中写作教材举例及粗识》

③详见董蓓非《全景搜索》东北师范大学出版社2009

④详见《2011年写作评定框架——美国国家教育进展评估改革动向》赵阳、蔡敏,《世界教育信息》2009年07期

⑤详见董蓓非《全景搜索》东北师范大学出版社2009

⑥见《PISA:阅读素养的界定与测评》王晞　黄慧娟　许明《上海教育科研》2003年09期

抓共识，明分歧，促教学

李平生　刘小华华

从2008年至2013年，深圳语文中考的试卷结构和考试内容基本稳定。稳定的试卷结构和考试内容，反映出深圳初中语文教师对初中语文教学内容及教学目标有一定的共识。我们要把握这些共识，加强语文教学内容及教学目标设定的针对性。

深圳中考把语文的基本知识、基本技能、文学文化常识放在第一部分，以选择题形式考查。字词知识要立足课文，全面掌握，同时要建立初中必备成语、易错词语库，分学期补充积累。词类、单句、复句等语法知识，2011年广东高考有所涉及，这势必加强今后深圳语文中考考查语法知识的信心，我们要按教材要求让学生掌握基本的语法知识；与语法知识紧密相关的是病句诊断，要分学期让学生掌握常见病句类型的诊断。修辞知识通常用选择题型考查常用修辞手法的辨认，在阅读中考查修辞赏析和修辞仿写，要建立常用修辞题库，分学期让学生掌握。语言的简明、连贯、得体，也要建立相应的题库，按学期分类型训练，其中语言连贯训练是各地中高考重点。文学文化常识主要考查教材范围内的作家作品、文体常识、文化常识，要按每学期教材做好相关的整理工作，帮助学生掌握。总之，针对深圳中考语文所涉及的基本知识、基本技能和文学文化常识，我们要建立相应的题库，按学期制定训练计划，让学生逐步掌握。

近年深圳中考默写15分，权重惊人，包括古诗和古文名句，通过上下句填充和语境运用填充两种形式考查。文言文近六年均考课内文言文，主要考查实词解释、句子翻译、文意理解和课内文言文比较阅读四个方面。说明文、议论文是实用文体，主要考查内容理解与写作方法；文学作品选文为散文，08年《一生的顶针》、09年《大唐柳色》、10年《天上的星星》、11年《古藤》、12年《夜的尽头是家的灯光》、13年《柳信》，除了10年《天上的星星》取材童年生活，叙事性较强外，深圳中考似乎偏爱文辞华丽、情感浓烈、富有隐喻意味的散文，主要考查学生归纳概括内容的能力、理解句子意义、作用的能力，赏析语言的能力和联系生活延伸表达的能力。默写和阅读占深圳中考语文的半壁江山，对初中教学和备考影响巨大，近几年内容题型处于超稳定状态，但深圳中考语文未来发生变化的可能性也主要蕴含其中。

深圳中考语文作文命题贴近学生生活,采用命题或半命题方式,鼓励学生取材于真实生活,写出真情实感。在初中阶段,引导学生养成观察发现生活、记录见闻感受的习惯,指导学生根据表达的需要选择合适的叙述顺序、安排叙述详略,并通过描写来突出表达效果,鼓励学生用自己喜欢的言语来写,应该成为我们初中写作教学的基本要求。

深圳中考语文基本稳定,但未来有所突破变化也在所难免。把握中考变化趋势,可以增强语文教学内容及教学目标设定的前瞻性。

近年,上海市、广东省广州、汕头等地中考语文满分为150分,显然受高考影响。中考既是对初中语文教学的检查,也要反映高中语文教学的要求,不可避免要受到广东高考的影响。从上海和广州近年的中考语文来看,这种影响会深入到试卷结构、考查内容、题型设置等方面。以广州为例,2011年中、高第一题均为选择题,考查基本知识、基本技能;中考第二题为默写,第三题为古诗文阅读,高考第二题是古诗文考查,内容包含中考的二、三题,其中默写中、高考都用到选择默写的形式,古文都考到文言虚词的用法,古诗都考到赏析;中考第四题考三篇现代文,议论文、说文两种实用明文体都考到,文学作品以叙事性较强的小说、散文为主,高考的现代文阅读也是实用文体和文学作品兼顾,并尊重学生的阅读个性,提供文学作品阅读和实用文体阅读各一篇让学生选做。因为分数扩容,广州中考能够在考查内容的选择上更全面,更稳定。反观深圳语文中考,在100分的限度内,对考查内容的选择每年要做艰难的取舍,给教学和备考留下许多不确定的空间,无法避免备考投机甚至通过打听信息来舞弊,不利于学生形成完整的知识能力结构和健康自信的心态。

从微观上看,深圳中考对古诗词考查,缺乏诗词赏读能力检测。尽管有语境填空,但语境填空是训练学生对名句的迁移运用能力,毕竟不是让学生独立解读一首完整的诗词。古典诗词只考默写,将误导初中古诗词教学,不利于培养学生古典诗词的赏读能力。从分数和题型来看:15分占全卷15%,权重之大,不容忽视;一空一分,每空必争,这就导致备考反复记忆,过度复习,学生饱尝反复机械记忆古诗所带来的恶心滋味和不慎失分所带来的挫败感。反观广州中考,古典诗词考查16分,权重较深圳轻,分默写(10分)和古诗词赏析(6分)两种题型,考查积累和赏析两种能力;默写又分选择、上下句填空和语境填空三种形式,其中上下句填空同高考一样提供多个句子供学生选作,语境填空还设置了必做和加分两种形式,总之,为避免机械记忆和过度复习,广州中考为考生用了许多温暖细致的心思。面对广州中考的这份心思,深圳中考应该有所反省。

再看文言文阅读，05至07年用到课外文言文作为考查材料，深圳中考08至13年却只考课内文言文阅读和比较。与此相适应，文言文教学为考而教，投机盛行，备考强化机械记忆和过度复习，如何能实现培养学生初步阅读浅近文言文的能力的要求？解读文言文，实词很重要，虚词更是关键，初中生应该掌握几个重要虚词的常见用法。培养文言文阅读能力，最好的方式是让学生不断去接触新鲜的浅近的文言阅读材料，让他们在好奇中体验知识迁移的惊喜，逐步提高独立阅读文言文的能力，培养学好文言文的信心。深圳中考文言文试题的设计意图值得反思。

现代文阅读，深圳中考只能考两篇，文学作品必考，实用文体是考说明文还是议论文？每年都要小心猜测，大胆割舍。这不是备考投机，是情势所迫。其实，两种实用文体都是初中阶段必须掌握的，如果两种文体都考，人心就稳定了。文学作品深圳偏好抒情隐喻意味浓厚的散文，这其实是站在部分语文教师的人生经验、阅读积累和审美趣味上，完全没有考虑初中学生的人生经验、阅读积累和审美趣味，用这样的选文来备考，会让学生对文学作品阅读望而生畏。相反，上海、广州中考文学作品的选文多是故事性较强的小说、散文，是不是他们更能尊重初中学生的阅读趣味？

对深圳中考语文试题的现状与远景的分析，是想探讨两个问题：中考试题中所体现的共识是哪些，分歧又在哪里？如果说共识反映的是初中语文教学的基本规律，那么，分歧中还隐藏了多少应该改进然后应该坚持的反映初中语文教学基本规律的东西？弄清楚了这两个问题，我们才可以清清楚楚地教学，明明白白地考查。

图书在版编目（CIP）数据

"明"师问道 / 刘小华著. -- 汕头：汕头大学出版社，2020.10
　　ISBN 978-7-5658-4118-7

Ⅰ. ①明… Ⅱ. ①刘… Ⅲ. ①中学语文课—教学研究 Ⅳ. ① G633.302

中国版本图书馆 CIP 数据核字（2020）第 212952 号

"明"师问道　　　　　　　　　　　　　　MINGSHI　WENDAO

著　　　者：刘小华
责任编辑：邹　峰
责任技编：黄东生
封面设计：王小明
出版发行：汕头大学出版社
　　　　　广东省汕头市大学路 243 号汕头大学校园内
邮政编码：515063
电　　话：0754-82904613
印　　刷：长沙市雅高彩印有限公司
开　　本：787mm×1092 mm　　1/16
印　　张：16.5
字　　数：375 千字
版　　次：2020 年 11 月第 1 版
印　　次：2020 年 11 月第 1 次印刷
定　　价：68.00 元
ISBN 978-7-5658-4118-7

版权所有，翻版必究
加发现印装质量问题，请与承印厂联系退换